華信經管 创新系列

U0962907

Auditing

审计学

（第2版）

陈少勇　刘会芬□编著

電子工業出版社
Publishing House of Electronics Industry
北京·BEIJING

内 容 简 介

全书系统地介绍了审计学的基本理论、原理与方法，充分地总结了审计在我国的新近实践，并很好地和2006年颁布的，并经过2010年、2016年等多次修订的企业会计准则和注册会计师审计准则相吻合，体现了编著者对审计理论和实务操作的感悟与认知。全书分为18章，包括审计综述、审计计划、审计证据、审计抽样、信息技术对审计工作的影响、审计工作底稿、审计过程中需要考虑的特殊项目、风险评估、风险应对、销售与收款循环的审计、采购与付款循环的审计、生产与存货循环的审计、筹资与投资循环的审计、货币资金的审计、完成审计工作、发表审计意见、审计质量控制、注册会计师职业道德的具体内容。

本书可作为普通高等学校相关课程教材，也可作为包括注册会计师在内的各类审计人员的工具书，还可作为财务与会计专业人员和企业管理人员的参考用书。

图书在版编目 (CIP) 数据

审计学 / 陈少勇，刘会芬编著. —2版. —北京：电子工业出版社，2017.8
(华信经管创新系列)
ISBN 978-7-121-32086-6

I. ①审… II. ①陈… ②刘… III. ①审计学–高等学校–教材 IV. ①F239.0

中国版本图书馆CIP数据核字(2017)第159146号

策划编辑：王二华
责任编辑：裴　杰
印　　刷：三河市华成印务有限公司
装　　订：三河市华成印务有限公司
出版发行：电子工业出版社
　　　　　北京市海淀区万寿路173信箱　　邮编：100036
开　　本：787×1 092　1/16　印张：19.75　　字数：640千字
版　　次：2011年3月第1版
　　　　　2017年8月第2版
印　　次：2021年6月第6次印刷
定　　价：39.90元

凡所购买电子工业出版社图书有缺损问题，请向购买书店调换。若书店售缺，请与本社发行部联系，联系及邮购电话：(010)88254888，88258888。

质量投诉请发邮件至zlts@phei.com.cn，盗版侵权举报请发邮件至dbqq@phei.com.cn。

本书咨询联系方式：(010)88254532。

前　　言

我一直在回顾踏上财务会计这条路的点点滴滴，最大的感受是，非科班出身，却也取得了一定的成绩，最主要的原因可能就是四个字“勤奋主动”。由于勤奋，目前我依然在教学一线，把我对审计的理解，介绍给渴望了解审计的学生，也为自己不断深化理解审计理论、原理和方法，以及审计理论与实践的很好结合和互动创造平台。由于主动，我不断地寻找工作，期待通过不断的工作提升自己的专业胜任能力，不但在最近几年创建了武汉鼎祥开联合会计师事务所和武汉鼎祥盛资产评估事务所，全方位地参与审计的实务操作，而且还担任了武汉红之星农牧机械有限公司的财务总监和武汉北科天翼信息股份有限公司、武汉铁盾民防工程有限公司的财务顾问，不断地了解财务会计的最新动态，反复积累财务会计的基本理论知识和基本操作技能，持续拓展自己的工作范畴和解决问题的思路。由于勤奋，由于主动，终于小有成就，公开发表了七十多篇专业论文，公开编著出版了五部教材，完成了多项研究课题，把自己打造成了集产学研创新创业于一体的综合性复合型人才。

由我主导编撰的《审计学》第一版付梓后，我国的审计准则体系又发生了两次大的变革，把这些变革及时糅合到我们的教材里，是我们高校教师义不容辞的责任，我把这个想法向所在单位的领导做了汇报，取得了单位领导的赞同和无私支持。经过与电子工业出版社和武汉文舟图书发行有限公司的坦诚交流，赢得了他们的支持，信任的力量是巨大的，我拟用我毕生所学独立编著《审计学》第二版。期待我能编撰出一本高质量的《审计学》教材，以完成为普通高等学校财经类专业的学生所喜欢的宏伟夙愿。

审计是维护市场经济秩序必不可少的经济鉴证、监督、评价工具，被誉为“经济警察”。要学好审计，必须以财务会计专业的大量学科作为基础。反过来，学好审计，也能巩固财务会计专业所学的大量学科。审计一直被大多数会计人士认为是比较难的一门学科，我曾经也一直这么认为，但经过这么多年的学习和实践，我深深地觉得审计其实是一门非常有味道的学科，不但需要掌握大量的会计知识、法律知识，而且还需要通晓大量的经济知识、管理知识、文史知识、社会知识等。在实际操作中，不但要有专业胜任能力，而且还要有较强的自我推介能力和专业营销能力，是一门机遇和挑战并存的学科。期待审计学这门学科能被更多的人喜欢，能为社会经济秩序的维护做出更多的贡献。

本书共 18 章，在第一版的基础上做了较大的改编，感谢第一版的其他参与编写人员，使我编著第二版有了很好的基础，也有了很好的支撑。西安财经学院行知学院的刘会芬老师对本书的编写做出了巨大贡献，在此表示感谢！由于受没有学院教育背景的影响，一直缺少系统指点，难免水平受限，加之时间紧迫，多有不妥之处，恳请同行高手批评斧正。联系邮箱：235692818@qq.com。

陈少勇

2017 年 8 月

前言

目　录

第一篇　审计基础知识

第二篇 审计测试流程

第三篇 审计实务知识

第四篇 审计终结程序

第五篇 其他审计知识

第一篇　审计基础知识

第1章　审 计 综 述

学习目标

掌握审计产生的客观基础，熟悉官厅审计和内部审计的内容，了解审计的职能和对象，掌握审计的含义，了解审计的分类，掌握审计的保证程度，即合理保证和有限保证的内涵，了解审计的要素及审计的组织体系，包括注册会计师的业务范围和行业管理；了解审计的总体目标、审计的具体目标，以及审计的基本要求；掌握审计风险的概念和与审计风险相关的重大错报风险、检查风险，以及重大错报风险和检查风险之间的关系，熟悉审计的固有限制；了解审计的五个过程。

1.1　审 计 概 念

1.1.1　审计的产生

私有制的产生和财产所有者与财产经营者的分离是审计产生的客观基础。社会审计是现代审计最重要的形式，和政府审计、内部审计一起构成了既相互联系又各自独立的现代审计监督体系，审计主体相互之间不存在主导和从属的关系。

1. 审计产生的客观条件

早期审计源于保护财产的安全和完整，保证会计资料的真实和可靠，其产生的客观基础是：一方面，在原始社会，人类的生产力水平非常低下，生产的产品只能够维持自己的生存，基本没有剩余产品，也就没有审计需要保护的对象——私有财产，所以不需要审计，因此，私有制是审计产生的一个客观条件。另一方面，随着人类生产的发展，人类生产的产品不但能满足人类自身生存的需要，而且还有了剩余，即有了剩余产品；在这种情况下，倘若财产的所有者完全有时间、精力和能力管好自己的财产，还不需要聘请专职人员对财产进行管理，并使财产增值，也不需要审计。只有当剩余产品被极少一部分人所占有，他们对自己所占有的财产照管不了，需要委托别人代为保管、代为记账的时候，才需要审计；即财产的所有者对财产的保管者、记账者不放心，希望通过审计来确认这些保管者和记账者的经营管理责任。所以，财产所有者与经营者的分离是审计产生的另一个客观条件。

2. 官厅审计和内部审计

审计的产生，无论是中国还是外国，最初都起源于官厅，故亦称官厅审计，即现代意义的国家审计，或政府审计。我国官厅审计的产生可追溯到西周初期。据《周礼》记载，西周的官制中，国家财计机构分为两个系统：一是地官司徒系统，掌管财政收入；二是天官冢宰系统，掌管财政支出。另设独立于财计部门之外的“宰夫”一职，负责审查“财用之出入”。这是我国政府审计的萌芽。秦汉时期都曾采用“上计制度”审查、监督财务收支有无错弊，并借以评价有关官吏的业绩。隋、唐、宋时期是我国审计的兴盛时期。隋朝开创一代新制，设置比部，隶属于刑部，掌管国家财计监督。唐朝改设三省六部，比部仍隶属刑部，它独立于财计部门，专司审计监督工作。比部的出现，标志着我国独立审计机构的产生，也使审计具有了很强的独立性和较高的权威性。北宋元丰年间，宋朝在"太府寺"内设"审计司"，后改为"审计院"。这是我国首次出现以"审计"正式命名的审计机构。从此，"审计"一词成为财政监督的专用名词，对后世中外审计建制产生了深远的影响。元、明、清时期是我国审计的停滞时期，在这个时期，由于封建社会走向衰败，审计监督制度发展缓慢。中华民国时期，审计的发展逐见端倪。1912 年，国务院下设审计处，于 1914 年改为审计院，并颁布了《审计法》。1920 年，南京的国民政府设立审计院，后改为隶属于监察部的审计部。同时，在一些管理部门和企业内部也设置了内部审计机构或引入了审计人员编制。中华人民共和国成立后，30 多年内没有独立的审计机构，对企业财税监督和货币管理，是通过不定期的会计检查进行的。1982 年修订的《宪法》首次规定国务院设立审计机关。1983 年 9 月 15 日，国务院设立了审计署，行使国家层面的审计职责；随后，县以上各级人民政府也设置了各级地方审计机关。1994 年颁布的《中华人民共和国审计法》，为审计机关，即政府审计依法履行审计监督职责提供了法律保障。随着授权层次的增加和授权范围的扩大，以及全面开展审计工作，完善审计监督体系的需要，我国又于 1984 年起在各行政机关和企事业单位内部成立了审计机构，行使内部审计监督职能。由于各级政府审计机关、各级主管部门的积极推动，内部审计也得到了蓬勃发展。

3. 社会审计

社会审计，亦即我们最为熟悉的注册会计师审计，又称中介机构审计和民间审计，是社会经济发展到一定阶段的产物，起源于意大利的合伙企业制度，形成于英格兰股份制企业制度，发展和完善于美国发达的资本市场，其动因是受托经济责任和审计主体、审计客体及审计授权或委托人三者之间的审计关系。

(1) 西方社会审计的起源

社会审计起源于 16 世纪的意大利。当时地中海沿岸的商业城市已经比较繁荣，而威尼斯是地中海沿岸国家航海贸易最为发达的地区，是东西方贸易的枢纽，商业经营规模不断扩大。由于单个的企业主难以满足投入巨额资金的需求，为了筹集所需的大量资金，合伙制企业便应运而生。合伙经营方式不仅提出了会计主体的概念，促进了复式簿记在意大利的产生和发展，也产生了对注册会计师审计的最初需求。尽管当时合伙制企业的合伙人都是出资者，但是有的合伙人参与企业的经营管理，有的合伙人则不参与企业的经营管理，出现了所有权与经营权的分离。这样，那些参与经营管理的合伙人有责任向不参与经营管理的合伙人证明合伙契约得到了认真履行，利润的计算与分配是正确、合理的，以保证合伙企业有足够的资金来源，使企业得以持续经营下去。同时，不参与经营管理的合伙人也希望监督企业经营情况，及时了解企业的财务状况。因而，在客观上都希望有一个与任何一方均无利害关系的第三者能对合伙企业进行监督、检查，这就需要聘请会计专家来担任查账和公证的工作。这样，在 16 世纪意大利的商业城市中出现了一批具有良好的会计知识、专门从事查账和公证工作的专业人员，他们所进行的查账与公证，可以说是注册会计师审计的起源。随着这批专业人员人数的增多，他们于 1581 年在威尼斯创立了威尼斯会计协会。其后，米兰等城市的职业会计师也成立了类似的组织。

(2) 西方社会审计的形成

注册会计师审计虽然起源于意大利，但它对后来注册会计师审计事业的发展影响不大。英国在创立和传播注册会计师审计职业的过程中发挥了重要作用。

18 世纪下半叶，英国的资本主义经济得到了迅速发展，生产的社会化程度大大提高，企业的所有权与经营权开始分离。企业主希望有外部的会计师来检查他们所雇佣的管理人员，特别是会计人员是否存在贪污、盗窃和其他舞弊行为，于是英国出现了第一批以查账为职业的独立会计师。他们受企业主委托，对企业会计账目进行逐笔检查，目的是查错防弊，检查结果也只向企业主报告。因为是否聘请独立会计师进行查账由企业主自行决定，所以此时的独立审计尚为任意审计。

股份有限公司的兴起，使公司的所有权与经营权进一步分离，绝大多数股东已完全脱离经营管理，他们出于自身的利益，非常关心公司的经营成果，以便做出是否继续持有公司股票的决定。证券市场上潜在的投资人同样十分关心公司的经营情况，以便决定是否购买公司的股票。同时，由于金融资本对产业资本的逐步渗透，增加了债权人的风险，他们也非常重视公司的生产经营情况，以便做出是否继续贷款或者是否索偿债务的决定，而公司的经营成果和财务状况，只能通过公司提供的会计报表来反映。因此，在客观上产生了由独立会计师对公司会计报表进行审计，以保证会计报表真实可靠的需求。值得一提的是，注册会计师审计产生的“催产剂”是1721年英国的“南海公司事件”。当时的“南海公司”以虚假的会计信息诱骗投资人上当，其股票价格一时扶摇直上。但好景不长，“南海公司”最终未能逃脱破产倒闭的厄运，使股东和债权人损失惨重。英国议会聘请会计师查尔斯·斯耐尔(Charles Snell)对“南海公司”进行审计。斯耐尔以“会计师”名义提出了“查账报告书”，从而宣告了独立会计师——注册会计师的诞生。

为了监督经营者的经营管理，防止其徇私舞弊，保护投资者、债权人利益，避免“南海公司事件”重演，英国政府于1844年颁布了《公司法》，规定股份公司必须设监察人，负责审查公司的账目。1845年，又对《公司法》进行了修订，规定股份公司的账目必须经董事以外的人员审计。于是，独立会计师业务得到迅速发展，独立会计师人数越来越多。此后，英国政府对一批精通会计业务、熟悉查账知识的独立会计师进行了资格确认。1853年，苏格兰爱丁堡创立了第一个注册会计师的专业团体——爱丁堡会计师协会。该协会的成立，标志着注册会计师职业的诞生。1862年，英国《公司法》确定注册会计师为法定的破产清算人，奠定了注册会计师审计的法律地位。

从1844年到20世纪初，是注册会计师审计形成的时期。在这一时期内，由于英国的法律规定了所有股份公司和银行必须聘请注册会计师审计，致使英国注册会计师审计得到了迅速发展，并对当时欧洲、美国及日本等产生了重要影响。这一时期英国注册会计师审计的主要特点是：注册会计师审计的法律地位得到了法律确认；审计的目的是查错防弊，保护企业资产的安全和完整；审计的方法是对会计账目进行详细审计；审计报告使用人主要为企业股东等。

(3)西方社会审计的发展

从20世纪初开始，全球经济发展重心逐步由欧洲转向美国，因此，美国的注册会计师审计得到了迅速发展，它对注册会计师职业在全球的迅速发展发挥了重要作用。

在美国，南北战争结束后出现了一些民间会计组织，比如纽约的会计学会。该学会在1882年刚成立时称为会计师和簿记师协会(The Institute of Accountants and Bookkeepers)，为会计人员提供教育等服务。当时英国巨额资本开始流入美国，促进了美国经济的发展。为了保护广大投资者和债权人的利益，英国的注册会计师远涉重洋到美国开展审计业务；同时美国本身也很快形成了自己的注册会计师队伍。1887年，美国公共会计师协会(The American Association of Public Accountants)成立，1916年该协会改组为美国注册会计师协会，后来成为世界上最大的注册会计师职业团体。注册会计师审计逐步渗透到社会经济领域的不同层面。更为重要的是，在20世纪初期，由于金融资本对产业资本更加紧密，银行逐渐把企业资产负债表作为了解企业信用的主要依据，于是在美国产生了帮助贷款人及其他债权人了解企业信用的资产负债表审计，即美国式注册会计师审计。审计方式也逐步从单纯的详细审计过渡到初期的抽样审计。在这一时期，美国注册会计师审计的主要特点是：审计对象由会计账目扩大到资产负债表；审计的主要目的是通过对资产负债表数据的检查，判断企业信用状况；审计方法从详细审计初步转向抽样审计；审计报告使用人除企业股东外，扩大到了债权人。

从1929年到1933年，资本主义世界经历了历史上最严重的经济危机，大批企业倒闭，投资者和债权人蒙受了巨大的经济损失。这在客观上促使企业利益相关者从只关心企业财务状况转变到更加关心企业盈利水平，产生了对企业损益表进行审计的客观要求。1933年，美国《证券法》规定，在证券交易所上市的企业的会计报表必须接受注册会计师审计，向社会公众公布注册会计师出具的审计报告。因此，审计报告使用人也扩大到整个社会公众。在这一时期，注册会计师审计的主要特点是：审计对象转为以资产负债表和损益表为中心的全部会计报表及相关财务资料；审计的主要目的是对会计报表发表审计意见，以确定会计报表的可信性，查错防弊转为次要目的；审计的范围已扩大到股东、债权人、证券交易机构、税务、金融机构及潜在投资者；审计准则开始拟订，审计工作向标准化、规范化过渡；注册会计师资格考试制度广泛推行，注册会计师专业素质普遍提高。

第二次世界大战以后，经济发达国家通过各种渠道推动本国的企业向海外拓展，跨国公司得到空前发展。国际资本的流动带动了注册会计师审计的跨国界发展，形成了一大批国际会计师事务所。随着会计师事务所规模的扩大，产生了“八大”国际会计师事务所，20 世纪 80 年代末合并为“六大”，之后又合并成为“五大”。2001 年，美国出现了安然公司会计造假丑闻。安然公司在清盘时，不得不对其编造的会计报表进行修正，将近三年来的利润额削减 20%，约 5.86 亿美元。安然公司作为美国的能源巨头，在追求高速增长的狂热中利用会计准则的不完善，进行表外融资的游戏，并通过关联交易操纵利润。作为出具审计报告的安达信会计师事务所，涉嫌舞弊和销毁证据受到美国司法部门的调查，之后宣布关闭，世界各地的安达信成员所也纷纷与其他国际会计师事务所合并。因此，时至今日，尚有“四大”国际会计师事务所，即普华永道(Price Water House Coopers)、安永(Ernst & Young)、毕马威(KPMG)和德勤(Deloitte Touche Tohmatsu)。与此同时，审计技术也在不断发展；抽样审计方法得到普遍运用，风险导向审计方法得到推广，计算机辅助审计技术得到广泛采用。注册会计师业务扩大到代理纳税、会计服务、管理咨询等领域。

(4) 西方社会审计产生与发展历程的启示

从西方注册会计师审计的起源和发展历程可以看出，注册会计师审计的产生和发展有其客观依据。

①注册会计师审计是商品经济发展到一定阶段的产物，其产生的直接原因是财产所有权与经营权的分离。特别是公司逐渐成为商品社会的重要经济组织后，由于所有者主要根据经营者提交的会计报表了解企业的经营情况，因此，需要有一个来自企业外部的持独立、客观、公正立场的第三者对企业会计报表的公允性与合法性做出判断，注册会计师审计便应运而生。

②注册会计师审计随着商品经济的发展而发展。商品经济的发展，促使注册会计师审计由初期的详细审计发展为资产负债表审计，进而发展为会计报表审计；审计目标也由查错防弊发展到对会计报表发表审计意见；注册会计师审计的职责逐步从主要对企业所有者负责演变为对整个社会负责。

③注册会计师审计具有独立、客观、公正的特征。这种特征，一方面保证了注册会计师审计具有鉴证职能，另一方面也使其在社会上享有较高的权威性。目前，注册会计师职业在经济发达国家备受重视，注册会计师审计已成为经济发达国家维护市场经济秩序的重要手段。这是经济商品化程度不断提高所形成的必然趋势。

(5) 我国社会审计的产生与发展

中国注册会计师审计的历史远比西方国家要短。1918 年 9 月，北洋政府农商部颁布了我国第一部注册会计师法规——《会计师暂行章程》，并于同年批准著名会计学家谢霖先生为中国的第一位注册会计师，谢霖先生创办的中国第一家会计师事务所——“正则会计师事务所”也获准成立。此后，又逐步批准了一批注册会计师，建立了一批会计师事务所，包括潘序伦先生创办的“潘序伦会计师事务所”(后改称“立信会计师事务所”)等。1930 年，国民政府颁布了《会计师条例》，确立了会计师的法律地位，之后，上海、天津、广州等地也相继成立了多家会计师事务所。1925 年在上海成立了“全国会计师公会”。1933 年，成立了“全国会计师协会”。至 1947 年，全国已拥有注册会计师 2,619 人，并建立了一批会计师事务所，主要集中在上海、天津、广州等沿海城市，注册会计师业务主要是为企业设计会计制度、代理申报纳税、培训会计人才和提供会计咨询服务。

新中国建立初期，注册会计师审计在当时特定的经济恢复工作中发挥了积极作用。但由于我国推行前苏联高度集中的计划经济模式，注册会计师便悄然退出了经济舞台。

1980 年 12 月 14 日，由于外商来华投资日益增多，财政部颁发了《中华人民共和国中外合资经营企业所得税实施细则》，规定外资企业财务报表要由注册会计师进行审计，为注册会计师制度在我国的恢复提供了法律依据。1980 年 12 月 23 日，财政部发布《关于成立会计顾问处的暂行规定》，标志着我国注册会计师审计职业开始复苏。1981 年 1 月 1 日，“上海会计师事务所”宣告成立，成为新中国第一家由财政部批准独立承办注册会计师业务的会计师事务所。我国注册会计师制度恢复初期，注册会计师的服务对象主要是三资企业。这一时期的涉外经济法规对注册会计师业务做了明确规定。1984 年 9 月 25 日，财政部印发《关于成立会计咨询机构问题的通知》，明确了注册会计师应该办理的业务。1985 年 1 月实施的《中华人民共和国会计法》规定："经国务院财政部门批准组成会计师事务所，可以按照国家有关规定承办查账业务。"1986 年 7 月 3 日，国务院颁发《中华人民共和国注册会计师条例》，同年 10 月起实施。1988 年 11 月 15 日，财政部领导下的中国注册会计师协会正式成立。1993 年 10 月 31 日，第八届全国人大常委会第四次会议审议通过了《中华人民共和国注册会计师法》(以下简称《注册会计师法》)，自 1994 年 1 月 1 日起施行。在国家法律、法规的规范下，我国注册会计师行业得到了快速发展，截至 2015 年 12 月 31 日，全国共有会计师事务所 8374 家(包括总所 7373 家，分所 1001 家)，共有注册会计师 215091 人，其中执业注册会计师 101376 人，非执业通过全科考试或以前通过考评的注册会计师 113715 人，在社会经济领域发挥了应有的作用。

1.1.2 审计的职能

审计职能是指审计能够完成任务，发挥作用的内在功能。审计职能是审计本身固有的，但不是一成不变的，是随社会经济的发展，经济关系的变化，审计对象的扩大，人类认识能力的提高而不断加深和扩展的。研究审计职能的目的，是为了更准确地把握审计这一客观事物，以便于确定审计任务，有效地发挥审计的作用和更好地指导审计实践。审计主要具有以下三个方面的职能：

1. 经济监督

审计的经济监督职能，主要是指通过审计、监察和督促被审计单位的经济活动，使之在规定的范围内、在正常的轨道上运行；监察和督促有关经济责任者忠实地履行经济责任，同时借以揭露违法违纪、稽查损失浪费，查明错误弊端，判断管理缺陷和追究经济责任等。审计就其性质来说，是一种具有独立性的经济监督活动。经济监督是审计的固有职能，从审计产生和发展的历史过程考察，都是在一定的经济关系下基于经济监督的需要而产生的。这里所说一定的经济关系，即指构成审计行为的关系人，其中的审计人必须处于委派人(或委托人)和被审计人以外的独立(或第三者)的地位。审计从其萌芽发展到形成一门具有理论和方法体系的学科，尽管各种审计形式在组织机构、独立程度、审计范围、审计方法等方面有所不同，但其性质却无根本变化，都是一种独立性的经济监督活动。在我国，审计监督同国家计划、财政、税务、银行、工商行政管理等部门的经济监督构成国民经济监督体系，但它又与其他经济监督不同。

(1)监督关系不同。审计监督是三方面的关系：第一方面是审计授权人或审计委托人(即国务院、各级人民政府、各部门、各单位的领导或财产所有者)；第二方面是被审计人(即被审计部门或单位)；第三方面是审计人(即政府审计机关、内部审计机构、民间审计组织)。审计人不参加被审计人的经济活动，同被审计人没有利害关系，对被审计人而言具有超脱地位，审计监督具有独立性。其他经济监督是两方面的关系：第一方面是监督者；第二方面是被监督者。监督者参加被监督者的经济活动，同被监督者有利害关系，这样的经济监督没有独立性。

(2)监督内容不同。审计监督的内容，取决于审计授权人或审计委托人的目的。其他经济监督由监督者自己决定，其监督内容限于监督者业务范围。审计监督则在审计目的范围内，凡同审计目的有关的经济活动，都是审计监督的内容，并不限于某种业务范围。所以，审计监督的内容，比其他经济监督的内容更为广泛，它可以对财政、税务、银行等机构的财政监督、税务监督、银行监督等进行再监督，使国民经济监督体系有效地运行。

2. 经济鉴证

审计的经济鉴证职能，是指审计机构和审计人员对被审计单位会计报表及其他经济资料进行检查和验证，确定其财务状况和经营成果是否真实、公允、合法、合规，并出具书面证明，以便为审计的授权人或委托人提供确切的信息，并取信于社会公众的一种职能。经济鉴证职能是随着现代审计的发展而出现的一项职能，它不断受到人们的重视而日益强化，并显示其重要作用。西方国家非常重视审计的经济鉴证职能，不少国家的法律明文规定，企业的财务报表必须经过审计人员审查鉴证之后，才能获得社会上的承认。我国各类企业财务报表必须经注册会计师鉴证以后，才具有法律效力。审计的经济鉴证职能，包括鉴定和证明两个方面。比如，会计师事务所接受某家企业的委托，对其投入资本进行验资，对其年度财务报表进行审查，或对其合并、解散事项进行审核，然后出具验资报告、查账报告和清算报告等，均属于审计执行经济鉴证职能。再如，国家审计机关对厂长(经理)的离任审计，对承包、租赁经营的经济责任审计，对国际组织的援助项目和世界银行贷款项目的审计等，也都属于经济鉴证的范围。

3. 经济评价

审计的经济评价职能，是指审计机构和审计人员对被审计单位的经济资料及经济活动进行审查，并依据一定的标准对所查明的事实进行分析和判断，肯定成绩，指出问题，总结经验，寻求改善管理、提高效率、效益的途径。审核检查被审计单位的经济资料及其经济活动，是进行经济评价的前提。只有查明了被审计单位的客观事实，才能按照一定的标准，进行对比分析，从而形成各种经济评价意见。审计的经济评价职能，包括评定和建议两个方面。比如，审计人员通过审核检查，评定被审计单位的经营决策、计划、方案是否切实可行、是否科学先进、是否贯彻执行，评定被审计单位内部控制制度是否健全和有效，评定被审计单位各项会计资料及其他经济资料是否真实、可靠，评定被审计单位各项资源的使用是否合理和有效，等等；并根据评定的结果，提出改善经营管理的建议。评价的过程，也是肯定成绩、发现问题的过程，其建议往往是根据存在的问题提出的，以利于被审计单位克服缺点、纠正错误、改进工作。经济效益审计是最能体现审计评价职能的一种审计。值得提出的是，我国社会主义的审计评价，一定不能局限于微观经济的评价，必须正确处理微观经济与宏观经济的关系，从宏观经济利益出发进行微观经济评价，以助于保证评价结论的合理性和正确性。

在审计职能的研究过程中，也有人提出审计还具有服务、管理、咨询等方面的职能。在经济生活日趋复杂、社会日益进步、科技巨大发展的今天，审计职能也必然要发展，不可能停滞不前。

1.1.3 审计的对象

审计对象，或称审计客体，是指参与审计活动关系并享有审计权力和承担审计义务的主体所作用的对象，它是对被审计单位和审计的范围所作的理论概括。以其定义可知，审计对象包含两层含义：其一是外延上的审计实体，即被审计单位；其二是内涵的审计内容或审计内容在范围上的限定。

纵观中外审计史，传统审计对象和现代审计对象是不同的。传统审计的对象主要是被审计单位的财政财务收支。它是以会计资料及其所反映的财务收支为主要对象的审计。如古代早期的簿纪审计；20 世纪前流行于英国的对所有会计报表及凭证、账簿进行详细审计；20 世纪后流行于美国的资产负债表及财务报表审计，以及我国目前的财政财务审计，都是以会计资料及其所反映的财务收支为主要对象的传统审计方式。其特点是实施这一审计是为了评价、确认、解脱受托的经营管理者在财务收支上的经济责任。审计的核心是审计评价经济责任的履行情况。而现代审计的对象主要是被审计单位的财政财务收支及其有关经济活动。20 世纪下半叶，为了适应经济的发展，审计的外延有所扩大。在西方出现了经营审计、管理审计、“三 E”(经济性——Economy、效果性——Effectiveness 和效率性——Efficiency)审计或绩效审计等等，以及在我国实施的经济效益审计，其审查对象都超出了原有的财政财务收支活动的范围，而扩展到了影响经济效益的生产经营管理等各个方面。而对被审计事项已实现和预计实现的经济效益进行事前事后的审计和评价，其中包括收支活动在内的各项经营管理活动的信息，除了会计资料外，还有计划、统计以及其他各种资料，如合同、协议、决策、预算、章程等。因而现代审计的对象既包括会计资料及其所反映的财务收支活动，也包括其他经济资料及其所反映的各项生产经营管理活动。其特点是实施这一审计是审查对象的扩展，是由于评价受托经营管理者的经济责任的扩大，它不但包括财务收支方面的经济责任，也包括与经济效益高低有关的各种经营管理方面的经济责任。根据我国干部制度现实需要，把经济审计方法引入对干部考核管理，建立任期经济责任审计，提拔前和离任时均要进行审计。特别是对经济部门、金融机构、企事业单位的领导干部必须进行审计。这就使我国审计范围更加扩大了。

根据我国《宪法》第 91 条和第 109 条的规定精神，以及《中华人民共和国审计法》的具体规定，我国国家审计对象的实体即被审计单位是指所有作为会计单位的中央和地方的各级财政部门、中央银行和国有金融机构、行政机关、国家的事业组织、国有企业、基本建设单位等。审计对象的主要内容包括上述部门的财政预算、信贷、财务收支(负债、资产、损益)和决算，以及与财政财务收支有关的经济活动及其经济效益。

根据《审计署关于内部审计工作的规定》，我国内部审计的对象是本部门、本单位及其所属单位的会计账目、相关资产，以及所反映的财政收支和财务收支活动。同时还包括本部门、本单位与境内外经济组织兴办合资、合作经营企业以及合作项目等的合同执行情况，投入资金、财产的经营状况及其效益。

根据《中华人民共和国注册会计师法》及有关规章的规定，我国社会审计的对象主要是社会审计组织，即会计师事务所，接受国家审计机关、企事业单位和个人的委托，可承办财务收支的审计查证事项，经济案件的鉴定事项，注册资金的验证和年检，以及会计、财务、税务和经济管理的咨询服务等。

尽管国家审计、内部审计、社会审计具体的对象有所不同，但从其内容和范围上说一般均包括被审计单位的会计资料及其他有关经济资料，以及所反映的财政收支、财务收支及相关的经济活动。即被审计单位的财政收支、财务收支及其有关的经营管理活动以及作为这些经济活动信息载体的财务报表和其他有关资料。所以，其所反映的被审计单位的财政收支、财务收支及其有关的经营管理活动是审计工作对象的本质。

1.1.4 审计的含义

审计发展至今，早已超越了查账的范畴，涉及对各项工作的经济性、效率性和效果性(即三 E)的查核。1972 年美国会计学会的《基础审计概念的说明》中对审计的定义是：“审计是为了查明经济活动和经济现象的表现与所定标准之间的一致程度而客观地收集和评价有关证据，并将其结果传达给有利害关系使用者的有组织的过程”。同年，美国审计总局对审计下的定义是：“审计一语，包括审查会计记录、财务事项和财务报表，但就审计总局的全部工作来说，它还包括如下内容：①查核各项工作是否遵守有关的法律和规章制度；②查核各项工作是否经济和有效率；③查核各项工作的结果，以便评价其是否已有效地达到了预期的结果(包括立法机构规定的目标)。”日本著名审计学者三泽一教授在《审计基础理论》一书中为审计所下的定义是：“审计是具有公正不伪立场的第三者就一定的对象必须查明的事项进行批评性的调查行为，还包含报告调查结果。”

审计定义是对审计实践的科学总结，是对审计这一客观事物特有属性的揭示。我国审计理论和实务工作者普遍认为：“审计是由独立的专职机构和人员，对被审计单位的财政、财务收支及其他经济活动的真实性、合法性和效益性进行审查和评判的独立的经济监督、鉴证和评价活动。”这个定义准确地说明了审计的本质，审计的主体、客体，审计的基本工作方式和主要目标。审计是一项具有独立性的经济监督、鉴证和评价活动，独立性是审计区别于其他经济监督的特征；审计的基本职能是监督、鉴证和评价，而且是经济监督、鉴证和评价，是以第三者身份所实施的监督、鉴证和评价。审计的主体是从事审计工作的专职机构或专职的人员，是独立的第三者，如国家审计机关、会计师事务所及其人员。审计的对象是被审计单位的财政、财务收支及其他经济活动，这就是说审计对象不仅包括会计信息及其所反映的财政、财务收支活动，还包括其他经济信息及其所反映的其他经济活动。审计的基本工作方式是审查评判，也即是搜集证据，查明事实，对照标准，做出好坏优劣的判断。审计的主要目标，不仅要审查评判会计资料及其所反映的财政、财务收支的真实性和合法性，而且还要审查评价有关经济活动的效益性。

就社会审计而言，财务报表审计是注册会计师的传统核心业务。财务报表审计是指注册会计师对财务报表是否不存在重大错报提供合理保证，以积极方式提出意见，增强除管理层之外的预期使用者对财务报表信赖的程度。

1.1.5 审计的分类

1. 审计分类方法

按照一定的标准，将性质相同或相近的审计活动归属于一种审计类型的做法，即为审计分类。对审计进行科学的分类，有利于加深对各种不同审计活动的认识，探索审计规律；有利于更好地组织审计工作，充分发挥审计的作用。研究审计的分类，是有效进行审计工作的一个重要条件。

审计分类的一般方法是：首先提出分类的标志，并根据每一种标志，确定归属其下的某几种审计；然后按照一定的逻辑程序，将各类审计有秩序地排列起来，形成审计类型的群体。从具体的分类方法上看，不外乎是单标准分类法和多标准分类法两种。

单标准分类法，即按照单一的标志而进行审计分类的方法。如按照被审计对象的范围、内容或审计的目的来分类，或者按照审计不同的方式来分类。1982 年 9 月联合国开发署与最高审计机关国际组织，把当时世界各国的审计工作按照审计的内容划分为财务审计、弊端审计、管理审计和综合审计。有些国家把审计按其实施方式，分为事先审计和事后审计、内部审计和外部审计、传统审计和效果审计。按照单标准进行审计分类，方法简单，主体突出，容易被人理解和掌握；但是审计类型容量小，没有弹性，不适应审计工作发展的需要。

多标准分类法，即是按照多种标志而进行审计分类的方法。按照分类标志排列不同，多标准分类法，又可以分为无层次分法和有层次分法两种。无层次分法，即为"一揽子"分法，有多少标志，就有多少审计类别，各种类别平行排列，形成无层次群体。如按照审计的目的、范围、内容、执行者、被审计单位、进行时间、组织方式、审计性质等多标志划分，并平行排列。这种方法少则按两个标志划分，多则按十多个标志划分，中间没有层次，很难被人掌握；又由于各人对各种标志理解的角度不同，其分法也各不相同。有层次分法，先按审计最基本的第一位特征，用粗线条分成若干大类，然后再按照更加具体的特征，将每一大类再进行细分，形成有层次的审计类别群体。如日本的三泽一先生将审计划分为重要类型和其他类型。重要类型按照审计的对象、人员、实施动机又可以再分；其他类型按照实施次序、时间、重点再分。我国审计理论界和实务界则通常就审计进行基本分类和其他分类。

2. 审计基本分类

(1) 按照审计的主体分类

按照不同的审计主体所实施的审计，审计可分为国家审计、部门和单位审计及社会审计。

①国家审计。国家审计一般是指国家组织和实施的审计，确切地讲是国家专设的审计机关所进行的审计。我国国务院审计署及派出机构和地方各级人民政府审计厅(局)所组织和实施的审计，均属于国家审计。我国国家审计机关代表政府实行审计监督，依法独立行使审计监督权。审计署有权对中央预算执行情况进行审计监督，地方各级审计机关有权对本级预算执行情况进行审计监督；审计署对中央银行的财务收支进行审计监督，审计机关对国有金融机构的资产、负债、损益，对国有资产占控股地位或者主导地位的企业，对国家建设项目预算的执行情况和决算，对社会保障基金、社会捐赠资金以及其他有关基金、资金的财务收支，对国际组织和外国政府援助、贷款项目的财务收支，有权进行审计监督；审计机关还有权对与国家财政收支有关的特定事项，向有关地方、部门、单位进行专项审计调查。国家审计机关还有要求报送资料权，监督检查权，调查取证权，建议纠正有关规定权，向有关部门通报或向社会公布审计结果权，经济处理权、处罚权，建议给予有关责任人员行政处分权以及一些行政强制措施权等。同时，国家审计机关还可以进行授权审计和委托审计。

②部门和单位审计。是指由本部门和本单位内部专职的审计组织，对系统内和单位内所实施的审计。该种审计属于内部审计，其审计组织独立于财会部门之外，直接接受本部门本单位最高负责人领导，并向他报告工作。部门和单位审计主要目的是查错防弊，改善经营，以提高管理素质和提高工作效率及经济效益。部门和单位审计所涉及的范围广泛，其审计方式也较为灵活，一般是根据本部门和本单位经营管理的需要而定。该种审计又可以进一步分为部门审计和单位审计。

部门审计，是指由政府部门或企业主管部门的审计机构或专职审计人员，对本部门及其所属单位的财政收支及经济活动所进行的审计监督。部门审计的主要任务是在贯彻执行国家审计机关和上级主管部门规定的任务的前提下，依照本部门工作需要，监督国家的方针、政策、法律、法规及本部门制度规定的贯彻执行；定期或不定期地组织对财政收支及经济核算质量的审计，借以维护财经法纪，提高核算质量和健全规章制度；经常性地开展经济效益审计，组织经验交流，总结教训，以促进本系统经济效益的提高；针对管理中出现的带普遍性的倾向性问题，进行行业同步审计，并根据审计出的问题进行综合研究，提出改进措施；正确组织和引导所属单位的内部审计工作。部门审计具有行业性强、针对性强以及灵活、及时的特征。比如部门审计可以根据本系统的特点和需要，组织同步审计、相互审计、对口审计、重点或专项审计，能及时地了解系统的经营状况，并能根据需要和可能采取必要的措施，纠正错误、改善经营。

单位审计是由企事业单位内部设置的审计机构或专职审计人员，对本单位范围的经济活动所进行的审计。

③社会审计。是指由社会，即注册会计师所进行的独立审计。我国社会审计组织主要是会计师事务所。会计师事务所主要承办审计业务和会计咨询、会计服务业务；此外，注册会计师还根据委托人的委托，从事审阅业务、其他鉴证业务和相关业务，并接受国家审计机关、政府其他部门、企业主管部门和企事业单位的委托，办理经济案件鉴定、纳税申报、可行性方案研究，以及财务收支、经济效益、经济责任等方面的审计。

(2)按照审计主体与被审计单位的隶属关系分类

按照审计主体与被审计单位的隶属关系，审计又可分为内部审计和外部审计。

①内部审计。是部门、单位实施内部监督，依法检查会计账目及其相关资产，监督财政收支和财务收支真实、合法、效益的活动。我国国务院各部门和地方人民政府各部门、国有的金融机构和企事业组织，以及法律、法规、规章规定的其他单位，依法实行内部审计制度，以加强内部管理和监督，遵守国家财经法规，促进廉政建设，维护单位合法权益，改善经营管理，提高经济效益。具体可参照上述部门和单位审计的内容。

根据新修订的《会计法》第三十七条规定，会计机构内部建立稽核制度。稽核是稽查和复核的简称。它由专职或兼职的会计人员承担会计稽核工作，对会计机构本身会计核算工作进行一种自我检查或审核，其目的在于防止会计核算工作中所出现的差错和有关人员的舞弊。稽核工作的主要内容包括稽核工作的组织形式和具体分工；稽核工作的职责、权限；审核会计凭证和复核会计账簿、会计报表的方法。稽核工作可分为全面稽核和重点稽核，事前审核和事后复核，日常稽核和临时稽核。会计稽核制度不同于单位的内部审计制度，单位审计制度是由在会计机构之外另行设置的内部审计机构或审计人员对会计工作进行再检查的一种制度。

②外部审计。是指独立于政府机关和企事业单位以外的国家审计机构所进行的审计，以及独立执行业务的会计师事务所接受委托进行的审计。由于这种审计是由本部门、本单位以外的审计组织以第三者身份独立进行的，所以具有公证、客观、不偏不倚的可能，因而具有公证的作用。

我国财政、银行、税务部门为了做好其本职工作，而对其管辖区各单位的业务(如税利上缴和信贷资金使用情况等)所进行的检查，不属于审计，更谈不上是外部审计，而只是经济监督中的财政监督、税务监督和信贷监督。企业主管部门的审计机构对所属单位进行审计，从形式上看是外部审计人员所进行的审计，但从行业系统上看，仍然属于内部审计。因为主管部门和所属企业总是有经济利益上的联系。外部审计虽然能不受干扰地进行彻底审查，具有较大的强制性，但不够及时，在大多数情况下均属于事后审计。

内部审计和外部审计总体目标是一致的，两者均是审计监督体系的有机组成部门。内部审计具有预防性、经常性和针对性，是外部审计的基础，对外部审计能起辅助和补充作用；而外部审计对内部审计又能起到支持和指导作用。由于内部审计机构和外部审计机构所处的地位不同，它们在独立性、强制性、权威性和公证作用方面又有较大的差别。

(3)按照审计的客体分类

按照审计的客体，即审计的目的和内容分类，审计可分为财政财务审计、经济效益审计和财经法纪审计。

①财政财务审计。也称为传统审计，在西方国家叫做财务审计或依法审计。它是指对审计单位财政财务收支活动和会计资料是否真实、正确、合法和有效所进行的审计。财政财务审计的主要内容是财政财务收支活动，目的是审查财政财务收支活动是否遵守财经方针、政策、财经法令和财务会计制度、会计原则，

是否按照经济规律办事，借以纠正错误，防止弊病，并根据审计结果，提出改进财政财务管理、提高经济效益的建议和措施。财政财务审计不仅要审核检查被审计单位的会计资料，而且要审核检查被审计单位的各项资金及其运动。财政财务审计，按照它的对象不同，又可分为财政预算审计、财政决算审计和财务收支审计。

②经济效益审计。在西方又称为三 E 审计，而最高审计机关国际组织（INTOSAI）则将由政府机关开展的经济效益审计称为“绩效审计”，是指审计机构对被审计单位或项目的经济活动，包括财政、财务收支活动的实现途径和程度所进行的审计，其目的是促进被审计单位改善经营管理，提高经济效益。审计的重点是各项计划指标、预期效果、决策方案的实现及措施，资源的合理利用、投资效果、物资节约、生产技术研究与开发程度及效益等。

③ 财经法纪审计。是指审计机构对被审计单位和个人严重违反财经法纪和财经纪律行为所进行的一种专项审计。如对贪污盗窃、侵占国家财产、重大损失浪费和损害国家利益的行为所进行的专项审计，就属于财经法纪审计。进行财经法纪审计的目的是，保护国家、集体和个人三者利益，保证国家的各项方针、政策及法律法规的贯彻和落实。财经法纪审计的特点是根据群众举报和会计资料中反映的问题，对有关人员在经济活动中的不法行为立案审查，以查清事实并确定问题的性质及责任。

综上所述，上述三类审计是有区别的，但又不能截然分开，通常，财政财务审计是审计的基础，经济效益审计是现代审计的根本目的，财经法纪审计是审计的重要内容，这三种审计存在于同一个审计过程，只有当审计进行到一定程度时才有侧重。

3. 审计其他分类

(1) 按照审计工作进行的时间分类

审计按其工作进行的时间分类，可分为事前审计、事中审计和事后审计。

①事前审计。是指经济业务发生以前所进行的审计。即对计划、预算的编制，以及对基本建设项目和固定资产投资决策的可行性研究等所进行的审计。其目的主要是审查计划、预算、投资决策等是否切实可行。事前审计的审计内容包括对财政预算、信贷计划、企业生产经营的计划和决策，如投资方案的可行性、固定资产的更新改造决策、产品生产或个别部件加工方案的选择等以及行政事业单位经费预算等。这种审计对于预防错误与舞弊，保证经济活动的合理性、有效性和会计资料的正确性，提出建设性意见，形成最佳决策方案，严格执行财经纪律，都具有积极的作用，所以又称预防性审计。

②事中审计。是指在计划、预算或投资项目执行过程中对其所发生的经济活动进行的审计。如费用预算、消耗定额执行过程的审计，基本建设项目施工阶段的审计，均属事中审计。事中审计，既是前一阶段经济活动的事后审计，又是后一阶段经济活动的事前审计。这种审计的优点是随时进行审查，随时发现错误和问题，随时进行纠正和控制，从而实现对经济活动的实时控制。事中审计一般适用于内部审计。也可以说，它是内部审计部门所进行的日常审计。

③事后审计。是指经济业务发生以后进行的审计。像财务报表审计这类传统的审计就属于事后审计。事后审计的适用范围十分广泛，主要是进行合法性、合规性、公允性和正确性审计。其目的主要是监督和评价被审计单位的财务收支及有关经济活动，会计资料和内部控制制度是否符合国家财经法规与财务会计制度的规定，是否符合会计准则和会计原理，从而确定或解除被审计单位的受托经济责任。

(2) 按照审计的范围分类

审计按其范围分类，可分为全部审计和局部审计。

①全部审计。也称全面审计，是指对被审计单位某一时期全部经济活动的真实性、合法性和效益性所进行的审计。全部审计的优点在于审查范围广泛，详细彻底，有利于全面评价被审计单位的经济活动，审计效果较好。缺点是工作量较大，费时费力，除了那些需要详查的重要案件外，一般不常采用。

②局部审计。也称部分审计或专题、专案审计，是指对部分会计资料及其所反映的经济活动的真实性、合法性和效益性所进行的审计。这类审计一般都有其特定的目的。所以其审查范围和内容只限于与其特定

目的有关的经济活动和会计资料，而不是它们的全部。故其对被审计单位所作的评价也是局部的，而不是全面的。由于局部审计具有一定的目的，所以，审计工作只要达到预定目的，就可以宣告结束。

(3)按照审计是否有确定的时间分类

审计按其是否有确定的时间分类，可分为定期审计和不定期审计。

①定期审计。是指每到一定时间都要进行的审计。较为常见的定期审计就是年度终了后，对被审计单位的财务报表和年度决算所进行的审计。定期审计一般是常年进行的，其第一次审计，叫做初次审计；以后各次审计，叫做继续审计。通常情况下，初次审计的工作量较大，以后的继续审计因有初次审计的档案资料(也称工作底稿)做基础，其工作量可适当减少。

②不定期审计。是指不确定审计时间，而临时进行的审计。这种审计一般都是由于特殊需要或临时任务，而进行的非计划内的审计。比如根据司法机关的委托，对某项案件进行专案审查等等，就属于不定期审计。

(4)按照执行审计的地点分类

审计按其执行审计的地点分类，可分为报送审计和就地审计。

①报送审计。或称送达审计。是指被审计单位将各项预算、计划、会计决算报表和其他有关资料等，按照规定的日期(月、季、年)送达审计机构进行审计。报送审计主要适用于政府审计机关对规模较小的单位执行的财务审计。这种审计的优点是节省人力、物力，缺点是不能实地观察、了解被审计单位的实际情况，不易从财务报告、报表资料中发现被审计单位的实际问题。

②就地审计。是指由审计机构派出审计人员到被审计单位进行的现场审计。就地审计可以深入实际进行调查研究，易于全面了解和掌握被审计单位的实际情况，是我国审计监督中使用最广泛的一种方式，是国家审计机关、内部审计部门和社会审计组织进行审计的主要类型。如经济效益审计和专题(案)审计等，就属于就地审计。

(5)按照审计工作是否受法律的约束分类

审计按其是否受法律的约束分类，可分为法定审计和非法定审计。

①法定审计。是指根据国家法律的规定，不论被审计单位是否愿意，都必须进行的审计。法定审计一般都具有强制性。如对财政收支的审计、上市公司年报的审计等。

②非法定审计。是指法律未予明确规定必须实施的审计。非法定审计往往是出于被审计单位自身的需要，要求审计机构执行的审计。如企业为取得银行贷款，委托注册会计师对其财务报表所进行的鉴证审计等。

(6)按照审计工作开始时是否通知被审计单位分类

审计按其审计工作开始时是否通知被审计单位分类，可分为通知审计和不通知审计。

①通知审计。也称预告审计。是指审计机构在审计工作开始前，预先通知被审计单位的一种审计形式。具体地说，审计机构根据审计工作计划，对被审计单位下达审计通知书，将审计日期、目的、内容等通知被审计单位，使其做好必要的准备，以便开展审计工作。这种审计通常适用于财务审计和经济效益审计。

②不通知审计。也称突击审计。是指审计机构事先不通知被审计单位，而是出其不意的以突击形式进行的审计。其目的是防止被审计单位或人员事先对其违法行为进行掩盖和弥补。这类审计一般适用于货币资金审计、财经法纪审计和其他专题(案)审计。突击审计因其不定期进行，实质上也属于不定期性质的审计。

(7)按照会计报告期进行审计分类

审计按照会计报告期进行审计分类，可分为期中审计和期末审计。

①期中审计。是指在会计报告期期中所进行的审计。其目的主要是在会计报告结束以前，通过期中审计及时发现问题，及早采取必要的措施纠正差错，同时也有利于减轻期末审计的负担。

②期末审计。是指在会计报告期期末所进行的审计。其目的主要是审查年度会计报告以及年度决算报告的真实性、合法性和会计处理方法的一贯性。

(8)按照审计证据的检查范围或数量分类

审计按照审计证据的检查范围或数量分类，可分为详细审计和抽样审计。

①详细审计。是指对被审计单位所审计年度内的全部会计资料包括凭证、账簿、报表等逐一进行审查。它的优点是审查全面、彻底，可收到较好的审计效果。缺点是费时费力，工作量较大。适用于小型的企事业单位以及因为被审计单位存在严重经济问题所进行的专案审计等。

②抽样审计。是指被审计单位所审计年度内的会计资料，按照一定的方法抽取一部分作为样本，通过样本检查结果来推断被审计单位的合法性、真实性和效益性所进行的审计。抽样审计的优点在于其审计效率较高。缺点是抽样审计的审计结论与被审计单位的实际情况会存在一些差异。抽样审计一般适用于规模较大、业务复杂、会计资料繁多以及管理基础工作好、内部控制制度较完善的单位。

(9)按照核算的手段分类

审计按照核算的手段分类，可分为手工登记的会计记录审计和电子计算机系统审计。

①手工登记的会计记录审计，是指以手工登记的会计记录为依据而进行的审计。具体地说，即以手工登记的凭证账表所反映的会计记录是否正确、真实，及其会计处理程序是否科学、合理为审计内容而进行的审计。我国的传统审计(如财政财务审计)就属于这一类审计。

②电子计算机系统审计。是指以电子计算机所反映的会计信息为依据而进行的审计。具体地说，就是以电子计算机系统的会计信息的正确性为审计对象的一种审计形式。目前，我国各行各业的核算手段基本上已经实现了从手工核算向计算机核算的过渡。因此，电子计算机系统审计已经日益显示出它的重要性。

(10)按审计模式分类

审计按其采用的模式分类，可以分为账项审计、制度基础审计和风险基础审计三类。这三类审计形式代表着审计技术的不同发展阶段，但是，即使在审计技术十分先进的国家，也往往是同时采用，无法割裂。而且，无论采用何种审计技术模式，在财务报表审计中最终都要用到许多共同的方法来检查报表项目金额的真实性和公允性。

①账项审计。是审计技术发展的第一阶段，是指顺着或逆着会计报表的生成过程，通过对会计账簿和凭证进行详细审阅，对会计账表之间的钩稽关系进行逐一核实，来检查是否存在会计舞弊行为或技术性错误。在进行财务报表审计，特别是专门的舞弊审计时，采用这种模式有利于做出可靠的审计结论。

②制度基础审计。是审计技术发展的第二阶段，建立在健全的内部控制系统可以提高会计信息质量的基础上。首先进行内部控制系统的测试和评价，当评价结果表明被审计单位的内部控制系统健全且运行有效、值得信赖时，可以在随后对报表项目的实质性测试工作中仅抽取小部分样本进行审查；反之，则需要扩大实质性测试的范围。这样能够提高审计的效率，有利于保证抽样审计的质量。

③风险基础审计。是审计技术的最新发展阶段。采用这种审计技术，审计人员一般是从对被审计单位委托审计的动机、经营环境、财务状况等方面进行全面的风险评估出发，利用审计风险模型，规划审计工作，积极运用分析性复核，力争将审计风险控制在可以接受的程度内。

1.1.6 审计的保证程度

注册会计师执行的业务通常分为鉴证业务和相关服务两类。鉴证业务是指注册会计师对鉴证对象信息提出结论，以增强除责任方之外的预期使用者对鉴证对象信息信任程度的业务，包括审计、审阅和其他鉴证业务。相关服务包括税务代理、代编财务信息、对财务信息执行商定程序等。

鉴证业务的保证程度分为合理保证和有限保证。合理保证的保证水平要高于有限保证的保证水平。

1. 合理保证

合理保证的鉴证业务的目标是注册会计师将鉴证业务风险降至该业务环境下可接受的低水平，以此作为以积极方式提出结论的基础。如在历史财务信息审计中，要求注册会计师将审计风险降至该业务环境下可接受的低水平、对审计后的历史财务信息、提供高水平保证(合理保证)，在审计报告中对历史财务信息采用积极方式提出结论。这种业务属于合理保证的鉴证业务。

2. 有限保证

有限保证的鉴证业务的目标是注册会计师将鉴证业务风险降至该业务环境下可接受的水平，以此作为以消极方式提出结论的基础。如在历史财务信息审阅中，要求注册会计师将审阅风险降至该业务环境下可接受的水平(高于历史财务信息审计中可接受的低水平)，对审阅后的历史财务信息提供低于高水平的保证(有限保证)，在审阅报告中对历史财务信息采用消极方式提出结论。这种业务属于有限保证的鉴证业务。

1.1.7 审计的要素

鉴证业务要素，是指鉴证业务的三方关系、鉴证对象信息、标准、证据和鉴证报告。

1. 三方关系

三方关系人分别是注册会计师、责任方和预期使用者。责任方与预期使用者可能是同一方，也可能不是同一方。注册会计师，是指取得注册会计师证书并在会计师事务所执业的人员，有时也指其所在的会计师事务所。注册会计师对由责任方负责的鉴证对象或鉴证对象信息提出结论，以增强除责任方之外的预期使用者对鉴证对象信息的信任程度。预期使用者是指预期使用鉴证报告的组织或人员。责任方可能是预期使用者，但不是唯一的预期使用者。

2. 鉴证对象信息

鉴证对象信息，简称鉴证对象，最典型的鉴证对象就是财务报表，具有多种不同的表现形式，如财务或非财务的业绩或状况、物理特征、系统与过程、行为等。不同的鉴证对象具有不同特征，常常表现为定性或定量、客观或主观、历史或预测、时点或期间。这些特征将对下列方面产生影响：①按照标准对鉴证对象进行评价或计量的准确性；②证据的说服力。

3. 标准

标准，即财务报表编制基础，是指用于评价或计量鉴证对象的基准，当涉及列报时，还包括列报的基准。标准是鉴证业务中不可或缺的一项要素。运用职业判断对鉴证对象做出评价或计量，离不开适当的标准。如果没有适当的标准提供指引，任何个人的解释甚至误解都可能对结论产生影响，这样一来，结论必然缺乏可信性。

4. 证据

获取充分、适当的证据是注册会计师提出鉴证结论的基础。注册会计师应当以职业怀疑态度计划和执行鉴证业务，获取有关鉴证对象信息是否不存在重大错报的充分、适当的证据。

5. 鉴证报告

鉴证报告包括审计报告、审阅报告等，注册会计师应当针对鉴证对象信息(或鉴证对象)在所有重大方面是否符合适当的标准，以书面报告的形式发表能够提供一定保证程度的结论。注册会计师应当出具含有鉴证结论的书面报告，该鉴证结论应当说明注册会计师就鉴证对象信息获取的保证。注册会计师应当考虑其他报告责任，包括在适当时与治理层沟通。

1.1.8 审计的组织体系

1. 我国注册会计师考试与注册登记

在我国获得注册会计师资格，首先要通过考试，我国于 1991 年起施行了注册会计师全国统一考试制度，

1994 年起，通过注册会计师考试成为了取得注册会计师资格的前提；并在此基础上还要求有一定的实际工作经验。只有同时具备这两个条件，才可以向有关部门申请注册，经审核后，领取统一颁发的执业注册会计师证书，成为一名正式的中国注册会计师。

(1) 报考条件

根据《中华人民共和国注册会计师法》和《注册会计师全国统一考试办法》的规定，具有下列条件之一的中国公民，可报名参加考试：

①高等专科以上学历；

②会计或者相关专业(指审计、统计、经济)中级以上专业技术职称。

报名参加中国注册会计师考试，必须提供学历证书或专业技术职称证书，经报名点工作人员审核无误后，交近期免冠照片若干张，并填报相关报名信息。报名人员经全国考试委员会办公室对其报名资格审查后，填涂《注册会计师全国统一考试报名信息卡》，由全国考试委员会办公室于考前发给准考证。

(2) 考试的组织管理

全国考试委员会负责制定与考试有关的方针、政策，全面领导和组织考试工作。全国考试委员会办公室在全国考试委员会的领导下，负责考试的具体组织和实施，并指导各地方考试委员会办公室的工作。全国考试委员会办公室设在中国注册会计师协会。

各省、自治区、直辖市财政厅(局)根据《中华人民共和国注册会计师法》等规定，成立本地区考试委员会及其办公室，负责领导并组织本地区的注册会计师考试工作。

(3) 考试科目和成绩认定

我国的注册会计师考试都采用闭卷、笔试的方式进行。1991 年开始的全国注册会计师统一考试的考试科目为会计、审计、财务管理和经济法；1995 年起将税法从原经济法中分离出来，单独设置科目；1999 年将财务管理科目改为财务成本管理科目，增加了成本核算的内容；2009 年 1 月 15 日，《注册会计师考试制度改革方案》发布，该方案将注册会计师考试改为“两个阶段”、“6+1”的模式。意思是在延续现行的会计、审计、财务成本管理、经济法和税法的基础上，增设公司战略与风险管理，主要是为了测试考生是否具备注册会计师执业所需的专业知识，是否掌握基本技能和职业道德要求，此被称为“两个阶段”的第一阶段，亦称专业阶段，“6+1”的“6”；第二阶段则被称为综合阶段，设综合一科，主要是为了测试考生是否具备在注册会计师执业环境中运用专业知识，保持职业价值观、职业态度与职业道德，有效解决实务问题的能力。

考生在通过第一阶段的全部考试科目后，才能参加第二阶段的考试。两个阶段的考试，每年各举行一次。第一阶段的单科合格成绩五年内有效，对在连续五年内取得的第一阶段六个科目合格成绩的考生，发放专业阶段合格证。第二阶段考试科目应在取得专业阶段合格证后五年内完成。对取得第二阶段考试合格成绩的考生，发放全科合格证。

(4) 注册登记

通过注册会计师考试全科成绩合格的，均可取得申请加入注册会计师协会成为非执业会员的资格。要想获得执业会员资格，根据《中华人民共和国注册会计师法》的规定，必须要加入一家会计师事务所，并且从事两年以上的审计业务工作。具备这些条件的申请人，可以向省、自治区、直辖市注册会计师协会申请注册。省级注册会计师协会负责注册会计师的审批，受理的注册会计师协会应当批准符合法律规定条件的申请人的注册，并报送财政部、中国注册会计师协会备案，抄报所在地的省、自治区、直辖市人民政府财政部门，并将准予注册人员的名单在全国性报刊或者相关网站上予以公告。

2. 注册会计师的业务范围

根据《中华人民共和国注册会计师法》的规定，注册会计师依法承办审计业务和会计咨询、会计服务业务。此外，注册会计师还根据委托人的委托，从事审阅业务、其他鉴证业务和相关服务业务。

(1) 审计业务

①审查企业会计报表，出具审计报告；

②验证企业资本，出具验资报告；

③办理企业合并、分立、清算事宜中的审计业务，出具有关的报告；

④法律、行政法规规定的其他审计业务，出具相应的审计报告。在实际工作中，注册会计师还可以根据国家法律、行政法规的规定接受委托，对以下特殊目的业务进行审计：按照企业会计准则和相关会计制度以外的其他基础（简称特殊基础）编制的财务报表；财务报表的组成部分；合同的遵守情况；简要财务报表。

(2) 审阅业务

审阅业务的目标，是注册会计师在实施审阅程序的基础上，说明是否注意到某些事项，使其相信财务报表没有按照适用的会计准则的规定编制，未能在所有重大方面公允反映被审阅单位的财务状况、经营成果和现金流量。

相对审计而言，审阅程序简单，保证程度有限，审阅成本也较低。

(3) 其他鉴证业务

除了审计和审阅业务外，注册会计师还承办其他鉴证业务，如预测性财务信息审核、系统鉴证等，这些鉴证业务可以增强使用者的信任程度。

我国注册会计师承办的业务范围较为广泛，既有针对历史财务信息的审计和审阅业务，又有历史财务信息以外的其他鉴证业务，比如内部控制审核、预测性财务信息的审核等等。

(4) 相关服务

相关服务包括对财务信息执行商定程序、代编财务信息、税务服务、管理咨询以及会计服务等。

①对财务信息执行商定程序。对财务信息执行商定程序，是注册会计师对特定财务数据、单一财务报表或整套财务报表等财务信息执行与特定主体商定的具有审计性质的程序，并就执行的商定程序及其结果出具报告。

②代编财务信息。代编财务信息，是注册会计师运用会计而非审计的专业知识和技能，代客户编制一套完整或非完整的财务报表，或代为收集、分类和汇总其他财务信息。

③税务服务。税务服务包括税务代理和税务筹划。需要注意的是，税务服务和税务审计是不同的，后者为鉴证业务范畴。

④管理咨询。管理咨询服务范围很广，主要包括对公司治理结构、信息系统、预算管理、人力资源管理、财务会计、经营效率、效果和效益等提供诊断及专业意见与建议。

⑤会计服务。注册会计师提供的会计咨询和会计服务业务，除了代编财务信息外，还包括对会计政策的选择和运用提供建议、担任常年会计顾问等。

3. 会计师事务所的组织形式

会计师事务所是注册会计师依法承办业务的机构。目前，我国会计师事务所主要有以下三种形式：

(1) 合伙型会计师事务所（普通合伙）

这里的合伙指无限合伙。无限合伙制的会计师事务所是由两位或两位以上的注册会计师组成的合伙组织。会计师事务所的债务，由合伙人按出资比例或协议约定以各自的财产承担责任，且合伙人对会计师事务所的债务承担无限连带责任。随着商品经济的发展，企业规模扩大，会计师事务所的组织形式逐渐由独资型向合伙型转变。

(2) 有限责任合伙型会计师事务所（特殊普通合伙）

20 世纪 90 年代，有 60%的公司倒闭后引起了社会对会计师事务所的诉讼，各无限合伙型会计师事务所所面对的诉讼案件成倍增长，付出的诉讼赔款占审计总成本的比例急剧上升。为保障注册会计师职业的持续发展。有限合伙型会计师事务所成为国际发展趋势。

有限责任合伙制与无限责任合伙制的区别在于偿债责任有所不同。无限责任合伙制的会计师事务所在偿债责任方面，不论是由于经营管理工作造成的负债还是由于作为合伙人和不作为合伙人的注册会计师职业性违规造成的负债，每一位合伙人均要对事务所的债务承担连带责任。即当事务所的资产不足以清偿债务时，每一位合伙人均有责任用其个人财产去清偿全部债务。而债权人也有权要求任何一位合伙人用其个人财产清偿全部债务。因此，当某一位合伙人或不作为合伙人的注册会计师因职业性违规给事务所造成负债，而事务所资产又不足以清偿时，除有过错合伙人自己要承担责任之外，其他无过错合伙人也要承担连带责任。这对其他无过错的合伙人来说很不公平。因此，国际上会计师事务所正从现在的"无限责任合伙人制"转为"有限责任合伙制"。1994 年 7 月世界"六大"会计师事务所中的"安永"、"永道"和"普华"三家事务所在纽约联合宣言：各会计师事务所从现行的"无限责任合伙制"转变为"有限责任合伙制"。到 1995 年底，"六大"会计师事务所全部在美国完成转型。

有限责任合伙制是为克服无限责任合伙制的某些缺陷而产生的。有限责任合伙制的会计师事务所在偿债方面有其特点：属于经营管理工作造成的负债，合伙人要对事务所负连带责任；而属于合伙人职业性违规造成的负债有过错合伙人要承担无限连带责任，无过错合伙人不承担连带责任；若属于不作为合伙人的注册会计师职业性违规给事务所造成的负债，则每一位合伙人都因为无过错而不承担连带责任。这样的体制既在一定程度上保护了客户的经济利益，又在更大程度上保护了无过错合伙人的利益。

(3)有限责任公司会计师事务所

美国各州都通过立法，允许工商企业选择有限责任公司制，从而成为会计师可选择的经营形式。这种形式集中了普通合伙制和普通公司制的优点。有限责任公司制股东的债务责任类似普通公司制，股东以其出资份额为限承担有限责任，而普通合伙制的合伙人则要承担无限连带责任。但就缴纳所得税而言，如果有限责任公司不具备两个以上的以下特征，则以合伙企业对待：①有限责任制；②股份可自由转让；③持续经营；④集中化管理。

4. 注册会计师行业管理

中国注册会计师协会成立于 1988 年 11 月 15 日。根据《中华人民共和国注册会计师法》，中国注册会计师协会是注册会计师行业的全国组织，接受财政部、民政部的监督、指导。省、自治区、直辖市注册会计师协会是注册会计师行业的地方组织。

中国注册会计师协会最高权力机构为全国会员代表大会，全国会员代表大会选举产生理事会。理事会选举产生会长、副会长、常务理事会，理事会设若干专门委员会和专业委员会。

中国注册会计师协会的主要职责：

(1)管理本会会员，指导地方注册会计师协会办理注册会计师注册；

(2)注册会计师执业准则、规则，监督、检查实施情况；

(3)对注册会计师的任职资格、注册会计师和会计师事务所的执业情况进行年度检查；

(4)行业自律管理规范，对违反行业自律管理规范的行为予以惩戒；

(5)组织实施注册会计师全国统一考试；

(6)组织和推动会员培训工作；

(7)组织业务交流，开展理论研究，提供技术支持；

(8)开展注册会计师行业宣传；

(9)协调行业内、外部关系，支持会员依法执业，维护会员合法权益；

(10)代表中国注册会计师行业开展国际交往活动；

(11)指导地方注册会计师协会工作；

(12)办理法律、行政法规规定和国家机关委托或授权的其他有关工作。

1.2 审计目标

1.2.1 审计的总体目标

《中国注册会计师审计准则第 1101 号——注册会计师的总体目标和审计工作的基本要求》第二十五条规定：审计的总体目标是：(1)对财务报表整体是否不存在由于舞弊或错误导致的重大错报获取合理保证，

使得注册会计师能够对财务报表是否在所有重大方面按照适用的财务报告编制基础编制发表审计意见；(2)按照审计准则的规定，根据审计结果对财务报表出具审计报告，并与管理层和治理层沟通。在任何情况下，若不能获取合理保证，并在审计报告中发表保留意见也不足以实现向预期使用者报告的目的，注册会计师应按照审计准则的规定出具无法表示意见的审计报告，或者在法律法规允许的前提下终止审计业务，或者解除业务约定。

注册会计师是否按照审计准则的规定执行审计工作，取决于注册会计师在具体情况下实施的审计程序，由此获取的审计证据的充分性和适当性，以及根据总体目标和对审计证据的评价结果而出具审计报告的恰当性。

审计准则作为一个整体，为注册会计师执行审计工作以实现审计的总体目标提供了标准。同时也规范了注册会计师的一般责任以及在具体方面履行这些责任时的进一步考虑，每项审计准则都明确了规范的内容、适用的范围和生效的日期。在执行审计工作时，除遵守审计准则外，注册会计师可能还需要遵守法律法规的规定。

1. 审计准则的内容

每项审计准则通常由总则、定义、目标、要求(常用“应当”表述)和附则五个章节构成。总则提供了与理解审计准则相关的背景资料。每一项审计准则还配有应用指南。每一项审计准则及应用指南中的所有内容都与理解该项准则中表述的目标和恰当应用该指南的要求相关联。应用指南对审计准则的要求提供了进一步解释，并为如何执行这些要求提供了指引。应用指南提供了审计准则所涉及事项的背景资料，更为清楚地解释审计准则要求的确切含义或所针对的情形，并举例说明适合具体情况的程序。应用指南本书并不对注册会计师提出要求，但与恰当执行审计准则对注册会计师提出的要求是相关联的。

审计准则的总则可能对下列事项进行说明：①审计准则的目的和范围，包括与其他审计准则的关系；②审计准则涉及的审计事项；③就审计准则涉及的审计事项，注册会计师和其他人员各自的责任；④审计准则的制定背景。

审计准则以“定义”为标题单设一章，用来说明审计准则中某些术语的含义。提供这些定义有助于保持审计准则应用和理解的一致性，而非旨在超越法律法规为其他目的对相关术语给出定义。

2. 审计准则的目标

每项审计准则均包含一个或多个目标，这些目标将审计准则的要求与注册会计师的总体目标联系起来。每项审计准则规定目标的作用在于，使注册会计师关注每项审计准则预期实现的结果。这些目标足够具体，可以帮助注册会计师：①理解所需完成的工作，以及在必要时为完成这些工作使用的恰当手段；②确定在审计业务的具体情况下是否需要完成更多的工作以实现目标。注册会计师需要将每一项审计准则规定的目标与总体目标联系起来进行理解。

3. 审计准则的要求

注册会计师需要考虑运用“目标”决定是否需要实施追加的审计程序。审计准则的要求，旨在使注册会计师能够实现审计准则规定的目标，进而实现注册会计师的总体目标。故注册会计师恰当执行审计准则的要求，预期会为其实现目标提供充分的基础。然而，由于各项审计业务的具体情况存在很大差异，并且审计准则不可能预想到所有的情况，注册会计师有责任确定必要的审计程序，以满足审计准则的要求和实现目标。针对某项业务的具体情况，可能存在一些特定事项，需要注册会计师实施审计准则要求之外的审计程序，以实现审计准则规定的目标。

在注册会计师的总体目标下，注册会计师需要运用审计准则规定的目标以评价是否已获取充分、适当的审计证据。如果根据评价的结果认为没有获取充分、适当的审计证据，那么注册会计师可以采取下列一项或多项措施：①评价通过遵守其他审计准则是否已经获取或将会获取进一步的相关审计证据；②在执行一项或多项审计准则的要求时，扩大审计工作的范围；③实施注册会计师根据具体情况认为必要的其他程序。若这些措施在具体情况下均不可行或无法实施，注册会计师将无法获取充分、适当的审计证据。在这种情况下，审计准则就要求注册会计师确定对审计报告或完成该项业务的能力的影响。

1.2.2　审计的具体目标

1. 被审计单位管理层的认定

要掌握明确具体审计目标的内容，首先要了解认定的概念。何谓认定？认定是指管理层对财务报表组成要素的确认、计量、列报做出的明确或隐含的表达。认定与审计目标密切相关，注册会计师的基本职责就是确定被审计单位管理层对其财务报表的认定是否恰当。

从财务报表审计的角度，我们可以将财务报表各组成要素，视为被审计单位管理层做出的认定。这些要素包括各类交易、账户余额、列报和披露。管理层对财务报表中的认定有些是明确表达的，有些则是隐含表达的。以管理层在资产负债表中列报的货币资金及其金额为例，意味着已经做出了明确认定的内容：①记录的货币资金是存在的；②货币资金以恰当的金额包括在财务报表中，与之相关的计价或分摊调整已经恰当记录。同时，意味着已经做出了隐含认定的内容：　①所有应当记录的货币资金均已记录；②记录的货币资金都由被审计单位拥有。

管理层对财务报表各组成要素均做出了认定，注册会计师的审计工作就是要确定管理层的认定是否恰当。关于管理层的认定的具体内容，将结合下面的具体审计目标予以介绍。

2. 具体审计目标

注册会计师了解了认定，就很容易确定每个项目的具体审计目标，并以此作为评估重大错报风险以及设计和实施进一步审计程序的基础。

(1)与各类交易和事项相关的审计目标

①发生。发生认定是指记录的交易和事项已经发生，且与被审计单位有关。由发生认定推导的审计目标是确认已经记录的交易是真实的。可以想见，如果没有发生销售交易，但在销售收入的明细账中记录了一笔销售，就意味着违反了该目标。发生认定所要解决的问题是管理层是否把那些不曾发生的项目列入财务报表，主要与财务报表组成要素的高估有关。

②完整性。完整性认定是指所有应当记录的交易和事项均已经记录。由完整性认定推导的审计目标是确认已经发生的交易确实已经记录。同样道理，如果发生了销售交易，但没有在相应的销售收入明细账和总账中予以恰当的记录，就意味着违反了该目标。

由发生认定推导出的审计目标和由完整性认定推导出的审计目标，强调的是相反的关注点。发生目标针对潜在的高估，而完整性目标针对漏记交易，即低估。

③准确性。准确性认定是指与交易和事项有关的金额及其他数据已经恰当记录。由准确性认定推导出的审计目标是确认已经记录的交易是按正确金额反映的。可以这样理解，如果在销售交易中，发出的商品数量与账单上的数量不符，或是开账单时使用了错误的销售价格，或是账单中的乘积、加总有误，或是在销售收入明细账中记录了错误的金额，就意味着违反了该目标。

由准确性认定推导出的审计目标与由发生、完整性认定推导出的审计目标之间存在区别。举例为证，若已经记录的销售交易是不应当记录的，假设发出的商品是寄售商品，则即使发票金额是准确计算的，仍违反了发生目标；再举例，若已经入账的销售交易是对准确发出商品的记录，但计算金额有误，则违反了准确性目标，但没有违反发生目标。完整性和准确性之间也存在类似的关系。

④截止。截止认定是指交易和事项已记录于正确的会计期间。由截止认定推导出来的审计目标是确认接近于资产负债表日的交易记录于恰当的期间。可以这样理解，如果本期交易推迟到下期，或是下期交易提前到本期，就意味着违反了该目标。

⑤分类。分类认定是指交易和事项已经记录于恰当的账户。由分类认定推导出来的审计目标是确认被审计单位记录的交易经过适当分类。举例说明，如果将现销记录为赊销，将出售经营性固定资产所得的收

入记录为营业收入，就意味着交易分类的错误，违反了该目标。

(2)与期末账户余额相关的审计目标

①存在。存在认定是指记录的资产、负债和所有者权益是存在的。由存在认定推导出来的审计目标是记录的金额确实存在。可以这样理解，如果不存在某顾客的应收账款，在应收账款试算平衡表中却列入了对该顾客的应收账款，就违反了该目标。

②权利和义务。权利和义务认定是指记录的资产由被审计单位拥有或控制，记录的负债是被审计单位应当履行的偿还义务。由权利和义务认定推导出来的审计目标是资产归属于被审计单位，负债属于被审计单位的义务。可以想见，若将他人寄售的商品记入被审计单位的存货中，就意味着违反了权利的目标；而将不属于被审计单位的债务入账，则意味着违反了义务的目标。

③完整性。完整性认定是指所有应当记录的资产、负债和所有者权益均已经记录。由完整性认定推导出来的审计目标是已存在的金额均已经记录。举例说明，如果存在某顾客的应收账款，在应收账款试算平衡表中却没有列入对该顾客的应收账款，就意味着违反了完整性目标。

④计价和分摊。计价与分摊认定是指资产、负债和所有者权益以恰当的金额包括在财务报表中，与之相关的计价或分摊调整已经恰当记录。由计价和分摊推导出来的审计目标强调的是期末账户余额的正确、合理和恰当。

(3)与列报相关的审计目标

各类交易和账户余额的认定正确只是为列报正确打下必要的基础，财务报表还可能因被审计单位误解有关列报的规定或舞弊等而产生错报。另外，还可能因被审计单位没有遵守一些专门的披露要求而导致财务报表错报。所以，即使注册会计师审计了各类交易和账户余额的认定，实现了各类交易和账户余额的具体审计目标，也不意味着获取了足以对财务报表发表审计意见的充分、适当的审计证据。因此，注册会计师还应当对各类交易、账户余额及相关事项在财务报表中列报的正确性实施审计。

①发生以及权利和义务。发生以及权利和义务认定是指披露的交易、事项和其他情况已经发生，且与被审计单位有关。由该认定推导出的审计目标要求，如果将没有发生的交易、事项，或与被审计单位无关的交易和事项包括在财务报表中，就意味着违反了该目标。比如，复核董事会会议记录中是否记载了固定资产抵押等事项，询问管理层固定资产是否被抵押，即是对列报的权利认定的运用。如果抵押固定资产则需要在财务报表中列报，说明其权利受到限制。

②完整性。完整性认定是指所有应当包括在财务报表中的披露均已经包括。由该认定推导出的审计目标要求，如果应当披露的事项没有包括在财务报表中，就意味着违反了该目标。举例说明，检查关联方和关联交易，以验证其在财务报表中是否得到充分披露，即是对列报的完整性认定的运用。

③分类和可理解性。分类和可理解性认定是指财务信息已被恰当地列报和描述，且披露内容表述清楚。可以这样理解，检查存货的主要类别是否已经披露，是否将一年内到期的长期负债列为流动负债，即是对列报的分类和可理解性认定的运用。

④准确性和计价。财务信息和其他信息已公允披露，且金额恰当。可以这样理解，检查财务报表附注是否分别对原材料、在产品和产成品等存货成本核算方法作了恰当说明，就是对列报的准确性和计价认定的运用。

1.2.3 审计的基本要求

1. 遵守职业道德要求

注册会计师行业是诚信行业，整个社会对行业从业人员的职业精神、职业技能、职业纪律和职业作风的期望很高。制定并遵循一套行业职业道德规范，是注册会计师维护行业形象，取信于社会公众的基础。《中国注册会计师职业道德规范指导意见》(会协[2002]160 号)要求注册会计师在执行鉴证业务时，恪守独立、客观、公正的原则，保持专业胜任能力和应有的关注，并对执业过程中获知的信息保密。其中，就注册会计师审计服务而言，应有的关注是指其应当以勤勉尽责的态度执行审计业务，并保持职业怀疑态度，运用其专业知识、技能和经验，获取和客观评价审计证据。

2. 合理运用职业判断

注册会计师审计的职业判断是指其在审计准则的框架内，运用专业知识和经验在备选方案中做出决策。被审计单位的具体情况千差万别，审计准则不可能针对所有可能遇到的情况规定对应的审计程序。因此，在审计过程中，注册会计师运用职业判断至关重要。注册会计师在确定审计程序的性质、时间和范围，评价审计证据，得出审计结论和形成审计意见时，都离不开职业判断。离开了职业判断，审计就成为简单机械地执行审计程序的过程。注册会计师在确定拟实施的审计程序时，在审计准则规定的审计程序基础上，要根据职业判断确定并实施为实现审计目标而需要的其他审计程序。

3. 保持职业怀疑态度

职业怀疑态度并不要求注册会计师假设管理层是不诚信的，但是也不能假设管理层是诚信的。职业怀疑态度要求注册会计师凭证据“说话”。职业怀疑态度意味着注册会计师在进行询问和实施其他审计程序时，不能因轻信管理层和治理层的诚信而满足于说服力不够的审计证据。相反，为得出审计结论，注册会计师不应使用管理层、治理层声明替代应当获取的充分、适当的审计证据。比如注册会计师不能仅凭管理层声明，而对重要的存货不实施监盘程序就得出存货余额存在的结论。职业怀疑态度要求注册会计师，以质疑的思维方式评价审计中证据的有效性，对相互矛盾的证据追加审计程序，对可靠性产生怀疑的审计证据保持警觉。

1.3 审计风险

审计风险是指财务报表存在重大错报而注册会计师发表不恰当审计意见的可能性。审计风险并不包含这种情况，即财务报表不含有重大错报，而注册会计师错误地发表了财务报表含有重大错报的审计意见的风险。可接受的审计风险的确定，需要考虑会计师事务所对审计风险的态度、审计失败对会计师事务所可能造成的损失的大小因素。其中，审计失败对会计师事务所可能造成的损失的大小又受所审计财务报表的用途、使用者的范围等因素的影响。但必须注意，审计业务是一种保证程度高的鉴证业务，可接受的审计风险应当足够低，以使注册会计师能够合理保证所审计财务报表不含有重大错报。审计风险取决于重大错报风险和检查风险。

1.3.1 重大错报风险

重大错报风险是指财务报表在审计前存在重大错报的可能性。在设计审计程序以确定财务报表整体是否存在重大错报时，注册会计师应当从财务报表层次和各类交易、账户余额、列报（包括披露，下同）认定层次考虑重大错报风险。《中国注册会计师审计准则第 1211 号——了解被审计单位及其环境并评估重大错报风险》对注册会计师如何评估财务报表层次和各类交易、账户余额、列报（包括披露，下同）认定层次考虑重大错报风险提出了详细的要求。

1. 两个层次的重大错报风险

财务报表层次重大错报风险与财务报表整体存在广泛联系，它可能影响多项认定。此类风险通常与控制环境有关，如管理层缺乏诚信、治理层形同虚设而不能对管理层进行有效监督等；但也可能与其他因素有关，如经济萧条、企业所处行业处于衰退期。此类风险难以被界定于某类交易、账户余额、列报的具体认定，相反，此类风险增大了一个或多个不同认定发生重大错报的可能性。此类风险对注册会计师考虑由舞弊引起的风险特别相关。

注册会计师同时考虑各类交易、账户余额、列报认定层次的重大错报风险，考虑的结果直接有利于注册会计师确定认定层次上实施的进一步审计程序的性质、时间和范围。注册会计师在各类交易、账户余额、列报认定层次获取审计证据，以便在审计工作完成时，以可接受的低审计风险水平对财务报表整体发表意见。《中国注册会计师审计准则第 1231 号——针对评估的重大错报风险实施的程序》对注册会计师针对评估的认定层次重大错报风险如何设计和实施进一步的审计程序，提出了详细的要求。

2. 固有风险和控制风险

认定层次的重大错报风险又可进一步细分为固有风险和控制风险。

固有风险是指在考虑相关的内部控制之前，某类交易、账户余额或披露的某一认定易于发生错报（该错报单独或连同其他错报可能是重大的）的可能性。某些类别的交易、账户余额和披露及其认定，固有风险较高。比如复杂的计算比简单的计算更可能出错；受重大计量不确定性影响的会计估计发生错报的可能性较大。产生经营风险的外部因素也可能影响固有风险，比如技术进步可能导致某项产品陈旧，进而导致存货易于发生高估错报（计价认定）。被审计单位及其环境中的某些因素还可能与多个甚至所有类别的交易、账户余额、披露有关，进而影响多个认定的固有风险。这些因素包括维持经营的流动资金匮乏、被审计单位处于夕阳行业等。

控制风险是指某类交易、账户余额或披露的某一认定发生错报，该错报单独或连同其他错报是重大的，但没有被内部控制及时防止、发现和纠正的可能性。控制风险取决于与财务报表编制有关的设计和运行的有效性。由于控制的固有局限性，某种程度的控制风险始终存在。

需要特别说明的是，由于固有风险和控制风险不可分割地交织在一起，有时无法单独进行评估，审计准则通常不再单独提到固有风险和控制风险，而只是将这两者合并称为“重大错报风险”。但这并不意味着，注册会计师不可以单独对固有风险和控制风险进行评估。相反，注册会计师既可以单独对两者进行评估，也可以对两者进行合并评估。具体采用的评估方法取决于会计师事务所偏好的审计技术和方法及实务上的考虑。

1.3.2 检查风险

检查风险是指如果存在某一错报，该错报单独或连同其他错报可能是重大的，注册会计师将审计风险降至可接受的低水平而实施程序后没有发现这种错报的风险。检查风险取决于审计程序设计的合理性和执行的有效性。由于注册会计师通常并不对所有的交易、账户余额和披露进行检查，以及其他原因，检查风险不可能降低为零。其他原因包括注册会计师可能选择了不恰当的审计程序、审计程序执行不当，或者错误理解了审计结论。这些其他因素可以通过适当计划、在项目组成员之间进行恰当的职责分配、保持职业怀疑态度以及监督、指导和复核助理人员所执行的审计工作得以解决。

1.3.3 检查风险与重大错报风险的关系

在既定的审计风险水平下，可接受的检查风险水平与认定层次重大错报风险的评估结果成反向关系。评估的重大错报风险越高，可接受的检查风险越低；评估的重大错报风险越低，可接受的检查风险越高。检查风险与重大错报风险的反向关系用数学模型表示如下：

$$审计风险=重大错报风险\times检查风险$$

这个模型也就是审计风险模型。假设针对某一认定，注册会计师将可接受的审计风险水平设定为 5%，注册会计师实施风险评估程序后将重大错报风险评估为 25%，则根据这一模型，可接受的检查风险为 20%。当然，在实务中，注册会计师不一定用绝对数量表达这些风险水平，而选用“高”、“中”、“低”等文字描述。

注册会计师应当合理设计审计程序的性质、时间和范围，并有效执行审计程序，以控制检查风险。上例中，注册会计师根据确定的可接受的检查风险（20%），设计审计程序的性质、时间和范围。在很大程度上，审计计划将围绕确定审计程序的性质、时间和范围而展开。

1.3.4 审计的固有限制

注册会计师不可能将审计风险降至零，因此不能对财务报表不存在由于舞弊或错误导致的重大错报获取绝对保证。这是由于审计存在固有限制，导致注册会计师据以得出结论和形成审计意见的大多数审计证据是说服性而非结论性的。审计的固有限制源于以下三个因素。

1. 财务报告的性质

管理层编制财务报表，需要根据被审计单位的事实和情况运用适用的财务报告编制基础的规定，在这一过程中需要做出判断。此外，许多财务报表项目涉及主观决策、评估或一定程度的不确定性，并且可能存在一系列可接受的解释或判断；因此，某些财务报表项目的金额本身就存在一定的变动幅度，这种变动幅度不能通过实施追加的审计程序来消除。比如某些会计估计就通常如此。即便如此，审计准则要求注册会计师特别考虑在适用的财务报告编制基础下会计估计是否合理，相关披露是否充分，会计实务的质量是否良好(包括管理层判断是否可能存在偏向)。

2. 审计程序的性质

注册会计师获取审计证据的能力受到实务和法律上的限制，比如：①管理层或其他人员可能有意或无意地不提供与财务报表编制相关的或注册会计师要求的全部信息；因此，即使实施了旨在保证获取所有相关信息的审计程序，注册会计师也不能保证信息的完整性。②舞弊可能涉及精心策划和蓄意实施以进行隐瞒；因此，用以收集审计证据的审计程序可能对于发现舞弊是无效的。③审计不是对涉嫌违法行为的官方调查；因此，注册会计师没有被授予特定的法律权力(比如搜查权)，而这种权力对调查是必要的。

3. 在合理的时间内以合理的成本完成审计的需要

为了在合理的时间内以合理的成本对财务报表形成审计意见，注册会计师有必要：①计划审计工作，以使审计工作以有效的方式得到执行；②将审计资源投向最可能存在重大错报风险的领域，并相应地在其他领域减少审计资源；③运用测试和其他方法检查总体中存在的错报。

审计的固有限制并不能作为注册会计师满足于说服力不足的审计证据的理由。

1.4 审计过程

审计过程，又称审计业务流程，是指注册会计师在具体的审计过程中所采取的行动和步骤，即审计项目从开始到结束的过程中，注册会计师所采取的系统性工作步骤。审计活动是一项有目的、有组织的活动，为了最大限度地实现既定的审计目标，保证工作质量，降低审计风险，审计工作必须遵循一定的流程进行。基本的审计过程一般包括接受业务委托、计划审计工作、识别和评估重大错报风险、应对重大错报风险和编制审计报告。

1.4.1 接受业务委托

会计师事务所应当按照执业准则的规定，谨慎决策是否接受或保持某客户关系和具体审计业务。在接受新客户的业务前，或决定是否保持现有业务或考虑接受现有客户的新业务时，会计师事务所应当执行有关客户接受与保持的程序，以获取如下信息：①考虑客户的诚信，没有信息表明客户缺乏诚信；②具有执行业务必要的素质、专业胜任能力、时间和资源；③能够遵守相关职业道德要求。

会计师事务所执行客户接受与保持的程序的目的，旨在识别和评估会计师事务所面临的风险。例如，如果注册会计师发现潜在客户正面临财务困难，或者发现现有客户在之前的业务中曾做出虚假陈述，即诚信问题，那么可以认为接受或保持该客户的风险非常高，甚至是不可接受的。除此之外，还需要考虑自身执行业务的能力，如当工作需要时能否获得合适的具有相应资格的员工，能否获得专业化协助，是否存在任何利益冲突，能否对客户保持独立性等。

注册会计师需要做出的最重要的决策之一就是接受和保持客户。一项低质量的决策会导致不能准确确定计酬的时间或未被支付的费用，增加项目合伙人和员工的额外压力，使会计师事务所声誉遭受损失，或者涉及潜在的诉讼。

一旦决定接受业务委托，注册会计师应当与客户就审计约定条款达成一致意见，对于连续审计，注册会计师应当根据具体情况确定是否需要修改业务约定条款，以及是否需要提醒客户注意现有的业务约定书。

1.4.2 计划审计工作

计划审计工作十分重要，计划不周不仅会导致盲目实施审计程序，无法获得充分、适当的审计证据以将审计风险降至可接受的低水平，影响审计目标的实现，而且还会浪费有限的审计资源，增加不必要的审计成本，影响审计工作的效率。因此，对于任何一项审计业务，注册会计师在执行具体审计程序之前，都必须根据具体情况指定科学、合理的计划，使审计业务以有效的方式得到执行。一般来说，计划审计工作主要包括：在本期审计业务开始时开展的初步业务活动；制定总体审计策略；制定具体审计计划等。计划审计工作不是审计业务的一个孤立阶段，而是一个持续的、不断修正的过程，贯穿于整个审计业务的始终。

1.4.3 识别和评估重大错报风险

注册会计师必须实施风险评估程序，以此作为评估财务报表层次和认定层次重大错报风险的基础。所谓风险评估程序，是指注册会计师为了解被审计单位及其环境，以识别和评估财务报表层次和认定层次的重大错报风险(不论该错报是由于舞弊或错误导致)而实施的审计程序。风险评估程序是必要程序，特别是了解被审计单位及其环境，为注册会计师在许多关键环节做出职业判断提供了重要基础。了解被审计单位及其环境是一个连续和动态地收集、更新与分析信息的过程，贯穿于整个审计过程的始终。注册会计师应当运用职业判断确定需要了解被审计单位及其环境的程度。一般来说，实施风险评估程序的主要工作包括：了解被审计单位及其环境；识别和评估财务报表层次以及各类交易、账户余额和披露认定层次的重大错报风险，包括确定需要特别考虑的重大错报风险以及仅通过实质性程序无法应对的重大错报风险等。其中，需要特别考虑的重大错报风险，即为特别风险。

1.4.4 应对重大错报风险

实施风险评估程序本身并不足以为注册会计师发表审计意见提供充分、适当的审计证据，注册会计师还应当实施进一步审计程序，包括在必要时或决定测试时实施控制测试和实质性程序。相对风险评估程序而言，进一步审计程序是指注册会计师针对评估的各类交易、账户余额和披露认定层次重大错报风险实施的审计程序。因此，注册会计师在评估财务报表重大错报风险后，应当运用职业判断，针对评估的财务报表层次重大错报风险确定总体应对措施,并针对评估的认定层次重大错报风险设计和实施进一步审计程序，以将审计风险降至可接受的低水平。

1.4.5 编制审计报告

注册会计师在完成进一步审计程序后，还应当按照有关审计准则的规定做好审计完成阶段的工作，并根据所获取的各种证据，合理运用专业判断，以形成适当的审计意见。本阶段的主要工作有：审计期初余额、比较数据、期后事项和或有事项；考虑持续经营问题和获取管理层声明；汇总审计差异，并提请被审计单位调整或披露；复核审计工作底稿和财务报表；与管理层和治理层沟通；评价审计证据，形成审计意见；编制审计报告等。

复习思考题

1. 简述审计产生的客观基础。
2. 简述审计的职能。
3. 简述审计的含义。
4. 论述审计的各种分类内容。
5. 简述我国注册会计师考试与注册登记的内容。
6. 论述合理保证和有限保证的内涵。
7. 论述审计的总体目标和具体目标的主要内容。
8. 论述审计风险的概念，以及重大错报风险与检查风险的关系。
9. 描述审计过程的具体内容。

第2章 审计计划

学习目标

掌握初步业务活动的目的和内容，包括初步业务活动的开展时间、程序和应注意的问题，熟练掌握审计业务约定书的含义、作用、注册会计师要做的具体工作以及审计业务约定书的具体内容；掌握总体审计策略的范围和要义，熟悉具体审计计划的含义、内容和程序，了解总体审计策略和具体审计计划之间的关系；了解审计重要性的含义和具体内容；掌握错报的含义及其识别，了解审计过程中识别出的错报的考虑。

2.1 初步业务活动

初步业务活动是整个注册会计师审计业务流程的起点，是在接受业务委托之前所做的工作。只有完成了初步业务活动，注册会计师才有需要进行计划审计工作。

2.1.1 初步业务活动的目的和内容

1. 初步业务活动的目的

注册会计师需要开展初步业务活动，以实现以下三个主要目的：①确保注册会计师已具备执行业务所需要的独立性和专业胜任能力；②确保不存在因管理层诚信问题而影响注册会计师保持该项业务意愿的情况；③确保与被审计单位不存在对业务约定条款的误解。

2. 初步业务活动的内容

(1) 针对保持客户关系和具体审计业务实施对应的质量控制程序

针对保持客户关系和具体审计业务实施对应的质量控制程序，并根据实施相应程序的结果做出适当的决策，是注册会计师控制审计风险的重要环节。《质量控制准则第5101号——会计师事务所对执行财务报表审计和审阅、其他鉴证和相关服务业务实施的质量控制》和《中国注册会计师审计准则第1121号——对财务报表审计实施的质量控制》含有与客户保持关系及具体业务的接受和保持相关的要求，注册会计师应该按照其规定开展初步业务活动。

(2) 评价遵守相关职业道德要求的情况

评价遵守相关职业道德要求的情况，包括评价独立性，也是一项非常重要的初步业务活动。这就要求项目组成员恪守独立、客观、公正的原则，保持专业胜任能力和应有的关注，并对审计过程中获知的信息保密。虽然保持客户关系及其具体审计业务和评价职业道德的公正贯穿于审计业务的全过程，但是这两项活动需要安排在其他审计工作之前，以确保注册会计师已经具备执行业务所需要的独立性和专业胜任能力，且不存在因管理层诚信问题而影响注册会计师保持该项业务意愿等情况。在连续审计的业务中，这些初步业务活动通常是在上期审计工作结束后不久或将要结束时就已经开始了。

(3) 就审计业务约定条款达成一致意见

在做出接受或保持客户关系及具体审计业务的决策后，注册会计师应当按照《中国注册会计师审计准则第1111号——就审计业务约定条款达成一致意见》的规定，在审计业务开始前，与被审计单位就审计业务约定条款达成一致意见，签订或修改审计业务约定书，以避免双方对审计业务的理解产生分歧。

2.1.2 审计的前提条件

根据《中国注册会计师审计准则第 1111 号——就审计业务约定条款达成一致意见》第三条："审计的前提条件是指管理层在编制财务报表时采用可接受的财务报告编制基础，以及管理层对注册会计师执行审计工作的前提的认同。"

1. 财务报表的编制基础

承接鉴证业务的条件之一是《中国注册会计师鉴证业务基本准则》中提及的标准适当，且能够为预期使用者获取。标准是指用于评价或计量鉴证对象的基础，当涉及列报时，还包括列报与披露的基准。适当的标准使注册会计师能够运用职业判断对鉴证对象做出合理一致的评价或计量。就审计准则而言，适用的财务报告编制基础为注册会计师提供了用以审计财务报表的标准,若是不存在可接受的财务报告编制基础，管理层就不具有编制财务报表的恰当基础，注册会计师也就不具有对财务报表进行审计的适当标准。

(1) 确定财务报告编制基础的可接受性

在确定编制财务报表所采用的财务报告编制基础的可接受性时，注册会计师需要考虑下列相关因素：①被审计单位的性质(例如,被审计单位是商业企业、公共部门实体还是非营利组织)；②财务报表的目的(例如，编制财务报表是用于满足广大财务报表使用者共同的财务信息需求，还是用于满足财务报表特定使用者的财务信息的需求)；③财务报表的性质(例如，财务报表是整套财务报表还是单一财务报表)；④法律法规是否规定了适用的财务报告编制基础。

(2) 通用目的编制基础

如果财务报告准则由经授权或获得认可的准则制定机构制定和发布，供某类实体使用，只要这些机构遵循一套既定和透明的程序，包括认真研究和仔细考虑广大利益相关者的观点，就可以认为财务报告准则对于这类实体编制通用目的财务报表是可以接受的。这些财务报表准则主要有：国际会计准则理事会发布的国际财务报告准则、国际公共部门会计准则理事会发布的国际公共部门会计准则和某一国家或地区经授权或获得认可的准则制定机构，在遵循一套既定和透明的程序的基础上发布的会计准则。在规定通用目的财务报表编制基础的法律法规中，这些财务报告准则通常被界定为适用的财务报告编制基础。

(3) 法律法规规定的财务报告编制基础

法律法规可能为某类实体规定了在编制通用目的的财务报表时采用的财务报告编制基础。通常情况下，注册会计师认为这种财务报告编制基础对这类实体编制通用目的的财务报表是可以接受的，除非有迹象表明不可接受。

2. 就管理层的责任达成一致意见

按照审计准则的规定执行审计工作的前提是管理层已认可并理解其承担的责任。审计准则并不超越法律法规对这些责任的规定。然而，独立审计的理念要求注册会计师不对财务报表的编制或被审计单位的相关内部控制承担责任,并要求注册会计师合理预期能够获取审计所需要的信息(在管理层能够提供或获取的信息范围内)。因此，管理层认可并理解其责任，这一前提对执行独立审计工作至关重要。

(1) 按照适用的财务报告编制基础编制财务报表，并使其实现公允反映。

(2) 设计、执行和维护必要的内部控制，以使财务报表不存在由于舞弊或错误导致的重大错报。

(3) 向注册会计师提供必要的工作条件，包括允许注册会计师接触与编制财务报表相关的所有信息(如记录、文件和其他事项)，向注册会计师提供审计所需要的其他信息，允许注册会计师在获取审计证据时不受限制地接触其认为必要的内部人员和其他相关人员。

3. 确认的形式

按照《中国注册会计师审计准则第 1341 号——书面声明》的规定，注册会计师应当要求管理层就其已履行的某些责任提供书面声明。因此，注册会计师需要获取针对管理层责任的书面声明、其他审计准则要求的书面声明，以及在必要时需要获取用于支持其他审计证据(用以支持财务或者一项或多项具体认定)的书面声明。注册会计师需要使管理层意识到这一点。

如果管理层不认可其责任，或不同意提供书面声明，注册会计师将不能获取充分、适当的审计证据。在这种情况下，注册会计师承接此类审计业务是不恰当的，除非法律法规另有规定。如果法律法规要求承接此类审计业务，注册会计师可能需要向管理层解释这种情况的重要性及其对审计报告的影响。

2.1.3 审计业务约定书

审计业务约定书是初步业务活动达成的标志，也是实施计划审计工作的条件，对于审计工作的开展具有举足轻重的作用。

1. 审计业务约定书的含义

审计业务约定书，是指会计师事务所与被审计单位签订的，用以记录和确认审计业务的委托与受托关系、审计目标和范围、双方的责任以及报告的格式等事项的书面协议。注册会计师应当在任何审计业务开始前，与被审计单位就审计业务约定条款达成一致意见，并签订审计业务约定书，以避免双方对审计业务的理解产生分歧。在实际审计工作中，有可能会出现被审计单位不是委托人的情形，那么，在签订审计业务约定书前，注册会计师应当与委托人、被审计单位就审计业务约定相关条款进行充分沟通，并达成一致意见。

2. 审计业务约定书的基本内容

审计业务约定书的具体内容和格式可能因被审计单位的不同而不同，但应当包括下列主要方面：

(1)财务报表审计的目标与范围；

(2)注册会计师的责任；

(3)管理层的责任；

(4)指出用于编制财务报表所适用的财务报告编制基础；

(5)提及注册会计师拟出具的审计报告的预期形式和内容，以及对在特定情况下出具的审计报告可能不同于预期形式和内容的说明。

3. 审计业务约定书的特殊考虑

(1)考虑特定需要

如果情况需要，注册会计师应当考虑在审计业务约定书中列明下列内容：

①详细说明审计工作的范围，包括提及适用的法律法规、审计准则，以及注册会计师协会发布的职业道德守则和其他公告；

②对审计业务结果的其他沟通形式；

③说明由于审计和内部控制的固有限制，即使审计工作按照审计准则的规定得到恰当的计划和执行，仍不可避免地存在某些重大错报未被发现的风险；

④计划和执行审计工作的安排，包括审计项目组的构成；

⑤管理层确认将提供书面声明；

⑥管理层同意向注册会计师及时提供财务报表草稿和其他所有附带信息，以使注册会计师能够按照预定的时间表完成审计工作；

⑦管理层同意告知注册会计师在审计报告日至财务报表报出日之间注意到的可能影响财务报表的事实；

⑧收费的计算基础和收费安排；

⑨管理层确认收到审计业务约定书并同意其中的条款；

⑩在某些方面对利用其他注册会计师和专家工作的安排；

⑪对审计涉及的内部审计人员和被审计单位其他员工工作的安排；

⑫在首次审计的情况下，与前任注册会计师(如存在)沟通的安排；
⑬说明对注册会计师责任可能存在的限制；
⑭注册会计师与被审计单位之间需要达成进一步协议的事项；
⑮向其他机构或人员提供审计工作底稿的义务。

(2)组成部分的审计

如果是负责集团财务报表审计的注册会计师，并同时负责组成部分财务报表的审计，注册会计师就应当考虑下列因素，决定是否与各个组成部分单独签订审计业务约定书：

①组成部分注册会计师的委托人；
②是否对组成部分单独出具审计报告；
③与审计委托相关的法律法规的规定；
④母公司占组成部分的所有权份额；
⑤组成部分管理层相对于母公司的独立程度。

(3)连续审计

对于连续审计，注册会计师应当考虑是否需要根据具体情况修改业务约定的条款，以及是否需要提醒被审计单位注意现有的业务约定条款。

注册会计师可以与被审计单位签订长期审计业务约定书。但如果出现下列情况，应当考虑重新签订审计业务约定书：

①有迹象表明被审计单位误解审计目标和范围；
②需要修改约定条款或增加特别条款；
③被审计单位高级管理人员近期发生变动；
④被审计单位所有权发生重大变动；
⑤被审计单位业务的性质和规模发生重大变化；
⑥法律法规的规定发生变化；
⑦编制财务报表采用的财务报告编制基础发生变更；
⑧其他报告要求发生变化。

(4)审计业务约定条款的变更

在完成审计业务前，如果被审计单位或委托人要求将审计业务变更为保证程度较低的业务，注册会计师应当确定是否存在合理理由予以变更。

下列原因可能导致被审计单位要求变更业务：①环境变化对审计服务的需求产生影响；②对原来要求的审计业务的性质存在误解；③无论是管理层施加的还是其他情况引起的审计范围受到限制。上述第①项和第②项通常被认为是变更业务的合理理由，但如果有迹象表明该变更要求与错误的、不完整的或者不能令人满意的信息有关，注册会计师不应认为该变更是合理的。

如果没有合理的理由，注册会计师不应当同意变更业务。如果不同意变更审计业务约定条款，而管理层又不允许继续执行原审计业务，注册会计师应当：①在适用的法律法规允许的情况下，解除审计业务约定；②确定是否有约定义务和其他义务向治理层、所有者或监管机构等报告该事项。

2.2 总体审计策略和具体审计计划

计划审计工作，又称制定审计计划，简称审计计划，是指注册会计师为了完成各项审计业务，达到预期的审计目标，控制审计风险，在具体执行审计程序之前编制的工作计划。审计计划分为总体审计策略和具体审计计划两个层次。

2.2.1 总体审计策略

总体审计策略，以前有的文献也称总体审计计划，是指从接受审计委托到出具审计报告过程中，对审计的预期范围和实施方式所作的规划。注册会计师应当为审计工作制定总体审计策略，用以确定审计范围、时间和方向，并指导具体审计计划的制定。在制定总体审计策略时，注册会计师应当考虑以下主要事项。

1. 审计范围

注册会计师应当确定审计业务的特征，包括采用的会计准则和相关会计制度、特定行业的报告要求以及被审计单位组成部分的分布等，以确定审计范围。具体来说，在确定审计范围时，注册会计师需要考虑下列事项：

(1) 编制拟审计的财务信息所依据的财务报告编制基础；

(2) 特定行业的报告要求，如某些行业监管机构要求提交的报告；

(3) 预期审计工作涵盖的范围，包括应涵盖的组成部分的数量及所在地点；

(4) 母公司和集团组成部分之间存在的控制关系的性质，以确定如何编制合并财务报表；

(5) 由组成部分注册会计师审计组成部分的范围；

(6) 拟审计的经营分部的性质，包括是否需要具备专门知识；

(7) 外币折算，包括外币交易的会计处理、外币财务报表的折算和相关信息的披露；

(8) 除为合并目的执行的审计工作之外，对个别财务报表进行法定审计的需求

(9) 内部审计工作的可获得性及注册会计师拟信赖内部审计工作的程度；

(10) 被审计单位使用服务机构的情况，及注册会计师如何取得有关服务机构内部控制设计和运行有效性的证据；

(11) 对利用在以前审计工作中获取的审计证据（如获取的与风险评估程序和控制测试相关的审计证据）的预期；

(12) 信息技术对审计程序的影响，包括数据的可获得性和对使用计算机辅助审计技术的预期；

(13) 协调审计工作与中期财务信息审阅的预期涵盖范围和时间安排，以及中期审阅所获取的信息对审计工作的影响；

(14) 与被审计单位人员的时间协调和相关数据的可获得性。

2. 报告目标、时间安排及所需沟通的性质

总体审计策略的制定应当为计划报告目标、时间安排和所需沟通，考虑下列事项：

(1) 被审计单位对外报告的时间表，包括中间阶段和最终阶段；

(2) 与管理层和治理层举行会谈，讨论审计工作的性质、时间安排和范围；

(3) 与管理层和治理层讨论注册会计师拟出具的报告的类型和时间安排以及沟通的其他事项（口头或书面沟通），包括审计报告、管理建议书和向治理层通报的其他事项；

(4) 与管理层讨论预期就整个审计业务中对审计工作的进展进行的沟通；

(5) 与组成部分注册会计师沟通拟出具的报告的类型和时间安排，以及与组成部分审计相关的其他事项；

(6) 项目组成员之间沟通的预期性质和时间安排，包括项目组会议的性质和时间安排，以及复核已执行工作的时间安排；

(7) 预期是否需要和第三方进行其他沟通，包括与审计相关的法定或约定的报告责任。

3. 审计方向

总体审计策略的制定应当包括考虑影响审计业务的重要因素，以确定项目组工作方向，包括确定适当的重要性水平，初步识别可能存在较高的重大错报风险的领域，初步识别重要的组成部分和账户余额，评价是否需要针对内部控制的有效性获取审计证据，识别被审计单位、所处行业、财务报告要求，以及其他相关方面最近发生的重大变化等。在确定审计方向时，注册会计师需要考虑下列事项。

(1) 重要性方面。具体包括：①在制定审计计划时确定的重要性水平；②为组成部分确定重要性且与组成部分的注册会计师沟通；③在审计过程中重新考虑重要性水平；④识别重要的组成部分和账户余额。

(2)重大错报风险较高的审计领域。

(3)评估的财务报表层次的重大错报风险对指导、监督及复核的影响。

(4)项目组成员的选择(在必要时包括项目质量控制复核人员)和工作分工,包括向重大错报风险较高的审计领域分派具备适当经验的人员。

(5)项目预算，包括考虑为重大错报风险可能较高的审计领域分配适当的工作时间。

(6)向项目组成员强调在收集和评价审计证据过程中保持职业怀疑必要性的方式。

(7)以往审计中对内部控制运行有效性评价的结果，包括所识别的控制缺陷的性质及应对措施。

(8)管理层重视设计和实施健全的内部控制的相关证据，包括这些内部控制得以适当记录的证据。

(9)业务交易量规模，以基于审计效率的考虑确定是否信赖内部控制。

(10)管理层对内部控制重要性的重视程度。

(11)影响被审计单位经营的重大发展变化，包括信息技术和业务流程的变化，关键管理人员变化，以及收购、兼并和分立。

(12)重大的行业发展情况，如行业法规变化和新的报告规定。

(13)会计准则及会计制度的变化。

(14)其他重大变化，如影响被审计单位的法律环境的变化。

4. 审计资源

总体审计策略应能清楚地说明审计资源的规划和调配，包括确定执行审计业务所必需的审计资源的性质、时间安排和范围：

(1)向具体审计领域调配的资源，包括向高风险领域分派有适当经验的项目组成员，就复杂的问题利用专家工作等；

(2)向具体审计领域分配资源的数量，包括安排到重要存货存放地观察存货盘点的项目组成员的数量，对其他注册会计师工作的复核范围，对高风险领域安排的审计时间预算等；

(3)何时调配这些资源，包括是在期中审计阶段还是在关键的截止日期调配资源等；

(4)如何管理、指导、监督这些资源，包括预期何时召开项目组预备会和总结会，预期项目负责人和经理如何进行复核，是否需要实施项目质量控制复核等。

(5)引例

编制总体审计策略的格式参见表 2-1 所示。

参考格式 2-1：编制总体审计策略参考格式

总体审计策略工作底稿

被审计单位：	索引号：
项目：总体审计策略	财务报表截止日/期间：
编制：	复核：
日期：	日期：

一、审计范围

报 告 要 求	
适用的财务报告编制基础(包括是否需要将财务信息按照其他财务报告编制基础进行转换)	
适用的审计准则	
与财务报告相关的行业特别规定	比如监管机构发布的有关信息披露法规、特定行业主管部门发布的与财务报告相关的法规等
由组成部分注册会计师审计的组成部分的范围	
……	

二、审计时间安排

(一)报告时间要求

审计工作	时间
1. 提交审计报告草稿	
2. 签署正式审计报告	
3. 公布已审计报表和审计报告	
……	

(二)执行审计工作的时间安排

审计工作	时间
1. 制定总体审计策略	
2. 制定具体审计计划	
3. 执行存货监盘	
……	

(三)沟通的时间安排

沟通	时间
与管理层的沟通	
与治理层的沟通	
项目组会议(包括预备会和总结会)	
与注册会计师的专家的沟通	
与组成部分注册会计师的沟通	
与前任注册会计师的沟通	
……	

三、影响审计业务的重要因素

(一)重要性

重要性	索引号
财务报表整体重要性	
特定类别的交易、账户余额或披露的一个或多个重要性水平(如适用)	
实际执行的重要性	
明显微小错报的临界值	

(二)可能存在较高重大错报风险的领域

可能存在较高重大错报风险的领域	索引号

(三) 重要的组成部分和账户余额

填写说明：

1．记录所审计的集团内重要的组成部分；

2．记录重要的账户余额，包括本身具有重要性的账户余额(如存货)，以及评估出存在重大错报风险的账户余额。

重要的组成部分和账户余额	索 引 号
1．重要的组成部分	
……	
2．重要的账户余额	
……	

四、人员安排

(一) 项目组主要成员

姓 名	职 级	主要职责

注：在分配职责时可以根据被审计单位的不同情况按会计科目划分，或按交易类别划分。

(二) 质量控制复核人员

姓 名	职 级	主要职责

五、对专家或其他第三方工作的利用

(一) 对内部审计工作的利用

主要报表项目	拟利用的内部审计工作	索 引 号
存货	内部审计部门对各仓库的存货每半年至少盘点一次。在中期审计时，项目组已经对内部审计部门盘点步骤进行观察，其结果满意，因此项目组将审阅其年底的盘点结果，并缩小存货监盘的范围。	
……		

(二) 对其他注册会计师工作的利用

其他注册会计师名称	利用其工作范围及程度	索 引 号

（三）对专家工作的利用

主要报表项目	专 家 名 称	主要职责及工作范围	利用专家工作的原因	索 引 号

（四）对被审计单位使用服务机构的考虑

主要报表项目	服务机构名称	服务机构提供的相关服务及其注册会计师出具的审计报告意见及日期	索引号

2.2.2 具体审计计划

具体审计计划是依据总体审计策略制定的，对实施总体审计策略所需要的审计程序的性质、时间安排和范围所做的详细规划与说明。注册会计师应当为审计工作制定具体审计计划。具体审计计划比总体审计策略更加详细，其内容包括为获取充分、适当的审计证据以将审计风险降至可接受的低水平，项目组成员拟实施的审计程序的性质、时间安排和范围。可以说，为获取充分、适当的审计证据，确定审计程序的性质、时间安排和范围的决策是具体审计计划的核心。具体审计计划应当包括风险评估程序、计划实施的进一步审计程序和其他审计程序。

1. 风险评估程序

具体审计计划应当包括按照《中国注册会计师审计准则第1211号——通过了解被审计单位及其环境识别和评估重大错报风险》的规定，为了充分识别和评估财务报表重大错报风险，注册会计师计划实施的风险评估程序的性质、时间安排和范围。

2. 计划实施的进一步审计程序

具体审计计划应当包括按照《中国注册会计师审计准则第1231号——针对评估的重大错报风险采取的应对措施》的规定，针对评估的认定层次的重大错报风险，注册会计师计划实施的进一步审计程序的性质、时间安排和范围。

需要强调的是，随着审计工作的推进，对审计程序的计划会一步步深入，并贯穿于整个审计过程。比如，计划风险评估程序通常在审计开始阶段进行，计划进一步审计程序则需要依据风险评估程序的结果进行。因此，为达到编制具体审计计划的要求，注册会计师需要完成风险评估程序，识别和评估重大错报风险，并针对评估的认定层次的重大错报风险，计划实施进一步审计程序的性质、时间安排和范围。

通常，注册会计师计划的进一步审计程序可以分为进一步审计程序的总体方案和拟实施的具体审计程序（包括进一步审计程序的具体性质、时间安排和范围）两个层次。进一步审计程序的总体方案主要是指注册会计师针对各类交易、账户余额和列报决定采用的总体方案（包括实质性方案或综合性方案）。具体审计程序则是对进一步审计程序的总体方案的延伸和细化，它通常包括控制测试和实质性程序的性质、时间安排和范围。在实务中，注册会计师通常单独编制一套包括这些具体程序的“进一步审计程序表”，待具体实施审计程序时，注册会计师将基于所计划的具体审计程序，进一步记录所实施的审计程序及结果，并最终形成有关进一步审计程序的审计工作底稿。

另外，完整、详细的进一步审计程序的计划会包括对各类交易、账户余额和披露实施的具体审计程序的性质、时间安排和范围，包括抽取的样本量等等。在实务中，注册会计师可以统筹安排进一步审计程序的先后顺序，如果对某类交易、账户余额或披露已经做出计划，则可以安排先行开展工作，与此同时再制定其他交易、账户余额和披露的进一步审计程序。

3. 计划其他审计程序

具体审计计划应当包括根据中国注册会计师审计准则的规定，注册会计师针对审计业务需要实施的其他审计程序。计划的其他审计程序可以包括上述进一步程序的计划中没有涵盖的、根据其他审计准则的要求注册会计师应当执行的既定程序。

在审计计划阶段，除了按照《中国注册会计师审计准则第 1211 号——通过了解被审计单位及其环境识别和评估重大错报风险》进行计划工作，注册会计师还需要兼顾其他准则中规定的、针对特定项目在审计计划阶段应执行的程序及记录要求。比如《中国注册会计师审计准则第 1141 号——财务报表审计中与舞弊相关的责任》、《中国注册会计师审计准则第 1324 号——持续经营》、《中国注册会计师审计准则第 1142 号——财务报表审计中对法律法规的考虑》及《中国注册会计师审计准则第 1323 号——关联方》等准则中对注册会计师针对这些特定项目在审计计划阶段应当执行的程序及其记录做出了规定。当然，由于被审计单位所处行业、环境各不相同，特别项目可能也有所不同。比如有些被审计单位可能涉及环境事项、电子商务等等，在实务中注册会计师应根据被审计单位的具体情况确定特定项目并执行相应的审计程序。

2.2.3 审计过程中对计划的进一步措施

1. 审计过程中对计划的更改

计划审计工作并非审计业务的一个孤立阶段，而是一个持续的、不断修正的过程，贯穿于整个审计业务的始终。由于未预期事项、条件的变化或在实施审计程序中获取的审计证据等原因，必要时注册会计师应当在审计过程中对总体审计策略和具体审计计划做出相应的更新和修改。

审计过程可以分为不同阶段，通常前一阶段的工作结果会对后一阶段的工作计划产生影响，而后一阶段的工作过程中又可能发现需要对已制定的相关计划进行相应的更新和修改。通常，这些更新和修改涉及比较重要的事项。比如对重要性水平的修改，对某类交易、账户余额和披露的重大错报风险的评估和进一步审计程序(包括总体方案和拟实施的具体审计程序)的更新和修改等。一旦计划被更新和修改，审计工作也就应当进行相应修正。再比如，如果在制定审计计划时，注册会计师基于对材料采购交易的相关控制的设计和执行获取的审计证据，认为相关控制设计合理并得以执行，因此未将其评价为高风险领域并且计划实施控制测试。但是在实施控制测试时获取的审计证据与审计计划阶段获取的审计证据相矛盾，注册会计师认为该类交易的控制没有得到有效执行，此时，注册会计师可能需要修正对该类交易的风险评估，并基于修正的风险评估结果修改计划的审计方案，如采用实质性方案等。

2. 审计计划的指导、监督与复核

注册会计师应当就对项目组成员工作的指导、监督与复核的性质、时间和范围制定计划。对项目组成员工作的指导、监督与复核的性质、时间安排和范围主要取决于下列因素：

(1)被审计单位的规模和复杂程度；

(2)审计领域；

(3)评估的重大错报风险；

(4)执行审计工作的项目组成员的专业素质和胜任能力。

注册会计师应在评估重大错报风险的基础上，计划对项目组成员工作的指导、监督与复核的性质、时

间安排和范围。当评估的重大错报风险增加时，注册会计师通常会扩大指导与监督的范围，增强指导与监督的及时性，执行更详细的复核工作。在计划复核的性质、时间安排和范围时，注册会计师还应考虑单个项目组成员的专业素质和胜任能力。

2.3 审计重要性

审计重要性是现代审计理论一个非常重要的概念。其概念的运用贯穿于整个审计过程，是决定审计风险、审计检查范围和审计流程等的直接依据之一。在确定审计意见类型时，也需要考虑重要性水平。

2.3.1 重要性的概念

重要性取决于在具体环境下对错报金额和性质的判断。如果一项错报单独或连同其他错报可能影响财务报表使用者依据财务报表做出的经济决策，则该项错报是重大的。财务报告的编制基础通常从编制和披露财务报表的角度阐释重要性概念，并可能以不同的术语解释重要性，但通常而言，重要性概念可从下列方面进行理解。

(1) 如果合理预期错报(包括漏报)单独或汇总起来可能影响财务报表使用者依据财务报表做出的经济决策，则通常认为错报是重大的；

(2) 对重要性的判断是根据具体环境做出的，并受错报的金额或性质的影响，或受两者共同作用的影响；

(3) 判断某事项对财务报表使用者是否重大，是在考虑财务报表使用者整体共同的财务信息需求的基础上做出的，由于不同财务报表使用者对财务信息的需求可能差异很大，因此不考虑错报对个别财务报表使用者可能产生的影响。

在审计开始时，就必须对重大错报的规模和性质做出一个判断，包括确定财务报表整体的重要性和特定交易类别、账户余额和披露的重要性水平。当错报金额高于整体重要性水平时，就很可能被合理预期将对使用者根据财务报表做出的经济决策产生影响。

注册会计师使用整体重要性水平的目的有：①决定风险评估程序的性质、时间安排和范围；②识别和评估重大错报风险；③确定进一步审计程序的性质、时间安排和范围。在整个审计业务过程中，随着工作的进展，注册会计师应当根据所获得的新信息更新重要性。在形成审计结论阶段，要使用整体重要性水平和特定交易类别、账户余额和披露而确定的较低金额的重要性水平来评价已识别的错报对财务报表的影响和对审计报告中审计意见的影响。

2.3.2 重要性水平的确定

在计划审计工作时，注册会计师应当确定一个可接受的重要性水平，以发现在金额上重大的错报。注册会计师在确定计划的重要性水平时，需要考虑对被审计单位及其环境的了解、审计目标、财务报表各项目的性质及其相互关系、财务报表项目的金额及其波动的幅度。

1. 财务报表整体的重要性

由于财务报表审计的目标是注册会计师通过执行审计工作对财务报表发表审计意见，所以，注册会计师应当考虑财务报表整体的重要性，唯如此，才能得出财务报表是否公允反映的结论。注册会计师在制定总体审计策略时，应当确定财务报表整体的重要性。

确定多大错报会影响财务报表使用者做出决策，即考虑重要性，是注册会计师根据所在会计师事务所的惯例及自己的经验，运用职业判断的结果。

注册会计师站在财务报表使用者的角度，充分考虑被审计单位的性质、所处的生命周期阶段以及所处行业和经济环境，选用如资产、负债、所有者权益、收入和费用等财务报表要素，或报表使用者特别关注的项目作为适当的基准。在选择基准时，应当考虑的因素包括：

(1)财务报表要素(如资产、负债、所有者权益、收入和费用);

(2)是否存在特定会计主体的财务报表使用者特别关注的项目;

(3)被审计单位的性质、所处的生命周期阶段以及所处行业和经济环境;

(4)被审计单位的所有权结构和融资方式;

(5)基准的相对波动性。

适当的基准取决于被审计单位的各类报告收益,以及所有者权益或净资产。比如以营利为目的的实体,通常以经常性业务的税前利润作为基准。如果经常性业务的税前利润不稳定,选用其他如毛利或营业收入基准可能更加合适。单就选定的基准而言,相关的财务数据通常包括前期财务成果和财务状况、本期最新的财务成果和财务状况、本期的预算和预测结果。当然,本期最新的财务成果和财务状况、本期的预算和预测结果需要根据被审计单位情况的重大变化和被审计单位所处行业和经济环境情况的相关变化等做出调整。当按照经常性业务的税前利润的一定百分比确定被审计单位财务报表整体的重要性时,如果被审计单位本年度税前利润因情况变化出现意外增加或减少,注册会计师可能认为按照近几年经常性业务的平均税前利润确定财务报表整体的重要性更加合适。表 2-2 为实务中较为常用的基准:

表 2-2 常用的基准

被审计单位的情况	可能选择的基准
1. 企业的盈利水平保持稳定	经常性业务的税前利润
2. 企业近年来经营状况大幅度波动,盈利和亏损交替发生,或者由正常盈利变为微利或微亏,或者本年度税前利润因情况变化而出现意外增加或减少	过去 3 到 5 年经常性业务的平均税前利润或亏损(取绝对值),或其他基准,例如营业收入
3. 企业为新设企业,处于开办期,尚未开始经营,目前正在建造厂房及购买机器设备	总资产
4. 企业处于新兴行业,目前侧重于抢占市场份额、扩大企业知名度和影响力	营业收入
5. 为某开放式基金,致力于优化投资组合、提高基金净值、为基金持有人创造投资价值	净资产
6. 为某国际企业集团设立的研发中心,主要为集团下属各企业提供研发服务,并以成本加成的方式向相关企业收取费用	成本与营业费用总额
7. 为公益性质的基金会	捐赠收入或捐赠支出总额

通常,以营利为目的的企业,利润可能是大多数财务报表使用者最为关注的财务指标,故注册会计师可能考虑选取经常性业务的税前利润作为基准。但在某些情况下,比如企业处于微利或微亏状态时,采用经常性业务的税前利润为基准确定重要性可能影响审计的效率和效果。注册会计师可以考虑采用以下方法确定基准:

(1)如果微利或微亏状态是由宏观经济环境的波动或企业自身经营的周期性所导致,可以考虑采用过去 3-5 年经常性业务的平均税前利润作为基准;

(2)采用财务报表使用者关注的其他财务指标作为基准,如营业收入、总资产等。

如果被审计单位的经营规模较上年度没有重大变化,通常使用替代性基准确定的重要性不宜超过上年度的重要性。

以上方法选择的基准在各年度中通常会保持稳定,但并非必须保持一贯不变。注册会计师可以根据经济形势、行业状况和被审计单位具体情况的变化对采用的基准做出调整。被审计单位处在新设立阶段时注册会计师可能采用总资产作为基准,被审计单位处在成长期时注册会计师可能采用营业收入作为基准,被审计单位进入经验成熟期后注册会计师可能采用经常性业务的税前利润作为基准。

为选定的基准确定百分比需要运用职业判断,百分比与选定的基准之间存在一定的联系,比如经常性业务的税前利润对应的百分比通常比营业收入对应的百分比要高。对以营利为目的的制造行业实体,注册会计师可能认为经常性业务的税前利润的 5%是适当的;而对非营利组织,注册会计师可能认为总收入或费用总额的 1%是适当的。百分比无论是高一些还是低一些，只要符合具体情况，都是适当的。

在确定百分比时，除了考虑被审计单位是否为上市公司或公众利益实体外，其他因素也会影响注册会计师对百分比的选择，这些因素包括但不限于：

(1)财务报表使用者的范围；

(2)被审计单位是否由集团内部关联方提供融资或是否有大额对外融资(包括发行债券或银行贷款)；

(3)财务报表使用者是否对基准数据特别敏感(如抱有特殊目的财务报表的使用者)。

注册会计师在确定重要性水平时，不需考虑与具体项目计量相关的固有不确定性。例如，财务报表含有高度不确定性的大额估计，注册会计师并不会因此而确定一个比不含有该估计的财务报表更高或更低的财务报表整体重要性。

2. 特定类别交易、账户余额或披露的重要性水平

根据被审计单位的特定情况，下列因素可能表明存在一个或多个特定类别的交易、账户余额或披露，其发生的错报金额虽然低于财务报表整体的重要性，但合理预期可能影响财务报表使用者依据财务报表做出的经济决策：

(1)法律法规或适用的财务报告编制基础是否影响财务报表使用者对特定项目计量或披露的预期；

(2)与被审计单位所处行业相关的关键性披露；

(3)财务报表使用者是否特别关注财务报表中单独披露的业务的特定方面。

在根据被审计单位的特定情况考虑是否存在上述交易、账户余额或披露时，了解治理层和管理层的看法和预期通常是有用的。

3. 实际执行的重要性

(1)实际执行的重要性的定义

实际执行的重要性，是指注册会计师确定的低于财务报表整体的重要性的一个或多个金额，旨在将未更正和未发现错报的汇总数超过财务报表整体的重要性的可能性降至适当的低水平。如果适用，实际执行的重要性还指注册会计师确定的低于特定类别的交易、账户余额或披露的重要性水平的一个或多个金额。

(2)确定实际执行的重要性的影响因素

确定实际执行的重要性并非简单机械的计算，需要注册会计师运用职业判断，并考虑下列因素的影响：①对被审计单位的了解(这些了解在实施风险评估程序的过程中得到更新)；②前期审计工作中识别出的错报的性质和范围；③根据前期识别出的错报对本期错报做出的预期。

通常而言，实际执行的重要性为财务报表整体重要性的 50%～75%。

(3)实际执行重要性的选择

如果存在下列情况，注册会计师可能考虑选择较低的百分比来确定实际执行的重要性：①首次接受委托的审计项目；②连续审计项目，以前年度审计调整较多；③项目总体风险较高，例如处于高风险行业、管理层能力欠缺、面临较大市场竞争压力或业绩压力等；④存在或预期存在值得关注的内部控制缺陷。

如果存在下列情况，注册会计师可能考虑选择较高的百分比来确定实际执行的重要性：①连续审计项目，以前年度审计调整较少；②项目总体风险为低到中等，例如处于非高风险行业、管理层有足够能力、面临较低的业绩压力等；③以前期间的审计经验表明内部控制运行有效。

审计准则要求注册会计师确定低于财务报表整体重要性的一个或多个金额作为实际执行的重要性，注册会计师无须通过将财务报表整体的重要性平均分配或按比例分配至各个报表项目的方法来确定实际执行的重要性，而是根据对报表项目的风险评估结果，确定如何确定一个或多个实际执行的重要性。根据以前期间的审计经验和本期审计计划阶段的风险评估结果，注册会计师认为可以以财务报表整体重要性的 75%作为大多数报表项目的实际执行的重要性；与营业收入项目相关的内部控制存在控制缺陷，而且以前年度审计中存在审计调整，因此考虑以财务报表整体重要性的 50%作为营业收入项目的实际执行的重要性，从而有针对性地对高风险领域执行更多的审计工作。

4. 审计过程中修改重要性

由于存在下列原因，注册会计师可能需要修改财务报表整体的重要性和特定类别的交易、账户余额或披露的一个或多个重要性水平(如适用)：①审计过程中情况发生重大变化(如决定处置被审计单位的一个重要组成部分)；②获取新信息；③通过实施进一步审计程序，注册会计师对被审计单位及其经营的了解发生变化。

5. 在审计中运用实际执行的重要性

实际执行的重要性在审计过程中的作用主要体现在以下几个方面。

(1)注册会计师在计划审计工作时可以根据实际执行的重要性确定需要对哪些类型的交易、账户余额和披露实施进一步审计程序，即通常选取金额超过实际执行的重要性的财务报表项目，因为这些财务报表项目有可能导致财务报表出现重大错报。但是，这不代表注册会计师可以对所有金额低于实际执行的重要性的财务报表项目不实施进一步审计程序，这主要出于以下考虑：

①单个金额低于实际执行的重要性的财务报表项目汇总起来可能金额重大(可能远远超过财务报表整体的重要性)，注册会计师需要考虑汇总后的潜在错报风险；

②对于存在低估风险的财务报表项目，不能仅仅因为其金额低于实际执行的重要性而不实施进一步审计程序；

③对于识别出存在舞弊风险的财务报表项目，不能因为其金额低于实际执行的重要性而不实施进一步审计程序。

(2)运用实际执行的重要性确定进一步审计程序的性质、时间安排和范围。例如，在实施实质性分析程序时，注册会计师确定的已记录金额与预期值之间的可接受差异额通常不超过实际执行的重要性；在运用审计抽样实施细节测试时，注册会计师可以将可容忍错报的金额设定为等于或低于实际执行的重要性。

2.3.3 错报

1. 错报的定义

错报，是指某一财务报表项目的金额、分类、列报或披露，与按照适用的财务报告编制基础应当列示的金额、分类、列报或披露之间存在的差异；或根据注册会计师的判断，为使财务报表在所有重大方面实现公允反映，需要对金额、分类、列报或披露做出的必要调整。导致错报的事项包括：

(1)收集或处理用以编制财务报表的数据时出现错误；

(2)遗漏某项金额或披露

(3)由于疏忽或明显误解有关事实导致做出不正确的会计估计；

(4)注册会计师认为管理层对会计估计做出不合理的判断或对会计政策做出不恰当的选择和运用。

2. 累积识别出的错报

注册会计师可能将低于某一金额的错报界定为明显微小的错报，对这类错报不需要累积，因为注册会计师认为这些错报的汇总数明显不会对财务报表产生重大影响。“明显微小”不等同于“不重大”。明显微小错报的金额的数量级，与按照《中国注册会计师审计准则第 1221 号——计划和执行审计工作时的重要性》确定的重要性的数量级相比，是完全不同的(明显微小错报的数量级更小)。这些明显微小的错报，无论单独或者汇总起来，无论从规模、性质或其发生的环境来看都是明显微不足道的。如果不确定一个或多个错报是否明显微小，就不能认为这些错报是明显微小的。

注册会计师需要在制定审计策略和审计计划时，确定一个明显微笑错报的临界值，低于该临界值的错报视为明显微小的错报，可以不累积。《中国注册会计师审计准则第 1251 号——评价审计过程中识别的错报》第十六条规定，注册会计师应当在审计工作底稿中记录设定的某一金额，低于该金额的错报视为明显微小。确定该临界值需要注册会计师运用职业判断。在确定明显微小错报的临界值时，注册会计师可能考虑以下因素。

①以前年度审计中识别出的错报(包括已更正和未更正错报)的数量和金额；

②重大错报风险的评估结果；

③被审计单位治理层和管理层对注册会计师与其沟通错报的期望；

④被审单位的财务指标是否勉强达到监管机构的要求或投资者的期望。

注册会计师对上述因素的考虑，实际上是在确定审计过程中对错报的过虑程度。注册会计师的目标是要确保不累积的错报(即低于临界值的错报)连同累积的未更正错报不会汇总成为重大错报。如果注册会计师预期被审计单位存在数量较多、金额较小的错报，可能考虑采用较低的临界值，以避免大量低于临界值的错报积少成多构成重大错报。如果注册会计师预期被审计单位错报数量较少，则可能采用较高的临界值。

注册会计师可能将明显微小错报的临界值确定为财务报表整体重要性的3%至5%，也可能低一些或高一些，但通常不超过财务报表整体重要性的10%，除非注册会计师认为有必要单独为重分类错报确定一个更高的临界值。如果注册会计师不确定一个或多个错报是否明显微小，就不能认为这些错报是明显微小的。

为了帮助注册会计师评价审计过程中累积的错报的影响以及与管理层和治理层沟通错报事项，将错报区分为事实错报、判断错报和推断错报可能是有用的。

(1)事实错报

事实错报是毋庸置疑的错报。这类错报产生于被审计单位收集和处理数据的错误，对事实的忽略或误解，或故意舞弊行为。例如，注册会计师在审计测试中发现最近购入存货的实际价值为15 000元，但账面记录的金额却为10 000元。因此，存货和应付账款分别被低估了5 000元，这里被低估的5 000元就是已识别的对事实的具体错报。

(2)判断错报

由于注册会计师认为管理层对会计估计做出不合理的判断或不恰当地选择和运用会计政策而导致的差异。这类错报产生于两种情况：一是管理层和注册会计师对会计估计值的判断差异，例如，由于包含在财务报表中的管理层做出的估计值超出了注册会计师确定的一个合理范围，导致出现判断差异；二是管理层和注册会计师对选择和运用会计政策的判断差异，由于注册会计师认为管理层选用会计政策造成错报，管理层却认为选用会计政策适当，导致出现判断差异。

(3)推断错报

注册会计师对总体存在的错报做出的最佳估计数，涉及根据在审计样本中识别出的错报来推断总体的错报。推断错报通常包括：①通过测试样本估计出的总体的错报减去在测试中发现的已经识别的具体错报。例如，应收账款年末余额为2 000万元，注册会计师抽查10%样本发现金额有100万元的高估，高估部分为账面金额的20%，据此注册会计师推断总体的错报金额为400万元(即2 000×20%)，那么上述100万元就是已识别的具体错报，其余300万元即推断误差。②通过实质性分析程序推断出的会计错报。例如，注册会计师根据客户的预算资料及行业趋势等要素，对客户年度销售费用独立做出估计，并与客户账面金额比较，发现两者间有50%的差异；考虑到估计的精确性有限，注册会计师根据经验认为10%的差异通常是可接受的，而剩余40%的差异需要有合理解释并取得佐证性证据；假定注册会计师对其中10%的差异无法得到例题解释或不能取得佐证，则该部分差异金额即为推断误差。

3. 对审计过程识别出的错报的考虑

错报可能不会孤立发生，一项错报的发生还可能表明存在其他错报。比如注册会计师识别出由于内部控制失效而导致的错报，或被审计单位广泛运用不恰当的假设或评估方法而导致的错报，均可能表明还存在其他错报。

抽样风险和非抽样风险可能导致某些错报未被发现。审计过程中累积错报的汇总数接近按照《中国注册会计师审计准则第1221号——计划和执行审计工作时的重要性》的规定确定的重要性，则表明存在比可接受的低风险水平更大的风险，即可能未被发现的错报连同审计过程中累积错报的汇总数，可能超过重要性。

注册会计师可能要求管理层检查某类交易、账户余额或披露，以使管理层了解注册会计师识别出的错报的产生原因；并要求管理层采取措施以确定这些交易、账户余额或披露实际发生错报的金额，以及对财务报表做出适当的调整。

错报金额低于重要性的情况下，还需考虑该错报连同其他错报是否可能影响财务报表使用做出的经济决策，以及评价错报的性质，才能确定该错报是否重要。

复习思考题

1. 什么叫初步业务活动？
2. 什么是审计业务约定书？简述审计业务约定书的具体内容。
3. 简述计划审计工作的概念和具体内容。
4. 什么叫总体审计策略？
5. 简述具体审计计划的含义。
6. 简述审计重要性的概念以及审计重要性与审计风险之间的关系。
7. 论述错报的概念以及错报的种类。
8. 论述审计过程中识别出的错报的考虑。

第3章 审 计 证 据

学习目标

理解审计证据的定义和作用；掌握审计证据的充分性和适当性以及两者之间的关系；了解审计证据的分类；掌握函证的内容、询证函的设计以及函证的实施与评价；掌握分析程序的目的以及用作风险评估程序、用作实质性程序和用于总体复核的具体内容。

注册会计师接受委托执行审计等业务，最终要做出审计结论，发表审计意见，而审计证据则是主要的依据。所以，本章将着重介绍审计证据的含义与特征，以及获取审计证据的审计程序和对审计证据的评价等内容。

3.1 审计证据的性质

注册会计师要实现审计目标，就必须搜集和评价审计证据。充分、适当的审计证据为注册会计师得出审计结论、形成审计意见提供了重要依据，审计证据的质量在很大程度上决定了审计报告的可信程度。因此，合理的审计证据对做好审计工作起着举足轻重的作用。为了规范注册会计师在财务报表审计中获取审计证据的内容、数量和质量，也为了获取审计证据所需实施的审计程序，由中国注册会计师协会拟订、财政部颁布的《中国注册会计师审计准则第 1301 号——审计证据》，自 2007 年 1 月 1 日起实施，经 2010 年 11 月 1 日修订，该准则为注册会计师做好审计证据的获取和整理、分析工作提供了指导。

3.1.1 审计证据的含义

1. 审计证据的定义

注册会计师所搜集的审计证据是得出恰当的审计结论的基础。审计证据是指注册会计师为了得出审计结论、形成审计意见而使用的信息，包括构成财务报表基础的会计记录所含有的信息和其他信息。注册会计师应当获取充分、适当的审计证据，以得出合理的审计结论，作为形成审计意见的基础。

2. 审计证据的内容

审计证据的内容包括构成财务报表基础的会计记录所含有的信息和其他信息。

(1) 会计记录所含有的信息

依据会计记录编制财务报表是被审计单位管理层的责任，注册会计师应当测试会计记录以获取审计证据。会计记录，是指对初始会计分录形成的记录和支持性记录。例如，支票、电子资金转账记录、发票和合同；总分类账、明细分类账、会计分录以及对财务报表予以调整但未在账簿中反映的其他分录；支持成本分配、计算、调节和披露的手工计算表和电子数据表。上述会计记录是编制财务报表的基础，构成注册会计师执行财务报表审计业务所获取审计证据的重要部分。如果会计记录中含有的信息本身不足以提供充分的审计证据作为对财务报表发表审计意见的基础，注册会计师还应当获取用作审计证据的其他信息。

(2) 其他信息

其他信息是用来印证会计记录中含有的信息是否真实、完整，指导注册会计师如何识别、评估财务报表重大错报风险。可用作审计证据的其他信息包括：①注册会计师从被审计单位内部或外部获取的会计记录以外的信息，如被审计单位会议记录、内部会计手册、询证函的回函、分析师的报告、与竞争对手的比较数据等；②注册会计师通过询问、观察和检查等审计程序获取的信息，如通过检查存货获取存货存在性的证据等；③注册会计师自身编制或获取的可以通过合理推断得出结论的信息，如注册会计师编制的各种计算表、分析表等。

上述两类信息共同构成审计证据，两者缺一不可。如果没有前者，审计工作将无法进行；如果没有后者，可能无法识别重大错报风险。只有将两者结合在一起，才能将审计风险降至可接受的低水平，为注册会计师发表审计意见提供合理基础。审计证据内容如图 3-1 所示。

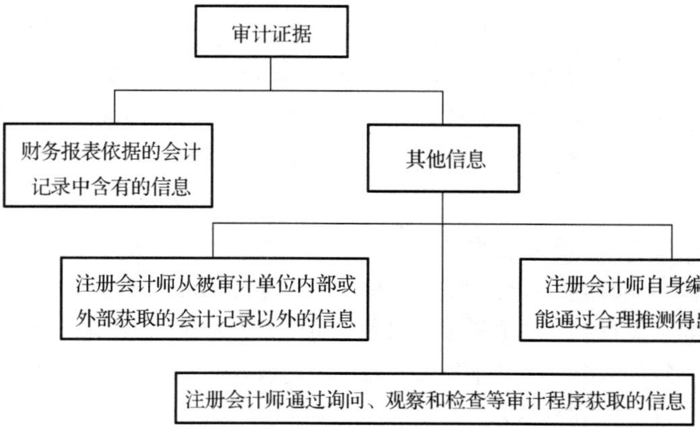

图 3-1　审计证据内容示意图

3.1.2　审计证据的特征

审计证据的质量，直接关系到注册会计师审计工作的水平，因此，必须明确审计证据的要求。合理的审计证据要求具备两方面的特征，即充分性与适当性。注册会计师执行审计业务，应当在取得充分、适当的审计证据后，形成审计意见，出具审计报告。下面分别阐述审计证据的充分性、适当性以及两者之间的关系。

1. 审计证据的充分性

审计证据的充分性是对审计证据数量的衡量，是指审计证据的数量足以支持注册会计师的审计意见。它是注册会计师为形成审计意见所需审计证据的最低数量要求。审计证据的充分性主要与注册会计师确定的样本量有关。例如，对某个审计项目实施某一选定的审计程序，从 400 个样本中获得的证据要比从 200 个样本中获得的证据更充分。

虽然客观、公正的审计意见必须建立在足够数量的审计证据的基础之上，但这并不是说，审计证据数量越多越好。一般而言，样本量过大影响审计效率，加大审计成本；反之，样本量过小影响审计效果。为了实施既有效率又有效益的审计，注册会计师通常把需要足够数量审计证据的范围降到最低程度。因此，每一个审计项目对审计证据的需要量，以及取得这些证据的途径和方法，应当根据该项目的具体情况而定。由于时间、空间或成本的限制，注册会计师不能获得最为理想的审计证据时，可考虑通过其他的途径和采取其他的审计证据来替代。注册会计师只有通过不同的渠道和方法取得他认为足够的审计证据时，才能据以发表审计意见。

注册会计师需要获取的审计证据的数量受错报风险的影响，并受到错报发生的可能性以及记录金额的重要性的影响。注册会计师通常从复核内部控制、控制测试和分析性复核获得一些保证。之后，为了将审计风险控制在可接受的水平，注册会计师需要确定下一步实质性细节证据的性质和范围。当被审计单位的重要性限制被设在 40 000 元而不是 70 000 元时，注册会计师需要更多的审计证据。类似的，重要账户余额或交易被发现包含一定数量错报（比如由于定价错误，销售和应收账款账户被高估）时，需要比那些关于错误和舞弊较低风险和没有发现错报（比如资本公积金和宣告发放的股利）更多的实质性证据。因此，错报风险较大，需要的审计证据可能越多。也就是说，在可接受的审计风险水平一定的情况下，重大错报风险越大，注册会计师就应实施越多的测试工作，以将审计风险控制在可接受的低水平范围内。

举例来说，注册会计师对某电脑公司进行审计，经过分析认为，受被审计单位行业性质的影响，存货陈旧的可能性相当高，存货计价的错报可能性就比较大，为此，在审计中，注册会计师就要选取更多的存货样本进行测试，以确定存货陈旧的程度，从而确认存货的价值是否被高估。

2. 审计证据的适当性

审计证据的适当性是对审计证据质量的衡量，即审计证据在支持各类交易、账户余额、列报（包括披露，下同）的相关认定，或发现其中存在错报方面具有相关性和可靠性。相关性是指审计证据应与审计目标相关联；可靠性是指审计证据应能如实地反映客观事实。相关性和可靠性是审计证据适当性的核心内容，只有既相关又可靠的审计证据才是高质量的。

（1）审计证据的相关性

相关性要求注册会计师收集的审计证据必须与其审计目标相关联，只有与审计目标相关，审计证据才有证明力。比如在审计过程中，注册会计师怀疑被审计单位发出存货却没有给顾客开具发票，需要确认销售是否完整。注册会计师应当从发货单中选取样本，追查与每张发货单相应的销售发票副本，以确定是否每张发货单均已开具发票。如果注册会计师从销售发票副本中选取样本，并追查至与每张发票相应的发货单，由此所获得的证据与完整性目标就不相关。

在确定审计证据的相关性时，注册会计师应当考虑：①特定的审计程序可能只为某些认定提供相关的审计证据，而与其他认定无关。比如检查期后应收账款收回的记录和文件可以提供有关存在和计价的审计证据，但不一定与期末截止是否适当相关。②针对同一项认定可以从不同来源获取审计证据或获取不同性质的审计证据。比如注册会计师可以分析应收账款的账龄和应收账款的期后收款情况，以获取与坏账准备计价有关的审计证据。③只与特定认定相关的审计证据并不能替代与其他认定相关的审计证据。比如存货监盘结果只能提供存货实物是否存在、是否有损毁及短缺的证明，而不能替代存货的计价或所有权的证明。

（2）审计证据的可靠性

审计证据的可靠性是指审计证据的可信程度，可靠性要求审计证据能够如实地反映客观事实。比如注册会计师亲自参与盘点存货所取得的证据比被审计单位向注册会计师提供的数据更可靠。审计证据的可靠性取决于获取审计证据的具体环境，同时受其来源和性质的影响。注册会计师通常会考虑下列原则来判断审计证据的可靠性。

①从被审计单位外部独立来源获取的审计证据比从其他来源获取的审计证据更可靠。从外部独立来源获取的审计证据未经被审计单位有关职员之手，从而减少了伪造、更改凭证或业务记录的可能性，因而其证明力最强。此类证据包括银行询证函回函、应收账款询证函回函、保险公司等机构出具的证明等。相反，从其他来源获取的审计证据（如被审计单位内部的会计记录、会议记录等），由于证据提供者与被审计单位可能存在经济或者行政隶属关系等原因，其可靠性就会降低。

②相关控制有效时内部生成的审计证据比内部控制薄弱时内部生成的审计证据更可靠。如果被审计单位有着健全的内部控制且在日常管理中得到一贯的执行，会计记录的可信程度将会增加；反之，如果被审计单位的内部控制薄弱，甚至不存在任何内部控制，被审计单位内部凭证记录的可靠性就大为降低。比如，如果与销售业务相关的内部控制有效，注册会计师就能从销售发票和发货单中取得比内部控制不健全时更加可靠的审计证据。

③直接获取的审计证据比间接获取或推论得出的审计证据更可靠。间接获取的证据有被涂改及伪造的可能性，降低了可信赖程度。比如，注册会计师通过观察某项控制的运行得到的证据比询问被审计单位某项内部控制的运行得到的证据更可靠。推论得出的审计证据，其主观性较强，人为因素较多，可信赖程度也受到影响。

④以文件、记录形式（无论是纸质、电子或其他介质）存在的审计证据比口头形式的审计证据更可靠。

比如，会议的同步书面记录比对讨论事项事后的口头表述更可靠。口头证据本身并不足以证明事实的真相，仅仅提供一些重要线索，为进一步调查确认所用。如注册会计师在对应收账款进行账龄分析后，可以向应收账款负责人询问逾期应收账款收回的可能性。如果该负责人的意见与注册会计师自行估计的坏账损失基本一致，则这一口头证据就可成为证实注册会计师对有关坏账损失的判断的重要证据。但在一般情况下，口头证据往往需要得到其他相应证据的支持。

⑤从原件获取的审计证据比从复印、传真或通过拍摄、数字化或其他方式转化成电子形式的文件获取的审计证据更可靠。注册会计师可审查原件是否有被涂改或伪造的迹象，排除伪证，提高证据的可信赖程度。而传真件或复印件容易是变造或伪造的结果，可靠性低。

通常情况下，注册会计师以函证方式直接从被询证者获取的审计证据，比被审计单位内部生成的审计证据更可靠。通过函证等方式从独立来源获取的相互印证的信息，可以提高注册会计师从会计记录或管理层书面声明中获取的审计证据的保证水平。

3. 审计证据的充分性和适当性之间的关系

审计证据的充分性和适当性密切相关，审计证据的适当性影响审计证据的充分性。一般而言，审计证据的相关性和可靠性越高，即审计证据的质量越高，则所需要审计证据的数量就可减少；反之，审计证据的数量就要相应增加。举例来说，如果被审计单位内部控制比较健全且在日常管理中得到一贯执行，其生成的审计证据就更可靠，注册会计师只需要获取适量的审计证据，就可以为发表审计意见提供合理的基础。

需要注意的是，尽管审计证据的充分性和适当性相关，但如果审计证据的质量存在着缺陷，那么注册会计师仅靠获取更多的审计证据可能无法弥补其质量上的缺陷。比如，注册会计师需要获取与销售收入完整性相关的证据，实际获取的却是有关销售收入真实性的证据，审计证据与完整性目标不相关，即使获取再多的证据，也证明不了收入的完整性。同样的，如果注册会计师获取的证据不可靠，那么证据数量再多也难以起到证明作用。

4. 评价审计证据相关性和适当性的特殊考虑

评价审计证据的充分性和适当性时，应当对以下事项进行特殊考虑。

(1)对文件记录可靠性的考虑

审计工作通常不涉及鉴定文件记录的真伪，注册会计师也不是鉴定文件记录真伪的专家，但应当考虑用作审计证据的信息的可靠性，并考虑与这些信息生成和维护相关控制的有效性。如果在审计过程中识别出的情况使其认为文件记录可能是伪造的，或文件记录中的某些条款已发生变动，注册会计师应当做出进一步的调查，包括直接向第三方询证，或考虑利用专家的工作以评价文件记录的真伪。举例来说，如果发现某银行询证函回函有伪造或篡改的迹象，注册会计师就应当做进一步的调查，并考虑是否存在舞弊的可能性。必要时，应当通过适当方式聘请专家予以鉴定。

(2)使用被审计单位生成信息时的考虑

如果在实施审计程序时使用被审计单位生成的信息，注册会计师应当就这些信息的准确性和完整性获取审计证据。比如注册会计师在审计收入项目时，应当考虑价格信息的准确性以及销售数据的完整性和准确性。在某些情况下，注册会计师可能需要确定实施额外的审计程序，如利用计算机辅助审计技术来重新计算这些信息，测试与信息生成有关的控制等。

(3)证据相互矛盾时的考虑

如果针对某项认定从不同来源获取的审计证据或获取的不同性质的审计证据能够相互印证，与该项认定相关的审计证据则具有更强的说服力。比如，注册会计师通过检查委托加工协议时，发现被审计单位有委托加工材料，且委托加工材料占存货比重较大，经发函询证后证实委托加工材料确实存在；委托加工协议和询证函回函这两个不同来源的审计证据互相印证，证明委托加工材料真实存在。如果从不同来源获取的审计证据或获取的不同性质的审计证据不一致，表明某项审计证据可能不可靠，注册会计师应当追加必要的审计程序。上例中，如果注册会计师发函询证后证实委托加工材料已加工完成并返回被审计单位，委托加工协议和询证函这两个不同来源的证据不一致，委托加工材料是否真实存在受到质疑。这时，注册会计师应追加审计程序，确认委托加工材料收回后是否未入库或被审计单位收回后予以销售而未入账。

(4) 获取审计证据时对成本的考虑

注册会计师可以考虑获取审计证据的成本与所获取信息的有用性之间的关系，但不应以获取审计证据的困难和成本为由减少不可替代的审计程序。在保证获取充分、适当的审计证据的前提下，控制审计成本也是会计师事务所增强竞争能力和获利能力所必需的。但为了保证得出的审计结论、形成的审计意见是恰当的，注册会计师不应将获取审计证据的成本高低和难易程度作为减少不可替代的审计程序的理由。比如，在某些情况下，存货监盘是证实存货存在性认定的不可替代的审计程序，注册会计师在审计中不得以检查成本高和难以实施为由而不执行该程序。

3.2 审计程序

3.2.1 审计程序的概念和作用

1. 审计程序的概念

审计程序是指注册会计师在审计过程中的某个时间，对将要获取的某类审计证据如何进行收集的详细指令。注册会计师可以采用检查、观察、询问、函证、重新计算、重新执行和分析程序等具体审计程序来获得审计证据。在实施风险评估程序、控制测试程序或实质性程序时，注册会计师可根据需要单独或综合运用上述程序，以获取充分、适当的审计证据。

2. 审计程序与审计证据的关系

注册会计师利用审计程序获取审计证据涉及以下四个方面的决策：①选择何种审计程序；②对选定的审计程序，应当选取多大的样本规模；③应当从总体中选取哪些项目；④何时执行这些程序。在设计审计程序时，注册会计师通常使用规范的措辞或术语，以使审计人员能够正确理解和执行。如注册会计师为了验证某公司 2016 年 12 月 31 日应收账款的存在，取得某公司编制的应收账款明细账，对应收账款进行函证。注册会计师在选定了审计程序后，确定的样本规模可能在所测试的总体范围内随机变化。假定应收账款明细账合计有 500 家客户，注册会计师对应收账款明细账中 300 家客户进行函证。

在确定样本规模后，注册会计师应当确定测试总体中的哪个或哪些项目。如注册会计师对应收账款明细账中余额较大的前 200 家客户进行函证，其余客户按一定规律抽取函证。抽取方法是从第 10 家客户开始，每隔 20 家抽取一家，与选取的大额客户重复的顺序递延。注册会计师执行函证程序的时间可选择在资产负债表日（2016 年 12 月 31 日）后的任意时间，但通常受审计完成时间、审计证据的有效性和审计项目组人力充足性的影响。

3.2.2 审计程序的种类

在实施风险评估程序、控制测试和实质性程序过程中，注册会计师可根据需要单独或综合运用以下审计程序，以获取充分、适当的审计证据。

1. 检查

检查是指注册会计师对被审计单位内部或外部生成的，以纸质、电子或其他介质形式存在的记录或文件进行审查，或对资产进行实物审查。检查记录或文件可提供可靠程度不同的审计证据，审计证据的可靠性取决于记录或文件的来源和性质。外部记录或文件通常被认为比内部记录或文件可靠，原因是来自外部的凭证经被审计单位的客户出具，又经被审计单位认可，表明交易双方对凭证上记录的信息和条款达成一致意见；并且，某些来自外部的凭证编制过程非常谨慎，通常由政府机关、律师或其他有资格的专家出具或进行复核，因而具有较高的可靠性，比如土地使用权、保险单、契约和合同等文件。检查内部记录或文件，其可靠性取决于生成该记录或文件的内部控制有效性。将检查用作控制测试的一个例子，是检查记录以获取关于授权的审计证据。

检查有形资产主要适用于存货和现金，也适用于有价证券、应收票据和固定资产等。检查有形资产可为其存在认定提供可靠的审计证据，但不一定能够为权利和义务或计价认定提供可靠的审计证据。

2. 观察

观察是指注册会计师察看相关人员正在从事的活动或实施的程序。比如对被审计单位现场的实地察看，并在可能的情况下，对观察过程进行必要的记录或摄影和录像，以了解被审计单位察看时点的生产经营现状。

观察提供的审计证据仅限于观察发生的时点，并且在相关人员已知被观察时，相关人员从事活动或执行程序可能与日常的做法不同，从而影响注册会计师对真实情况的了解。因此，注册会计师仅仅获取通过察看获得的审计证据是远远不够的，还有必要获取其他类型的审计证据。

3. 询问

询问是指注册会计师以书面或口头方式，向被审计单位内部或外部的知情人员获取财务信息和非财务信息，并对答复进行评价的过程。

知情人员对询问的答复可能为注册会计师提供尚未获悉的信息或佐证证据，也可能提供与已获悉的其他信息存在重大差异的信息；注册会计师应当根据询问结果考虑修改审计程序或实施追加的审计程序。

询问本身不足以发现认定层次存在的重大错报，也不足以测试内部控制运行的有效性，注册会计师还应当实施其他审计程序以获取充分、适当的审计证据。针对某项事项，注册会计师可能认为有必要向管理层和治理层(如适用)获取书面声明，以证实对口头询问的答复。

4. 函证

函证是指注册会计师直接从第三方(被询证者)获取书面答复以作为审计证据的过程。书面答复可以采用纸质、电子或其他介质等形式。当针对的是与特定账户余额及其项目相关的认定时，函证常常是相关的程序。但是，函证不必局限于账户余额，也可以要求对被审计单位与第三方之间的协议和交易条款进行函证，比如在询证函中询问协议是否作过修改，若作过修改，要求被询证者提供相关的详细信息等。此外，函证程序还可以用于获取不存在某些情况的审计证据，如不存在可能影响被审计单位收入确认的“背后协议”。

5. 重新计算

重新计算是指注册会计师以人工方式或使用计算机辅助审计技术，对记录或文件中的数据计算准确性进行核对。通常用于对以下一些资料的审查。

①原始凭证的计算，包括数量单价的积数、小计、合计的加总等。

②记账凭证的计算，包括明细科目的金额合计等。

③账簿的计算，包括每页各栏金额小计、合计、月计、累计和转页金额等。

④会计报表的计算，包括有关项目的小计、合计、总计和相关指标的计算等。

⑤其他有关资料的计算，包括预算、合同、计划等数据的计算等。

注册会计师在运用计算方法时，需要结合其他审计方法才能取得证明经济活动真实性、合法性、效益性的审计证据。在运用计算技术时，要掌握有关会计核算原理和计算方法，否则容易出现错误。

6. 重新执行

重新执行是指注册会计师以人工方式或使用计算机辅助审计技术，重新独立执行作为被审计单位内部控制组成部分的程序或控制。比如注册会计师利用被审计单位的银行存款日记账和银行对账单，重新编制银行存款余额调节表，并与被审计单位编制的银行存款余额调节表进行比较，若结果一致，表明证据可靠；若不一致，则应实施进一步审计程序，查找造成不一致的原因等。

7. 分析程序

分析程序是指注册会计师通过研究不同财务数据之间以及财务数据与非财务数据之间的内在关系，对财务信息做出评价。分析程序还包括调查识别出的、与其他相关信息不一致或与预期数据严重偏离的波动和关系。

3.3 函 证

通过函证获取的证据因为属于外部证据，所以可靠性比较高。函证是重要的审计程序之一，函证获取的审计证据称为询证函。询证函应当由审计人员直接发出，并要求将回函直接寄回审计人员。这样做是为了防止被审计者篡改询证函及回函信息。

3.3.1 函证决策

函证是指注册会计师直接从第三方(被询证者)获取书面答复以作为审计证据的过程。注册会计师做出函证决策应当考虑以下三个因素：

1. 评估的认定层次的重大错报风险

评估的认定层次重大错报风险水平越高，注册会计师对通过实质性程序获取的审计证据的相关性和可靠性的要求就越高。因此，随着评估的认定层次重大错报风险的增高，注册会计师就要设计实质性程序获取更加相关和可靠的审计证据，或者更具说服力的审计证据。在这种情况下，函证程序的运用对于提供充分、适当的审计证据可能是有效的。

2. 函证程序针对的认定

函证可以为某些认定提供审计证据，但是对不同的认定，函证的证明力是不同的。比如在函证应收账款时，函证可能为存在、权利与义务认定提供相关可靠的审计证据，但是不能为计价和分摊认定提供证据。对特定认定函证的相关性受注册会计师选择函证信息的目标的影响。比如在审计应付账款完整性认定时，注册会计师需要获取没有未记录重大负债的证据。相应地，向被审计单位主要供应商函证，即使记录显示应付金额为零，相对于选择大金额的应付账款进行函证，这在检查未记录负债方面通常更有效。

3. 实施除函证以外的其他审计程序

针对同一项认定可以从不同来源获取审计证据或获取不同性质的审计证据。这里所指的其他审计程序是指除函证以外的其他审计程序。如果注册会计师采用函证以外的审计程序能够获取所测试项目的更有效的审计证据，则没有必要或者可以减少实施函证程序。

除上述三个因素外，审计时还可以考虑下列因素以确定是否选择函证程序作为实质性程序：

(1)被询证者对函证事项的了解

如果被询证者对所函证的信息具有必要的了解，其提供的回复可靠性更高，则适合采用函证程序；反之，没有必要。

(2)预期被询证者回复询证函的能力或意愿

如在下列情况下，被询证者可能不会回复，也可能只是随意回复或可能试图限制对其回复的依赖程度：

①被询证者可能不愿承担回复询证函的责任；

②被询证者可能认为回复询证函成本太高或消耗太多时间；

③被询证者可能对因回复询证函而可能承担的法律责任有所担心；

④被询证者可能以不同币种核算交易；
⑤回复询证函不是被询证者日常经营的重要部分。
(3) 预期被询证者的客观性
如果被询证者是被审计单位的关联方，则其回复的可靠性会降低，不适宜采用函证程序。

3.3.2 函证的内容

1. 确定函证对象

(1) 函证银行存款、借款及与金融机构往来的其他重要信息
注册会计师应当对银行存款、借款及与金融机构往来的其他重要信息实施函证程序，除非有充分证据表明某一银行存款、借款及与金融机构往来的其他重要信息对财务报表不重要且与之相关的重大错报风险很低。这里所指的银行存款还应当包括零余额账户和在本期内注销的账户。若不对银行存款、借款及与金融机构往来的其他重要信息这些项目实施函证程序，注册会计师应当在审计工作底稿中说明理由。
(2) 函证应收账款
注册会计师应当对应收账款实施函证程序，除非有充分证据表明应收账款对财务报表不重要，或函证很可能无效。如果认为函证很可能无效，注册会计师应当实施替代审计程序，获取相关、可靠的审计证据。若不对应收账款函证，注册会计师应当在审计工作底稿中说明理由。
(3) 可以实施函证的其他财务报表项目
注册会计师可以根据具体情况和实际需要对下列内容(包括但并不限于)实施函证：
①交易性金融资产；
②应收票据；
③其他应收款；
④预付账款；
⑤由其他单位代为保管、加工或销售的存货；
⑥长期股权投资；
⑦应付账款；
⑧预收账款；
⑨保证、抵押或质押；
⑩或有事项；
⑪重大或异常的交易。
可见，函证通常适用于账户余额及其组成部分(如应收账款明细账等)，但是不一定限于这些项目。注册会计师还可向第三方函证是否存在影响被审计单位收入确认的背后协议或某项重大交易的细节。

2. 函证程序实施的范围

审计时根据对被审计单位的了解、评估的重大错报风险以及所测试总体的特征等，确定从总体中选取特定项目进行测试。选取的特定项目可能包括：
①金额较大的项目；
②账龄较长的项目；
③交易频繁但期末余额较小的项目；
④重大关联方交易；
⑤重大或异常的交易；
⑥可能存在争议、舞弊或错误的交易。

3. 实施函证的时间

注册会计师通常以资产负债表日为截止日，在资产负债表日后适当时间内实施函证。如果重大错报风

险评估为低水平，注册会计师也可以选择资产负债表日前适当日期为截止日实施函证，并对所函证项目自该截止日起至资产负债表日止发生的变动实施实质性程序。

4. 管理层要求不实施函证时的处理

当被审计单位管理层要求对拟函证的某些账户余额或其他信息不实施函证时，注册会计师应当分析管理层要求不实施函证的原因，并获取审计证据予以支持。如果认为管理层的要求合理，注册会计师应当实施替代审计程序，以获取与这些账户余额或其他信息相关的充分、适当的审计证据。如果认为管理层的要求不合理，且被其阻挠而无法实施函证，注册会计师应当视为审计范围受到限制，并考虑对审计报告可能产生的影响。分析管理层要求不实施函证的原因时，注册会计师应当保持职业怀疑态度，并考虑：

①管理层是否诚信；

②是否可能存在重大的舞弊或错误；

③替代审计程序能否提供与这些账户余额或其他信息相关的充分、适当的审计证据。

如果认为管理层要求不实施函证的原因时，注册会计师应当遵循《中国注册会计师审计准则第 1141 号——财务报表审计中与舞弊相关的责任》的有关规定。

3.3.3 询证函的设计

1. 设计询证函的总体要求

注册会计师应当根据特定审计目标设计询证函。询证函的设计应当服从于审计目标的需要。通常，在针对账户余额的存在认定获取审计证据时，注册会计师应当在询证函中列明相关信息，要求对方核对确认。但在针对账户余额的完整性认定获取审计证据时，注册会计师则需要改变询证函的内容设计或者采用其他审计程序。

2. 设计询证函需要考虑的因素

设计询证函应当考虑以下五个因素：

①函证的方式；

②以往审计或类似业务的经验；

③拟函证信息的性质；

④选择被询证者的适当性；

⑤被询证者易于回函的信息类型。

3. 函证的方式

函证包括积极的函证方式与消极的函证方式两种方式。注册会计师可采用积极的函证方式或消极的函证方式实施函证，也可以将两种方式结合使用。

(1)积极的函证方式

积极的函证方式，又称肯定式函证，是指注册会计师向第三方发出询证函，要求第三方证实有关信息，注册会计师应当要求被询证者在所有情况下都必须回函，确认询证函所列示信息是否正确，或填列询证函要求的信息。

积极的函证方式还可以分为两种，一种是在询证函中列明拟函证的账户余额或其他信息，要求被询证者确认所函证的款项是否正确。一般情况下，对这种询证函的回复能够提供可靠的审计证据。但是，其缺点是被询证者可能对所列示信息根本就不加以验证就予以回函确认。为了避免出现这种现象，注册会计师可以采用另外一种询证函，即在询证函中不列明账户余额或其他信息，而要求被询证者填写有关信息或提供进一步信息。由于这种询证函要求被询证者做出更多的努力，可能会导致回函率降低，进而导致注册会计师执行更多的替代程序。

采用积极的函证方式，只有注册会计师收到回函，才能为财务报表认定提供审计证据。倘若注册会计师没有收到回函，就有可能被询证者根本不存在，或是被询证者没有收到询证函，甚至询证者没有理会询证函，所以无法证明所函证的信息是否正确。

(2) 消极的函证方式

消极的函证方式，又称否定式函证，是指注册会计师向第三方发出询证函，要求第三方证实有关信息，注册会计师只要求被询证者仅在不同意询证函列示信息的情况下才予以回函。

采用消极的函证方式，倘若注册会计师收到回函，能够为财务报表认定提供说服力强的审计证据。若未收到回函，可能是因为被询证者根本就没有收到询证函，而不是因为被询证者已经收到询证函且核对无误。所以，积极的函证方式通常比消极的函证方式提供的审计证据可靠。为此，采用消极的方式函证，需要注册会计师辅之以其他的审计程序。通常，当同时存在以下情况时，注册会计师才考虑采用消极的函证方式。

①重大错报风险评估为低水平；

②涉及大量余额较小的账户；

③预期不存在大量的错误；

④没有理由相信被询证者不认真对待函证。

3.3.4 函证的实施与评价

1. 对函证过程的控制

注册会计师应当对函证的全过程保持控制。

(1) 函证发出前的控制措施

询证函经被审计单位盖章后，应当由注册会计师直接发出。为使函证程序能有效地实施，在询证函发出前，注册会计师需要恰当地设计询证函，并对询证函上的各项资料进行充分核对，注意事项可能包括：

①询证函中填列的需要被询证者确认的信息是否与被审计单位账簿中的有关记录保持一致。对于银行存款的函证，需要银行确认的信息是否与银行对账单等保持一致；

②考虑选择的被询证者是否适当，包括被询证者对被函证信息是否知情、是否具有客观性、是否拥有回函的授权等；

③是否已在询证函中正确填列被询证者直接向注册会计师回函的地址；

④是否已将被询证者的名称、地址与被审计单位有关记录进行核对，以确保询证函中的名称、地址等内容的准确性。可以执行的程序包括但不限于：a. 通过拨打公共查询电话核实被询证者的名称和地址；b. 通过被询证者的网站或其他公开网站核对被询证者的名称和地址；c. 将被询证者的名称和地址信息与被审计单位持有的相关合同等文件核对；d. 对于供应商或客户，可以将被询证者的名称、地址与被审计单位收到或开具的增值税专用发票中的对方单位名称、地址进行核对。

(2) 通过不同方式发出询证函时的控制措施

根据注册会计师对舞弊风险的判断，以及被询证者的地址和性质、以往回函情况、回函截止日期等因素，询证函的发出和收回可以采用邮寄、跟函、电子形式函证等方式。其中电子形式函证包括传真、电子邮件、直接访问网站等。

①通过邮寄方式发出询证函时采取的控制措施。为避免询证函被拦截、篡改等舞弊风险，在邮寄询证函时，注册会计师可以在核实由被审计单位提供的被询证者的联系方式后，不使用被审计单位本身的邮寄设施，而是独立寄发询证函，比如直接在邮局投递。

②通过跟函的方式发出询证函时采取的控制措施。如果注册会计师认为跟函的方式，即注册会计师独自或在被审计单位员工的陪伴下亲自将询证函送至被询证者，在被询证者核对并确认回函后，亲自将回函带回的方式，能够获取可靠信息，可以采取该方式发送并收回询证函。如果被询证者同意注册会计师独自前往被询证者执行函证程序，注册会计师可以独自前往。如果注册会计师跟函时需有被审计单位员工陪伴，注册会计师需要在整个过程中保持对询证函的控制，同时，对被审计单位和被询证者之间串通舞弊的风险保持警觉。

③电子形式函证，即传真、电子邮件、直接访问网站等形式函证。在我国目前的实务操作中，由于被审计

单位之间的商业惯例还比较认可印章原件，所以邮寄和跟函方式更为常见。如果注册会计师根据具体情况选择通过电子方式发送询证函，在发函前可以基于对特定询证方式所存在风险的评估，考虑相应的控制措施。

2. 积极式函证未收到回函时的处理

如果采用积极的函证方式实施函证而未能收到回函，注册会计师应当考虑与被询证者联系，要求对方做出回应或再次寄发询证函。如果未能得到被询证者的回应，注册会计师应当实施替代审计程序。所实施的替代程序因所涉及的账户和认定而异，但替代审计程序应当能够提供实施函证所能够提供的同样效果的审计证据。

3. 评价审计证据的充分性和适当性时应考虑的因素

如果注册会计师认为取得积极式函证回函是获取充分、适当的审计证据的必要程序，则替代程序不能提供注册会计师所需要的审计证据。在某些情况下，注册会计师可能识别出认定层次重大错报风险，且取得积极式询证函回函是获取充分、适当的审计证据的必要程序。这些情况可能包括：

①可获取的佐证管理层认定的信息只能从被审计单位外部获得；

②存在特定舞弊风险因素，比如管理层凌驾于内部控制之上，员工和管理层串通使注册会计师不能信赖从被审计单位获取的审计证据。

4. 评价函证的可靠性

函证所获取的审计证据的可靠性主要取决于注册会计师设计询证函、实施函证程序和评价函证结果等程序的适当性。评价函证可靠性应当考虑的因素：

①对询证函的设计、发出及收回的控制情况；

②被询证者的胜任能力、独立性、授权回函情况、对函证项目的了解及其客观性；

③被审计单位施加的限制或回函中的限制。

因此，如果可行的话，注册会计师应当努力确保询证函被送交给适当的人员。收到回函后，根据不同情况，注册会计师可以分别实施以下程序，以验证回函的可靠性，并保持职业怀疑态度。

(1)通过邮寄方式发出询证函并收到回函

通过邮寄方式发出询证函并收到回函后，注册会计师可以验证以下信息：

①被询证者确认的询证函是否是原件，是否与注册会计师发出的询证函是同一份；

②回函是否由被询证者直接寄给注册会计师；

③寄给注册会计师的回邮信封或快递信封中记录的发件方名称、地址是否与询证函中记载的被询证者名称、地址一致；

④回邮信封上寄出方的邮戳显示发出城市或地区是否与被询证者的地址一致；

⑤被询证者加盖在询证函上的印章以及签名中显示的被询证者名称是否与询证函中记载的被询证者名称一致。在认为必要的情况下，注册会计师还可以进一步与被审计单位持有的其他文件进行核对或亲自前往被询证者进行核实等。

若被询证者将回函寄至被审计单位，被审计单位将其转交注册会计师，该回函就不能被视为可靠的审计证据。在这种情况下，注册会计师可以要求被询证者直接书面回复。

(2)通过跟函方式收到的回函

对于通过跟函方式获取的回函，注册会计师可以实施以下审计程序：

①了解被询证者处理函证的通常流程和处理人员；

②确认处理询证函人员的身份和处理询证函的权限，如索要名片、观察员工卡或姓名牌等；

③观察处理询证函的人员是否按照处理函证的正常流程认真处理询证函，如该人员是否在其计算机系统或相关记录中核对相关信息。

(3)以电子形式收到的回函

对以电子形式收到的回函，注册会计师和回函者采用一定的程序为电子形式的回函创造安全环境，可以降低该风险。电子函证程序涉及多种确认发件人身份的技术，如加密技术、电子数码签名技术、网页真实性认证程序。

当注册会计师存有疑虑时，可以与被询证者联系以核实回函的来源及内容，如当被询证者通过电子邮件回函时，注册会计师可以通过电话联系被询证者，确定被询证者是否发送了回函。必要时，注册会计师可以要求被询证者提供回函原件。

(4)对询证函的口头回复

只对询证函进行口头回复不是对注册会计师的直接书面回复，不符合函证的要求，因此，不能作为可靠的审计证据。在收到对询证函口头回复的情况下，注册会计师可以要求被询证者提供直接书面回复。如果仍未收到书面回函，注册会计师需要通过实施替代程序，寻找其他审计证据以支持口头回复中的信息。

5. 被询证者在回函中包括免责或其他限制条款对回函的可靠性的影响

无论是采用纸质还是电子介质，被询证者的回函中都可能包括免责或其他限制条款。回函中存在免责或其他限制条款是影响外部函证可靠性的因素之一，但这种限制不一定使回函失去可靠性，注册会计师能否依赖回函信息以及依赖的程度取决于免责或限制条款的性质和实质。

(1)对回函可靠性不产生影响的条款

回函中格式化的免责条款可能并不会影响所确认信息的可靠性，实务中常见的这种免责条款的例子包括：

①“提供的本信息仅出于礼貌，我方没有义务必须提供，我方不因此承担任何明示或暗示的责任、义务和担保”。

②“本回复仅用于审计目的，被询证方、其员工或代理人无任何责任，也不能免除注册会计师做其他询问或执行其他工作的责任”。

其他限制条款如果与所测试的认定无关，也不会导致回函失去可靠性。如当注册会计师的审计目标是投资是否存在，并使用函证来获取审计证据时，回函中针对投资价值的免责条款不会影响回函的可靠性。

(2)对回函可靠性产生影响的限制条款

一些限制条款可能使注册会计师对回函中所包含信息的完整性、准确性或注册会计师能够信赖其所含信息的程度产生怀疑，实务中常见的此类限制条款的例子包括：

①“本信息是从电子数据库中取得，可能不包括被询证方所拥有的全部信息”；

②“本信息既不保证准确也不保证是最新的，其他方可能会持有不同意见”；

③“接收人不能依赖函证中的信息”。

如果限制条款使注册会计师将回函作为可靠审计证据的程度受到了限制，则注册会计师可能需要执行额外的或替代审计程序。这些程序的性质和范围将取决于财务报表项目的性质、所测试的认定、限制条款的性质和实质，以及通过其他审计程序获取的相关证据等因素。如果注册会计师不能通过替代或额外的审计程序获取充分、适当的审计证据，注册会计师应当按照《中国注册会计师审计准则第 1502 号——在审计报告中发表非无保留意见》的规定，确定其对审计工作和审计意见的影响。

如果认为询证函回函不可靠，注册会计师应当评价其对评估的相关重大错报风险(包括舞弊风险)，以及其他审计程序的性质、时间安排和范围的影响。比如注册会计师可以通过直接打电话给被询证者等方式以验证回函的内容和来源。

6. 对不符事项的处理

注册会计师应当调查不符合事项，以确定是否表明存在错报。询证函回函中指出的不符事项可能显示财务报表存在错报或潜在错报。当识别出错报时，注册会计师需要根据《中国注册会计师审计准则第 1141 号——财务报表审计中与舞弊相关的责任》的规定评价该错报是否表明存在舞弊。不符事项可以为注册会计师判断来自类似的被询证者回函质量及类似账户回函质量提供依据。不符事项还可能显示被审计单位与财务报告相关的内部控制存在缺陷。

某些不符事项并不表明存在错报。如注册会计师可能认为询证函回函的差异是由于函证程序的时间安排、计量或书写错误造成的。

7. 实施函证时需要关注的舞弊风险迹象以及采取的应对措施

在函证过程中，注册会计师需要始终保持职业怀疑，对舞弊风险迹象保持警觉。

(1) 注册会计师需要关注的舞弊风险迹象

与函证程序有关的舞弊风险迹象的例子包括以下方面。

①管理层不允许寄发询证函。

②管理层试图拦截、篡改询证函或回函，如坚持以特定的方式发送询证函。

③被询证者将回函寄至被审计单位，被审计单位将其转交注册会计师。

④注册会计师跟进访问被询证者，发现回函信息与被询证者记录不一致，如对银行的跟进访问表明提供给注册会计师的银行函证结果与银行的账面记录不一致。

⑤从私人电子信箱发送的回函。

⑥收到同一日期发回的、相同笔迹的多份回函。

⑦位于不同地址的多家被询证者的回函邮戳显示的发函地址相同。

⑧收到不同被询证者用快递寄回的回函,但快递的交寄人或发件人是同一个人或是被审计单位的员工。

⑨回函邮戳显示的发函地址与被审计单位记录的被询证者的地址不一致。

⑩不正常的回函率。例如：银行函证未回函；与以前年度相比，回函率异常偏高或回函率重大变动；向被审计单位债权人发送的询证函回函率很低。

⑪被询证者缺乏独立性。如被审计单位及其管理层能够对被询证者施加重大影响以使其向注册会计师提供虚假或误导信息(如被审计单位是被询证者唯一或重要的客户或供应商)；被询证者既是被审计单位资产的保管人又是资产的管理者。

(2) 针对舞弊风险迹象注册会计师可以采取的应对措施

针对舞弊风险迹象，注册会计师根据具体情况实施的审计程序的例子包括：

①验证被询证者是否存在、是否与被审计单位之间缺乏独立性，其业务性质和规模是否与被询证者和被审计单位之间的交易记录相匹配；

②将与从其他来源得到的被询证者的地址(如与被审计单位签订的合同上签署的地址、网络上查询到的地址)相比较，验证寄出方地址的有效性；

③将被审计单位档案中有关被询证者的签名样本、公司公章与回函核对；

④要求与被询证者相关人员直接沟通讨论询证事项，考虑是否有必要前往被询证者工作地点以验证其是否存在；

⑤分别在中期和期末寄发询证函，并使用被审计单位账面记录和其他相关信息核对相关账户的期间变动；

⑥考虑从金融机构获得被审计单位的信用记录，加盖该金融机构公章，并与被审计单位会计记录相核对，以证实是否存在被审计单位没有记录的贷款、担保、开立银行承兑汇票、信用证、保函等事项。

3.4 分析程序

3.4.1 分析程序的目的

分析程序是指注册会计师通过分析不同财务数据之间以及财务数据与非财务数据之间的内在关系，对财务信息做出评价。分析程序还包括在必要时对识别出的、与其他相关信息不一致或与预期值差异重大的波动或关系进行调查。

注册会计师实施分析程序的目的包括以下内容。

1. 用作风险评估程序，以了解被审计单位及其环境

注册会计师实施风险评估程序的目的在于了解被审计单位及其环境并评估财务报表层次和认定层次的重

大错报风险。在风险评估过程中使用分析程序也服务于这一目的。分析程序可以帮助注册会计师发现财务报表中的异常变化，或者预期发生而未发生的变化，识别存在潜在重大错报风险的领域。分析程序还可以帮助注册会计师发现财务状况或盈利能力发生变化的信息和征兆，识别那些表明被审计单位持续经营能力问题的事项。

2. 当使用分析程序比细节测试能更有效地将认定层次的检查风险降至可接受的水平时，分析程序可用作实质性程序

在针对评估的重大错报风险实施进一步审计程序时，注册会计师可以将分析程序作为实质性程序的一种，单独或结合其他细节测试，收集充分、适当的审计证据。此时运用分析程序可以减少细节测试的工作量，节约审计成本，降低审计风险，使审计工作更有效率和效果。

3. 在审计结束或临近结束时对财务报表进行总体复核

在审计结束或临近结束时，注册会计师应当运用分析程序，在已收集的审计证据的基础上，对财务报表整体的合理性作最终把握，评价报表仍然存在重大错报风险而未被发现的可能性，考虑是否需要追加审计程序，以便为发表审计意见提供合理基础。

分析程序运用的不同目的，决定了分析程序运用的具体方法和特点。必须说明的是，注册会计师在风险评估阶段和审计结束时的总体复核阶段必须运用分析程序，在实施实质性程序阶段可选用分析程序。

3.4.2 用作风险评估程序

1. 总体要求

注册会计师在实施风险评估程序时，应当运用分析程序，以了解被审计单位及其环境。在这个阶段运用分析程序是强制要求。

2. 在风险评估程序中的具体运用

注册会计师可以将分析程序与询问、检查和观察程序结合运用，以获取对被审计单位及其环境的了解，识别和评估财务报表层次及具体认定层次的重大错报风险。

在运用分析程序时，注册会计师应重点关注关键的账户余额、趋势和财务比率关系等方面，对其形成一个合理的预期，并与被审计单位记录的金额、依据记录金额计算的比率或趋势相比较。如果分析程序的结果显示的比率、比例或趋势与注册会计师对被审计单位及其环境的了解不一致，并且被审计单位管理层无法给出合理的解释，或者无法取得相关的支持性文件证据，注册会计师应当考虑其是否表明被审计单位的财务报表存在重大错报风险。

需要注意的是，注册会计师无须在了解被审计单位及其环境的每一方面时都实施分析程序。如在对内部控制的了解中，注册会计师一般不会运用分析程序。

3. 风险评估过程中运用分析程序的特点

风险评估程序中运用分析程序的主要目的在于识别那些可能表明财务报表存在重大错报风险的异常变化。因此，所使用的数据汇总性比较强，其对象主要是财务报表中账户余额及其相互之间的关系；所使用的分析程序通常包括对账户余额变化的分析，并辅之以趋势分析和比率分析。

与实质性分析程序相比，在风险评估过程中使用的分析程序所进行比较的性质、预期值的精确程度，以及所进行的分析和调查的范围都并不足以提供很高的保证水平。

3.4.3 用作实质性程序

1. 总体要求

实质性分析程序可以直接提供认定层次是否存在重大错报的证据，它既可以单独使用，也可以与细节测试结合起来运用。

①在某些审计领域，如果重大错报风险较低且数据之间具有稳定的预期关系，注册会计师可以单独使用实质性分析程度获取充分、适当的审计证据。

②并未要求注册会计师在实施实质性程序时必须使用分析程序。

③分析程序有其运用的前提和基础，它并不适用于所有的财务报表认定，如关于账户余额“权利与义务”的认定。

④实质性分析程度能够达到的精确度可能受到种种限制，所提供的证据在很大程度上是间接证据，证明力相对较弱。

2. 确定实质性分析程度对特定认定的实用性

不同财务数据之间以及财务数据与非财务数据之间的内在关系是运用分析程序的基础，如果数据之间不存在稳定的可预期关系，注册会计师将无法运用实质性分析程序，而只能考虑利用检查、函证等其他审计程序收集充分、适当的审计证据，作为发表审计意见的合理基础。

在信赖实质性分析程序的结果时，注册会计师应当考虑实质性分析程序存在的风险，即分析程序的结果显示数据之间存在预期关系而实际上却存在重大错报。

如被审计单位的业绩落后于行业的平均水平，但管理层篡改了被审计单位的经营业绩以使其看起来与行业平均水平接近。在这种情况下，使用行业数据进行分析程序可能会误导注册会计师。再如，被审计单位在行业内占有极重要的市场份额的时候，将行业统计资料用于分析程序，数据的独立性可能会受到损害，因为在这种情况下被审计单位的数据在很大程度上决定了行业数据。

在确定实质性分析程序对特定认定的适用性时，注册会计师应当考虑下列因素：

①评估的重大错报风险。鉴于实质性分析程序能够提供的精确度受到种种限制，评估的重大错报风险水平越高，注册会计师应当越谨慎使用实质性分析程序。

②针对同一认定的细节测试。在对同一认定实施细节测试的同时实施实质性分析程序可能是适当的。

3. 数据的可靠性

注册会计师对已记录的金额或比率做出预期时，需要采用内部或外部的数据。数据的可靠性越高，预期的准确性也将越高，分析程序将更有效。注册会计师计划获取的保证水平越高，对数据可靠性的要求也就越高。

数据的可靠性受其来源及性质的影响，并有赖于获取该数据的环境。在确定实质性分析程序使用的数据是否可靠时，注册会计师应当考虑下列因素。

①可获得信息的来源。

②可获得信息的可比性。实施分析程序使用的相关数据必须具有可比性。

③可获得信息的性质和相关性。

④与信息编制相关的控制。与信息编制相关的控制越有效，该信息越可靠。

4. 做出预期的准确程度

准确程度是对预期值与真实值之间接近程度的度量，也称精确度。分析程序的有效性很大程度上取决于注册会计师形成的预期值的准确性。预期值的准确性越高，注册会计师通过分析程序获取的保证水平将越高。

在评价做出预期的准确程度是否足以在计划的保证水平上识别重大错报时，注册会计师应当考虑下列三个主要因素。

①对实质性分析程序的预期结果做出预测的准确性。如与各年度的研究开发和广告费用支出相比，注册会计师通常预期各期的毛利率更具有稳定性。

②信息可分解的程度。信息可分解的程度是指用于分析程序的信息的详细程度，如按月份或地区分部分解的数据。通常，数据的可分解程度越高，预期值的准确性越高，注册会计师将相应获取较高的保证水平。

当被审计单位经营复杂或多元化时，分解程度高的详细数据更为重要。但是，注册会计师也应当考虑分解程度高的数据的可靠性。如季度数据可能因为未经审计或相关控制相对较少，其可靠性将不如年度数据。

③财务和非财务信息的可获得性。

5. 已记录金额与预期值之间可接受的差异额

预期值只是一个估计数据，大多数情况下与已记录金额并不一致。在设计和实施实质性分析程序时，注册会计师应当确定已记录金额与预期值之间可接受的差异额。可接受的差异额是指已记录金额与预期值之间的差额，注册会计师认为该差额无须作进一步调查。在确定可接受的差异额时，注册会计师应当主要考虑各类交易、账户余额、列报及相关认定的重要性和计划的保证水平。通常，可容忍错报越低，可接受的差异额越小；计划的保证水平越高，可接受的差异额越小。

注册会计师可以通过降低可接受的差异额应对重大错报风险的增加。可接受的差异额越低，注册会计师需要收集越多审计证据，以尽可能发现财务报表中的重大错报，获取计划的保证水平。

如果在期中实施实质性程序，并计划针对剩余期间实施实质性分析程序，注册会计师应当考虑实质性分析程序对特定认定的适用性、数据的可靠性、做出预期的准确程度以及可接受的差异额，并评估这些因素如何影响针对剩余期间获取充分、适当的审计证据的能力。注册会计师还应考虑某类交易的期末累计发生额或账户期末余额在金额、相对重要性及构成方面能否被合理预期。

如果认为仅实施实质性分析程序不足以收集充分、适当的审计证据，注册会计师还应测试剩余期间相关控制运行的有效性或针对期末实施细节测试。

3.4.4 用于总体复核

1. 总体复核阶段分析程序的目的

注册会计师用于总体复核的分析程序的目的是确定财务报表整体是否与其对被审计单位的了解一致。

2. 总体复核阶段分析程序的特点

注册会计师在总体复核阶段实施的分析程序主要在于强调并解释财务报表项目自上个会计期间以来发生的重大变化，以证实财务报表中列报的所有信息与注册会计师对被审计单位及其环境的了解一致、与注册会计师取得的审计证据一致。

3. 再评估重大错报风险的情形

如果识别出以前未识别的重大错报风险，注册会计师应当重新考虑对全部或部分某类交易、账户余额或披露评估的风险是否恰当，并在此基础上重新评价之前计划的审计程序是否充分，是否有必要追加审计程序。

复习思考题

1. 浅析审计证据的充分性和适当性。
2. 为什么“会计记录中含有的信息本身不足以提供充分的审计证据作为对财务报表发表审计意见的基础”？
3. 注册会计师在获取审计证据时，无论是重要的审计项目还是一般的审计项目，是否都应该考虑获取证据的成本问题？
4. 论述收集审计证据的具体程序。
5. 论述审计程序的种类？
6. 积极式函证未收到回函时如何处理？
7. 简要说明分析程序的含义及目的。

第4章 审计抽样

学习目标

掌握审计测试中选取测试项目的方法，重点掌握审计抽样的含义，审计抽样在审计程序中的适用范围，以及选取全部项目测试、选取特定项目测试、审计抽样三者之间的逻辑关系；理解统计抽样与非统计抽样的概念，掌握统计抽样和非统计抽样的区别，以及属性抽样与变量抽样的含义与区别；理解抽样风险和非抽样风险的定义，掌握抽样风险的种类以及各类抽样风险对审计工作的影响，了解抽样风险与非抽样风险的控制；掌握审计抽样的基本程序。

正如本书第3章所述，收集充分适当的审计证据是注册会计师的责任。为了担当这个责任，注册会计师应当确定选取测试项目的适当方法，包括选取全部项目测试、选取特定项目测试和抽样测试。特别是抽样测试，又叫审计抽样方法，作为一种技术方法被运用在审计工作中，带来了审计方法的突破性发展，实现了审计工作的历史性飞跃，也极大地提高了审计效率。

4.1 审计抽样概述

注册会计师在获取审计数据时，通常需要实施风险评估程序、控制测试程序(必要或决定测试时)和实质性程序。在设计审计程序时，注册会计师应当确定选取测试项目的适当方法。选取测试项目旨在确定实施审计程序的范围，即实施审计程序的数量。包括选取全部项目、选取特定项目和审计抽样。

4.1.1 选取全部项目测试

选取全部项目测试是指对总体中的全部项目进行检查。总体是指注册会计师从中选取样本并希望对其得出结论的整套数据。某类交易中的所有项目(如全年薪酬)、某个(或某组)账户余额(如期末应收账款账户余额)均可构成一个总体。总体可分为多个层或子总体，每一层或子总体可分别予以检查。“总体”包含了“层”的概念。总体可以包括构成某类交易或账户余额的所有项目，也可以是其中的一层，同一层中的项目具有某一共同特征。

在确定适当的选取测试项目方法时，注册会计师应当考虑与所测试认定有关的重大错报风险和审计效率。当存在下列情形之一时，注册会计师应当考虑选取全部项目进行测试。

(1)总体由少量的大额项目构成。某类交易或账户余额中每个项目的金额都较大时，注册会计师可能需要测试所有项目。

(2)存在特别风险且其他方法未提供充分、适当的审计证据。如果某类交易或账户余额中每个项目虽然金额不大但存在特别风险，注册会计师也可能需要测试所有项目。存在特别风险的项目主要包括：①管理层高度参与的，或错报可能性较大的交易事项或账户余额；②非常规的交易事项或账户余额，特别是与关联方有关的交易或余额；③长期不变的账户余额，如滞销的存货余额或账龄较长的应收账款余额；④可疑的或非正常的项目，或明显不规范的项目；⑤以前发生过错误的项目；⑥期末人为调整的项目；⑦其他存在特别风险的项目。

(3)符合成本效益原则。由于信息系统自动执行的计算或其他程序具有重复性，对全部项目进行检查符合成本效益原则。注册会计师通常使用计算机辅助审计技术测试全部项目。

对全部项目进行检查，通常更适用于细节测试，而不适合控制测试。实施细节测试时，在某些情况下，基于重要性水平或风险的考虑，注册会计师可能认为需要测试总体中的全部项目。比如在截止测试中，注册会计师通常对截止日前后一段时期的所有交易进行检查。

4.1.2 选取特定项目测试

选取特定项目测试是指对总体中的特定项目进行针对性测试。根据对被审计单位的了解、评估的重大错报风险以及所测试总体的特征等，注册会计师可以从总体中选取特定项目进行测试。选取的特定项目通常包括：①大额或关键项目；②超过某一金额的全部项目；③被用于获取某些信息的项目；④被用于测试控制活动的项目。

选取特定项目时，注册会计师只对审计对象总体中的部分项目进行测试。注册会计师通常按照覆盖率或风险因素选取测试项目，或将这两种方法结合使用。按照覆盖率选取测试项目是指注册会计师选取数量较少、金额较大的项目进行测试，可以保证较少的测试项目的金额占有总体金额的较高比例，从而提高对总体推断的可靠性。举例来说，如果 6 个金额较大的项目占审计对象总体金额的 85%，那么测试这 6 个项目就可对审计对象总体的存在性和准确性获得较高程度保证。注册会计师也可以抽取超过某一设定金额的所有项目，借以保证某类交易或账户的大部分金额得到验证。按照风险因素选取测试项目是指注册会计师选取具有某种较高风险特征的项目进行测试。比如，可疑的项目、异常的项目、以前发生过错误的项目等，均属于具有高风险特征的项目，应作为特定项目进行测试；又如，注册会计师为了获取与被审计单位的性质、交易的性质以及内部控制等事项相关的信息，或者为了确定某项控制是否得到有效执行，可能会有目的地选择某些项目进行测试，对这些项目的测试实际上也属于风险评估程序。

需要注意的是，和审计抽样相同之处是，选取特定项目进行测试，也是对某类交易或账户余额中低于百分之百的项目实施审计程序，但其并不属于审计抽样。这是因为，这种方法下并非所有抽样单元（抽样单元是指构成总体的个体项目）都有被选取的机会，注册会计师在使用选取特定项目进行测试的方法时必然会融入个人的主观判断，那些不符合注册会计师选择标准的项目可能失去被选取的机会，从而导致选取的特定项目不能代表审计对象总体（或某一子总体）中全部项目的特征。因此，选取特定项目进行测试不能根据所测试项目中发现的误差推断审计对象总体的误差。事实上，如果总体中剩余部分（即未测试项目）较大，注册会计师基于个人的职业判断，应当考虑是否需要针对这些未测试项目实施必要的审计程序，以获取充分、适当的审计证据。

4.1.3 审计抽样

审计抽样，简称抽样，是指注册会计师对具有审计相关性的总体中低于百分之百的项目实施审计程序，使所有抽样单元都有被选取的机会，为注册会计师针对整个总体得出结论提供合理基础。审计抽样能够使注册会计师获取和评价有关所选取项目某一特征的审计证据，以形成或帮助形成有关总体的结论。抽样单元是指构成总体的个体项目。如果注册会计师决定对账户余额或交易事项进行审计抽样，应当考虑是否符合审计抽样的三个基本特征：①对某类交易或账户余额中低于百分之百的项目实施审计程序；②所有抽样单元都有被选取的机会；③可以根据样本项目的测试结果推断出有关抽样总体的结论。

审计抽样并非在所有审计程序中都可以使用。注册会计师拟实施的审计程序将对运用审计抽样产生重要影响。在风险评估程序、控制测试和实质性程序中，有些审计程序可以使用审计抽样，有些审计程序则不宜使用审计抽样。

风险评估程序通常不涉及审计抽样。如果注册会计师在了解控制的设计和确定控制是否得到执行的同时计划和实施控制测试，则可能涉及审计抽样，但此时的审计抽样仅适用于控制测试。

当控制的运行留下轨迹时，注册会计师可以考虑使用审计抽样实施控制测试。对于未留下运行轨迹的控制，注册会计师通常实施询问、观察等审计程序，以获取有关控制运行有效性的审计证据，此时不宜使用审计抽样。

实质性程序包括对各类交易、账户余额、列表或披露的细节测试和实质性分析程序。注册会计师只是在实施细节测试程序时，才需要考虑审计抽样。在实施细节测试时，注册会计师可以使用审计抽样获取审计证据，以验证有关财务报表金额的一项或多项认定，或对某些金额做出独立估计。在实施实质性分析程序时不需要使用审计抽样。

4.1.4 统计抽样和非统计抽样

注册会计师在运用审计抽样时，既可以使用统计抽样方法，也可以使用非统计抽样方法，这取决于注册会计师的职业判断。所谓统计抽样，是指同时具备以下两个特征的抽样方法：①随机选取样本；②运用概率论评价样本结果，包括计量抽样风险。不同时具备上述两个特征的抽样方法属于非统计抽样。

非统计抽样又有任意抽样和判断抽样之分，在任意抽样的方法下，从总体中抽取多少样本、抽取哪些样本都是主观随意的，没有客观的依据和标准。显然，任意抽样的样本往往代表性差，很难保证它能够反映总体的真实情况，根据对这种样本的审查结果来推断总体，审计结论的可靠性难以得到保证。判断抽样是基于注册会计师对审计对象的了解和职业判断，有目的、有重点地选取一定量的样本进行审查。由于判断抽样是在任意抽取的基础上融入了个人的经验和判断，因此，其结果在很大程度上取决于注册会计师的经验水平和判断能力的高低，但它们都不能科学地确定抽样方法和样本规模，不能用数学评估的方法测定和控制抽样风险。

注册会计师应当根据具体情况并运用职业判断，确定使用统计抽样方法还是非统计抽样方法，以最有效率地获取审计证据。注册会计师在统计抽样与非统计抽样方法之间进行选择时主要考虑成本效益。统计抽样方法的优点在于能够客观地计量抽样风险，并通过调整样本规模精确地控制风险，这是与非统计抽样最重要的区别。另外，统计抽样还有助于注册会计师高效地设计样本，计量所获取证据的充分性，以及定量评价样本结果。但统计抽样又可能发生额外的成本。首先，为了使注册会计师掌握使用统计抽样所需要的特殊的专业技能，可能需要增加培训费用；其次，统计抽样要求单个样本项目符合统计要求，这些也需要支出额外的费用。非统计抽样如果设计适当，也可达到统计抽样一样的效果。注册会计师使用非统计抽样时，也要考虑抽样风险并将其降至可接受水平，但无法精确地测定抽样风险。

无论是统计抽样还是非统计抽样，两种方法都要求注册会计师在设计、实施和评价样本时运用职业判断。另外，对选取的样本项目实施的审计程序通常也与使用的抽样方法无关。

4.1.5 属性抽样和变量抽样

属性抽样和变量抽样是统计抽样的两种方法。在统计抽样中，根据对样本的审查结果对总体进行推断可以从两个不同的方面来进行，一是根据样本的差错率推断总体的差错率；二是根据样本的差错额推断总体的差错额。前者就是属性抽样，后者就是变量抽样。也可以这样说，属性抽样是一种用来对总体中某一事项发生率得出结论的统计抽样方法；变量抽样是一种用来对总体金额得出结论的统计抽样方法。属性抽样在审计中最常见的用途是测试某一设定控制的偏差率，以支持注册会计师评估的控制的有效性。在属性抽样中，设定控制的每一次发生或偏离都被赋予同样的权重，而不管交易的金额大小。变量抽样通常回答下列问题：金额是多少？或账户是否存在错报？变量抽样在审计中的主要用途是进行细节测试，以确定记录金额是否合理。一般而言，属性抽样得出的结论与总体发生率有关，而变量抽样得出的结论与总体的金额有关，但有一个例外，即统计抽样中的概率比例规模抽样(PPS 抽样)，却运用属性抽样的原理得出以金额表示的结论。

属性抽样和变量抽样的主要区别参见表 4-1。

表 4-1 属性抽样和变量抽样的主要区别

审计抽样	定 义	测试种类	目 标
属性抽样	用来对总体中某一事项发生率得出结论的统计抽样方法	控制测试	估计总体既定控制的偏差率
变量抽样	一种用来对总体金额得出结论的统计抽样方法	细节测试	估计总体金额或总体中的错报金额

4.1.6 抽样风险和非抽样风险

在获取审计证据时，注册会计师应当运用职业判断，评估重大错报风险，并设计进一步审计程序，以确保将审计风险降至可接受的低水平。审计风险取决于重大错报风险和检查风险。使用审计抽样时，审计风险既可能受到抽样风险的影响，也可能受到非抽样风险的影响，抽样风险和非抽样风险通过影响重大错报风险的评估和检查风险的确定而影响审计风险。

1. 抽样风险

抽样风险是指注册会计师根据样本得出的结论，和对总体全部项目实施与样本同样的审计程序得出的结论存在差异的可能性，也就是抽出的样本不能代表总体的风险。

(1) 控制测试中的抽样风险

控制测试中的抽样风险包括信赖不足风险和信赖过度风险。信赖不足风险是指推断的控制有效性低于其实际有效性的风险，也就是抽样结果使注册会计师对内部控制信赖不足的可能性。如果注册会计师对内部控制信赖不足，就会对重大错报风险的评估偏高，注册会计师可能会增加不必要的审计程序，从而导致审计效率可能降低。因此，信赖不足风险影响审计的效率。信赖过度风险是指推断的控制有效性高于其实际有效性的风险，也就是抽样结果使注册会计师对内部控制信赖过度的可能性。如果注册会计师对内部控制过度信赖，就会使评估的重大错报风险水平偏低，注册会计师可能不适当地减少审计程序和证据，最终可能导致注册会计师形成不恰当的审计意见。因此，信赖过度风险影响审计的效果，并可能导致注册会计师发表不恰当的审计意见，因而这种风险更应予以关注。

(2) 细节测试中的抽样风险

细节测试中的抽样风险包括误拒风险和误受风险。误拒风险是指注册会计师推断某一重大错报存在而实际上不存在的风险。如果推断某一重大错报存在而实际上不存在，注册会计师通常会扩大细节测试的范围或考虑获取其他审计证据，最终注册会计师可能得出恰当的结论，但无疑会降低审计效率。因此，与信赖不足风险类似，误拒风险影响审计效率。误受风险是指注册会计师推断某一重大错报不存在而实际上存在的风险。如果账面金额实际上存在重大错报而注册会计师认为其不存在，注册会计师通常会停止对该账面金额的测试，并根据样本结果得出账面金额不存在重大错报的不恰当的结论。因此，与信赖过度风险类似，误受风险影响审计效果，容易导致注册会计师发表不恰当的审计意见，因而这种风险更值得关注。

此外，抽样风险也可以分为另两种类型，即：①影响审计效率的抽样风险，包括控制测试中的信赖不足风险和细节测试中的误拒风险；②影响审计效果的抽样风险，包括控制测试中的信赖过度风险和细节测试中的误受风险。抽样风险对审计工作的影响参见表 4-2 所示。

表 4-2 抽样风险对审计工作的影响

审 计 测 试	抽样风险种类	对审计工作的影响
控制测试	信赖不足风险	效率
	信赖过度风险	效果
实质性程序测试(细节测试)	误拒风险	效率
	误受风险	效果

2. 非抽样风险

非抽样风险是指由于某些与样本规模无关的因素而导致注册会计师得出错误结论的可能性。非抽样风险包括审计风险中不是由抽样导致的所有风险。注册会计师即使对某类交易或账户余额的所有项目实施审计程序，也可能仍未能发现重大错报或控制失效。在审计过程中，注册会计师使用了不适当的审计程序或因误解了审计证据而没有发现误差是非抽样风险产生的主要原因，具体包括如下情况。

(1) 注册会计师选择的总体不适合于测试目标

如注册会计师在测试应收账款销售的完整性认定时选择主营业务收入日记账作为总体。

(2) 注册会计师未能适当地定义误差(包括控制偏差或错报)，导致注册会计师未能发现样本中存在的偏差或错报

如注册会计师在测试现金支付授权控制的有效性时，未将签字人未得到适当授权的情况界定为控制偏差。

(3) 注册会计师选择了不适于实现特定目标的审计程序

如注册会计师依赖应收账款函证来揭露未入账的应收账款。

(4) 注册会计师未能适当地评价审计发现的情况

如注册会计师对发现的误差的重要性做出了不适当的判断，从而忽略了性质十分重要的误差，可能导致得出不恰当的结论。此外，对审计证据的错误解读也可能导致注册会计师不能发现误差。

(5) 其他原因

非抽样风险是由人为错误造成的，因而可以降低、消除或防范。虽然注册会计师不能量化非抽样风险，但通过采取适当的质量控制政策和程序，对审计工作进行适当的指导、监督和复核，以及对注册会计师实务的适当改进，可以将非抽样风险降至可以接受的水平。注册会计师也可以通过仔细设计其审计程序尽量降低非抽样风险。

3. 抽样风险与非抽样风险的控制

综上所述，只要使用了审计抽样，抽样风险就会存在。为了将审计风险降低至可接受的范围，必须对抽样风险和非抽样风险实施控制。由于抽样风险和样本规模呈反方向运动，即：样本规模越小，抽样风险越大；样本规模越大，抽样风险越小。如果对总体中的所有项目都实施检查，就不存在抽样风险，此时审计风险完全由非抽样风险产生。因此，注册会计师无论执行控制测试还是细节测试，都可以通过扩大样本规模来降低抽样风险。在使用统计抽样时，注册会计师可以准确地计量和控制抽样风险；非抽样风险是由人为因素引起的，在使用非统计抽样时，尽管注册会计师不能量化非抽样风险，但通过采取适当的质量控制政策和程序，加强对审计工作的指导、监督和复核，以及改进注册会计师实务，可以将非抽样风险降至可以接受的水平。

4.2 审计抽样的基本原理和步骤

注册会计师实施审计抽样的目标是，为得出有关抽样总体的结论提供合理的基础。注册会计师在控制测试和细节测试中实施审计抽样，主要分为以下三个阶段。

4.2.1 样本设计阶段

在设计审计样本时，注册会计师应当考虑审计程序的目的和抽样总体的特征。即首先应考虑拟实现的具体目标，并根据目标和总体的特性，确定能够最好地实现该目标的审计程序组合，以及如何在实施审计程序时运用审计抽样。其样本设计阶段的工作主要包括以下四个步骤。

1. 确定测试目标

审计抽样必须紧紧围绕审计测试的目标展开，因此确定测试目标是样本设计阶段的第一项工作。一般而言，控制测试是为了获取关于某项控制运行是否有效的证据，而细节测试的目的是确定某类交易或账户余额的金额是否正确，以获取与存在的错报有关的证据。

2. 定义总体与抽样单元

(1) 总体

在实施抽样之前，注册会计师必须仔细定义总体，确定抽样总体的范围。总体可以包括构成某类交易

或账户余额的所有项目，也可以只包括某类交易或账户余额中的部分项目。比如，如果应收账款中没有单个重大项目，注册会计师直接对应收账款账面余额进行抽样，则总体包括构成应收账款期末余额的所有项目。如果注册会计师已使用选取特定项目的方法将应收账款中的单个重大项目挑选出来单独测试，只对剩余的应收账款余额进行抽样，则总体只包括构成应收账款期末余额的部分项目。

注册会计师定义的总体需具备两个特征，即适当性和完整性。①适当性是指确定的总体必须适合于特定的审计目标，包括适合于测试方向。比如，如果审计目标在于审查应收账款是否被多计，测试总体应该为应收账款明细表；如果审计目标在于审查应付账款是否被少计，则测试总体不仅包括应付账款明细表而且还应包括期后付款、未付发票及能够提供应付账款少计证据的其他项目。②完整性是指注册会计师应当从总体项目内容和涉及时间等方面确定总体的完整性。例如，如果注册会计师从档案中选取付款证明，除非确信所有的付款证明都已归档，否则注册会计师不能对该期间的所有付款证明做出结论。

在实务中，注册会计师通常从代表总体的实物中选取项目。例如，如果注册会计师将总体定义为特定日期的应收账款余额，代表总体的实物就是该日期的客户应收账款余额明细表；如果总体定义为某一期间的销售收入，代表总体的实物就可能是销售日记账或销售发票。

(2) 定义抽样单元

通常，注册会计师在定义总体时都会指明抽样单元。所谓抽样单元是指构成审计对象总体的个别项目。抽样单元可能是实物项目，如支票簿上列示的支票信息，银行对账单上的贷方记录，销售发票或应收账款余额；也可能是货币单元。在定义抽样单元时，注册会计师应使其与审计测试目标保持一致。在控制测试中，抽样单元通常是能够提供控制运行证据的文件资料，而在细节测试中，抽样单元可能是一个账户余额、一笔交易或交易中的一项记录，甚至每个货币单元。

(3) 分层

在定义总体时，如果总体项目存在重大的变异性，注册会计师可以考虑将总体分层。分层是指将一个总体划分为多个子总体的过程，每个子总体由一组具有相同特征(通常为货币金额)的抽样单元组成。分层可以降低每一层中项目的变异性，从而在抽样风险没有成比例增加的前提下减小样本规模。分层时必须仔细界定子总体，使每一个抽样单元只能属于一个层。分层的标准可以是业务的类型、账户余额的大小、项目的重要程度、内部控制强弱等。由此可见，分层不仅能够提高抽样效率，也可使注册会计师按项目的重要性、变化频率或其他特征来选取不同的样本数，而且可以针对不同的层使用不同的审计程序。注册会计师通常还需要对最重要的层实施全部审查。比如，在对被审计单位应收账款实施函证时，注册会计师可以将应收账款账户按其金额大小分为三层，即账户金额在 20 000 元以上的、在 10 000～20 000 元之间的、在 10 000 元以下的。对于金额在 20 000 元以上的应收账款账户，应实施全部函证；对于金额在 10 000～20 000 元之间以及 10 000 元以下的应收账款账户，则可采取适当的选样方法选取进行函证的样本。注册会计师也可以按照显示较高误差风险的某一特定特征对总体进行分层。如在测试应收账款估价时，余额可以根据账龄分层。

在对总体进行分层时要注意，对某一层的样本实施审计程序的结果，只能推断该子总体，要想推断总体，注册会计师应当考虑构成总体其他层有关的重大错报风险。

3. 定义误差构成条件

注册会计师必须事先准确定义构成误差的条件，否则执行审计程序时就没有识别误差的标准。注册会计师在定义误差构成条件时，应当考虑审计程序的目标，使误差的定义与审计程序的目标相符。在控制测试中，误差是指控制偏差，注册会计师应当根据对内部控制的理解，确定哪些特征能够显示被测试的控制的运行情况，然后据此定义误差构成条件。比如设定的控制要求每笔付款都要附有发票、收据、验收报告和订货单等书面证据，并加盖“已付”戳记，注册会计师认为加盖了“已付”戳记的发票和验收报告足以证明控制的适当运行，误差就可以被定义为没有“已付”戳记的发票和验收报告等证明文件的付款。在细节测试中，误差是指错报，注册会计师要确定哪些情况构成错报。比如，在对应收账款存在性的细节测试中(如函证)，客户在函证日之前支付、被审计单位在函证日之后不久收到的款项(即未达账项)不构成误差。而且，被审计单位在不同客户之间误登明细账也不构成误差，因其并不影响应收账款账户的总额。即使这种情况可能对审计的其他方面(如对舞弊的可能性或坏账准备的适当性的评估)产生重要影响，在评价该审计程序的样本结果时将其判定为误差也是不适当的。

4. 确定审计程序

注册会计师必须确定能够最好地实现测试目标的审计程序组合。如果注册会计师的审计目标是通过测试某一阶段的适当授权证实交易的有效性，审计程序就是检查特定人员已在某文件上签字以示授权的书面证据。注册会计师预计样本中每一张该文件上都有适当的签名。

注册会计师应当将交易类型、账户余额，以及列报或披露的认定与重大错报风险的评估和进一步审计程序的设计及实施相联系。通常注册会计师在获取关于财务报表中列报和披露的审计证据时不采用抽样方法，因而审计测试目标通常与获取关于某类交易或账户余额的财务报表认定的审计证据有关，如表4-3所示。

表4-3 注册会计师获取审计证据时使用的认定

关于被审计期间交易和事项类型的认定	关于期末账户余额的认定
发生	存在
完整	权利与义务
准确	完整
截止	计价与分摊

4.2.2 选取样本阶段

1. 确定样本规模

所谓样本规模就是指从总体中选取样本项目的数量。在确定样本规模时，注册会计师应当考虑能否将抽样风险降至可接受的低水平。在审计抽样中，如果样本规模过小，就不能反映出审计对象总体的特征，注册会计师就无法获取充分的审计证据，从而降低审计结论的可靠性，甚至可能得出错误的审计结论；因此，注册会计师应当确定足够的样本规模，以将抽样风险降至可接受的低水平。反之，如果样本规模过大，就会增加审计工作量，导致不必要的时间和人力上的浪费，降低审计效率，也就失去审计抽样的意义。

注册会计师在确定样本规模时主要受以下几个因素的影响。

(1)可接受的抽样风险

可接受的抽样风险与样本规模成反比。即注册会计师可接受的抽样风险越高，样本规模越小；相反，可接受的抽样风险越低，样本规模越大。

(2)可容忍误差

可容忍误差是指注册会计师在认为测试目标已实现的情况下准备接受的总体最大误差。在控制测试中，可容忍误差是指可容忍偏差率。可容忍偏差率是指注册会计师设定的偏离规定的内部控制程序的比率，注册会计师试图对总体中的实际偏差率不超过该比率获取适当水平的保证，换言之，可容忍偏差率是指注册会计师能够接受的最大偏差数量；如果偏差超过这一数量则减少或取消对控制程序的信赖。在细节测试中，可容忍误差是指可容忍错报。可容忍错报是指注册会计师设定的货币金额，注册会计师试图对总体中的实际错报不超过该货币金额获取适当水平的保证。实际上，可容忍错报是实际执行的重要性这个概念在特定抽样程序中的运用。可容忍错报可能等于或低于实际执行的重要性。

当保证程度一定时，注册会计师运用职业判断确定可容忍误差，可容忍误差越小，为实现同样的保证程度所需的样本规模越大。

(3)预计总体误差

预计总体误差是指注册会计师根据以前对被审计单位的经验或实施风险评估程序的结果而估计总体中

可能存在的误差。预计总体误差越大，可容忍误差也应当越大；但预计总体误差不应超过可容忍误差。在既定的可容忍误差下，预计总体误差越大，表明审计风险越高，所需的样本规模越大。

(4) 总体变异性

总体变异性是指总体的某一特征(如金额)在各项目之间的差异程度。在控制测试中，注册会计师在确定样本规模时一般不考虑总体变异性。在细节测试中，注册会计师在确定适当的样本规模时要考虑特征的变异性。总体项目的变异性越低，通常样本规模越小。注册会计师可以通过分层，将总体分为相对同质的组，以尽可能降低每一组中变异性的影响，从而减小样本规模。未分层总体具有高度变异性，其样本规模通常很大。最有效的方法是根据预期会降低变异性的总体项目特征进行分层。在细节测试中分层的依据通常包括项目的账面金额，与项目处理有关的控制的性质，或与特定项目(如更可能包含错报的那部分总体项目)有关的特殊考虑等。分组后的每一组子总体被称为一层，每层分别独立选取样本。

(5) 总体规模

除非总体非常小，一般而言，总体规模对样本规模的影响几乎为零。注册会计师通常将抽样单元超过5000个的总体视为大规模的总体。对大规模总体而言，总体的实际容量对样本规模几乎没有影响。对小规模总体而言，审计抽样比其他选择测试项目的方法效率低。

审计抽样中样本规模的影响因素以及其在控制测试和细节测试中的具体表现形式参见表4-4所示。

表 4-4　影响样本规模的因素

影响因素	控制测试	细节测试	与样本规模的关系
可接受的抽样风险	可接受的信赖过度风险	可接受的误受风险	反向变动
可容忍误差	可容忍偏差率	可容忍错报	反向变动
预计总体误差	预计总体偏差率	预计总体错报	同向变动
总体变异性	——	总体变异性	同向变动
总体规模	总体规模	总体规模	影响很小

使用统计抽样方法时，注册会计师必须对影响样本规模的因素进行量化，并利用根据统计公式开发的专门的计算机程序或专门的样本量表来确定样本规模。在非统计抽样中，注册会计师可以只对影响样本规模的因素进行定性的估计，并运用职业判断确定样本规模。

2. 选取样本

为了保证根据抽样结果推断得到的总体特征具有合理性和可靠性，注册会计师在选取样本时，必须使总体中的所有抽样单元均有被选取的机会，使样本能够代表总体。如果注册会计师有意识地选择总体中某些具有特殊特征的项目而放弃其他项目，那么所选择的样本的代表性就无法得到保证。不管使用统计抽样还是非统计抽样方法选取样本，只要方法得当，选取的样本一般都具有代表性，均可获取充分、适当的审计证据。选取样本的基本方法包括使用随机数表或计算机辅助审计技术选样、系统选样和随意选样。

(1) 使用随机表或计算机辅助审计技术选样

使用随机表或计算机辅助审计技术选样亦称随机数选样。是指对审计对象的总体或子总体的所有项目，按随机规则选取样本。使用随机数选样的前提是总体中的每一项目都有不同的编号。注册会计师可以使用计算机生成的随机数，如电子表格程序、随机数码生成程序、通用审计软件程序等计算机程序产生的随机数，也可以使用随机数表获取所需的随机数。

随机数是一组从长期来看出现概率相同的数码，且不会产生可识别的模式。随机表也称乱数表，它是随机生成的从0～9共10个数字所组成的数表，每个数字在表中出现的次数是大致相同的，它们出现在表上的顺序是随机的，表4-5就是5位随机数表的一部分。

应用随机数选样的步骤如下。

①对总体项目进行编号，建立总体中的项目与表中数字的一一对应关系。一般情况下，编号可利用总体项目中原有的某些编号，如凭证号、支票号、发票号等。在没有事先编号的情况下，注册会计师需按一

定的方法进行编号。如由 40 页、每页 50 行组成的应收账款明细表，可采用 4 位数字编号，前 2 位由 01～40 的整数组成，表示该记录在明细表中的页数，后 2 位数字由 01～50 的整数组成，表示该记录的行次。这样，编号 0534 表示第 5 页第 34 行的记录。所需使用的随机数的位数一般由总体项目数或编号位数决定。如前例中可采用 4 位随机数表，也可以使用 5 位随机数表的前 4 位数字或后 4 位数字。

表 4-5　随机数表

行＼列	1	2	3	4	5	6	7	8	9	10
1	32044	69037	29655	92114	81034	40582	01584	77184	85762	46505
2	23821	96070	82592	81642	08971	07411	09037	81530	56195	98425
3	82383	94987	66441	28677	95961	78346	37916	09416	42438	48432
4	68310	21792	71635	86089	38157	95620	96718	79554	50209	17705
5	94856	76940	22165	01414	01413	37231	05509	37489	56459	52983
6	95000	61958	83430	98250	70030	05436	74814	45978	09277	13827
7	20764	64638	11359	32556	89822	02713	81293	52970	25080	33555
8	71401	17964	50940	95753	34905	93566	36318	79530	51105	26952
9	38464	75707	16750	61371	01523	69205	32122	03436	14489	02086
10	59442	59247	74955	82835	98378	83513	47870	20795	01352	89906

②确定连续选取随机数的方法。即从随机数表中选择一个随机起点和一个选号路线，随机起点和选号路线可以任意选择，但一经选定就不得改变。从随机数表中任选一行或任何一栏开始，按照一定的方向（上下左右均可）依次查找，符合总体项目编号要求的数字，即为选中的号码，与此号码相对应的总体项目即为选取的样本项目，一直到选足所需的样本量为止。比如，从前述应收账款明细表的 2000 个记录中选择 10 个样本，总体编号规则如前所述，即前两位数字不能超过 40，后两位数字不能超过 50。如从表 4-5 第一行第一列开始，使用前 4 位随机数，逐行向右查找，则选中的样本为编号 3204、0741、0903、0941、3815、2216、0141、3723、0550、3748 的 10 个记录。

随机数选样不仅使总体中每个抽样单元被选取的概率相等，而且使相同数量的抽样单元组成的每种组合被选取的概率相等。这种方法在统计抽样和非统计抽样中均适用。由于统计抽样要求注册会计师能够计量实际样本被选取的概率，因而这种方法尤其适用于统计选样。

(2) 系统选样

系统选样也称等距选样，是指按照相同的间隔从审计对象总体中等距离地选取样本的一种方法。采用系统选样法，首先要计算选样间距，确定选样起点，然后再根据间距顺序地选取样本。选样间距的计算公式如下：

选样间距=总体规模÷样本规模

举例来说，如果销售发票的总体范围是 652～3151，设定的样本量是 125，那么选样间距为 20[(3152–652)÷125]。注册会计师必须从 0～19 中选取一个随机数作为抽样起点。如果随机选择的数码是 9，那么第一个样本项目是发票号码为 661(652+9)的那一张，其余的 124 个项目是 681(661+20)，701(681+20)……直至第 3141 号。

系统选样方法的主要优点是使用方便，比其他选样方法节省时间，并可用于无限总体。此外，使用这种方法时，对总体中的项目不需要编号，注册会计师只要简单数出每一个间距即可。但是，使用系统选样方法要求总体必须是随机排列的，否则容易发生较大的偏差，造成非随机的、不具代表性的样本。如果测试项目的特征在总体内的分布具有某种规律性，则选择样本的代表性就可能较差。例如，应收账款明细表每页的记录均以账龄的长短按先后次序排列，则选中的 200 个样本可能多数是账龄相同的记录。

为克服系统选样法的这一缺点，可采用两种办法：一是增加随机起点的个数；二是在确定选样办法之前对总体特征的分布进行观察。如发现总体特征的分布呈随机分布，则采用系统选样法；否则，可考虑使用其他选样方法。

系统选样可以在非统计抽样中使用，在总体随机分布时也可适用于统计抽样。

(3) 随意选样

随意选样也称任意选样，是指注册会计师不带任何偏见地选取样本，即注册会计师不考虑样本项目的性质、大小、外观、位置或其他特征而选取总体项目。在这种方法中，注册会计师选取样本不采用结构化的方法。由于文化背景和所受训练等的差异，每个注册会计师都可能无意识地带有某种偏好。因此，注册会计师使用随意选择方法选取样本时，很难完全无偏见地选取样本项目，也就是说，这种方法难以彻底排除注册会计师的个人偏好对选取样本的影响，因而很可能使样本失去代表性。比如，从发票柜中取发票时，某些注册会计师可能倾向于抽取柜子中间位置的发票，这样就会使柜子上面部分和下面部分的发票缺乏相等的选取机会，因此，在运用随意选样时，注册会计师要避免由于项目性质、大小、外观和位置的不同所引起的偏见，尽量使所选取的样本具有代表性。随意选样虽然也可以选出代表性样本，但由于它属于非随机基础选样方法，因而只能在非统计抽样中使用。

上述三种基本方法均可选出代表性样本。但随机数选样和系统选样属于随机基础选样方法，即对总体的所有项目按随机规则选取样本，因而可以在统计抽样中使用，当然也可以在非统计抽样中使用。而随意选样虽然也可以选出代表性样本，但它属于非随机基础选样方法，因而不能在统计抽样中使用，只能在非统计抽样中使用。

3. 对样本实施审计程序

注册会计师应当针对选取的每个项目，实施适合于具体审计目标的审计程序。对选取的样本项目实施审计程序旨在发现并记录样本中存在的误差。

如果选取的项目不适合实施审计程序，注册会计师通常使用替代项目。例如，注册会计师在测试付款是否得到授权时选取的付款单据中可能包括一个空白的付款单。如果注册会计师确信该空白付款单是合理的且不构成误差，可以适当选择一个替代项目进行检查。

注册会计师通常对每一样本项目实施适合于特定审计目标的审计程序。有时，注册会计师可能无法对选取的抽样单元实施计划的审计程序(如由于原始单据丢失等原因)。注册会计师对未检查项目的处理取决于未检查项目对评价样本结果的影响。如果注册会计师对样本结果的评价不会因为未检查项目可能存在错报而改变，就不需要对这些项目进行检查。如果未检查项目可能存在的错报会导致该类交易或账户余额存在重大错报，注册会计师就要考虑实施替代程序，为形成结论提供充分的证据。如对应收账款的积极式函证没有收到回函时，注册会计师必须审查期后收款的情况，以证实应收账款的余额。注册会计师也要考虑无法对这些项目实施检查的原因是否会影响计划的重大错报风险评估水平或对舞弊风险的评估。如果注册会计师无法或者没有执行替代审计程序，则应将该项目视为一项误差。

4.2.3 评价样本结果阶段

注册会计师在对样本实施必要的审计程序后，需要对抽样结果进行评价。其具体的程序和内容是：分析样本误差、推断总体误差、重估抽样风险、形成审计结论。评价抽样结果的评价程序如图 4-1 所示。

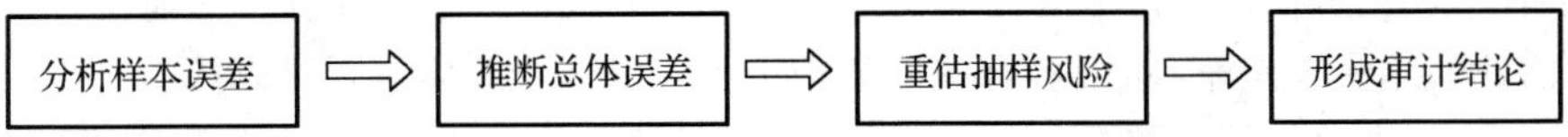

图 4-1　抽样结果的评价程序

1. 分析样本误差

注册会计师应当调查识别出的所有偏差或错报的性质和原因，并评价其对审计程序的目的和审计的其他方面可能产生的影响。无论是统计抽样还是非统计抽样，对样本结果的定性评估和定量评估一样重要。即使样本的统计评价结果在可以接受的范围内,注册会计师也应对样本中的所有误差(包括控制测试中的控制偏差和细节测试中的金额错报)进行定性分析。

如果注册会计师发现许多误差具有相同的特征，如交易类型、地点、生产线或时期等，则应考虑该特征是不是引起误差的原因，是否存在其他尚未发现的具有相同特征的误差。此时，注册会计师应将具有该共同特征的全部项目划分为一层，并对层中的所有项目实施审计程序，以发现潜在的系统误差。同时，注册会计师仍需分析误差的性质和原因，考虑存在舞弊的可能性。如果将某一误差视为异常误差，注册会计师应当实施追加的审计程序，以高度确信该误差对总体误差不具有代表性。

在极其特殊的情况下，如果认为样本中发现的某项偏差或错报是异常误差，注册会计师应当对该项偏差或错报对总体不具有代表性获取高度保证。异常误差，是指对总体中的错报或偏差明显不具有代表性的错报或偏差。在获取这种高度保证时，注册会计师应当实施追加的审计程序，获取充分、适当的审计证据，以确定该项偏差或错报不影响总体的其余部分。

2. 推断总体误差

当实施控制测试时，注册会计师应当根据样本中发现的偏差率推断总体偏差率，并考虑这一结果对特定审计目标及审计的其他方面的影响。

当实施细节测试时，注册会计师应当根据样本中发现的错报金额推断总体错报金额，并考虑这一结果对特定审计目标及审计的其他方面的影响。

3. 形成审计结论

在推断总体误差后，注册会计师应当评价样本结果，以确定对总体相关特征的评估是否得到证实或需要修正。

(1)控制测试中的样本结果评价

在控制测试中，注册会计师应当将总体偏差率与可容忍偏差率比较，但必须考虑抽样风险。

①统计抽样。在统计抽样中，注册会计师通常使用表格或计算机程序计算抽样风险。经量化的抽样风险称为抽样风险允许限度，它代表抽样风险对样本评价结果的影响，用来调整推断的总体误差。在控制测试中，抽样风险允许限度用百分数表示。用以评价抽样结果的大多数计算机程序都能根据样本规模、样本结果，计算在注册会计师确定的信赖过度风险条件下可能发生的偏差率上限的估计值。该偏差率上限的估计值即总体偏差率与抽样风险允许限度之和。如果估计的总体偏差率上限低于可容忍偏差率，则总体可以接受。这时注册会计师对总体做出结论，样本结果支持计划评估的控制有效性，从而支持计划的重大错报风险评估水平。如果估计的总体偏差率上限大于或等于可容忍偏差率，则总体不能接受，这时，注册会计师对总体做出结论，样本结果不支持计划评估的控制有效性，从而不支持计划的重大错报风险评估水平。此时，注册会计师应当修正重大错报风险评估水平，并增加实质性程序的数量。注册会计师也可以对影响重大错报风险评估水平的其他控制进行测试，以支持计划的重大错报风险评估水平。如果估计的总体偏差率上限低于但接近可容忍偏差率，注册会计师应当结合其他审计程序的结果，考虑是否接受总体，并考虑是否需要扩大测试范围，以进一步证实计划评估的控制有效性和重大错报风险水平。

②非统计抽样。在非统计抽样中，无法直接对抽样风险进行计量。通常，注册会计师会直接将样本偏差率(即估计的总体偏差率)与可容忍偏差率相比较，以判断总体是否可以接受。如果样本偏差率大于可容忍偏差率，则总体不能接受。如果样本偏差率低于总体的可容忍偏差率，注册会计师要考虑即使总体实际偏差率高于可容忍偏差率时仍出现这种结果的风险。如果样本偏差率大大低于可容忍偏差率，注册会计师通常认为总体可以接受。如果样本偏差率虽然低于可容忍偏差率，但两者很接近，注册会计师通常认为总体实际偏差率高于可容忍偏差率的抽样风险很高，因而总体不可接受。如果样本偏差率与可容忍偏差率之间的差额不是很大也不是很小，以至于不能认定总体是否可以接受时，注册会计师则要考虑扩大样本规模，以进一步收集证据。

(2)细节测试中的样本结果评价

当实施细节测试时，注册会计师应当根据样本中发现的错报推断总体错报。注册会计师首先必须根据样本中发现的实际错报要求被审计单位调整账面记录金额。将被审计单位已更正的错报从推断的总体错报金额中减掉后，注册会计师应当将调整后的推断总体错报与该类交易或账户余额的可容忍错报相比较，但必须考虑抽样风险。如果推断错报高于确定样本规模时使用的预期错报，注册会计师可能认为，总体中实际错报超出可容忍错报的抽样风险是不可接受的。考虑其他审计程序的结果有助于注册会计师评估总体中实际错报超出可容忍错报的抽样风险，获取额外的审计证据可以降低该风险。

①统计抽样。在统计抽样中，注册会计师利用计算机程序或数学公式计算出总体错报上限，并将计算的总体错报上限与可容忍错报比较。计算的总体错报上限等于推断的总体错报(调整后)与抽样风险允许限度之和。如果计算的总体错报上限低于可容忍错报，则总体可以接受。这时注册会计师对总体做出结论，所测试的交易或账户余额不存在重大错报。如果计算的总体错报上限大于或等于可容忍错报，则总体不能接受。这时注册会计师对总体做出结论，所测试的交易或账户余额存在重大错报。在评价财务报表整体是否存在重大错报时，注册会计师应将该类交易或账户余额的错报与其他审计证据一起考虑。注册会计师通常会建议被审计单位对错报进行调查，且在必要时调整账面记录。

②非统计抽样。在非统计抽样中，注册会计师运用其经验和职业判断评价抽样结果。如果调整后的总体错报大于可容忍错报，或虽小于可容忍错报但两者很接近，注册会计师通常做出总体实际错报大于可容忍错报的结论。也就是说，该类交易或账户余额存在重大错报，因而总体不能接受。注册会计师通常会建议被审计单位对错报进行调查，且在必要时调整账面记录。如果调整后的总体错报远远小于可容忍错报，注册会计师可以做出总体实际错报小于可容忍错报的结论，即该类交易或账户余额不存在重大错报，因而总体可以接受。如果调整后的总体错报虽然小于可容忍错报，但两者之间的差距既不是很大也不是很小，注册会计师必须特别仔细地考虑，总体实际错报超过可容忍错报的风险是否能够接受，并考虑是否需要扩大细节测试的范围，以获取进一步的证据。

综上所述，审计抽样流程可以用图 4-2 表示。

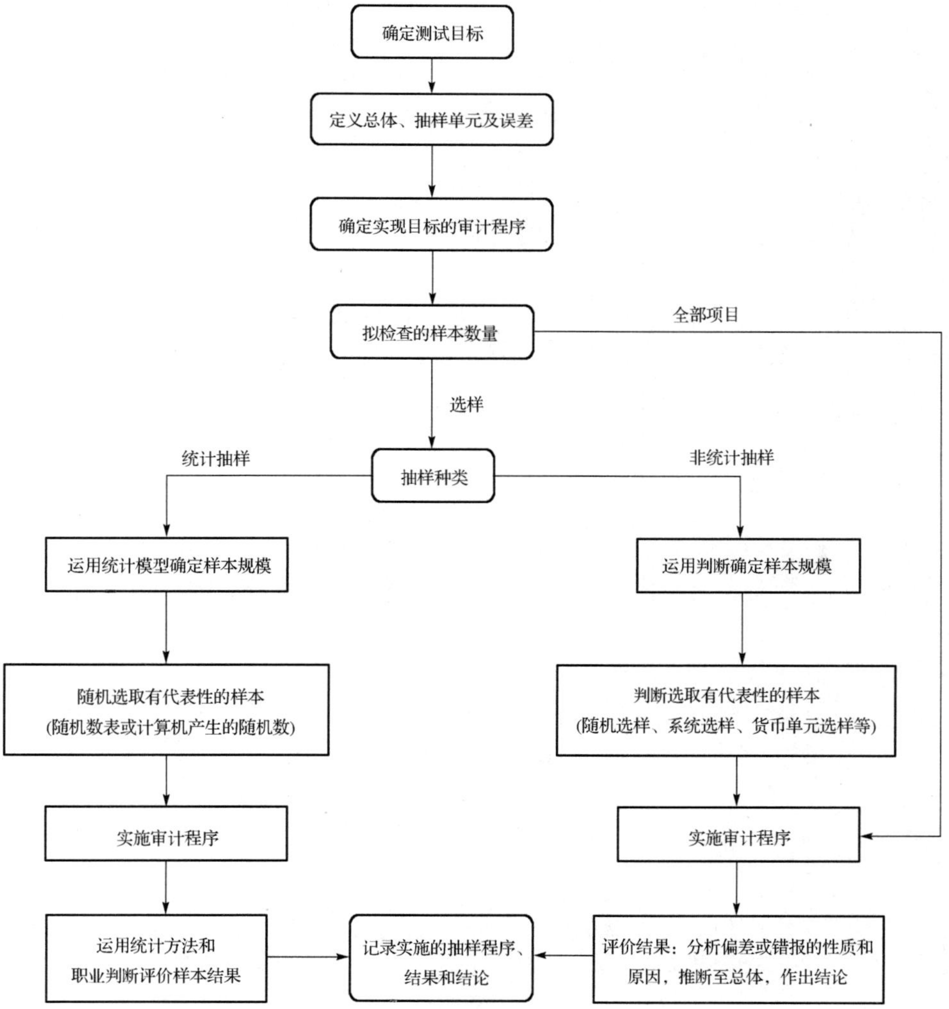

图 4-2　审计抽样流程

复习思考题

1. 浅析审计抽样在审计程序中的适用范围。
2. 试论在审计实务中如何选择统计抽样和非统计抽样。
3. 浅议抽样风险对审计工作的影响。
4. 简述审计抽样的基本程序。
5. 浅论随机选样、系统选样、随意选样的优缺点及各自的适用范围。
6. 可容忍误差与预计总体误差之间有直接的关系吗？

第 5 章　信息技术对审计工作的影响

学习目标

初步掌握信息技术在审计过程中的影响，通过了解信息技术对内部控制的影响、信息技术中的一般控制和应用测试控制等内容掌握信息技术对审计过程的影响；熟悉计算机辅助审计技术和电子表格的运用，以及与此相关的网络环境、数据库管理系统、电子商务系统、外包安排等其他信息技术；了解信息技术对审计线索、对审计技术手段、对内部控制、对审计内容、对注册会计师等方面的影响。

5.1　信息技术在审计过程中的影响综述

在计算机产生以前，企业内部的信息处理最初是以手工处理的方式进行的。一个企业的会计部门，通过不同岗位之间的分工协作，将日常经营活动中产生的财务资料进行加工处理，形成企业内部和外部需要的各种纸质会计信息。这种情况下的审计方式毫无疑问是手工的形式。

随着计算机的普及，尤其是微型计算机的大众化，一些企业开始用计算机来处理部分会计资料。逐步用机器替代了部分人工劳动。但由于计算机处理的范围还比较小，注册会计师可以忽略计算机的存在，直接对打印出来的纸质文档进行审计。

由于会计信息技术化的大规模普及，大部分企业的会计处理已经实现信息化。注册会计师开始意识到信息技术审计的重要性，但这时人们对信息技术审计的认识还停留在对财务数据的采集和分析阶段，注册会计师仍然可以绕过信息系统，对财务数据和报表进行核实，以获取审计证据。

伴随着会计信息技术化的成熟，以 ERP 为代表的企业信息系统的高度集成逐渐开始兴起。这时的企业信息系统已不仅仅是一个孤立的系统，而是集财务、人事、供销、生产为一体的综合性系统，财务信息只是这个系统所处理信息的一部分，因此，注册会计师必须在规划和执行审计工作时对企业信息技术进行全面考虑。

5.1.1　信息技术对内部控制的影响

1. 信息技术的概念

从广义上讲，凡是能扩展人类信息功能的技术，都是信息技术。具体而言，信息技术是指利用电子计算机和现代通信手段实现获取信息、传递信息、存储信息、处理信息、显示信息、分配信息等的相关技术。

现代信息技术是指 20 世纪 70 年代以来，随着微电子技术、计算机技术和通信技术的发展，围绕信息的产生、收集、存储、处理、检索和传递，形成的一个全新的、用以开发和利用信息资源的高技术群，包括微电子技术、新型元器件技术、通信技术、计算机技术、各类软件及系统集成技术、光盘技术、传感技术、机器人技术、高清晰度电视技术等，其中微电子技术、计算机技术、软件技术、通信技术是现代信息技术的核心。

2. 信息技术与财务报表的关系

企业可以运用信息系统来创建、记录、处理和报告各项交易，以衡量和审查自身的财务业绩，并持续记录资产、负债及所有者权益。具体来讲，创建是指企业可以采取手工或自动的方式来创建各项交易信息；记录是指信息系统识别并保留交易及事项的相关信息；处理是指企业可以采取手工或自动的方式对信息系统的数据信息进行编辑、确认、计算、衡量、估价、分析、汇总和调整；报告是指企业以电子或打印的方式，编制财务报表和其他信息，并运用上述信息来衡量和审查企业的财务业绩及其他方面的职能。

信息系统的使用，会给企业的管理和会计核算程序带来很多重要的变化，包括：

①计算机输入和输出设备代替了手工记录；

②计算机显示屏和电子影像代替了纸质凭证；

③计算机文档代替了纸质日记账和分类账；

④网络通信和电子邮件代替了公司间的邮寄；

⑤管理需求固化到应用程序之中；

⑥灵活多样的报告代替了固定的定期报告；

⑦数据更加充分，信息实现共享；

⑧系统问题的存在比偶然性误差更为普遍。

信息系统形成的信息质量影响企业编制财务报表、管理企业活动和做出适当的管理决策。因此，有效的信息系统需要实现下列功能并保留记录结果：

①识别和记录全部授权交易；

②及时、详细记录交易内容，并在财务报告中对全部交易进行适当分类；

③衡量交易价值，并在财务报告中适当体现相关价值；

④确定交易发生期间，并将交易记录在适当的会计期间；

⑤将相关交易信息在财务报告中作适当披露。

因此，注册会计师在进行财务报表审计时，如果依赖相关信息系统所形成的财务信息和报告作为审计工作的依据，则必须考虑相关信息和报告的质量，而财务报告相关的信息质量是通过交易的录入到输出整个过程中适当的控制来实现的，所以，注册会计师需要在整个过程中考虑信息的准确性、完整性、授权体系及访问权限制等四个方面。

3. 信息技术对内部控制的积极影响

在信息技术环境下，传统的人工控制越来越多地被自动控制所替代。当然，被审计单位采用信息系统处理业务，并不意味着人工控制被完全取代。信息系统对控制的影响，取决于被审计单位对信息系统的依赖程度。在基于信息技术的信息系统中，系统进行自动操作来实现对交易信息的创建、记录、处理和报告，并将相关信息保存为电子形式，但相关控制活动也可能同时包括手工的部分。由于被审计单位信息技术的特点及复杂程度不同，被审计单位的手工及自动控制的组合方式往往会有所区别。

在信息技术环境下，自动控制能为企业带来以下 5 个方面的好处。

①自动控制能够有效处理大流量交易及数据，因为自动信息系统可以提供与业务规则一致的系统处理方法；

②自动控制比较不容易被绕过；

③自动信息系统、数据库及操作系统的相关安全控制可以实现有效的职责分离；

④自动信息系统可以提高信息的及时性、准确性，并使信息变得更易获取；

⑤自动信息系统可以提高管理层对企业业务活动及相关政策的监督水平。

4. 评估信息技术的风险

随着信息技术的发展，内部控制虽然在形式及内涵方面发生了变化，但内部控制的目标并没有发生改变。内部控制的目标包括：

①提高管理层决策制定的效果和业务流程的效率；

②提高会计信息的可靠性；

③促进企业遵守法律和规章。

信息技术在改造被审计单位内部控制的同时，也产生了特定的风险：

①信息系统或相关系统程序可能会对数据进行错误处理，也可能会去处理那些本身就错误的数据；

②自动信息系统、数据库及操作系统的相关安全控制如果无效，会增加对数据信息非授权访问的风险，这种风险可能导致系统对非授权交易及虚假交易请求的拒绝处理功能遭到破坏，系统程序、系统内的数据遭到不适当的改变，系统对交易进行不适当的记录，以及信息技术人员获得超过其职责范围的过大系统权限等；

③数据丢失风险或数据无法访问风险，如系统瘫痪；

④不适当的人工干预，或人为绕过自动控制。

5.1.2 信息技术中的一般控制和应用测试控制

在信息技术环境下，人工控制的基本原理与方式在信息环境下并不会发生实质性的改变，注册会计师仍需要按照标准执行相关的审计程序，而对于自动控制，就需要从信息技术一般控制审计、信息技术应用控制审计以及公司层面信息技术控制审计三方面进行考虑。

1. 信息技术一般控制审计

信息技术一般控制是指为了保证信息系统的安全，对整个信息系统以及外部各种环境要素实施的、对所有的应用或控制模块具有普遍影响的控制措施。信息技术一般控制通常会对实现部分或全部财务报表认定做出间接贡献。在有些情况下，信息技术一般控制也可能对实现信息处理目标和财务报表认定做出直接贡献。

信息技术一般控制包括程序开发、程序变更、程序和数据访问以及计算机运行等四个方面。

(1)程序开发

程序开发领域的目标是确保系统的开发、配置和实施能够实现管理层的应用控制目标。程序开发控制的一般要素包括：

①对开发和实施活动的管理；

②项目启动、分析和设计；

③对程序开发实施过程的控制软件包的选择；

④测试和质量确保；

⑤数据迁移；

⑥程序实施和应急计划；

⑦记录和培训；

⑧职责分离。

(2)程序变更

程序变更领域的目标是确保对程序和相关基础组件的变更是经过请求、授权、执行、测试和实施的，以达到管理层的应用控制目标。程序变更的一般包括以下要素：

①对维护活动的管理；

②对变更请求的规范、授权与跟踪；

③测试和质量确保；

④程序实施；

⑤记录和培训；

⑥职责分离。

(3)程序和数据访问

程序和数据访问这一领域的目标是确保分配的访问程序和数据的权限是经过用户身份认证并经过授权的。程序和数据访问的子组件一般包括安全活动管理、安全管理、数据安全、操作系统安全、网络安全和物理安全。

(4)计算机运行

计算机运行这一领域的目标是确保生产系统根据管理层的控制目标完整准确地运行，确保运行问题被完整准确地识别并解决，以维护财务数据的完整性。计算机运行的子组件一般包括计算机运行活动的总体管理、批调度和批处理、实时处理、备份和问题管理以及灾难恢复。

2. 信息技术应用控制审计

信息技术应用控制一般要经过输入、处理及输出等环节。和人工控制类似，系统自动控制关注的要素包括：完整性、准确性、存在和发生等。各要素的主要含义如下：

(1)完整性

系统处理数据的完整性，例如：各系统之间数据传输的完整性、销售订单的系统自动顺序编号、总账数据的完整性等。

(2)准确性

系统运算逻辑的准确性，例如，金融机构利息计提逻辑的准确性、生产企业的物料成本运算逻辑的准确性、应收账款账龄的准确性等。

(3)存在和发生

信息系统相关的逻辑校验控制。例如，限制检查、合理性检查、存在检查和格式检查等。部分业务操作的授权管理，例如，入账审批管理的权限设定和授予、物料成本逻辑规则修改权限的设定和授予等。针对系统自动控制的信息技术应用控制审计需要在理解业务流程的基础之上进行识别和定义，常见的系统自动控制以及信息技术应用控制审计关注点列示如下。

(1)系统自动生成报告

企业的业务或财务系统会定期或按需生成各类报告，例如：账龄报告、贷款逾期报告、业务和财务数据核对差异报告等。信息技术应用控制审计包括对于这些报告的生成逻辑(包括完整性和准确性)的验证、异常报告跟进控制的审阅等。

(2)系统配置和科目映射

信息系统中包含了大量的自动校验控制和映射关系，包括数据完整性校验、录入合法性编辑检查、边界阈值设定、财务科目映射关系等。信息技术应用控制审计会对这些系统配置和映射关系的存在性和有效性进行验证。

(3)接口控制

接口控制包括各业务系统之间、业务和财务系统之间、企业内部系统和合作伙伴/交易对手/监管机构之间的接口数据传输。信息技术应用控制审计会对这些接口数据传输的完整性和准确性进行验证。

(4)访问和权限

企业内部各业务部门、财务部门、信息技术部门等均会根据各自的职责需要来对信息系统进行访问，各部门、各团队甚至各岗位访问的权限均可能存在差异，因此在系统控制层面需要对这些权限进行明确的定义和部署，以保证适当的人员配备适当的访问权限。信息技术应用控制审计会对这些访问权限授予情况的合理性进行验证。

3. 公司层面信息技术控制审计

除信息技术一般控制和应用控制外，目前国内外企业的管理层也越来越重视公司层面的信息技术控制管理。常见的公司层面信息技术控制包括但不限于：

①信息技术规划的制定；

②信息技术年度计划的制定；

③信息技术内部审计机制的建立；

④信息技术外包管理；

⑤信息技术预算管理；

⑥信息安全和风险管理；

⑦信息技术应急预案的制定；

⑧信息系统架构和信息技术复杂性。

目前审计机构针对公司层面信息技术控制往往会执行单独的审计，以评估企业信息技术的整体控制环境，来决定信息技术一般控制和应用控制的审计重点、风险等级、审计测试方法等。

4. 信息技术一般控制、应用控制与公司层面控制三者之间的关系

公司层面信息技术控制情况代表了该公司的信息技术控制的整体环境，包括该公司对于信息技术的重视程度和依赖程度、信息技术复杂性、对于外部信息技术资源的使用和管理情况、信息技术风险偏好等，这些要素会影响该公司的信息技术一般控制和信息技术应用控制的部署和落实。

公司层面信息技术控制是公司信息技术整体控制环境，决定了信息技术一般控制和信息技术应用控制的风险基调；

信息技术一般控制是基础，信息技术一般控制的有效与否会直接关系到信息技术应用控制的有效性是否能够信任。

5.1.3 信息技术对审计过程的影响

1. 信息技术审计范围的确定

被审计单位的流程和信息系统可能拥有各自不同的特点，因此注册会计师应按各自特点制定审计计划中包含的信息技术审计内容；另外，如果注册会计师计划依赖自动控制或自动信息系统生成的信息，那么他们就需要适当扩大信息技术审计的范围。

为此，注册会计师在确定审计策略时，需要结合被审计单位业务流程复杂度、信息系统复杂度、系统生成的交易数量、信息和复杂计算的数量、信息技术环境规模和复杂度等方面，对信息技术审计范围进行适当考虑。信息技术审计的范围与被审计单位在业务流程、信息系统相关方面的复杂度成正比。在具体评估复杂度时，可以从以下三个方面予以考虑。

①评估业务流程的复杂度(如销售流程、薪酬流程、采购流程等)；

②评估信息系统的复杂度；

③信息技术技术环境的规模和复杂度。

在信息技术环境下，审计工作与对系统的依赖程度是直接关联的，注册会计师需要全面考虑其关联关系，从而可以准确定义相关的信息系统审计范围，具体内容参见表 5-1：

表 5-1 信息系统审计关联范围表

对信息系统的依赖程度	对系统环境的了解与评估	验证人工控制	了解、验证系统一般性控制	验证自动化应用控制
不依赖	是	否	否	否
仅依赖人工控制，此类人工控制不依赖系统所生成的信息或报告	是	是	否	否
仅依赖人工控制，此类人工控制依赖系统所生成的信息或报告，审计需要通过实质性程序来验证控制有效性	是	是	是	否
同时依赖人工及自动控制	是	是	是	是

了解内部控制有助于注册会计师识别潜在错报的类型和影响重大错报风险的因素，以及设计进一步审计程序的性质、时间安排和范围。无论被审计单位运用信息技术的程度如何，注册会计师均需了解与审计相关的信息技术一般控制和应用控制。

2. 一般控制对控制风险的影响

信息技术一般控制对应用控制有效性具有普遍性影响。无效的一般控制增加了应用控制不能防止或发现并纠正认定层次重大错报的可能性，即使这些应用控制本身得到了有效设计。如果一般控制有效，注册会计师可以更多地信赖应用控制，测试这些控制的运行有效性，并将控制风险评估为低于“最高”水平。考虑到公司层面信息技术控制是公司的整体控制环境，决定了信息技术的风险基准，因此，注册会计师通常优先评估公司层面信息技术控制和信息技术一般控制的有效性。

3. IT 控制对控制风险和实质性程序的影响

在评估 IT 控制对控制风险和实质性程序的影响时，注册会计师需要将控制与具体的审计目标相联系。注册会计师首先针对每个具体的审计目标，了解和识别相关的控制与缺陷。在此基础上，对每个相关审计目标评估初步控制风险。但对于一般控制而言，由于其影响广泛，注册会计师通常不将控制与具体的审计目标相联系。

如果针对某一具体审计目标，注册会计师能够识别出有效的应用控制，在通过测试确定其运行有效后，注册会计师能够减少实质性程序

4. 在不太复杂 IT 环境下的审计

当面临不太复杂的 IT 环境时，如在信息技术并不对传统的审计线索产生重大影响的情况下，注册会计师可采取传统方式进行审计，即“绕过计算机进行审计”。在此情况下，注册会计师显然仍需要了解信息技术一般控制和应用控制，但不测试其运行有效性，即不信赖其降低评估的控制风险水平，更多的审计工作将依赖非信息技术类审计方法。

5. 在较为复杂 IT 环境下的审计

当面临较为复杂 IT 环境时，“绕过计算机进行审计”就不可行，而需要“穿过计算机进行审计”。这时，注册会计师更可能需要更多运用诸如计算机辅助审计技术、电子表格、数据库管理系统、电子商务系统等各项审计技术和审计工具开展具体的审计工作。

5.2 计算机辅助审计技术和电子表格的运用

5.2.1 计算机辅助审计技术

1. 计算机辅助审计技术的定义

计算机辅助审计技术（Computer Assisted Audit Techniques，CAATs），是指利用计算机和相关软件，使审计测试工作实现自动化的技术。通常将计算机辅助审计技术分为两类，一类是用来验证程序或系统的，即面向系统的计算机辅助审计技术，另一类是用于分析电子数据的，即面向数据的计算机辅助审计技术。

(1) 面向系统的计算机辅助审计技术

包括平行模拟法、测试数据法、嵌入审计模块法、程序编码审查、程序代码比较和跟踪、快照等方法。

①平行模拟法。是指注册会计师使用自身的应用软件，并且运用与被审计单位同样的数据文件，执行被审计单位应用软件同样的操作，以确定被审计单位自动控制的有效性（相当于运用于控制测试）或账户余额的准确性（相当于运用于实质性程序）。

②测试数据法。是指注册会计师使用被审计单位的计算机系统和应用软件处理注册会计师自身准备的测试数据，以确定被审计单位的自动控制是否正确地处理测试数据。

③嵌入审计模块法。是指注册会计师在被审计单位的应用软件系统中嵌入审计模块，以识别特定类型的交易。

④程序编码审查。是指注册会计师使用专业的编码审查工具，进行开发编码的独立审查，以期发现冗余代码、错误代码、恶意代码等。

⑤程序代码比较和跟踪。是指注册会计师使用专业的代码比较工具，进行开发代码的比对、包括客制化开发版本和标准板之间的代码比对、不同版本程序之间代码的比对跟踪等。

⑥快照。是指注册会计师使用专业的工具，将系统运行过程中的某一状态进行快照记录，以进行包括系统性能、功能、状态等的横向比较。

(2) 面向数据的计算机辅助审计技术

包括数据查询、账表分析、审计抽样、统计分析、数据分析等方法。

计算机辅助审计技术使审计工作更富有效率和效果，具体体现在：

①将现有手工执行的审计测试自动化，比如，对报告数据的准确性进行测试；

②在手工方式不可行的情况下执行测试或分析，比如，审阅大量的和非正常的销售交易，尽管这项工作有可能通过手工执行来实现，但对于多数大型公司而言，从时间角度出发，需要审阅的交易数量是无法通过手工方式来进行的；

③计算机辅助审计技术还可以使审阅工作更具效果。

2. 计算机辅助审计技术的应用

计算机辅助审计技术最广泛地应用于实质性程序中，特别是在与分析程序相关的方面。计算机辅助审计技术也可用于测试控制的有效性，选择少量的交易，并在系统中进行穿行测试。在控制测试中使用计算机辅助审计技术的优势是，可以对每一笔交易进行测试(包括主文件和交易文件)，从而确定是否存在控制失效的情况。

由于计算机辅助审计技术有助于详审海量数据，它也可用于辅助对舞弊的检查工作(如审阅非正常的日记账)。

3. 计算机辅助审计工具的使用

计算机辅助审计技术是一种审计方式，因此也需要使用一定的工具来加以实现。常见的工具包括：

①通用类：Excel、Access 等。Excel 自带了大量核算或分析的库函数或工具，但是它处理的数据量非常有限；Access 可以灵活导入数据，并可使用简答的 SQL 语言进行分析，处理数据的范围和数据量大于 Excel。

②数据库类：SQL Sever、Oracle 等。专用的数据库等工具，可以快速高效的分析大量数据，但是对分析人员的技术水平要求较高，只是必须非常精通 SQL 语言。

③专业工具类：ACL、IDEA 等，专业的分析工具，一般只有审计和内部控制专业人士以及财务管理人员才会使用这些工具。

5.2.2 电子表格

电子表格是指利用计算机作为表格处理工具，以实现制表工具、计算工具以及表格结果保存的综合电子化的软件。目前普遍使用的电子表格通常包括 Excel 等软件，通过电子表格可以进行数据记录、计算与分析、并能对输入的数据进行各种复杂统计运算后显示为可视性极佳的表格，因此，注册会计师在进行系统审计时，需要谨慎地考虑电子表格中的控制，以及类似于信息系统一般控制的设计与执行(在相关时)有效性，以确保这些内嵌控制持续的完整性。

1. 电子表格的特性

电子表格的特性(即开放的访问、手工输入数据和容易出错)以及编制并使用电子表格的环境的特性(如用户开发不正式、保存在局域网或本地磁盘而不是其他受控的信息系统环境中)，增加了电子表格所生成的数据存在错误的风险，从而影响审计工作的进行。

2. 确定重要的财务电子表格和其他最终用户计算工具的范围

重要的财务电子表格和其他最终用户计算工具(比如，按需报告工具或在数据仓库中运行查询)用来在重要的流程中(即自动控制或步骤)生成财务数据，或用来生成用于关键人工控制的财务或其他数据。作为起始点，注册会计师应该了解评估范围内重要的流程和账户，并识别用来支持这些流程或账户的相关的电子表格或工具。

3. 电子表格控制的考虑

(1) 电子表格往往面临重大固有风险和错误

电子表格非常容易被修改，并可能减少控制活动，所以，电子表格往往面临重大固有风险和错误，包括：

①输入错误，由错误数据录入、错误引用或其他简单的剪贴功能造成的错误；

②逻辑错误，创建错误的公式从而生成了错误的结果；

③接口错误，与其他系统传输数据时产生的错误；

④其他错误，单元格范围定义不当、单元格参考错误或电子表格链接不当。

(2) 电子表格控制可能包括一项或多项内容

注册会计师应该了解相关的电子表格或数据库如何支持关键控制达到相关业务流程的信息处理目标。电子表格控制可能包括以下一项或多项内容：

①对电子表格的、类似于信息系统一般控制的控制；

②内嵌在电子表格中的控制(类似于一个自动应用控制)；

③针对电子表格数据输入和输出的人工控制。

信息技术的广泛应用对于审计所包含的内容产生重大影响。随着信息技术的发展，未来的审计一定会越来越依赖先进技术，服务的内容也将从传统审计扩展为包括财务信息、内部控制等在内的综合信息。

5.2.3 其他信息技术环境涉及的内容

其他信息技术环境还应当包括网络环境、数据库管理系统、电子商务系统、外包安排等。

1. 网络环境

很多企业可能使用局域网或互联网将各种类型的计算机、工作站、打印机、服务器等互相连接起来。在网络环境下，用于处理交易的应用软件和数据文件可能分布于不同位置但互相连续的计算机设备上，由此产生了与内部控制相关的问题，包括对分布于不同位置的服务器的安全、数据和信息的分布及同步、管理监督以及兼容性问题。

2. 数据库管理系统

数据库管理系统(Data base management system)，是一种操纵和管理数据库的大型软件，用于建立、使用和维护数据库，简称 DBMS。数据库管理系统对数据库进行统一的管理和控制，以保证数据库的安全性和完整性。使用数据库管理系统能够实现不同应用软件之间的数据共享，减少数据冗余，改造对数据的控制，提高数据的决策支撑作用。

很多被审计单位使用 ERP 系统实现整个单位数据库系统的整合。ERP 是针对物资资源管理(物流)、人力资源管理(人流)、财务资源管理(财流)、信息资源管理(信息流)集成一体化的企业管理软件。ERP 系统能够实现会计部门与业务部门的数据共享。数据库管理系统也带来了与内部控制相关的问题，包括多重使用者能够访问和修改共享数据的风险。因此，需要实施严格的数据库管理和接触控制，以及数据安全备份制度。

3. 电子商务系统

电子商务，是指在互联网开放的网络环境下，以信息技术为手段，买卖双方不谋面地进行各种商贸活动，实现消费者的网上购物、商户之间的网上交易和在线电子支付以及各种商务活动、交易活动、金融活动和相关的综合服务活动的一种新型的商业运营模式，是传统商业活动各环节的电子化、网络化，以及当下无线终端进行的 B2B、B2C 或 C2C 的电子商务等。电子商务系统带来与内部控制相关安全控制问题和互相依赖的风险问题。

(1) 安全控制问题

在电子商务方式下，交易信息在网上传输，容易被拦截、篡改或不当获取，需要采取相应的安全控制。

(2) 互相依赖的风险问题

被审计单位的会计信息系统可能与交易对方的系统相链接，产生了互相依赖的风险，即交易一方的风险部分取决于交易对手如何识别和管理其自身系统中的风险。

4. 外包安排

被审计单位可能将全部或部分的信息技术职能外包给专门的应用软件服务提供商或云计算服务商等计算机服务机构。

如果服务机构提供的服务对服务的控制，构成被审计单位与财务报告相关的信息系统（包括相关业务流程）的一部分，注册会计师应当参与《中国注册会计师审计准则第 1241 号——对被审计单位使用服务机构的考虑》的规定办理。

注册会计师应当实施与服务机构活动相关的下列程序：

①了解服务机构中与内部控制相关的控制以及针对服务机构活动所实施的控制；

②获取相关控制运行有效性的证据。

注册会计师可通过以下程序获取相关控制运行有效性的证据，包括：

①了解服务机构注册会计师对服务机构内部控制有效性出具的报告或与控制测试相关的商定程序报告；

②测试被审计单位对服务机构活动的控制；

③对服务机构实施控制测试。

如果可以获取服务机构注册会计师对服务机构内部控制有效性出具的报告，注册会计师应当评价该报告是否提供了充分、适当的证据，以支持注册会计师的意见。在评价时，注册会计师应当考虑下列因素：

①对控制的测试涵盖的期间以及与管理层评估时点的关系；

②对控制的测试涵盖的范围、测试的控制及其与企业控制的关联度；

③对控制的测试结果，以及服务机构注册会计师对控制运行有效性发表的意见。

5.2.4 信息技术对审计过程的影响

信息技术在企业中的应用并不改变注册会计师制定审计目标、进行风险评估和了解内部控制的原则性要求，审计准则和财务报告审计目标在所有情况下都适用。但是，注册会计师必须更深入了解企业的信息技术应用范围和性质，因为系统的设计和运行对审计风险的评价、业务流程和控制的了解、审计工作的执行以及需要收集的审计证据的性质都有直接的影响。归纳起来，信息技术对审计过程的影响主要体现在以下几个方面。

1. 对审计线索的影响

传统的手工会计系统的审计线索包括凭证、日记账、分类账和报表。注册会计师通过顺查和逆查的方法来审查记录，检查和确定其是否正确地反映了被审计单位的经济业务，检查企业的会计核算是否合理、合规。而在信息技术环境下，从业务数据的具体处理过程到报表的输出都由计算机按照程序指令完成，数据均保存在磁性介质上，从而会影响到审计线索，如数据存储介质、存取方式以及处理程序等。

2. 对审计技术手段的影响

过去，注册会计师的审计都是手工进行的，但是，随着信息技术的广泛应用，若仍以手工方式进行审计，显然已经难以满足工作的需要，难以达到审计的目的。因此，注册会计师需要掌握相关信息技术，把信息技术为作一种有力的审计工具。

3. 对内部控制的影响

现代审计技术中，注册会计师会对被审计单位的内部控制进行审查与评价，以此作为制定审计方案和决定抽样范围的依据。

4. 对审计内容的影响

在信息化的会计系统中，各项会计事项都是由计算机按照程序进行自动处理的，信息系统的特点及固有风险决定了信息化环境下审计的内容包括对信息化系统的处理和相关控制功能的审查。如在审计账龄分析表时，在信息技术环境下，我们必须考虑其数据准确性以支持相关审计结论，因而需要对其基于系统的数据来源及处理过程进行考虑。

5. 对注册会计师的影响

信息技术在被审计单位的广泛应用要求注册会计师一定要具备相关信息技术方面的知识。因此，注册会计师要成为知识全面的复合型人才，他们不仅要有丰富的会计、审计、经济、法律、管理等方面的知识和技能，还需要熟悉信息系统的应用技术、结构和运行原理，有必要对信息化环境下的内部控制做出适当的评价。

因此，注册会计师必须对系统内的风险和控制都非常熟悉，然后对审计的策略、范围、方法和手段做出相应的调整，以获取充分、适当的审计证据，支持发表的审计意见。

复习思考题

1. 什么是信息技术？
2. 简述信息技术与财务报表的关系。
3. 简述信息技术对内部控制的积极影响。
4. 论述信息技术一般控制、应用控制与公司层面控制三者之间的关系？
5. 简述计算机辅助审计技术的定义。
6. 简述电子表格的概念及特性。
7. 其他信息技术环境涉及哪些内容？
8. 信息技术对审计过程的影响主要体现在哪些方面？

第 6 章 审计工作底稿

学习目标

理解审计工作底稿的定义；了解编制审计工作底稿的目的和总体要求；熟悉审计工作底稿的控制程序；掌握审计工作底稿的存在形式与基本内容；重点掌握确定审计工作底稿的格式、内容和范围时应考虑的因素，以及审计工作底稿的要素；熟悉审计底稿的复核；掌握审计工作底稿的归档期限和审计档案的结构；熟悉审计工作底稿归档后和审计报告日后的变动。

为了规范我国注册会计师财务报表审计工作底稿的格式、内容和范围以及审计工作底稿的归档，由注册会计师协会拟定、财务部颁布的《中国注册会计师审计准则第 1131 号——审计工作底稿》(2016 年 12 月 23 日修订)，为我国的注册会计师做好有关审计工作底稿的各项工作提供了指导。

6.1 审计工作底稿的内容

注册会计师编制审计工作底稿的目标是：①提供充分、适当的记录，作为出具审计报告的基础；②提供证据，证明注册会计师已按照审计准则和相关法律法规的规定计划和执行了审计工作。

6.1.1 审计工作底稿的含义和编制目的及编制要求

1. 审计工作底稿的定义

审计工作底稿是指注册会计师对制定的审计计划、实施的审计程序、获取的相关审计证据，以及得出的审计结论做出的记录。其内容包括注册会计师在制定和实施审计计划时直接编制的、用以反映其审计思路和审计过程的工作记录，注册会计师从被审计单位或其他有关部门获取的、用作审计证据的各种原始资料，以及注册会计师接受并审阅他人代为编制的审计记录。审计工作底稿是审计证据的载体。它形成于审计过程，也反映了整个审计过程。

2. 编制审计工作底稿的目的

在符合《中国注册会计师审计准则第 1131 号——审计工作底稿》和其他相关审计准则要求的情况下，审计工作底稿能够实现下列目的：

①提供证据，作为注册会计师得出实现总体目标结论的基础；

②提供证据，证明注册会计师按照审计准则和相关法律法规的规定计划和执行了审计工作。

除此之外，审计工作底稿还可以实现下列目的：

①有助于项目组计划和执行审计工作；

②有助于负责督导的项目组成员按照《中国注册会计师审计准则第 1121 号——对财务报表审计实施的质量控制》的规定，履行指导、监督与复核审计工作的责任；

③便于项目组说明其执行审计工作的情况；

④保留对未来审计工作持续产生重大影响的事项的记录；

⑤便于会计师事务所按照《质量控制准则第 5101 号——会计师事务所对执行财务报表审计和审阅、其他鉴证和相关服务业务实施的质量控制》的规定，实施质量控制复核与检查；

⑥便于监管机构和注册会计师协会根据相关法律法规或其他相关要求，对会计师事务所实施执业质量检查。

3. 审计工作底稿的编制要求

注册会计师编制的审计工作底稿，应当使未曾接触该项审计工作的有经验的专业人士清楚地了解：

①按照审计准则和相关法律法规的规定实施的审计程序的性质、时间安排和范围；

②实施审计程序的结果和获取的审计证据；

③审计中遇到的重大事项和得出的结论，以及在得出结论时做出的重大职业判断。

其中，有经验的专业人士，是指会计师事务所内部或外部的具有审计实务经验，并且对下列方面有合理了解的人士：

①审计过程；

②审计准则和相关法律法规的规定；

③被审计单位所处的经营环境；

④与被审计单位所处行业相关的会计和审计问题。

4. 审计工作底稿的存在形式与基本内容

(1)审计工作底稿的存在形式

随着信息技术的广泛运用，审计工作底稿的形式从传统的纸质形式扩展到电子或其他介质形式。因此，审计工作底稿可以以纸质、电子或其他介质形式存在。但无论审计工作底稿以何种形式存在，会计师事务所都应针对审计工作底稿设计和实施适当的控制，以实现下列目的：

①使审计工作底稿清晰地显示其生成、修改及复核的时间和人员；

②在审计业务的所有阶段，尤其是在项目组成员共享信息或通过互联网将信息传递给其他人员时，保护信息的完整性和安全性；

③防止未经授权改动审计工作底稿；

④允许项目组和其他经授权的人员为适当履行职责而接触审计工作底稿。

为便于会计师事务所内部进行质量控制和外部执业质量检查或调查，以电子或其他介质形式存在的审计工作底稿，应与其他纸质形式的审计工作底稿一并归档。在实务中，为便于复核，注册会计师可以将以电子或其他介质形式存在的审计工作底稿通过打印等方式，转换成纸质形式的审计工作底稿，并与其他纸质形式的审计工作底稿一并归档，同时，单独保存这些以电子或其他介质形式存在的审计工作底稿。

(2)审计工作底稿的基本内容

审计工作底稿通常包括总体审计策略、具体审计计划、分析表、问题备忘录、重大事项概要、询证函回函、管理层声明书、核对表、有关重大事项的往来函件(包括电子邮件)，以及对被审计单位文件记录的摘要或复印件等。此外，审计工作底稿通常还包括业务约定书、管理建议书、项目组内部或项目组与被审计单位举行的会议记录、与其他人士(如其他注册会计师、律师、专家等)的沟通文件及错报汇总表等。审计工作底稿通常不包括已被取代的审计工作底稿的草稿或财务报表的草稿、对不全面或初步思考的记录、存在印刷错误或其他错误而作废的文本，以及重复的文件记录等。由于这些文稿、错误的文本或重复的文件记录不直接构成审计结论和审计意见的支持性证据，因此，注册会计师通常无须保留这些记录。以下主要介绍分析表、问题备忘录以及核对表。

①分析表。一般而言，分析表主要是指对被审计单位财务信息执行分析程序的记录。如记录对被审计单位本年各月收入与上一年度同期数据进行比较的情况，记录对差异的分析等。

②问题备忘录。一般是指对某一事项或问题的概要的汇总记录。在问题备忘录中，注册会计师通常记录该事项或问题的基本情况、执行的审计程序或具体审计步骤，以及得出的审计结论。如对有关存货监盘审计程序或审计过程中发现问题的备忘录。

③核对表。一般是指会计师事务所内部使用的、为便于核对某些特定审计工作或程序的完成情况的表格。如特定项目(财务报表列报)审计程序核对表、审计工作完成情况核对表等。它通常以列举的方式列出审计过程中注册会计师应当进行的审计工作或程序以及特别需要注意的问题，并在适当情况下索引至其他审计工作底稿，便于注册会计师核对是否已按照审计准则的规定进行审计。

6.1.2 审计工作底稿的格式、要素和范围

1. 确定审计工作底稿格式、要素和范围时应考虑的因素

在确定审计工作底稿的格式、要素和范围时，注册会计师应当考虑以下因素。

(1)被审计单位的规模和复杂程度

通常来说，对大型的被审计单位进行审计形成的审计工作底稿，通常比对小型的被审计单位进行审计形成的审计工作底稿要多；对业务复杂的被审计单位进行审计形成的审计工作底稿，通常比对业务简单的被审计单位进行审计形成的审计工作底稿要多。

(2)拟实施审计程序的性质

通常，不同的审计程序会使得注册会计师获取不同性质的审计证据，由此注册会计师可能会编制不同的审计工作底稿。如注册会计师编制的有关函证程序的审计工作底稿(包括询证函及回函、有关不符事项的分析等)和存货监盘程序的审计工作底稿(包括盘点表、注册会计师对存货的测试记录等)在内容、格式及范围方面是不同的。

(3)识别出的重大错报风险

识别和评估的重大错报风险水平的不同可能导致注册会计师实施的审计程序和获取的审计证据不尽相同。倘若注册会计师识别出应收账款存在较高的重大错报风险，而其他应收款的重大错报风险较低，则注册会计师可能对应收账款实施较多的审计程序并获取较多的审计证据，因而对测试应收账款的记录会比针对测试其他应收款记录的内容多且范围广。

(4)已获取审计证据的重要程度

注册会计师通过执行多项审计程序可能会获取不同的审计证据,有些审计证据的相关性和可靠性较高，有些则较差，注册会计师可能区分不同的审计证据进行有选择性的记录，因此审计证据的重要程度也会影响审计工作底稿的格式、要素和范围。

(5)识别出的例外事项的性质和范围

有时注册会计师在执行审计程序时会发现例外事项，由此可能导致审计工作底稿在格式、内容和范围方面的不同。如某个函证的回函表明存在不符事项，如果在实施恰当的追查后发现该例外事项并未构成错报，注册会计师可能只在审计工作底稿中解释发生该例外事项的原因及影响；反之，如果该例外事项构成错报，注册会计师可能需要执行额外的审计程序并获取更多的审计证据，由此编制的审计工作底稿在内容和范围方面可能有很大的不同。

(6)当从已执行审计工作或获取审计证据的记录中不易确定结论或结论的基础时，记录结论或结论基础的必要性

在某些情况下，特别是在涉及复杂的事项时，注册会计师仅将已执行的审计工作或获取的审计证据记录下来，并不容易使其他有经验的注册会计师通过合理的分析，得出审计结论或结论的基础。此时，注册会计师应当考虑是否需要进一步说明并记录得出结论的基础(即得出结论的过程)及该事项的结论。

(7)使用的审计方法和工具

使用的审计方法和工具可能影响审计工作底稿的格式、要素和范围。如若采用人工方式对应收账款的账龄进行重新计算时，可能会针对样本进行测试；而使用计算机辅助审计技术重新计算时，通常可以针对总体进行测试，由此形成的审计工作底稿在格式、要素和范围方面可能会有所不同。

考虑以上因素有助于注册会计师确定审计工作底稿的格式、要素和范围是否恰当。注册会计师在考虑以上因素时需注意，根据不同情况确定审计工作底稿的格式、要素和范围均是为了达到执业准则中所述的编制审计工作底稿的目的，特别是提供证据的目的。比如，细节测试和实质性分析程序的审计工作底稿所记录的审计程序有所不同，但两类审计工作底稿都应当充分、适当地反映注册会计师执行的审计程序。

2. 审计工作底稿的要素

注册会计师编制的审计工作底稿通常包括下列全部或部分要素。

(1) 审计工作底稿标题

每张审计工作底稿都应当有标题，标题通常包括以下内容。

①被审计单位名称。被审计单位名称即会计报表的编报单位，若会计报表编报单位为某一集团的下属公司，则应同时写明下属公司的名称。

②审计项目名称。审计项目名称是指某一会计报表项目名称或某一审计程序及实施对象的名称，比如具体审计项目时某一分类会计科目，则应同时写明该分类会计科目。

③审计项目时点和期间。审计项目的时点和期间是指某一资产负债类项目的报告时点或某一损益类项目的报告期间，我们又称为资产负债表日或底稿覆盖的会计期间。

(2) 审计过程记录

所谓审计过程记录，是指注册会计师的审计轨迹与专业判断的记录，注册会计师应在审计工作底稿中详细记录其实施审计而达到审计目标的过程。在记录审计过程时，应当特别注意以下几个方面。

①具体项目或事项的识别特征。在记录实施审计程序的性质、时间安排和范围时，注册会计师应当记录测试的具体项目或事项的识别特征。记录具体项目或事项的识别特征可以实现多种目的。如便于对例外事项或不符合事项进行检查，以及对测试的项目或事项进行复核。识别特征是指被测试的项目或事项表现出的征象或标志。识别特征因审计程序的性质和所测试的项目或事项不同而不同。对某一个具体项目或事项而言，其识别特征通常具有唯一性，这种特征可以使其他人员根据识别特征在总体中识别该项目或事项并重新执行该测试。为帮助理解，以下列举部分审计程序中所测试的样本的识别特征。

如在对被审计单位生成的订购单进行细节测试时，注册会计师可能以订购单的日期或编号作为测试的识别特征。需要注意的是，在以日期或编号作为识别特征时，若被审计单位按年对订购单依次编号，则识别特征是××年××号；若被审计单位仅以序列号进行编号，则可以直接将该号码作为识别特征。对于需要选取或复核既定总体内一定金额以上的所有项目的审计程序，注册会计师可能会以实施审计程序的范围作为识别特征。例如，总账中一定金额以上的所有会计分录。对于需要系统化抽样的审计程序，注册会计师可能会通过记录样本的来源、抽样的起点及抽样间隔来识别已选取的样本。比如，若被审计单位对发运单顺序编号，测试的发运单的识别特征可以是，对 4 月 1 日至 9 月 30 日的发运台账，从第 12345 号发运单开始每间隔 125 号系统抽取发运单。对于需要询问被审计单位人员的审计程序，注册会计师可能会以询问的时间、被询问人的姓名及职位作为识别特征。对于观察程序，注册会计师可能会以观察的对象或观察过程、观察的地点和时间作为识别特征。

②重大事项及相关重大职业判断。由于重大事项对整个审计工作、审计结论都会产生重要的影响，因此，注册会计师在编制审计工作底稿的过程中必须严格按照相关规范执行。注册会计师应当根据具体情况判断某一事项是否属于重大事项。重大事项通常包括：a. 引起特别风险的事项，如被审计单位所在行业出现了罕见的大萧条，被审单位实行与市场业绩倒挂的激励机制，则可以认为行业的不景气是引起特别风险的事项；b. 实施审计程序的结果，该结果表明财务信息可能存在重大错误，或需要修正以前对重大错报风险的评估和针对这些风险拟采取的应对措施；c. 导致注册会计师难以实施必要审计程序的情形，比如，在审计过程中无法实施函证，相应的科目又是很重要的，没有满意的替代程序；d. 导致出具非标准审计报告的情形等。

注册会计师应当及时记录与管理层、治理层和其他人员对重大事项的讨论，包括讨论的内容、时间、地点和参加人员。注册会计师应当考虑编制重大事项概要，将其作为审计工作底稿的组成部分，以有效地复核和检查审计工作底稿，并评价重大事项的影响。重大事项概要包括审计过程中识别的重大事项及其解决方案，或对其他支持性审计工作底稿的交叉索引。

注册会计师在执行审计工作和评价审计结果时运用职业判断的程度，是决定记录重大事项的审计工作底稿的格式、内容和范围的一项重要因素。在审计工作底稿中对重大职业判断进行记录，能够解释注册会计师得出的结论并提高职业判断的质量。这些记录对审计工作底稿的复核人员非常有帮助，同样也有助于执行以后期间审计的人员查阅具有持续重要性的事项(如根据实际结果对以前做出的会计估计进行复核〕。

当涉及重大事项和重大职业判断时，注册会计师需要编制与运用职业判断相关的审计工作底稿。如：

- 如果审计准则要求注册会计师“应当考虑”某些信息或因素，并且这种考虑在特定业务情况下是重要的，记录注册会计师得出结论的理由；
- 记录注册会计师对某些方面主观判断的合理性(如某些重大会计估计的合理性)得出结论的基础；
- 如果注册会计师针对审计过程中识别出的导致其对某些文件记录的真实性产生怀疑的情况实施了进一步调查(如适当利用专家的工作或实施函证程序)，记录注册会计师对这些文件记录真实性得出结论的基础。

③针对重大事项如何处理矛盾或不一致的问题。在审计过程中，注册会计师如果发现识别出的信息与针对某重大事项得出的最终结论相矛盾或不一致，应当记录形成最终结论时如何处理该矛盾或不一致的情况。这些情况包括但不限于注册会计师针对该信息执行的审计程序、项目组成员对某事项的职业判断不同而向专业技术部门咨询的情况，以及项目组成员和被咨询人员不同意见(如项目组与专业技术部门的不同意见)的解决情况。

记录如何处理识别出的信息与针对重大事项得出的结论相矛盾或不一致的情况是非常必要的，它有助于注册会计师关注这些矛盾或不一致，并对此执行必要的审计程序以恰当地解决这些矛盾或不一致。但是，对如何解决这些矛盾或不一致的记录要求并不意味着注册会计师需要保留不正确的或被取代的资料。比如，某些信息初步显示与针对某重大事项得出的最终结论相矛盾或不一致，注册会计师发现这些信息是错误的或不完整的，并且初步显示的矛盾或不一致可以通过获取正确或完整的信息得到满意的解决，则注册会计师无须保留这些错误的不完整的信息。此外，对于职业判断的差异，若初步的判断意见是基于不完整的资料或数据，则注册会计师无须保留这些初步的判断意见。

(3) 审计结论

审计结论是指注册会计师通过实施必要的审计程序后，对某一审计事项所做出的专业判断。就控制测试而言，是指注册会计师对被审计单位内部控制制度执行情况的满意程度以及做出是否可以信赖的结论；就实质性程序而言，是指注册会计师对某一审计事项余额或发生额的确认情况。注册会计师恰当地记录审计结论非常重要。注册会计师需要根据所实施的审计程序及获取的审计证据得出结论，并以此作为对财务报表发表审计意见的基础。在记录审计结论时需要注意，在审计工作底稿中记录的审计程序和审计证据是否足以支持所得出的审计结论。

(4) 审计标识及其说明

审计标识是注册会计师为便于表达含义而采用的符号。注册会计师应在审计工作底稿中说明各种审计标识所代表的含义，或采用审计标识及说明表的形式统一说明，便于其他人理解和把握。审计标识应前后一致。在实务中，注册会计师可以根据实际情况运用更多的审计标识。注册会计师在审计工作底稿中列明标识并说明其含义的例子如表 6-1 所示，供参考。

表 6-1　审计标识及含义示例表

审计标识	含　义
∧	纵加核对
<	横加核对
B	与上年结转数核对一致
T	与原始凭证核对一致
G	与总分类账核对一致
S	与明细账核对一致
T/B	与试算平衡表核对一致

续表

审计标识	含义
C	已发询证函
C\	已收回询证函
*	备注号
Note	注释
N/A	不适用或无业务发生
√	已查核
△	说明事项

(5)索引号及编号

通常，审计工作底稿需要注明索引号及顺序号，相关审计工作底稿之间需要保持清晰的勾稽关系。为了汇总及便于交叉索引和复核，每个会计师事务所都会制定特定的审计工作底稿归档流程。因此，每张表或记录都应有一个索引号，例如，A1、D5 等，以说明其在审计工作底稿中的位置。工作底稿中每张表所包含的信息都应当与另一张表中的相关信息进行交叉索引，比如，现金盘点表应当与列示所有现金余额的导表进行交叉索引。利用计算机编制工作底稿时，可以采用电子索引和链接。随着审计工作的推进，链接表还可予以自动更新。再比如，审计调整表可以链接到工作试算平衡表，当新的调整分录编制完后，计算机会自动更新工作试算平衡表，为相关调整分录插入索引号。同样，评估的固有风险或控制风险可以与针对待定风险领域设计的相关审计计划程序进行交叉索引。

在实务中，注册会计师可以按照所记录的审计工作的内容层次进行编号。例如，固定资产汇总表的编号为 C1，按类别列示的固定资产明细表的编号为 C1-1，房屋建筑物的编号为 C1-1-1，机器设备的编号为 C1-1-2，运输工具的编号为 C1-1-3，其他设备的编号为 C1-1-4。相互引用时，需要在审计工作底稿中交叉注明索引。以下是不同审计工作底稿之间相互索引的例子，供参考。

例如，固定资产的原值、累计折旧及净值的总额应分别与固定资产明细表的数字互相勾稽。以下是从固定资产汇总表工作底稿(表 6-2)及固定资产明细表工作底稿(表 6-3)中节选的部分，以作相互索引的示范。

表 6-2 固定资产汇总表(工作底稿索引号:C1)(节选)

工作底稿索引号	固定资产	20×2 年 12 月 31 日	20×1 年 12 月 31 日
C1-1	原值	×××G	×××
C1-1	累计折旧	×××G	×××
	净值	×××T/B∧	×××B∧

表 6-3 固定资产明细表(工作底稿索引号：C1-1)(节选)

工作底稿索引号	固定资产	期初余额	本期增加	本期减少	期末余额
	原值				
C1-1-1	1. 房屋建筑物	×××		×××	×××S
C1-1-2	2. 机器设备	×××	×××		×××S
C1-1-3	3. 运输工具	×××			×××S
C1-1-4	4. 其他设备	×××			×××S
	小计	×××B∧	×××∧	×××∧	×××<C1∧
	累计折旧				
C1-1-1	1. 房屋建筑物	×××			×××S
C1-1-2	2. 机器设备	×××	×××		×××S
C1-1-3	3. 运输工具	×××			×××S
C1-1-4	4. 其他设备	×××			×××S
	小计	×××B∧	×××∧	×××∧	×××∧C1∧
	净值	×××B∧			×××<C1∧

(6) 编制者、复核者姓名及编制、复核日期

为了明确责任，在各自完成与特定工作底稿相关的任务之后，编制者和复核者都应在工作底稿上签名并注明编制日期和复核日期。在记录实施审计程序的性质、时间和范围时，注册会计师应当记录：

①测试的具体项目或事项的识别特征；

②审计工作的执行人员及完成审计工作的日期；

③审计工作的复核人员及复核的日期和范围。

在需要项目质量控制复核的情况下，还需要注明项目质量控制复核人员及复核日期。

通常，需要在每一张审计工作底稿上注明执行审计工作的人员和复核人员，完成该审计工作的日期以及完成复核的日期。

在实务中，如果若干页的审计工作底稿记录同一性质的具体审计程序或事项，并且编制在同一个索引号中，此时可以仅在审计工作底稿的第一页上记录审计工作的执行人员和复核人员并注明日期。比如，应收账款函证核对表的索引号位 L3-1-1/21，相对应的询证函回函共有 20 份，每一份应收账款询证函回函索引以 L3-1-2/21、L3-1-3/21……L3-1-21/21 表示，对于这种情况，就可以仅在应收账款函证核对表上记录审计工作的执行人员和复核人员并注明日期。

6.2 审计工作底稿的归档

《质量控制准则第 5101 号——会计师事务所对执行财务报表审计和审阅、其他鉴证和相关服务业务实施的质量控制》和《中国注册会计师审计准则第 1131 号——审计工作底稿》对审计工作底稿的归档做出了具体规定，涉及归档工作的期限和性质、审计工作底稿保管期限等方面。

6.2.1 审计档案的内容

1. 审计档案的定义

审计档案，是指一个或多个文件夹或其他存储介质，以实物或电子形式存储构成某项具体业务的审计工作底稿的记录。

2. 审计档案的结构

对每项具体审计业务，注册会计师应当将审计工作底稿归整为审计档案。以下是典型的审计档案的结构。

(1) 沟通和报告相关工作底稿

①审计报告和经审计的财务报表；

②与主审注册会计师的沟通和报告；

③与治理层的沟通和报告；

④与管理层的沟通和报告；

⑤管理建议书。

(2) 审计完成阶段工作底稿

①审计工作完成情况核对表；

②管理层声明书原件；

③重大事项概要；

④错报汇总表；

⑤被审计单位财务报表和试算平衡表；

⑥有关列报的工作底稿；

⑦财务报表所属期间的董事会会议纪要；

⑧总结会会议纪要。

(3) 审计计划阶段工作底稿

①总体审计策略和具体审计计划；

②对内部审计职能的评价；

③对外部专家的评价；

④对服务机构的评价；

⑤被审计单位提交资料清单；

⑥主审注册会计师的指示；

⑦前期审计报告和经审计的财务报表；

⑧预备会会议纪要。

(4) 特定项目审计程序表

①舞弊；

②持续经营；

③对法律法规的考虑；

④关联方。

(5) 进一步审计程序工作底稿

①有关控制测试工作底稿；

②有关实质性程序工作底稿(包括实质性分析程序和细节测试)。

3. 审计档案的内容

对每项具体审计业务，注册会计师应当将审计工作底稿归整为审计档案。基于具体实务中对审计档案使用的时间来划分，审计档案可以分为永久性档案和当期档案。下面简要地介绍永久性档案和当期档案。

①永久性档案。永久性档案是指那些记录内容相对稳定，具有长期使用价值，并对以后审计工作具有重要影响和直接作用的审计档案。比如，被审计单位的组织结构、批准证书、营业执照、各种章程、重要的法律性文件、合同及协议等。如果永久性档案中的某些内容已经发生变化，注册会计师应当及时予以更新。永久性档案中被替换下来的资料一般也需保留，以便保持资料的完整性，给日后查阅历史资料提供便利。如被审计单位因增加注册资本而变更了营业执照等法律文件，可以将被替换的旧营业执照等文件汇总在一起，与其他有效的资料分开，作为单独部分归整在永久档案中。

②当期档案。当期档案是指那些记录内容经常变化，主要供当期审计使用和下期审计参考的审计档案。当期档案主要由业务工作底稿组成，比如，控制测试的工作底稿、具体会计款项实质性程序的工作底稿等。目前，尽管大部分会计师事务所仍然既保留电子版又保留纸质的审计档案，但是由于以电子形式保留审计工作底稿的使用越来越普及，故而一些大型国际会计师事务所不再区分永久性档案和当期档案。典型的审计档案的结构如表 6-4 所示。

表 6-4 典型的审计档案的结构

审 计 档 案	结 构
永久性档案	(1) 审计项目管理：①被审计单位地址、主要联系人、职位、电话；②参与项目的注册会计师或专家的姓名和地址；③审计业务约定书原件；④各期审计档案清单(如对各期财务报表审计业务，记录审计档案数量及存放地点等)；⑤其他。 (2) 被审计单位背景资料：①组织结构；②各投资方简介；③管理层和财务人员名单及职责等；④董事会成员清单；⑤历史发展资料；⑥业务介绍；⑦关联方资料；⑧会计手册；⑨其他。 (3) 法律事项资料：①有关设立、经营的文件的复印件(如公司营业执照、批准证书、章程等)；②验资报告；③历次董事会会议纪要；④影响财务报表的重要合同、协议等文件的复印件(如所得税减税批准证明、银行借款合同和担保协议等)；⑤有关土地、建筑物、厂房、设备等资产文件的复印件(如资产评估报告、土地使用证、房产证等)；⑥分支机构的资料；⑦所投资企业的资料；⑧其他。 (4) 其他。

续表

审计档案	结构
当期档案	(1)沟通和报告相关底稿：①审计报告和经审计的财务报表；②与主审注册会计师的沟通和报告；③与治理层的沟通和报告；④与管理层的沟通和报告；⑤管理建议书；⑥其他。 (2)审计完成阶段工作底稿：①审计工作完成情况核对表；②管理层声明书原件；③重大事项概要；④错报汇总表；⑤被审计单位财务报告和试算平衡表；⑥有关列表的工作底稿(如现金流量表、关联方和关联交易的披露等)；⑦财务报表所属期间的董事会会议纪要；⑧总结会会议纪要；⑨其他。 (3)审计计划阶段工作底稿：①总体审计策略和具体审计计划；②对内部审计职能的评价；③对外部专家的评价；④对服务机构的评价；⑤被审计单位提交的清单；⑥主审注册会计师的指示；⑦前期审计报告和经审计的财务报表；⑧预备会会议纪要；⑨其他。 (4)特定项目审计程序表：①舞弊；②持续经营；③对法律法规的考虑；④关联方；⑤其他。 (5)进一步审计程序工作底稿：①有关控制测试工作底稿；②有关实质性程序工作底稿(包括实质性分析程序和细节测试)；③其他。 (6)其他。

6.2.2 审计工作底稿的归档规定

1. 审计工作底稿的归档期限

注册会计师应当按照会计师事务所质量控制政策和程序的规定，及时将审计工作底稿归整为最终审计档案。审计工作底稿的归档期限为审计报告日后60天内。如果注册会计师未能完成审计业务，审计工作底稿的归档期限为审计业务中止后的60天内。如果针对客户的同一财务信息执行不同的委托业务，出具两个或多个不同的报告，会计师事务所应当将其视为不同的业务，根据会计师事务所内部制定的政策和程序，在规定的归档期限内分别将审计工作底稿归整为最终审计档案。

无须多言，审计工作底稿归档期限的明确，部分原因是由于媒体大肆宣传法庭听证会期间暴露出来的安然公司注册会计师销毁审计工作底稿，以及注册会计师在完成审计工作并签署审计报告数月之后延迟对审计档案的归档而引起。审计项目组成员可能转去开展其他审计项目，或可能已离开会计师事务所，未决事项无法及时跟进，因此，延迟归档可能导致审计档案不完整。只有当审计项目组执行后续财务年度的审计(对连续审计业务而言)时，才可能发现上期“已完成的审计档案”是不完整的。

2. 审计工作底稿归档工作的性质

在出具审计报告前，注册会计师应完成所有必要的审计程序，取得充分、适当的审计证据并得出适当的结论。由此，在审计报告日后将审计工作底稿归整为最终审计档案是一项事务性的工作，不涉及实施新的审计程序或得出新的结论。

如果在归档期间对审计工作底稿做出的变动属于事务性的，注册会计师可以做出变动，主要包括：

①删除或废弃被取代的审计工作底稿；

②对审计工作底稿进行分类、整理和交叉索引；

③对审计档案归整工作的完成核对表签字认可；

④记录在审计报告日前获取的、与审计项目组相关成员进行讨论并取得一致意见的审计证据。

3. 审计工作底稿归档后的变动

在完成最终审计档案的归整工作后，注册会计师不应在规定的保存期限届满前删除或废弃任何性质的审计工作底稿

(1)需要变动审计工作底稿的情形

注册会计师发现有必要修改现有审计工作底稿或增加新的审计工作底稿的情形主要有以下两种：

①注册会计师已实施了必要的审计程序，取得了充分、适当的审计证据并得出了恰当的审计结论，但审计工作底稿的记录不够充分；

②审计报告日后，发现例外情况要求注册会计师实施新的或追加审计程序，或导致注册会计师得出新的结论。例外情况主要是指审计报告日后发现与已审计财务信息相关，且在审计报告日已经存在的事实，该事实如果被注册会计师在审计报告日前获知，可能影响审计报告。例外情况可能在审计报告日后发现，也可能在财务报表报出日后发现，注册会计师应当按照《中国注册会计师审计准则第1332号—期后事项》有关"财务报表报出后发现的事实"的相关规定，对例外事项实施新的或追加的审计程序。

(2) 变动审计工作底稿时的记录要求

在完成最终审计档案的归整工作后，如果发现有必要修改现有审计工作底稿或增加新的审计工作底稿，无论修改或增加的性质如何，注册会计师均应当记录下列事项：

①修改或增加审计工作底稿的理由；

②修改或增加审计工作底稿的时间和人员，以及复核的时间和人员。

4. 审计工作底稿的保存期限

《中国注册会计师审计准则第1131号——审计工作底稿》第十九条明确规定，会计师事务所应当自审计报告日起，对审计工作底稿至少保存10年。如果注册会计师未能完成审计业务，会计师事务所应当自审计业务中止日起，对审计工作底稿至少保存10年。

复习思考题

1. 简述确定审计工作底稿格式、内容和范围时应考虑的因素。
2. 简述审计工作底稿的基本要素和基本结构。
3. 简要说明审计工作底稿的编制及复核方法。
4. 简述审计工作底稿归档后需要变动的情形。
5. 对于永久性档案是否需要永久保存？

第 7 章　审计过程中需要考虑的特殊事项

学习目标

掌握错误与舞弊的含义，以及财务报表审计中治理层、管理层的责任与注册会计师的责任，了解与舞弊相关的风险评估程序和活动，熟悉应对舞弊导致的重大错报风险，掌握财务报表审计中对法律法规的考虑；了解审计沟通，包括与治理层、前任注册会计师和后任注册会计师的沟通等内容；熟悉注册会计师利用他人的工作，包括利用内部审计工作和利用专家的工作；了解对集团财务报表审计的特殊考虑的具体内容；熟悉审计会计估计、关联方审计、考虑持续经营假设、首次接受委托时对期初余额的审计等基本知识。

7.1　对舞弊和法律法规的考虑

7.1.1　财务报表审计中的错误与舞弊综述

1. 错误与舞弊的含义

错误与舞弊是两个相对应的概念，这两个概念针对的都是被审计单位相关方面（如管理层、员工）的行为，这些行为最终都可能导致财务报表出现错报。换句话说，错误、舞弊等是原因，错报是结果。区分错误和舞弊的标准是，导致错报的行为是否出于故意。

(1) 错误

错误是指导致财务报表错报的非故意行为，包括对金额或披露的疏漏。错误的主要情形包括：①为编制财务报表而收集和处理数据时发生失误；②由于疏忽和误解有关事实而做出不恰当的会计估计；③在运用与确认、计量、分类或列报相关的会计政策时发生失误。

(2) 舞弊

舞弊是指被审计单位的管理层、治理层、员工或第三方使用欺骗手段获取不当或非法利益的故意行为。舞弊是现代经济社会的毒瘤，其发生比较普遍。据美国注册舞弊调查师联合会（Association of Certified Fraud Examiners）2002 年的一份研究报告估计，美国每年舞弊导致的损失达 6 000 亿美元，占企业营业收入的 6%，尚不包括因公司财务报告舞弊导致的投资者损失。如美国安然（Enron）财务报告造假曝光后，其股票价格狂跌，投资者估计损失约 900 亿美元。

2. 舞弊的种类

在财务报表审计中，注册会计师通常只关注下列两类舞弊行为。

(1) 侵占资产导致的错报

侵占资产包括盗窃被审计单位资产，通常的做法是员工盗窃金额相对较小且不重要的资产。侵占资产也可能涉及管理层，他们通常更能够通过难以发现的手段掩饰或隐瞒侵占资产的行为。侵占资产可以通过以下方式实现：①贪污收到的款项；②盗窃实物资产或无形资产；③使被审计单位对未收到的商品或未接受的劳务付款；④将被审计单位资产挪为私用。

(2) 编制虚假财务报告导致的错报

编制虚假财务报告涉及为欺骗财务报表使用者而做出的故意错报（包括对财务报表金额或披露的遗漏）。这可能是由于管理层通过操纵利润来影响财务报表使用者对被审计单位业绩和盈利能力的看法而造成的。此类利润操纵可能从一些小的行为或对假设的不恰当调整，以及对管理层判断的不恰当改变开始。美国的安然、世通，我国的琼民源、银广夏、红光实业等舞弊案件都属于这一类。管理层可能通过以下方式编制虚假财务报告：①对编制财务报表所依据的会计记录或支持性文件进行操纵、弄虚作假(包括伪造)或篡改；②在财务报表中错误表达或故意漏记事项、交易或其他重要信息；③故意地错误使用与金额、分类、列报相关的会计原则。

7.1.2 治理层、管理层的责任与注册会计师的责任

1. 治理层和管理层的责任

被审计单位治理层和管理层对防止或发现舞弊负有主要责任。管理层在治理层的监督下，高度重视对舞弊的防范和遏制是非常重要的。对舞弊进行防范可以减少舞弊发生的机会；对舞弊进行遏制，能够警示被审计单位人员不要实施舞弊。对舞弊的防范和遏制需要管理层营造诚实守信和合乎道德的文化，并且这一文化能够在治理层的有效监督下得到强化。

治理层的监督包括考虑管理层凌驾于控制之上或对财务报告过程施加其他不当影响的可能性，如管理层为了影响分析师对被审计单位业绩和盈利能力的看法而操纵利润。

2. 注册会计师的责任

注册会计师对发现舞弊方面的责任可以从两方面界定：

(1) 按照审计准则的规定执行审计工作，获取财务报表在整体上不存在重大错报的合理保证

编制虚假财务报告直接导致财务报表产生错报，侵占资产通常伴随着虚假或误导性的文件记录。因此，对能够导致财务报告产生重大错报的舞弊，注册会计师应当合理保证能够予以发现，这是实现财务报表审计目标的内在要求，也是财务报表审计的价值所在。

(2) 由于审计的固有限制，即使按照审计准则的规定恰当地计划和实施审计工作，注册会计师也不能对财务报表整体不存在重大错报获取绝对保证

舞弊导致的重大错报未被发现的风险，大于错误导致的重大错报未被发现的风险。其原因是舞弊可能涉及精心策划和蓄意实施以进行隐瞒，或者故意向注册会计师提供虚假陈述。如果涉及串通舞弊，注册会计师可能更加难以发现蓄意隐瞒的企图。

如果在完成审计工作后发现舞弊导致的财务报表重大错报，特别是串通舞弊或伪造文件记录导致的重大错报，并不必然表明注册会计师没有遵守审计准则。注册会计师是否按照审计准则的规定实施了审计工作，取决于其是否根据具体情况实施了审计程序，是否获取了充分、适当的审计证据，以及是否根据证据评价结果出具了恰当的审计报告。

7.1.3 风险评估程序和相关活动

注册会计师在财务报表审计中考虑舞弊时，通常采用下列程序评估舞弊风险。

1. 询问

(1) 询问对象

注册会计师通过询问管理层可以获取有关员工舞弊导致的财务报表重大错报风险的有用信息。注册会计师还应当询问被审计单位内部的其他相关人员，包括：

①不直接参与财务报告过程的业务人员；

②拥有不同级别权限的人员；

③参与生成、处理或记录复杂或异常交易的人员及对其进行监督的人员；

④内部法律顾问；

⑤负责道德事务的主管人员或承担类似职责的人员；

⑥负责处理舞弊指控的人员。

(2)询问内容

在了解被审计单位及其环境时，注册会计师应当向管理层询问下列事项：

①管理层对财务报表可能存在由于舞弊导致的重大错报风险的评估，包括评估的性质、范围和频率等；

②管理层对舞弊风险的识别和应对过程，包括管理层识别出的或注意到的特定舞弊风险，或可能存在舞弊风险的各类交易、账户余额或披露；

③管理层就其对舞弊风险的识别和应对过程向治理层的通报；

④管理层就其经营理念和道德观念向员工的通报。

除非治理层全部成员参与管理被审计单位，注册会计师应当了解治理层如何监督管理层对舞弊风险的识别和应对过程，以及为降低舞弊风险而建立的内部控制；应当询问治理层，以确定其是否知悉任何影响被审计单位的舞弊事实、舞弊嫌疑或舞弊指控。注册会计师可通过参加相关会议、阅读会议纪要或询问治理层等审计程序了解有关情况。

2. 评价舞弊风险因素

注册会计师应当评价通过其他风险评估程序和相关活动获取的信息，是否表明存在舞弊风险因素。存在舞弊风险因素并不必然表明发生了舞弊，但在舞弊发生时通常存在舞弊风险因素，因此，舞弊风险因素可能表明存在由于舞弊导致的重大错报风险。舞弊的发生一般都同时具备三个风险因素。

(1)实施舞弊的动机或压力

舞弊者具有舞弊的动机是发生舞弊的首要条件。如高级管理人员的报酬与财务业绩或公司股票的市场表现挂钩、公司正在申请融资等情况都可能促使管理层产生舞弊的动机。

(2)实施舞弊的机会

舞弊者需要具有舞弊的机会，舞弊才可能成功。舞弊的机会一般源于内部控制在设计和运行上的缺陷，如公司对资产管理松懈，公司管理层能够凌驾于内部控制之上而可以随意操纵会计记录等。

(3)为舞弊行为寻找借口的能力

借口是指存在某种态度、性格或价值观念，使得管理层或雇员能够做出不诚实的行为，或者管理层或雇员所处的环境促使其能够将舞弊行为予以合理化。借口是舞弊发生的重要条件之一。只有舞弊者能够对舞弊行为予以合理化，舞弊者才可能做出舞弊行为，做出舞弊行为后才能心安理得。

上述风险因素也称为“舞弊三角”。这三个风险因素在两类舞弊行为中有不同的体现，表 7-1 和表 7-2 分别予以演示。

表 7-1 与编制虚假财务报告导致错报相关的舞弊风险因素

发生舞弊的因素	舞弊风险因素大致分类	舞弊风险因素具体示例
动机或压力	财务稳定性或盈利能力受到不利经济环境、行业状况或被审计单位运营状况的威胁	市场需求大幅下降，所处行业的经营失败增多
		难以应对技术变革、产品过时、利率或汇率调整等市场环境变化
		竞争激烈或市场饱和，主营业务利润率不断下降
		新颁布的行业相关法律法规、会计准则、监管规则对被审计单位的经营活动、投资活动或筹资活动可能产生重大影响
		与同行业的其他企业相比，增长过快或盈利能力异常
		经营活动难以产生足够的现金净流入，或经营活动现金流量连续为负
		严重或持续亏损使被审计单位可能破产、丧失抵押品赎回权或遭恶意收购
	管理层为满足外部预期或要求而承受过度的压力	政府部门、股东、重要债权人、投资分析师或其他利益相关者对盈利能力或增长趋势存在预期(特别是不切实际或激进的预期)
		管理层在媒体等公开场合提供的信息过于乐观
		需要大量举债或吸收股权融资才能满足研究开发或其他资本性支出的需求以保持竞争力

续表

<table>
<tr><th>发生舞弊的因素</th><th>舞弊风险因素大致分类</th><th>舞弊风险因素具体示例</th></tr>
<tr><td rowspan="5">动机或压力</td><td rowspan="2">管理层为满足外部预期或要求而承受过度的压力</td><td>盈利能力或财务状况必须满足上市交易、偿债要求或债务协议规定的其他要求，否则可能导致退市、特别处理、清偿债务等后果</td></tr>
<tr><td>如报告不良的盈利能力或财务状况可能会对正在进行的重大交易（如企业合并或重组）产生不利影响</td></tr>
<tr><td rowspan="2">管理层或治理层的个人经济利益受到被审计单位财务业绩或状况的影响</td><td>管理层或治理层拥有相当数量的公司股票或债券</td></tr>
<tr><td>管理层或治理层的报酬中有相当一部分（如奖金、股票期权）取决于被审计单位能否实现特定的（往往是激进的）指标要求（如股价、经营成果、财务状况或现金流量）</td></tr>
<tr><td>管理层或业务人员受到更高职级管理层或治理层对财务或经营指标过高要求的压力</td><td>治理层为管理层设定了过高的销售业绩或利润指标</td></tr>
<tr><td rowspan="18">机会</td><td rowspan="10">被审计单位所从事业务或所处行业的性质提供了对财务信息做出虚假报告的机会</td><td>从事大量超出正常经营过程的交易（可能体现为关联方交易或更隐蔽的关系和交易），或是从事大量交易的对方未经审计或由其他会计师事务所审计</td></tr>
<tr><td>从事重大、异常或高度复杂的交易（特别是临近期末）</td></tr>
<tr><td>从事大量跨国、跨境交易</td></tr>
<tr><td>利用中介从事交易（往往难以判断此类交易是否具有正当的商业理由）</td></tr>
<tr><td>在免税区或税收优惠地区设置重要的银行账户或组成部分（往往难以判断此类业务或交易是否具有正当的商业理由）</td></tr>
<tr><td>资产、负债、收入或费用需要做出重大估计，涉及主观判断或不确定性，且难以印证</td></tr>
<tr><td>从事科技含量高、研发周期长或市场风险大的经营业务</td></tr>
<tr><td>在所处行业中具有重要地位，从而有能力胁迫供应商或客户与其从事不公允或不适当的交易</td></tr>
<tr><td>大量采用分销渠道、销售折扣及退货等交易方式</td></tr>
<tr><td>难以确定被审计单位的最终控制人</td></tr>
<tr><td rowspan="2">组织结构复杂或不稳定</td><td>组织结构复杂，存在异常的法人组织形式或管理职级关系</td></tr>
<tr><td>高层管理人员、法律顾问或治理层频繁变更</td></tr>
<tr><td rowspan="2">对管理层的监督失效</td><td>管理层由一人或少数人（如控股股东代表，也可能是股东以外的经理人）掌控，缺乏共同决策或制衡措施</td></tr>
<tr><td>治理层未对财务报告过程和内部控制实施有效监督</td></tr>
<tr><td rowspan="3">内部控制存在缺陷</td><td>对控制的监督不充分</td></tr>
<tr><td>会计人员、内部审计人员或信息技术人员变动频繁，或是胜任能力不足</td></tr>
<tr><td>会计信息系统存在重大缺陷</td></tr>
<tr><td style="display:none"></td><td style="display:none"></td></tr>
<tr><td rowspan="14">态度或借口</td><td rowspan="10">管理层态度不端或缺乏诚信</td><td>管理层对企业价值或道德标准的沟通、贯彻执行不足，或传递了不适当的价值观或道德标准</td></tr>
<tr><td>管理层过分强调保持或提高公司股票价格或盈利水平</td></tr>
<tr><td>管理层倾向于利用重要性水平的概念对模棱两可的或不适当的会计处理做出合理化解释</td></tr>
<tr><td>管理层存在通过不恰当方法降低盈利水平的逃税倾向</td></tr>
<tr><td>非财务主管的管理层过度干涉会计政策的选择或重大会计估计的做出</td></tr>
<tr><td>公司、管理层或治理层存在违反证券或其他方面法律法规的不良记录，或是因涉嫌舞弊或违反法律法规而遭起诉</td></tr>
<tr><td>管理层惯于向外界承诺实现不合理的预期</td></tr>
<tr><td>管理层没有及时纠正已发现的内部控制重大缺陷</td></tr>
<tr><td>高级管理人员缺乏锐意进取的士气</td></tr>
<tr><td>混淆个人业务与公司业务</td></tr>
<tr><td rowspan="4">管理层与注册会计师的关系异常或紧张</td><td>在会计、审计或信息披露问题上经常与注册会计师发生意见分歧</td></tr>
<tr><td>对注册会计师提出不合理的需求，如对外勤审计工作的完成或审计报告的出具提出不合理的时间限制</td></tr>
<tr><td>对注册会计师施加限制，使其难以接触某些人员（包括治理层）或信息</td></tr>
<tr><td>试图影响会计师事务所对参与审计业务的专业人员的选派</td></tr>
</table>

表 7-2　与侵占资产导致的错报相关的舞弊风险因素

舞弊发生的因素	舞弊风险因素大致分类	舞弊风险因素具体示例
动机或压力	个人的生活方式或财务状况问题	管理层个人或员工可能因为个人追求奢侈生活条件而侵吞资产
	对公司存在敌对情绪	已被裁员或预期被裁员的员工
		晋升结果或所获经济报酬严重偏离个人预期的员工
机会	某些资产容易被侵占的特性或特定情形	存在大额现金被经手或处理的情形
		单位价值高、体积小、易于变现、且不易识别所有权归属的存货、固定资产或其他资产项目（如钻石、无记名债券、计算机芯片）
	内部控制存在缺陷	不相容职务的分离不充分，或独立审核不力
		对高层管理人员财务支出（如差旅费、业务招待费）的审查薄弱
		对负责保管实物资产的员工的监督不力（如资产存放位置偏远）
		对资产保管岗位的员工选聘不严格
		对资产的会计记录不健全
		交易（如采购）的授权审批制度不健全
		对现金、有价证券、存货或固定资产等的实物安全措施不充分
		未对账实不符的资产项目（如盘盈资产）做出及时、完整的会计调整
		未对交易（如销货退回）做出及时、适当的会计记录
		缺少强制休假制度（特别是对处于重要资产管理或控制岗位的员工）
		管理层或处于控制监督岗位的人员缺乏对信息技术的了解（从而可能使信息技术人员有机会侵占资产）
		对接触自动记录（包括计算机系统日志）的控制不充分
态度或借口	管理层或员工不重视相关控制	忽视对潜在侵占资产行为进行监控或预防的必要性
		漠视已有的相关控制措施（如不执行控制或不及时纠正控制缺陷）
	对被审计单位存在不满甚至敌对情绪	员工认为自己没有得到应得的待遇或报酬
	个人追求不正常的生活方式或物质需求	为了满足个人对奢侈生活的追求

舞弊风险因素是注册会计师执业实践的总结，对于注册会计师评估舞弊风险很有帮助。在了解被审计单位及其环境时，注册会计师应当考虑所获取的信息是否表明存在舞弊风险因素。当然，舞弊风险因素的存在并不一定表明发生了舞弊，但在舞弊发生时通常存在舞弊风险因素。

注册会计师应当考虑舞弊风险因素的存在，运用职业判断，考虑被审计单位的规模、复杂程度、所有权结构及所处行业等，以确定舞弊风险因素的相关性和重要程度及其对重大错报风险评估可能产生的影响。

3. 实施分析程序

注册会计师实施分析程序有助于识别异常的交易或事项，以及对财务报表和审计产生影响的金额、比率和趋势。在实施分析程序以了解被审计单位及其环境时，注册会计师应当评价在实施分析程序时识别出的异常或偏离预期的关系（包括与收入账户有关的关系），是否表明存在由于舞弊导致的重大错报风险。

4. 考虑其他信息

注册会计师应当考虑获取的其他信息是否表明存在由于舞弊导致的重大错报风险。其他信息可能来源于项目组内部的讨论、客户承接或续约过程以及向被审计单位提供其他服务所获得的经验。

5. 组织项目组讨论

项目组就由于舞弊导致财务报表发生重大错报的可能性进行的讨论可以达到以下目的：

①具有较多经验的项目组成员有机会与其他成员分享关于财务报表易于发生由于舞弊导致的重大错报的方式和领域的见解；

②针对财务报表易于发生由于舞弊导致的重大错报的方式和领域考虑适当的应对措施，并确定分派哪些项目组成员实施特定的审计程序；

③确定如何在项目组成员中共享实施审计程序的结果，以及如何处理可能引起注册会计师注意的舞弊指控。

项目组内部讨论的内容可能包括：

①项目组成员认为财务报表易于发生由于舞弊导致的重大错报的方式和领域、管理层可能编制和隐瞒虚假财务报告的方式以及侵占资产的方式等；

②可能表明管理层操纵利润的迹象，以及管理层可能采取的导致虚假财务报告的利润操纵手段；

③已知悉的对被审计单位产生影响的外部和内部因素，这些因素可能产生动机或压力使管理层或其他人员实施舞弊，可能提供实施舞弊的机会，可能表明存在为舞弊行为寻找借口的文化或环境；

④对接触现金或其他易被侵占资产的员工，管理层对其实施监督的情况；

⑤注意到的管理层或员工在行为或生活方式方法上出现的异常或无法解释的变化；

⑥强调在整个审计过程中对由于舞弊导致重大错报的可能性保持适当关注的重要性；

⑦遇到的哪些情形可能表明存在舞弊；

⑧如何在拟实施审计程序的性质、时间安排和范围中增加不可预见性；

⑨为应对由于舞弊导致财务报表发生重大错报的可能性而选择实施的审计程序，以及特定类型的审计程序是否比其他审计程序更为有效；

⑩注册会计师注意到的舞弊指控；

⑪管理层凌驾于控制之上的风险。

5. 识别和评估舞弊导致的重大错报风险

舞弊导致的重大错报风险属于特别风险。注册会计师实施舞弊风险评估程序的目的在于识别因舞弊导致的重大错报风险。因此，在识别和评估财务报表层次以及各类交易、账户余额、披露的认定层次的重大错报风险时，注册会计师应当识别和评估舞弊导致的重大错报风险。

在评估舞弊导致的重大错报风险时，注册会计师应当特别关注被审计单位收入确认方面的舞弊风险，对财务信息做出虚假报告导致的重大错报通常源于多计或少计收入。所以，在识别和评估由于舞弊导致的重大错报风险时，注册会计师应当基于收入确认存在舞弊风险的假定，评价哪些类型的收入、收入交易或认定导致舞弊风险。

7.1.4　应对舞弊导致的重大错报风险

在识别和评估舞弊导致的重大错报风险后，注册会计师需要采取适当的应对措施，以将审计风险降至可接受的低水平。舞弊导致的重大错报风险属于特别风险，注册会计师应当按照审计准则的规定予以应对。注册会计师通常从以下三个方面应对此类风险。

1. 总体应对措施

注册会计师应当针对评估的舞弊导致的财务报表层次重大错报风险确定下列总体应对措施：

(1)考虑人员的适当分派和督导

注册会计师应当在分派和督导项目组成员时，考虑承担重要业务职责的项目组成员所具备的知识、技能和能力，并考虑由于舞弊导致的重大错报风险的评估结果。

(2)考虑被审计单位采用的会计政策

注册会计师应当考虑被审计单位管理层对重大会计政策(特别是涉及主观计量或复杂交易时)的选择和运用，是否可能表明管理层通过操纵利润对财务信息做出虚假报告。

(3)在选择审计程序的性质、时间安排和范围时，增加审计程序的不可预见性

考虑到熟悉常规审计程序的被审计单位内部人员更有能力掩盖其对财务信息做出虚假报告的行为，注

册会计师在选择进一步审计程序的性质、时间安排和范围时，应当有意识地避免被这些人员预见或事先了解。

2. 针对舞弊导致的认定层次的重大错报风险实施的审计程序

注册会计师应当按照《中国注册会计师审计准则第 1231 号——针对评估的重大错报风险采取的应对措施》，考虑通过下列方式，应对舞弊导致的认定层次的重大错报风险：

①改变拟实施审计程序的性质，以获取更为可靠、相关的审计证据，或获取其他佐证性信息，包括更加重视实地观察或检查，在实施函证程序时改变常规函证内容，询问被审计单位的非财务人员等；

②改变实质性程序的时间，包括在期末或接近期末实施实质性程序，或针对本期较早时间发生的交易事项或贯穿于整个本期的交易事项实施测试；

③改变审计程序的范围，包括扩大样本规模，采用更详细的数据实施分析程序等。

注册会计师针对舞弊导致的认定层次重大错报风险所采取的具体应对措施，取决于已发现的舞弊风险因素类型以及各类具体的交易、账户余额相关认定，表 7-3 和表 7-4 分别列举了针对两大类舞弊风险的具体应对措施。表中所列程序不可能穷尽所有可实施的审计程序，且在不同业务中各个审计程序的相关性和效果也存在差异，因此，表中所列仅供读者参考。

表 7-3 具体应对措施——由于编制虚假财务报告导致的错报

特定认定	应对程序	举例或解释
收入确认	针对收入项目，实施分解的数据实施实质性分析程序	比如按照月份和产品线(或业务分部)比较当期与以往期间的收入
	向被审计单位的客户函证相关的特定合同条款以及是否存在背后协议	与收入确认相关的会计处理是否恰当，可能会受到相关合同、协议的重大影响，而往往是那些可能对收入确认产生重大影响的合同条款细节(如运货与付款条件、售后义务、顾客退货权)没有得到真实、完整的记录
	向被审计单位财务人员以外的其他内部人员询问所审计期间(特别是接近期末)的销售和发货情况以及他们所了解的异常交易条款或交易状况	比如向被审计单位的销售人员和内部法律顾问询问临近期末的异常销量变化及异常交易条款
	于期末或接近期末时在被审计单位的一处或多处销售及发货现场实地观察销售及发货情况。检查准备投出的货物状况。同时实施适当的销售及存货截止测试；在销售及发货现场如发现退货情形或待处理的退回货物，观察被审计单位的处理与相关记录	实施此类程序的目的在于验证收入的真实和确认截止时点的准确性
	对于通过电子方式自动生成、处理、记录的销售交易，实施控制测试	此类控制测试非常必要，可用以确定被审计单位的电子交易系统能够保证交易的真实性和记录的准确性(包括截止时点恰当与否)
存货数量	检查被审计单位的存货记录。判断需要在被审计单位盘点过程中(或结束后)特别重视的存货项目或存货存放地点	—
	在不预先通知的情况下观察某些存放地点的存货盘点或在同一天对所有存放地点的存货实施观察	—
	要求被审计单位在期末或尽可能接近期末的时点安排存货盘点	目的是降低被审计单位在间隔期内(指盘点日与资产负债表日之间的间隔)操纵存货余额的风险
	在观察存货盘点过程中结合实施其他程序，并利用专家工作	比如细致检查包装物中的货物情况、货物堆放方式(如堆放为中空)和标记方式、特殊形态存货(如液态、气态存货)或特殊性质存货(如化学物质)的质量特征(如纯度、浓度、品级)
	按照存货的等级或类别、存放地点或其他标准分类，将存货的当期数量与上期进行比较，或将盘点数量与存货记录进行比较	—
	利用计算机辅助审计技术进一步测试存货盘点数据的可靠性	比如按标签号分类排序以测试存货的标签控制，或按照存货的编号顺序检查是否存在漏计或重复编号

续表

特定认定	应 对 程 序	举例或解释
管理层估计	请专家对相关认定做出独立估计，与管理层的估计进行比较，如果涉及的估计非常重大且舞弊导致的重大错报风险很高，针对专家的部分或全部假设、方法及结果实施额外程序(如重新执行或再聘其他专家执行)，以确定之前的专家工作结果没有明显不当之处	—
	向管理层和财务人员以外的相关工作人员询问，以验证估计的合理性	—
	从事后的角度评价管理层对以前期间的会计估计和判断事项的合理性	—

表 7-4　具体应对措施——由于侵占资产导致的错报

特定项目	应对程序	举例或解释
货币资金、有价证券	在期末或接近期末时对现金或有价证券进行监盘	—
	直接向被审计单位的顾客询问或函证付款日或退货情况	—
	调查已注销银行账户的恢复使用情况	—
存货	对存在的存货短缺现象，按照存货存放地点和货物类型分类并加以分析	—
	分析重要的存货指标与行业正常水平是否存在显著差异	如存货周转率、存货周转天数等
	对于发生存货金额减计的会计记录，细致检查相关凭证	—
采购活动	利用计算机辅助审计技术，将被审计单位的供货商名单与被审计单位员工名单的某些标识信息(如地址、电话号码)相核对，识别出具有相同标识信息的数据	该程序可用以识别员工在供货环节牟取私利的行为
劳务(包括应付工资、相关费用等)	利用计算机辅助审计技术，检查工资及薪酬记录中是否存在重复或虚假的员工身份(如姓名、身份证号)、银行账号、地址、电话号码等	该程序可用以识别虚领工资或薪酬的行为
	检查人事档案记录、员工工作考核记录、劳务支付名单的记录，并与实际情况相比对	该程序可用以识别虚假的员工身份记录及潜在舞弊(如虚领工资、虚开劳务报酬)
销售活动	分析销售折扣和销售退回等项目，识别出异常的折扣、退货模式或异常趋势	—
	向第三方确证销售合同的具体条款	—
	实施审计程序，以获取销售合同是否按照规定条款得到执行	—
费用开支	检查大额或异常费用开支的适当性	—
	检查高层管理人员提交的费用报告的适当性和金额	—
向员工提供资金或担保	检查被审计单位为高层管理人员和关联方提供资金或担保的授权、贷款或担保条款以及金额	—

3. 针对管理层凌驾于控制之上的风险实施的程序

由于管理层在被审计单位的地位，管理层凌驾于控制之上的风险几乎在每个审计项目都会存在。对财务信息做出虚假报告通常与管理层凌驾于控制之上有关。COSO 报告显示，在 1987—1997 年期间提供虚假财务报告的美国公司中，有 83%以上的舞弊案件涉及首席执行官或财务主管。管理层通过凌驾于控制之上实施的舞弊的手段主要包括：

①编制虚假的会计分录，特别是在临近会计期末时；

②滥用或随意变更会计政策；

③不恰当地调整会计估计所依据的假设及改变原先做出的判断；

④故意漏记、提前确认或推迟确认报告期间发生的交易或事项；

⑤隐瞒可能影响财务报表金额的事实；

⑥构造复杂或虚假的交易以歪曲财务状况或经营成果；

⑦篡改与重大或异常交易相关的会计记录和交易条款。

管理层凌驾于内部控制之上的风险属于特别风险。注册会计师针对该类特别风险应当实施下列审计程序。

(1) 测试日常会计核算过程中做出的会计分录以及编制财务报表过程中做出的调整是否适当

在设计和实施审计程序，以测试日常会计核算过程中做出的会计分录以及编制财务报表过程中做出的其他调整是否适当时，注册会计师应当：

①向参与财务报告过程的人员询问与处理会计分录和其他调整相关的不恰当或异常的活动；

②选择在报告期末做出的会计分录和其他调整；

③考虑是否有必要测试整个会计期间的会计分录和其他调整。

(2) 复核会计估计是否存在偏向，并评价产生这种偏向的环境是否表明存在由于舞弊导致的重大错报风险

在复核会计估计是否存在偏向时，注册会计师应当：

①评价管理层在做出会计估计时所作的判断和决策是否反映出管理层的某种偏向(即使判断和决策单独看起来是合理的)，从而可能表明存在由于舞弊导致的重大错报风险。如果存在偏向，注册会计师应当从整体上重新评价会计估计。

②追溯复核与以前年度财务报表反映的重大会计估计相关的管理层判断和假设。

(3) 对于超出被审计单位正常经营过程的重大交易，或基于对被审计单位及其环境的了解以及在审计过程中获取的其他信息而显得异常的重大交易，评价其商业理由(或缺乏商业理由)是否表明被审计单位从事交易的目的是为了对财务信息做出虚假报告或掩盖侵占资产的行为。

当按照上述内容实施的程序无法涵盖特定的管理层凌驾于控制之上的其他风险时，注册会计师还应当确定是否有必要实施其他审计程序，以应对识别出的管理层凌驾于控制之上的风险。

4. 会计分录测试

(1) 会计分录测试的基本内容

基于管理层利用虚假会计分录和其他调整是实施舞弊的常用手段，在所有财务报告审计业务中，注册会计师都需要专门针对管理层凌驾于控制之上的风险设计和实施会计分录测试。会计分录测试的对象是与被审计财务报表相关的所有会计分录和其他调整，包括编制合并报表时做出的调整分录和抵消分录。会计分录测试通常包括下列步骤：

①了解被审计单位的财务报告流程，以及针对会计分录和其他调整已实施的控制，必要时，测试相关控制的运行有效性；

②确定待测试会计分录和其他调整的总体，并测试总体的完整性；

③从总体中选取待测试的会计分录及其他调整；

④测试选取的会计分录及其他调整，并记录测试结果。

在被审计单位的内部控制系统中，针对会计分录和其他调整，通常包括下列类型的控制措施：

①针对会计分录和其他调整的授权、过账、审核、核对等方面设置职责分离；

②在会计系统中设置系统访问权限，用以控制会计分录的记录权和审批权；

③用以防止并发现虚假会计分录或未经授权的更改的控制措施；

④管理层、治理层或其他适当人员对会计分录记录和过入总账以及在编制财务报表过程中做出其他调整的过程进行监督；

⑤由被审计单位的内部审计人员(如有)定期测试控制运行的有效性。

(2) 确定待测试会计分录和其他调整的总体并测试总体的完整性

①注册会计师考虑下列情况，可能有助于其确定待测试会计分录和其他调整的总体：

a. 某些会计分录和其他调整可能并不过入被审计单位的总账，因此，注册会计师需要全面了解各总账账户，以及各明细账户与被审计单位财务报表项目之间的对应关系。

b. 注册会计师可以结合对被审计单位财务报告流程以及被审计单位针对会计分录和其他调整实施的控制的了解，来确定待测试会计分录和其他调整的总体。

c. 以手工方式生成的会计分录或其他调整通常于月末、季末或年末做出，主要用于记录会计调整或会计估计，或者用于编制合并财务报表。

d. 对于以手工方式生成的会计分录或其他调整，特别是在期末用于记录会计调整或会计估计，或者用于编制合并财务报表的调整分录，注册会计师可以了解这些分录的编制者、所需要的审批，以及这些分录以何种方式得以记录（如这些分录是以电子形式记录的，没有实物证据，还是以纸质形式记录的）。

②确定待测试会计分录和其他调整的总体后，注册会计师需要针对该总体实施审计程序，以确定总体的完整性。一套完整性测试的例子（假设注册会计师选择测试整个会计期间的会计分录和其他调整）如下：

a. 从被审计单位会计信息系统中导出所有待测试会计分录和其他调整；

b. 加计从会计信息系统中导出的所有会计分录和其他调整中的本期发生额，与科目余额表（包括期初余额、本期借方累计发生额、本期贷方累计发生额、期末余额）中的各科目本期发生额核对相符；

c. 待系统生成的重要账户余额与明细账和总账及科目余额表中的余额核对，测试计算准确性；

d. 检查所有结账后做出的与本期财务报表有关的会计分录和其他调整，测试其完整性；

e. 将总账与财务报表核对，以检查是否存在其他调整。

(3) 选取并测试会计分录和其他调整时考虑的因素

①对由于舞弊导致的重大错报风险的评估。注册会计师识别出的舞弊风险因素和在评估由于舞弊导致的重大错报风险过程中获取的其他信息，可能有助于注册会计师识别需要测试的特定类别的会计分录和其他调整。

②对会计分录和其他调整已实施的控制。在注册会计师已经测试了这些控制运行的有效性的前提下，针对会计分录和其他调整的编制和过账所实施的有效控制，可以缩小所需实施的实质性程序的范围。但应注意的是，注册会计师需要充分考虑管理层凌驾于控制之上的风险。

③被审计单位的财务报告过程以及所能获取的证据的性质。在很多被审计单位中，交易的日常处理同时涉及人工和自动化的步骤和程序。类似地，会计分录和其他调整的处理过程也可能同时涉及人工和自动化的程序和控制。当信息技术应用于财务报告过程时，会计分录和其他调整可能仅以电子形式存在。

④虚假会计分录或其他调整的特征。不恰当的会计分录或其他调整通常具有一定的识别特征。这类特征可能包括：a. 分录涉及不相关、异常或很少使用的账户；b. 分录由平时不负责做出会计分录的人员做出；c. 分录在期末或结账过程中做出，且没有或只有很少的解释或描述；d. 分录在编制财务报表之前或编制过程中做出且没有科目代码；e. 分录金额为约整数或尾数一致。

⑤账户的性质和复杂程度。不恰当的会计分录或其他调整可能体现在以下账户中：a. 包含复杂或性质异常的交易的账户；b. 包含重大估计及期末调整的账户；c. 过去易于发生错报的账户；d. 未及时调节的账户，或含有尚未调节差异的账户；e. 包含集团内部不同公司间交易的账户；f. 其他虽不具备上述特征但与已识别的由于舞弊导致的重大错报风险相关的账户。在审计拥有多个组成部分的被审计单位时，注册会计师需考虑从不同的组成部分选取会计分录进行测试。

⑥在日常经营活动之外处理的会计分录或其他调整。针对非标准会计分录实施的控制的水平与针对为记录日常交易（如每月的销售、采购及现金支出）所做出的分录实施的控制的水平可能不同。

此外，由于会计分录测试的主要目的是应对管理层凌驾于内部控制之上的风险，因此，注册会计师在选取并测试会计分录和其他调整时增加不可预见性。

5. 评价审计证据

(1) 发现舞弊时对审计的影响

注册会计师应当在整个审计过程中对舞弊导致的重大错报风险保持警惕，在评价审计证据时也要体现这一原则。如果发现某项错报，注册会计师应当评价该项错报是否表明存在舞弊。如果存在舞弊的迹象，鉴于舞弊不太可能是孤立发生的事项，注册会计师应当评价该项错报对审计工作其他方面的影响，特别是对管理层声明可靠性的影响。如果识别出某项错报，并有理由认为该项错报是或可能是由于舞弊导致的，且涉及管理层，特别是涉及较高级别的管理层，无论该项错报是否重大，注册会计师都应当重新评价对由于舞弊导致的重大错报风险的评估结果，以及该结果对旨在应对评估的风险的审计程序的性质、时间安排和范围的影响。在重新考虑此前获取的审计证据的可靠性时，注册会计师还应当考虑相关的情形是否表明可能存在涉及员工、管理层或第三方的串通舞弊。

(2) 考虑对审计报告的影响

如果确认财务报表存在由于舞弊导致的重大错报，或无法确定财务报表是否存在由于舞弊导致的重大错报，注册会计师应当根据《中国注册会计师审计准则第 1221 号——计划和执行审计工作时的重要性》和《中国注册会计师审计准则第 1502 号——在审计报告中发表非无保留意见》的要求，评价这两种情况对审计的影响。

6. 与管理层、治理层和监管机构的沟通

(1) 与管理层的沟通

如果发现舞弊或获取的信息表明可能存在舞弊，注册会计师应当尽早将此类事项与适当层次的管理层沟通。注册会计师应当运用职业判断确定拟沟通的适当层次的管理层，并考虑串通舞弊的可能性、舞弊嫌疑的性质和重大程度等因素的影响。通常情况下，拟沟通的管理层应当比涉嫌舞弊人员至少高出一个级别。

(2) 与治理层的沟通

如果确定或怀疑舞弊涉及管理层、在内部控制中承担重要职责的员工以及其舞弊行为可能导致财务报表重大错报的其他人员，注册会计师应当尽早将此类事项与治理层沟通。如果怀疑舞弊涉及管理层，注册会计师应当将此怀疑向治理层通报，并与其讨论为完成审计工作所必需的审计程序的性质、时间安排和范围。如果根据判断认为还存在与治理层职责相关的、涉及舞弊的其他事项，注册会计师应当就此与治理层沟通。主要包括：①对管理层评估的性质、范围和频率的疑虑，这些评估是针对旨在防止和发现舞弊的控制及财务报表可能存在的重大错报风险而实施的；②管理层未能恰当应对识别出的值得关注的内部控制缺陷或舞弊；③注册会计师对被审计单位控制环境的评价，包括对管理层胜任能力和诚信的疑虑；④可能表明存在编制虚假财务报告的管理层行为；⑤对超出正常经营过程交易的授权的适当性和完整性的疑虑。

(3) 与监管机构的沟通

注册会计师负有对客户信息保密的义务，要求其通常不对外报告管理层和治理层的舞弊行为。但是，保密原则也有例外。因为，社会公众是注册会计师的真正委托人，如果客户的舞弊行为影响到社会公众利益，注册会计师就需要根据法律法规的要求，考虑是否向监管机构报告管理层和治理层的重大舞弊。

7.1.5 财务报表审计中对法律法规的考虑

违反法律法规，是指被审计单位有意或无意违背除适用的财务报告编制基础以外的现行法律法规的行为。如被审计单位进行的或以被审计单位名义进行的违反法律法规的交易，或者治理层、管理层或员工代表被审计单位进行的违反法律法规的交易。违反法律法规不包括由治理层、管理层或员工实施的与被审计单位经营活动无关的不当个人行为。

被审计单位需要遵守以下两类不同的法律法规：

①通常对决定财务报表中的重大金额和披露有直接影响的法律法规(如税收和企业年金方面的法律法规)。

②对决定财务报表中的金额和披露没有直接影响的其他法律法规，但遵守这些法律法规(如遵守经营许可条件、监管机构对偿债能力的规定或环境保护要求)对被审计单位的经营活动、持续经营能力或避免大额罚款至关重要；违反这些法律法规，可能对财务报表产生重大影响。

违反法律法规可能导致被审计单位面临罚款、诉讼或其他对财务报表产生重大影响的后果。

1. 管理层遵守法律法规的责任

管理层的责任是在治理层的监督下确保被审计单位的经营活动符合法律法规的规定。法律法规可能以不同的方式影响被审计单位的财务报表。最直接的方式是可能规定了适用的财务报告编制基础或者影响被

审计单位需要在财务报表中做出的具体披露。法律法规也可能确立了被审计单位的某些法定权利和义务，其中部分权利和义务将在财务报表中予以确认。此外，法律法规还可能规定了对违反法律法规行为的惩罚。

2. 注册会计师的责任

注册会计师有责任对财务报表整体不存在由于舞弊或错误导致的重大错报获取合理的保证。在执行财务报表审计时，注册会计师需要考虑适用于被审计单位的法律法规框架。由于审计的固有限制，即使注册会计师按照审计准则的规定恰当地计划和执行审计工作，也不可避免地存在财务报表中的某些重大错报未被发现的风险。就法律法规而言，由于下列原因，审计的固有限制对注册会计师发现重大错报的能力的潜在影响会加大：

①许多法律法规主要与被审计单位经营活动相关，通常不影响财务报表，且不能被与财务报告相关的信息系统所获取；

②违反法律法规可能涉及故意隐瞒的行为，如共谋、伪造、故意漏记交易、管理层凌驾于控制之上或故意向注册会计师提供虚假陈述；

③某行为是否构成违反法律法规，最终只能由法院认定。

所以，注册会计师没有责任防止被审计单位违反法律法规行为，也不能期望其发现所有的违反法律法规行为。

针对被审计单位需要遵守的两类不同的法律法规，注册会计师应当承担不同的责任：

①针对被审计单位需要遵守的第一类法律法规，注册会计师的责任是，就被审计单位遵守这些法律法规的规定获取充分、适当的审计证据；

②针对被审计单位需要遵守的第二类法律法规，注册会计师的责任仅限于实施特定的审计程序，以有助于识别可能对财务报表产生重大影响的违反这些法律法规的行为。

在审计过程中，为了对财务报表形成审计意见而实施的其他审计程序，可能使注册会计师识别出或怀疑被审计单位存在违反法律法规行为，注册会计师对此应保持警觉。事实上，考虑到法律法规对被审计单位产生影响的范围，注册会计师在整个审计过程中均应保持职业怀疑。

3. 对被审计单位遵守法律法规的考虑

(1)对法律法规框架的了解

在了解被审计单位及其环境时，注册会计师应当总体了解下列事项：

①适用于被审计单位及其所处行业或领域的法律法规框架；

②被审计单位如何遵守这些法律法规框架；

为了总体了解法律法规框架以及被审计单位如何遵守该框架，注册会计师可以采取以下措施：

①利用对被审计单位行业状况、监管环境以及其他外部因素的了解；

②更新对直接决定财务报表中的报告金额和列报的法律法规的了解

③向管理层询问对被审计单位经营活动预期可能产生至关重要影响的其他法律法规；

④向管理层询问被审计单位制定的有关遵守法律法规的政策和程序；

⑤向管理层询问在识别、评价诉讼索赔并对其进行会计处理时采用的政策和程序。

(2)对决定财务报表中的重大金额和披露有直接影响的法律法规

某些法律法规已经较为完善，为被审计单位及其所在行业或部门所知悉，并与被审计单位财务报表相关。这些法律法规可能与下列事项相关：

①财务报表的格式和内容；

②特定行业的财务报告问题；

③根据政府合同对交易进行的会计处理；

④所得税费用或退休金成本的应计或确认。

针对被审计单位需要遵守的这些法律法规，注册会计师的责任是，就被审计单位遵守这些法律法规的规定获取充分、适当的审计证据。

(3)识别违反其他法律法规的行为的程序

注册会计师应当实施下列审计程序，以有助于识别可能对财务报表产生重大影响的违反其他法律法规的行为：

①向管理层和治理层(如适用)询问被审计单位是否遵守了这些法律法规；

②检查被审计单位与许可证颁发机构或监管机构的往来函件。

(4)实施其他审计程序使注册会计师注意到违反法律法规行为

为形成审计意见所实施的审计程序，可能使注册会计师注意到识别出的或怀疑存在的违反法律法规行为。这些审计程序可能包括：

①阅读会议纪要；

②向被审计单位管理层、内部或外部法律顾问询问诉讼、索赔及评估情况；

③对某类交易、账户余额和披露实施细节测试。

(5)书面声明

由于法律法规对财务报表的影响差异很大，对于管理层识别出的或怀疑存在的、可能对财务报表产生重大影响的违反法律法规行为，书面声明可以提供必要的审计证据。然而，书面声明本身并不提供充分、适当的审计证据，因此，不影响注册会计师拟获取的其他审计证据的性质和范围。

4. 识别出或怀疑存在违反法律法规行为时实施的审计程序

(1)注意到与识别出的或怀疑存在的违反法律法规行为相关的信息时的审计程序

如果注册会计师发现下列事项或相关信息，可能表明被审计单位存在违反法律法规行为：

①受到监管机构、政府部门的调查，或者支付罚金或受到处罚；

②向未指明的服务付款，或向顾问、关联方、员工或政府雇员提供贷款；

③与被审计单位或所处行业正常支付水平或实际收到的服务相比，支付过多的销售佣金或代理费用；

④采购价格显著高于或低于市场价格；

⑤异常的现金支付，以银行本票向持票人付款的方式采购；

⑥与在“避税天堂”注册的公司存在异常交易；

⑦向货物或服务原产地以外的国家或地区付款；

⑧在没有适当的交易控制记录的情况下付款；

⑨现有的信息系统不能(因系统设计存在问题或因突发性故障)提供适当的审计轨迹或充分的证据；

⑩交易未经授权或记录不当；

⑪负面的媒体评论。

如果注意到与识别出的或怀疑存在的违反法律法规行为相关的信息，注册会计师应当：

①了解违反法律法规行为的性质及其发生的环境；

②获取进一步的信息，以评价对财务报表可能产生的影响。

(2)怀疑被审计单位存在违反法律法规行为时的审计程序

如果治理层能够提供额外的审计证据，注册会计师可以与治理层讨论其发现。

(3)评价违反法律法规行为的影响

注册会计师应当评价违反法律法规行为对审计的其他方面可能产生的影响，包括对注册会计师风险评估和被审计单位书面声明可靠性的影响。

在例外情况下，如果管理层或治理层没有采取注册会计师认为适合具体情况的补救措施，即使违反法律法规行为对财务报表不重要，如果法律法规允许，注册会计师也可能考虑是否有必要解除业务约定。

5. 对识别出的或怀疑存在的违反法律法规行为的报告

(1)与治理层沟通

①与治理层沟通的总体要求。除非治理层全部成员参与管理被审计单位，否则注册会计师应当与治理

层沟通识别出的或怀疑存在的违反法律法规行为的事项；不必沟通明显不重要的事项；通常采用书面形式，也可以采取口头方式。如果采用口头沟通方式，应形成沟通记录，并提请沟通对象签字确认；如果治理层已获知管理层的违反法律法规行为，注册会计师可以不再与其进行沟通，但必须获取治理层已经获知该违反法律法规行为的有关审计证据。

②违反法律法规行为情节严重时的沟通要求。如果怀疑违反法律法规行为涉及管理层或治理层，注册会计师应当向被审计单位审计委员会或监事会等更高层级的机构通报。如果不存在更高层级的机构，或者注册会计师认为被审计单位可能不会对通报做出反应，或者注册会计师不能确定向谁报告，注册会计师应当考虑是否需要征询法律意见。

(2) 出具审计报告时的特殊考虑

①考虑违反法律法规行为的影响。如果认为违反法律法规行为对财务报表具有重大影响，注册会计师应当要求被审计单位在财务报表中予以恰当反映。如果被审计单位在财务报表中对该违反法律法规行为做出恰当反映，注册会计师应当出具无保留意见的审计报告。如果认为违反法律法规行为对财务报表有重大影响，且未能在财务报表中得到恰当反映，注册会计师应当出具保留意见或否定意见的审计报告。

②考虑审计范围受到限制的影响。来自被审计单位的限制，如果因管理层或治理层阻挠而无法获取充分、适当的审计证据，以评价是否存在或可能存在对财务报表产生重大影响的违反法律法规行为，注册会计师应当根据审计范围受到限制的程度，发表保留意见或无法表示意见。其他条件的限制，如果由于审计范围受到管理层或治理层以外的其他方面的限制而无法确定被审计单位是否存在违反法律法规行为，注册会计师应当评价这一情况对审计意见的影响。

(3) 向监管机构和执法机构报告违反法律法规行为

如果识别出或怀疑存在违反法律法规行为，注册会计师应当考虑是否有责任向被审计单位以外的监管机构和执法机构等相关机构或人员报告。注册会计师考虑是否报告的是经注册会计师发现和确定的严重违反法律法规的行为。所谓“严重”，主要是指有重大法律后果或涉及社会公众利益。

7.2 审计沟通

7.2.1 与治理层的沟通

治理层，是指对被审计单位战略方向以及管理层履行经营管理责任负有监督责任的人员或组织。治理层的责任包括对财务报告过程的监督。在某些被审计单位，治理层可能包括管理层成员。管理层，是指对被审计单位经营活动的执行负有管理责任的人员。在某些被审计单位，管理层包括部分或全部治理层成员。一般来说，管理层，主要是在企业层次上对企业进行经营管理，包括公司的经理和副经理等。而公司的治理层则包括董事会、监事会。董事会的职责是制定战略、进行重大决策、聘任经理并对经营活动进行监督；监事会的职责是对公司财务以及公司董事经理的行为进行监督。

注册会计师有责任与治理层沟通相关事项，管理层也有责任就治理层关心的事项与治理层进行沟通，但注册会计师的沟通并不减轻管理层的这种责任。同样，管理层与治理层就应当由注册会计师沟通的事项进行的沟通，也不减轻注册会计师沟通这些事项的责任。但是，管理层就这些事项进行的沟通可能会影响注册会计师与治理层沟通的形式或时间安排。

被审计单位的治理层与注册会计师在财务报告编制过程中监督和财务报表审计职责方面存在着共同的关注点，在履行职责方面存在着很强的互补性。有效的双向沟通十分重要，这有助于：①注册会计师和治理层了解与审计相关事项的背景，并建立建设性的工作关系，在建立这种关系时，注册会计师需要保持独立性和客观性；②注册会计师向治理层获取与审计相关的信息，例如，治理层可以帮助注册会计师了解被审计单位及其环境，确定审计证据的适当来源，以及提供有关具体交易或事项的信息；③治理层履行其对财务报告过程的监督责任，从而降低财务报表重大错报风险。

清晰地沟通审计准则要求的特定事项是每项审计业务的必要组成部分。但是，审计准则并不要求注册会计师专门实施程序，以识别与治理层沟通的任何其他事项。

1. 沟通的对象

(1) 确定沟通对象的总体要求

①确定适当的沟通人员。注册会计师应当确定与被审计单位治理结构中的哪些适当人员进行沟通，适当人员可能因沟通事项的不同而不同。

不同的被审计单位，适当的沟通对象可能不同。即使是同一家被审计单位，由于组织形式的变化、章程的修改或其他方面的变动，也可能使适当的沟通对象发生变动。

②确定适当的沟通人员时应当利用的信息。在确定与哪些适当人员沟通特定事项时，注册会计师应当利用在了解被审计单位及其环境时获取的有关治理结构和治理过程的信息。通常，了解被审计单位的法律结构、组织形式，查阅被审计单位的章程、组织结构图，询问被审计单位的相关人员等，都有助于获取有关被审计单位治理结构和治理过程的信息，能够帮助注册会计师清楚地识别出适当的沟通对象。

③需要商定沟通对象的特殊情形。一般而言，注册会计师通过上述了解，并运用职业判断，可以确定适当的沟通对象。通常，被审计单位也会指定其治理结构中相对固定的人员或组织(如审计委员会)负责与注册会计师进行沟通。如果由于被审计单位的治理结构没有被清楚地界定，导致注册会计师无法清楚地识别适当的沟通对象，被审计单位也没有指定适当的沟通对象，注册会计师就应当尽早与审计委托人商定沟通对象，并就商定的结果形成备忘录或其他形式的书面记录。

(2) 与治理层的下设组织或个人沟通

①决定与治理层的下设组织或个人沟通时应当考虑的主要因素。通常，注册会计师没有必要(实际上也不可能)就全部沟通事项与治理层整体进行沟通。适当的沟通对象往往是治理层的下设组织和人员，如董事会下设的审计委员会、独立董事、监事会或者被审计单位特别指定的组织和人员等。

注册会计师在决定与治理层某下设组织或个人沟通时，需要考虑下列事项：

a. 治理层的下设组织与治理层各自的责任。这种责任划分是确定适当沟通对象的直接依据。

b. 拟沟通事项的性质。不同性质的沟通事项，其适当的沟通对象可能并不相同。这就意味着，尽管合适的沟通对象可能是治理层下设的某个组织、某些人员，但是，如果出现涉及内容和对象、重要程度等方面比较特殊的事项，可能需要适当改变沟通对象。

c. 相关法律法规的要求。法律法规可能会就治理结构、治理层下设组织和人员的职责做出规定，如有这方面的规定，注册会计师在确定适当的沟通对象时，应当从其规定。

d. 下设组织是否有权就沟通的信息采取行动，以及是否能够提供注册会计师可能需要的进一步信息和解释。对于需要通过与治理层沟通以寻求配合或解决问题的事项，注册会计师应当在合理考虑治理层的职责分工的基础上，选择有利于得到配合、有利于解决问题的适当的沟通对象。

在决定是否需要与治理机构沟通信息时，注册会计师可能受到其对下设组织与治理机构沟通相关信息的有效性和适当性的评估的影响。注册会计师可以在就审计业务约定条款达成一致意见时明确指出，除非法律法规禁止，注册会计师保留与治理机构直接沟通的权利。

②被审计单位设有审计委员会的情形。在许多国家或地区，被审计单位设有审计委员会(或名称不同的类似下设组织)。尽管审计委员会的具体权力和职责可能不同，但与其沟通已成为注册会计师与治理层沟通的一个关键要素。

良好的治理原则建议：

a. 邀请注册会计师定期参加审计委员会会议；

b. 审计委员会主席和其他相关成员定期与注册会计师联系；

c. 审计委员会每年至少一次在管理层不在场的情况下会见注册会计师。

③需要与治理层整体沟通的特殊情形。在某些情况下，治理层全部成员参与管理被审计单位，如在一

家小企业中，仅有的一名业主管理该企业，并且没有其他人负有治理责任。此时，如果就审计准则要求沟通的事项已与负有管理责任的人员沟通，且这些人员同时负有治理责任，注册会计师无须就这些事项再次与负有治理责任的相同人员沟通。然而，注册会计师应当确信与负有管理责任人员的沟通能够向所有负有治理责任的人员充分传递应予沟通的内容。

2. 沟通的事项

(1)注册会计师与财务报表审计相关的责任

注册会计师应当与治理层沟通注册会计师与财务报表审计相关的责任，包括：

①注册会计师负责对管理层在治理层监督下编制的财务报表形成和发表意见；

②财务报表审计并不减轻管理层或治理层的责任。

与财务报表审计相关责任的沟通事项包括：

①注册会计师按照审计准则执行审计工作的责任，主要集中在对财务报表发表意见上，审计准则要求沟通的事项包括财务报表审计中发现的、与治理层对财务报告过程的监督有关的重大事项；

②审计准则并不要求注册会计师设计程序来识别与治理层沟通的补充事项；

③注册会计师依据法律法规的规定、与被审计单位的协议或适用于该业务的其他规定，承担所需要沟通特定事项的责任(如适用)。

(2)计划的审计范围和时间安排

注册会计师应当与治理层沟通计划的审计范围和时间安排的总体情况，包括识别出的特别风险。

就计划的审计范围和时间进行沟通可以：①帮助治理层更好地了解注册会计师工作结果，与注册会计师讨论风险问题和重要性的概念，以及识别可能需要注册会计师追加审计程序的领域；②帮助注册会计师更好地了解被审计单位及其环境。

在与治理层就计划的审计范围和时间安排进行沟通时，尤其是在治理层部分或全部成员参与管理被审计单位的情况下，注册会计师需要保持职业谨慎，避免损害审计的有效性。例如，沟通具体审计程序的性质和时间安排，可以因这些程序易于被预见而降低其有效性。沟通的事项可能包括：

①注册会计师拟如何应对由于舞弊或错误导致的特别风险以及重大错报风险评估水平较高的领域；

②注册会计师对与审计相关的内部控制采取的方案；

③在审计中对重要性概念的运用；

④实施计划的审计程序或评价审计结果需要的专门技术或知识的性质和程度，包括利用专家的工作；

⑤当《中国注册会计师审计准则第 1504 号——在审计报告中沟通关键审计事项》适用时，注册会计师对哪些事项可能需要重点关注因而可能构成关键审计事项所作的初步判断。

可能适合与治理层讨论的计划方面的其他事项包括：

①如果被审计单位设有内部审计，注册会计师拟利用内部审计工作的程度，以及注册会计师和内部审计人员如何以建设性和互补的方式更好地协调和配合工作；

②治理层对下列问题的看法：

a. 与被审计单位治理结构中的哪些适当人员沟通；

b. 治理层和管理层之间的责任分配；

c. 被审计单位的目标和战略，以及可能导致重大错报的相关经营风险；

d. 治理层认为审计过程中需要特别关注的事项，以及治理层要求注册会计师追加审计程序的领域；

e. 与监管机构的重要沟通；

f. 治理层认为可能会影响财务报表审计的其他事项。

③治理层对下列问题的态度、认识和措施：

a. 被审计单位的内部控制及其在被审计单位中的重要性，包括治理层如何监督内部控制的有效性；

c. 舞弊发生的可能性或如何发生舞弊。

④治理层应对会计准则、公司治理实务、交易所上市规则和相关事项变化的措施。

⑤治理层对以前与注册会计师沟通做出的反应。

尽管与治理层的沟通可以帮助注册会计师计划审计的范围和时间安排，但并不改变注册会计师独自承担制定总体审计策略和具体审计计划(包括获取充分、适当的审计证据所需程序的性质、时间安排和范围)的责任。

(3)审计中发现的重大问题

注册会计师应当与治理层沟通审计中发现的下列存在的问题：

①注册会计师对被审计单位会计实务重大方面的质量的看法。在适当的情况下，注册会计师应当向治理层解释为何某项在适用的财务报告编制基础下可以接受的重大会计实务，并不一定最适合被审计单位的具体情况；

②审计工作中遇到的重大困难；

③已与管理层讨论或需要书面沟通的审计中出现的重大事项，以及注册会计师要求提供的书面声明，除非治理层全部成员参与管理被审计单位；

④影响审计报告形式和内容的情形(如有)；

⑤审计中出现的、根据职业判断认为与监督财务报告过程相关的所有其他重大事项。

(4)被审计单位是上市实体的沟通内容

如果被审计单位是上市实体，注册会计师还应当与治理层沟通下列内容：

①就审计项目组成员、会计师事务所其他相关人员以及会计师事务所和网络事务所按照相关职业道德要求保持了独立性做出声明；

②根据职业判断，注册会计师认为会计师事务所、网络事务所与被审计单位之间存在的可能影响独立性的所有关系和其他事项，包括会计师事务所和网络事务所在财务报表涵盖期间为被审计单位和受被审计单位控制的组成部分提供审计、非审计服务的收费总额，这些收费应当分配到适当的业务类型中，以帮助治理层评估这些服务对注册会计师独立性的影响；

③为消除对独立性的不利影响或将其降至可接受的水平，已经采取的相关防范措施。

3. 沟通的过程

(1)确立沟通过程

清楚地沟通注册会计师的责任、计划的审计范围和时间安排以及期望沟通的大致内容，有助于为有效的双向沟通确立基础。通常，讨论下列事项可能有助于实现有效的双向沟通：

①沟通的目的。如果目的明确，注册会计师和治理层就可以更好地就相关问题和在沟通过程中期望采取的行动取得相互了解。

②沟通拟采取的形式。与治理层就沟通形式进行讨论，有利于合理确定拟采取的沟通形式，或及时对沟通形式进行必要的调整，同时也有利于得到治理层的理解和配合。

③由审计项目组和治理层中的哪些人员就特定事项进行沟通。这方面的讨论有利于双方合理确定参与沟通的人员，以及找到适当的沟通对象。

④注册会计师对沟通的期望，包括将进行双向沟通以及治理层就其认为与审计工作相关的事项与注册会计师沟通。与审计工作相关的事项包括，可能对审计程序的性质、时间安排和范围产生重大影响的战略决策，对舞弊的怀疑或检查，对高级管理人员的诚信或胜任能力的疑虑。

⑤对注册会计师沟通的事项采取措施和进行反馈的过程。讨论该事项有利于让治理层知悉注册会计师如何对沟通事项做出反应。

⑥对治理层沟通的事项采取措施和进行反馈的过程。讨论该事项有利于注册会计师知悉治理层如何对沟通事项做出反应。

沟通过程随着具体情况的不同而不同，这些具体情况包括被审计单位的规模和治理结构、治理层如何开展工作，以及注册会计师对拟沟通事项的重要性的看法。难以建立有效的双向沟通可能意味着注册会计师与治理层之间的沟通不足以实现审计目的。

(2)沟通的形式

有效的沟通可能包括结构化的陈述、书面报告以及不太正式的沟通(包括讨论)。对于审计中发现的重大问题，如果根据职业判断认为采用口头形式沟通不适当，注册会计师应当以书面形式与治理层沟通，当然，书面沟通不必包括审计过程中的所有事项；对于审计准则要求的注册会计师的独立性，注册会计师也应当以书面形式与治理层沟通。除上述事项外，对于其他事项，注册会计师可以采取口头形式或书面的方式沟通。书面沟通可能包括向治理层提供审计业务约定书。

除特定事项的重要程度外，沟通的形式(口头沟通或书面沟通，沟通的内容的详略程序，以正式或非正式的方式沟通)可能还受下列因素的影响：

①特定事项是否已经得到满意的解决。

②管理层是否已事先就该事项进行沟通。通常，在注册会计师确信管理层已经就拟沟通事项与治理层有效沟通的情况下，如果该事项属于审计准则规定应当直接与治理层沟通的事项，注册会计师在与治理层进行沟通时可以相对简略；如果沟通事项属于审计准则规定的补充事项，注册会计师可能就没有必要就该事项再与治理层进行沟通。

③被审计单位的规模、经营结构、控制环境和法律结构。通常，被审计单位的规模越大、经营和法律结构越复杂，注册会计师就越倾向于采取书面的、更为详细的和更加正式的沟通形式。相对于上市实体或大型被审计单位，在小型被审计单位中，注册会计师可以以不太正式的方式来与治理层沟通。

④在特殊目的财务报表审计中，注册会计师是否还审计被审计单位的通用目的财务报表。在同时审计的情况下，对于已经在通用目的财务报表审计中充分沟通的事项，就可以仅做简要沟通。

⑤法律法规的要求。如果法律法规规定对某些特定事项的沟通必须采用书面、正式形式，应当从其规定。

⑥治理层的期望，包括与注册会计师定期会谈或沟通的安排。在不违背法律法规和审计准则要求、有利于实现沟通目的的前提下，注册会计师在确定沟通形式时一般会尽可能地尊重治理层的预期和愿望。

⑦注册会计师与治理层持续接触和对话的次数。如果双方保持频繁的有效联系和对话，对于一些治理层已经了解的事项，沟通的形式就可以比较简略。

⑧治理机构的成员是否发生重大变化。通常，如果治理层成员发生了重大变化，注册会计师对相关事项的沟通就应当更加详细，以便让新接任的治理层成员全面了解相关的情况。

需要强调的是，要想有效地实现沟通目的，注册会计师需要根据实际情况灵活选择适当的沟通形式。对于沟通形式的选择不必拘泥于固定的模式，也没有必要对所有的沟通事项都采取正式、详细和书面的形式，这样做有时反而会影响沟通的实际效果。

在审计实务中，对于审计准则规定的应当以书面形式沟通的事项，注册会计师一般采用致治理层的沟通函件的方式进行书面沟通。

(3)沟通的时间安排

注册会计师应当及时与治理层沟通。怎样才算及时？这并非一成不变的，适当的沟通时间安排因业务环境的不同而不同。相关的环境包括事项的重要程度和性质，以及期望治理层采取的行动。如：

①对于计划事项的沟通，通常在审计业务的早期阶段进行，如系首次接受委托，沟通可以随同就审计业务条款达成一致意见一并进行。

②对于审计中遇到的重大困难，如果治理层能够协助注册会计师克服这些困难，或者这些困难可能导致发表非无保留意见，可能需要尽快沟通。如果识别出值得关注的内部控制缺陷，注册会计师可能在根据《中国注册会计师审计准则第 1152 号——向治理层和管理层通报内部控制缺陷》及其应用指南的要求进行书面沟通前，尽快向治理层口头沟通。无论何时(如承接一项非审计服务和在总结性讨论中)就对独立性的不利影响和相关防范措施做出了重要判断，就独立性进行沟通都可能是适当的。总结性讨论可能还是沟通审计中发现的问题(包括注册会计师对被审计单位会计实务质量的看法)的适当时间。

③当同时审计通用目的和特殊的财务报表时，注册会计师协调沟通的时间安排可能是适当的。

除了沟通事项的重要程度以外，可能与沟通的时间安排相关的其他因素包括：

①被审计单位的规模、经营结构、控制环境和法律结构；

②在规定的时限内沟通选定事项的法定义务；

③治理层的期望，包括与注册会计师定期会谈或沟通的安排；

④注册会计师识别出特定事项的时间。例如，注册会计师可能未能在可以采取预防措施的时间内识别出某一特定事项（如违反某项法律法规），但是沟通该事项可能有助于采取补救措施。

（4）沟通过程的充分性

注册会计师应当评价其与治理层之间的双向沟通对实现审计目的是否充分。如果认为双向沟通不充分，注册会计师应当评价其对重大错报风险评估以及获取充分、适当的审计证据的能力的影响，并采取适当的措施。

①有助于评价沟通过程充分性的审计证据。注册会计师不需要设计专门程序以支持其对与治理层之间的双向沟通的评价，这种评价可以建立在为其他目的而实施的审计程序所获取的审计证据的基础上。这些审计证据可能包括：

a. 针对注册会计师提出的沟通事项，治理层采取的措施的适当性和及时性。

b. 治理层在与注册会计师沟通的过程中表现出来的坦率程度。

c. 治理层在没有管理层在场的情况下与注册会计师会谈的意愿和能力。

d. 治理层表现出来的对注册会计师所提出的事项的全面理解能力。例如，治理层在多大程度上对相关问题展开调查及质疑向其提出的建议。

e. 就拟沟通的形式、时间安排和期望的大致内容与治理层达成相互理解的难度。

f. 当治理层全部或部分成员参与管理被审计单位时，他们所表现的对与注册会计师讨论的事项如何影响其治理层责任和管理责任的了解。

g. 注册会计师与治理层之间的双向沟通是否符合法律法规的规定。

②沟通不充分的应对措施。有效的双向沟通对于注册会计师和治理层都有帮助。不充分的双向沟通可能意味着令人不满意的控制环境，影响注册会计师对重大错报风险的评估。同时存在一种风险，即注册会计师可能不能获取充分、适当的审计证据以形成对财务报表的审计意见。

如果注册会计师与治理层之间的双向沟通不充分，并且这种情况得不到解决，注册会计师可以采取下列措施：

a. 根据范围受到的限制发表非无保留意见；

b. 就采取不同措施的后果征询法律意见；

c. 与第三方（如监管机构）、被审计单位外部的在治理结构中拥有更高权力的组织或人员（如企业的业主，股东大会中的股东）或公共部门负责的政府部门进行沟通；

d. 在法律法规允许的情况下解除业务约定。

4. 审计工作底稿

注册会计师应当记录与治理层沟通的重大事项，包括记录那些对于表明形成审计报告的合理基础、证明审计工作的执行遵循了审计准则和其他法律法规要求而言很重要的事项。

如果要求沟通的事项是以口头形式沟通的，注册会计师应当将其包括在审计工作底稿中，并记录沟通的时间和对象；如果要求沟通的事项是以书面形式沟通的，注册会计师应当保存一份沟通文件的副本，作为审计工作底稿的一部分。

如果被审计单位编制的会议纪要是沟通的适当记录，注册会计师可以将其副本作为对口头沟通的记录，并作为审计工作底稿的一部分。如果发现这些记录不能恰当地反映沟通的内容，且有差别的事项比较重大，注册会计师一般会另行编制能恰当记录沟通内容的纪要，将其副本连同被审计单位编制的纪要一起致送治理层，提示两者的差别，以免引起不必要的误解。

如果根据业务环境不容易识别出适当的沟通人员，注册会计师还应当记录识别治理结构中的适当沟通人员的过程。记录的内容一般包括从审计单位获取的治理结构和组织结构图、项目组内部就确定沟通对象的讨论、与委托人就沟通对象进行沟通的过程和商定的结果等。它可以记录于注册会计师的工作底稿中，必要时也可记载入业务约定书或记录商定的业务约定条款的其他形式的合约中。

如果治理层全部参与管理，注册会计师还应当记录对沟通的充分性进行考虑的过程，即考虑与负有管理责任人员的沟通能否向所有负有责任的人员充分传递应予沟通内容的过程。

7.2.2 前任注册会计师和后任注册会计师的沟通

前任注册会计师，是指已对被审计单位上期财务报表进行审计，但被现任注册会计师接替的其他会计师事务所的注册会计师。接受委托但未完成审计工作，已经或可能与委托人解除业务约定的注册会计师，也视为前任注册会计师。

当会计师事务所发生变更时(变更已经发生或正在进行之中)，前任注册会计师通常包含两种情况：①已对最近一期财务报表发表了审计意见的某会计师事务所的注册会计师；②接受委托但未完成审计工作的某会计师事务所的注册会计师。

值得注意的是，前任注册会计师的定义中包括“可能与委托人解除约定”的情形，即虽然委托人尚未正式与会计师事务所解除业务约定，但业务约定有可能终止。这种情形通常出现在会计师事务所接受委托但尚未完成审计工作的情况下。委托人(被审计单位)可能与前任注册会计师在重大的会计、审计问题上存在意见分歧，并试图通过接触其他会计师事务所寻求有利于自己的审计意见，而一旦其他会计师事务所提供了有利于被审计单位的审计意见，被审计单位就会解聘前任注册会计师。这就是通常所说的“购买审计意见”(Opinion Shopping)的情况。在这种情况下，如果后任注册会计师通过与前任注册会计师沟通而拒绝接受委托，委托人就不敢轻易解聘前任注册会计师，从而使前任注册会计师的利益得到保护。

在实务中,还可能出现委托人在相邻两个会计年度中连续变更多家会计师事务所的情况(最极端的情况是，不仅在相邻两个会计年度中连续变更多家会计师事务所，而且在当期财务报表审计过程中也变更会计师事务所)。在这种情况下，前任注册会计师是指相对于执行当期财务报表审计业务的会计师事务所而言，为最近一期财务报表出具了审计报告的某会计师事务所，以及在后任注册会计师之前接受委托对当期财务报表进行审计但未完成审计工作的所有会计师事务所。

后任注册会计师，是指正在考虑接受委托或已经接受委托，接替前任注册会计师对被审计单位本期财务报表进行审计的注册会计师。如果被审计单位委托注册会计师对已审计财务报表进行重新审计，正在考虑接受委托或已经接受委托的注册会计师也视为后任注册会计师。

当会计师事务所发生变更时，包括正在进行变更或已经变更，后任注册会计师通常包括两种情况：①在签订业务约定书之前，正在考虑接受委托的注册会计师。此时，后任注册会计师对于是否接受委托尚未做出最后决定，正准备与前任注册会计师沟通，待了解有关情况之后再做决定。②已接受委托并签订业务约定书，接替前任注册会计师执行财务报表审计业务的注册会计师。

由于某些特殊原因或需要，委托人有可能委托注册会计师对已审计财务报表进行重新审计。在这种情况下，之前对已审计财务报表发表审计意见的注册会计师应视为前任注册会计师，而正在考虑接受委托或已经接受委托的注册会计师应视为后任注册会计师。这实际上是对前后任注册会计师含义的进一步拓展，即前后任注册会计师并不一定意味着后任将取代前任。当被审计单位的财务报表已经审计但需要重新审计时，就不属于后任取代前任的情况。如当被审计单位的股东对某会计师事务所的审计报告不满意或不放心时，就可能会再聘请另一家会计师事务所进行重新审计。

需要说明的是，前任注册会计师和后任注册会计师是就会计师事务所发生变更时的情况而言的。在未发生会计师事务所变更的情况下，同处于某一会计师事务所中的不同的注册会计师不属于前后任注册会计师的范畴。

对前后任注册会计师沟通的总体要求是，前后任注册会计师的沟通通常由后任注册会计师主动发起，但须征得被审计单位的同意。前后任注册会计师沟通可以采用书面或口头的方式。前后任注册会计师应当将沟通的情况记录于审计工作底稿。

1. 接受委托前的沟通

(1) 接受委托前的必要沟通

在接受委托前，后任注册会计师应当与前任注册会计师进行必要沟通，并对沟通结果进行评价，以确定是否接受委托。这是审计准则对注册会计师接受委托前进行必要沟通的核心要求，它包括以下三层含义：

①沟通的目的。了解被审计单位更换会计师事务所的原因以及是否存在不应接受委托的情况，以确定是否接受委托。后任注册会计师一般只有通过与前任注册会计师直接沟通，才有可能了解更换会计师事务所的真实原因。

②接受委托前的沟通是必要的审计程序。与前任注册会计师进行沟通，是后任注册会计师在接受委托前应当执行的必要审计程序。如果没有进行必要沟通，则应视为后任注册会计师没有实施必要的审计程序。

③评价沟通结果。在进行必要沟通后，后任注册会计师应当对沟通结果进行评价，以确定是否接受委托。为使沟通真正发挥效用，后任注册会计师应当对前任注册会计师提供的信息给予应有的重视，对其进行评价，并与被审计单位提供的信息进行比较。如果前任注册会计师提供的信息与被审计单位提供的更换会计师事务所的原因不符，特别是当被审计单位与前任注册会计师在会计、审计问题上存在着重大意见分歧时，被审计单位可能会试图通过后任注册会计师寻求有利于自己的审计意见，在这种情况下，后任注册会计师应慎重考虑是否接受委托。当出现上述情况时，后任注册会计师一般应拒绝接受委托，以抑制被审计单位购买审计意见的企图，并保护前任注册会计师的利益。

(2) 必要沟通的核心内容

必要沟通过程中通常值得关注和询问的核心内容包括：

①是否发现被审计单位管理层存在诚信方面的问题。如向前任注册会计师了解被审计单位的商业信誉如何，是否发现管理层存在缺乏诚信的行为，被审计单位是否过分考虑将会计师事务所的审计收费维持在尽可能低的水平，审计范围是否受到不适当限制等。

②前任注册会计师与管理层在重大会计、审计等问题上存在的意见分歧。如在会计政策和会计估计的运用、财务报表的披露方面存在重大的意见分歧，管理层不接受注册会计师的调整建议等。

③前任注册会计师向被审计单位治理层通报的管理层舞弊、违反法律法规行为以及值得关注的内部控制缺陷。如向前任注册会计师询问其从被审计单位监事会或审计委员会是否了解到管理层的任何舞弊事实、舞弊嫌疑，或针对管理层的舞弊指控，以及违反法规行为，特别是被审计单位是否存在涉嫌洗钱或其他刑事犯罪的行为或迹象等。了解这些信息也有助于对管理层的诚信状况做出判断。

④前任注册会计师认为导致被审计单位变更会计师事务所的原因。变更会计师事务所的要求，可能是由客户提出的，也可能是由会计师事务所提出的。变更的原因各种各样，有些原因是正当的，有些原因是不正当的。如果变更会计师事务所的原因可能是前任注册会计师在会计、审计问题上与被审计单位管理层存在分歧，管理层对前任注册会计师的审计意见不满意，经多次沟通仍难以达成一致意见，则后任注册会计师要慎重考虑是否接受该项业务委托。

上述事项都属于可能对后任注册会计师执行财务报表审计业务产生重大影响的信息，对后任注册会计师来说，是决定是否接受委托的至关重要的因素。

(3) 前任注册会计师的答复

在被审计单位允许前任注册会计师对后任注册会计师的询问做出充分答复的情况下，前任注册会计师应当根据所了解的事实，对后任注册会计师的合理询问及时做出充分答复。当有多家会计师事务所正在考虑是否接受被审计单位的委托时，前任注册会计师应在被审计单位明确选定其中的一家会计师事务所作为后任注册会计师之后，才对该后任注册会计师的询问做出答复。

如果受到被审计单位的限制或存在法律诉讼的顾虑，决定不向后任注册会计师做出充分答复，前任注册会计师应当向后任注册会计师表明其答复是有限的，并说明原因。此时，后任注册会计师需要判断是否存在由被审计单位或潜在法律诉讼引起的答复限制，并考虑对接受委托的影响；如果未得到答复，且没有理由认为变更会计师事务所的原因异常，后任注册会计师需要设法以其他方式与前任注册会计师再次进行沟通。如果仍得不到答复，后任注册会计师可以致函前任注册会计师，说明如果在适当的时间内得不到答复，将假设不存在专业方面的原因使其拒绝接受委托，并表明拟接受委托。

(4)被审计单位不同意沟通时的处理

后任注册会计师进行主动沟通的前提是征得被审计单位的同意。这说明，首先，后任注册会计师应当提请被审计单位以书面方式允许前任注册会计师对其询问做出充分答复。其次，对于后任注册会计师提出的请求，被审计单位有两种反应，同意或不同意。如果被审计单位不同意前任注册会计师做出答复，或限制答复的范围，后任注册会计师应当向被审计单位询问原因，并考虑是否接受委托。实际上，这种情况本身就向后任注册会计师传递出一种信号，即被审计单位可能与前任注册会计师在重大的会计、审计问题上存在意见分歧，或被审计单位管理层存在诚信方面的问题，后任注册会计师应当对此提高警惕，慎重评估潜在的审计风险，并考虑是否接受委托。当这种情况出现时，后任注册会计师一般应当拒绝接受委托，除非可以通过其他方式获知必要的事实，或有充分的证据表明被审计单位财务报表的审计风险水平非常低。

2. 接受委托后的沟通

接受委托后的沟通与接受委托前有所不同，它不是必要程序，而是由后任注册会计师根据审计工作需要自行决定的。这一阶段的沟通主要包括查阅前任注册会计师的工作底稿及询问有关事项等。沟通可以采用电话询问、举行会谈、致送审计问卷等方式，但最有效、最常用的方式是查阅前任注册会计师的工作底稿。

(1)查阅前任注册会计师工作底稿的前提

接受委托后，如果需要查阅前任注册会计师的工作底稿，后任注册会计师应当征得被审计单位同意，并与前任注册会计师进行沟通。

审计实务中，在接受审计业务委托前，几乎不可能存在前任注册会计师允许后任注册会计师查阅其审计工作底稿的情况。但在接受委托后，前任注册会计师可以考虑允许后任注册会计师查阅其审计工作底稿。对此，《中国注册会计师审计准则第1331号——首次接受委托时对期初余额的审计》规定，如果上期财务报表由前任注册会计师审计，后任注册会计师应当考虑通过查阅前任注册会计师的工作底稿获取有关期初余额的充分、适当的审计证据，并考虑前任注册会计师的独立性和专业胜任能力。

(2)查阅相关工作底稿及其内容

根据《〈质量控制准则第5101号——会计师事务所对执行财务报表审计和审阅、其他鉴证和相关服务业务实施的质量控制〉应用指南》的规定，审计工作底稿的所有权属于会计师事务所。前任注册会计师所在的会计师事务所可自主决定是否允许后任注册会计师获取工作底稿部分内容，或摘录部分工作底稿。

如果前任注册会计师决定向后任注册会计师提供工作底稿，一般可考虑进一步从被审计单位(前审计客户)处获取一份确认函，以便降低在与后任注册会计师进行沟通时发生误解的可能性。前任注册会计师应当自主决定可供后任注册会计师查阅、复印或摘录的工作底稿内容，这些内容通常可能包括有关审计计划、控制测试、审计结论的工作底稿，以及其他具有延续性的对本期审计产生重大影响的会计、审计事项(如有关资产负债表账户的分析和或有事项)的工作底稿。

(3)前任注册会计师和后任注册会计师就使用工作底稿达成一致意见

在允许查阅工作底稿之前，前任注册会计师应当向后任注册会计师获取确认函，就工作底稿的使用目的、范围和责任等与其达成一致意见。

在实务中，如果后任注册会计师在工作底稿的使用方面做出了更高程度的限制性保证，那么，前任注册会计师可能会愿意向其提供更多的接触工作底稿的机会。相应地，为了获取对工作底稿的更多的接触机会，后任注册会计师可以考虑同意前任注册会计师在自己查阅工作底稿过程中可能做出的限制。如：①不将查阅工作底稿获得的信息用于其他任何目的；②在查阅工作底稿后，不对任何人做出关于前任注册会计师的审计是否遵循了审计准则的口头或书面评论；③当涉及前任注册会计师的审计质量时，后任注册会计师不应提供任何专家证词、诉讼服务或承接关于前任注册会计师审计质量的评论业务。

(4) 利用工作底稿的责任

查阅前任注册会计师工作底稿获取的信息可能影响后任注册会计师实施审计程序的性质、时间安排和范围，但后任注册会计师应当对自身实施的审计程序和得出的审计结论负责。后任注册会计师不应在审计报告中表明，其审计意见全部或部分地依赖前任注册会计师的审计报告或工作。

3. 发现前任注册会计师审计的财务报表可能存在重大错报时的处理

(1) 安排三方会谈

如果发现前任注册会计师审计的财务报表可能存在重大错报，后任注册会计师应当提请被审计单位告知前任注册会计师。必要时，后任注册会计师可要求被审计单位安排三方会谈。前后任注册会计师应当就任何在已审计财务报表报出后发现的、对已审计财务报表可能存在重大影响的信息进行沟通，以便双方按照有关审计准则做出妥善处理。

(2) 无法参加三方会谈的处理

如果被审计单位拒绝告知前任注册会计师，或前任注册会计师拒绝参加三方会谈，或后任注册会计师对解决问题的方案不满意，后任注册会计师应当考虑对审计报告的影响或解除业务约定。具体讲，后任注册会计师应当考虑：①这种情况对当前审计业务的潜在影响，并根据具体情况出具恰当的审计报告；②是否退出当前审计业务。此外，后任注册会计师可考虑向法律顾问咨询，以便决定如何采取进一步措施。

7.3 注册会计师利用他人的工作

7.3.1 利用内部审计工作

内部审计职责(简称内部审计)，是指由被审计单位建立的或由外部机构以服务形式提供的一种评价活动。内部审计的职能包括检查、评价和监督内部控制的恰当性和有效性等。

内部审计人员，是指执行内部审计活动的人员。内部审计人员可能属于内部审计部门或履行内部审计职责的类似部门。

注册会计师在审计过程中，通常需要了解和测试被审计单位的内部控制，而内部审计是被审计单位内部控制的一个重要组成部分。因此，注册会计师应当考虑内部审计活动及其在内部控制中的作用，以评估财务报表重大错报风险及其对注册会计师审计程序的影响。

1. 内部审计的目标

被审计单位的内部审计的目标是由其管理层和治理层确定的。不同被审计单位的内部审计的目标差异很大，取决于被审计单位的规模和结构以及管理层和治理层的要求。内部审计可能包括下列一项或多项活动。

(1) 对内部控制的监督

内部审计可能包括评价控制、监督控制的运行以及对内部控制提出改进建议。

(2) 对财务信息和经营信息的检查

内部审计可能包括对确认、计量、分类和报告财务信息和经营信息的方法进行评价，并对个别事项进行专门询问，包括对交易、余额及程序实施细节测试。

(3) 对经营活动的评价

内部审计可能包括对被审计单位的经营活动(包括非财务活动)的经济性、效率和效果进行评价。

(4) 对遵守法律法规情况的评价

内部审计可能包括评价被审计单位对法律法规、其他外部要求以及管理层政策、指令和其他内部要求的遵守情况。

(5) 风险管理

内部审计可能有助于被审计单位识别和评估其面临的重大风险，并改进风险管理和控制系统。

(6) 治理

内部审计可能包括评估被审计单位为实现下列方面的目标而建立的治理过程：

①道德和价值观；

②业绩管理和经管责任；

③向被审计单位适当部门传达风险和控制信息；

④治理层、注册会计师、内部审计人员和管理层之间沟通的有效性。

2. 内部审计和注册会计师的关系

(1) 内部审计与注册会计师审计的联系

尽管内部审计与注册会计师审计之间存在诸多差异，但两者用以实现各自目标的某些方式却通常是相似的。如为支持所得出的结论，审计人员都需要获取充分、适当的审计证据，都可以运用观察、询问、函证和分析程序等审计方法。此外，内部审计对象与注册会计师审计对象也密切相关，甚至存在部分重叠。因此，注册会计师应当考虑内部审计工作的某些方面是否有助于确定审计程序的性质、时间安排和范围，包括了解内部控制所采用的程序、评估财务报表重大错报风险所采用的程序和实质性程序。

通过了解内部审计工作的情况，注册会计师可以掌握内部审计发现的、可能对被审计单位财务报表和注册会计师审计产生重大影响的事项。如果内部审计的工作结果表明被审计单位的财务报表在某些领域存在重大错报风险，注册会计师就应当对这些领域给予特别关注。

(2) 利用内部审计工作不能减轻注册会计师的责任

虽然相关内部审计准则要求内部审计机构和人员保持独立性和客观性，但考虑到内部审计是被审计单位的一部分，其自主程度和客观性毕竟是有限的，无法达到注册会计师审计所要求的水平。因此，尽管内部审计工作的某些部分可能对注册会计师的工作有所帮助，但注册会计师必须对与财务报表审计有关的所有重大事项独立做出职业判断，而不应完全依赖内部审计工作。通常，审计过程中涉及的职业判断，如重大错报风险的评估、重要性水平的确定、样本规模的确定、对会计政策和会计估计的评估等，均应当由注册会计师负责执行。

同样，注册会计师对发表的审计意见独立承担责任，这种责任并不因利用内部审计人员的工作而减轻。

3. 确定是否利用以及在多大程度上利用内部审计人员的工作

注册会计师应当确定：内部审计人员的工作是否可能足以实现审计目的；如果可能足以实现审计目的，内部审计人员的工作对注册会计师审计程序的性质、时间安排和范围产生的预期影响。

(1) 在确定内部审计人员的工作是否可能足以实现审计目的时，注册会计师应当评价

①内部审计的客观性。为保证内部审计机构和人员可以不带偏见且不受干扰地执行任务，内部审计应当具有与其履行职责相应的组织地位。最理想的状态是，内部审计仅向最高级别的治理层负责并报告工作，而不负有任何执行责任。注册会计师应当关注被审计单位管理层对内部审计施加的任何限制或约束，特别是内部审计人员是否能够与注册会计师进行充分的沟通。此外，注册会计师还应当关注被审计单位的治理层和管理层是否重视内部审计的意见和建议，是否建立有关内部审计意见的反馈机制，内部审计意见是否能够得以落实。

②内部审计人员的专业胜任能力。内部审计人员和内部审计机构整体的专业胜任能力是被审计单位内部审计正常发挥作用的根本。内部审计机构作为一个整体必须具备足以胜任检查被审计单位所有活动领域的能力，否则，其工作结果必然是不能信赖的。

③内部审计人员在执行工作时是否可能保持应有的职业关注，包括

a. 内部审计的活动是否经过适当的计划、监督、复核和记录；

b. 是否存在适当的审计手册或其他类似文件、工作方案和内部审计工作底稿。

④内部审计人员和注册会计师之间是否可能进行有效的沟通。如果内部审计人员可以自由地与注册会计师坦诚沟通，并满足下列条件，则他们之间的沟通可能是最有效的：

a. 双方在审计期间每隔一段适当的时间举行会谈；

b. 内部审计人员可以通过相关内部审计报告向注册会计师提供建议，并允许其接触相关内部审计报告；内部审计人员告知注册会计师其注意到的，可能影响注册会计师工作的所有重大事项；

c. 注册会计师告知内部审计人员可能影响内部审计的所有重大事项。

(2) 在确定内部审计人员的工作对注册会计师审计程序的性质、时间安排和范围产生的预期影响时，注册会计师应当考虑

①内部审计人员已执行或拟执行的特定工作的性质和范围；

②针对特定类别的交易、账户余额和披露，评估的认定层次重大错报风险；

③在评价支持相关认定的审计证据时，内部审计人员的主观程度。

如果内部审计人员的工作是注册会计师在确定实施审计程序的性质、时间安排和范围时考虑的因素，注册会计师事前就下列事项与内部审计人员达成一致意见是有益的。

①内部审计工作的时间安排。包括制定内部审计计划、实施内部审计程序、出具内部审计报告的时间安排。

②内部审计涵盖的范围。包括内部审计覆盖的主体对象及时间范围。

③财务报表整体的重要性(如适用，还包括特定类别的交易、账户余额或披露层次的重要性水平)，以及实际执行的重要性。重要性水平取决于在具体环境下对错报金额和性质的判断。

④选取测试项目拟采用的方法。包括使用随机数表或计算机辅助审计技术选样、系统选样和随意选样等。

⑤对所执行工作的记录。内部审计人员应当采用适当的方法记录已实施的工作。工作记录应当反映检查情况并突出对检查事实的评价：应当能够提供充分、适当的记录作为内部审计报告的基础；应当能够提供充足的信息证实内部审计工作是否被恰当地执行，并使其他人能够据此检查内部审计工作的执行情况。

⑥复核和报告程序。内部审计人员应对内部审计工作进行复核，并尽快形成书面报告，将其传递给审计对象及相关管理层。内部审计报告应当说明审计的目标与范围、审计发现的问题及整改建议等。内部审计报告也应揭示在审计工作结束时达成共识的事项。

4. 利用内部审计人员的特定工作

(1) 评价内部审计特定工作的目的

由于内部审计的职责范围与被审计单位的经营管理战略密切结合，并非内部审计的所有工作都与注册会计师审计相关，都可以被注册会计师利用。如果拟利用内部审计人员的特定工作，注册会计师应当评价内部审计人员的特定工作并实施审计程序，以确定该工作是否足以实现审计目的。

(2) 评价内部审计特定工作应考虑的因素

在确定内部审计人员的特定工作是否足以实现审计目的时，注册会计师应当评价：

①内部审计工作是否由经过充分技术培训且精通业务的人员执行；

②内部审计人员的工作是否得到适当的监督、复核和记录；

③内部审计人员是否已获取充分、适当的审计证据，使其能够得出合理的结论；

④内部审计人员得出的结论是否恰当，编制的报告是否与已执行工作的结果一致；

⑤内部审计人员披露的例外或异常事项是否得到恰当解决。

(3) 针对内部审计人员的特定工作实施审计程序

注册会计师应当在内部审计特定工作进行评价的基础上实施进一步审计程序。实施进一步审计程序的性质、时间安排和范围取决于注册会计师对下列因素的判断。

①对相关领域的重大错报风险的评估；

②对内部审计的评估；

③对内部审计人员特定工作的评价。

7.3.2 利用专家的工作

专家，即注册会计师的专家，是指在会计或审计以外的某一领域具有专长的个人或组织，并且其工作被注册会计师利用，以协助注册会计师获取充分、适当的审计证据。专家既可能是会计师事务所内部专家(如会计师事务所或其网络事务所的合伙人或员工，包括临时员工)，也可能是会计师事务所外部专家。

这里的专长，是指在某一特定领域中拥有的专门技能、知识和经验。如：

①对下列方面进行估价：复杂的金融工具、土地及建筑物、厂房和机器设备、珠宝、艺术品、古董、无形资产、企业合并中收购的资产和承担的负债，以及可能发生减值的资产；

②对与保险合同或员工福利计划相关的负债进行精算；

③对石油和天然气储量进行估算；

④对环境负债和场地清理费用进行估价；

⑤对合同、法律和法规进行解释；

⑥对复杂或异常的纳税问题进行分析。

专家通常可以是工程师、律师、资产评估师、精算师、环境专家、地质专家、IT 专家以及税务专家，也可以是这些个人所从属的组织，如律师事务所、资产评估公司以及各种咨询公司等。

就利用专家的工作问题，注册会计师的目标是：确定是否利用专家的工作，如果利用专家的工作，专家的工作是否足以实现审计目的。如果注册会计师按照审计准则的规定利用了专家的工作，并得出结论认为专家的工作足以实现审计目的，注册会计师可以接受专家在其专业领域的工作结果或结论，并作为适当的审计证据。但注册会计师对发表的审计意见独立承担责任，这种责任并不因利用专家的工作而减轻。

1. 确定是否利用专家的工作

(1)可能需要利用专家工作的审计程序范围

注册会计师在执行下列工作时可能需要利用专家的工作：

①了解被审计单位及其环境；

②识别和评估重大错报风险；

③针对评估的财务报表层次风险，确定并实施总体应对措施；

④针对评估的认定层次风险，设计和实施进一步审计程序，包括控制测试和实质性程序；

⑤在对财务报表形成审计意见时，评价已获取的审计证据的充分性和适当性。

(2)编制财务报表需要利用会计以外某一领域的专长时的考虑

如果编制财务报表需要利用会计以外某一领域的专长，尽管注册会计师拥有会计和审计技能，但可能不具备审计这些财务报表的必要的专长。项目合伙人需要确信项目组和不属于项目组的专家整体上具备适当的胜任能力和专业素质以执行审计业务。并且，注册会计师需要确定完成审计项目所需资源的性质、时间安排和范围。注册会计师需要确定是否利用专家的工作，如果需要利用，确定何时利用以及在多大程度上利用，以满足上述要求。在确定是否利用专家的工作时，注册会计师可能考虑的因素包括

①管理层在编制财务报表时是否利用了管理层的专家的工作。

②事项的性质和重要性，包括复杂程度。

③事项存在的重大错报风险。

④应对识别出的风险的预期程序的性质，包括注册会计师对与这些事项相关的专家工作的了解和具有的经验，以及是否可以获得替代性的审计证据。

2. 专家的胜任能力、专业素质和客观性

专家的胜任能力、专业素质和客观性，对评价专家的工作是否适合审计目的具有重大影响。专家的胜任能力与其专长的性质和水平有关。专家的专业素质与在业务的具体情况下对胜任能力的发挥相关。影响专业素质发挥的因素包括地理位置(专家所在的国家或地区)、可用的时间和资源等。专家的客观性与其偏

见、利益冲突及其他可能影响其职业判断或商业判断的因素相关。

注册会计师应当评价专家是否具有实现审计目的所必需的胜任能力、专业素质和客观性。在评价外部专家的客观性时，注册会计师应当询问可能对外部专家客观性产生不利影响的利益和关系。

3. 了解专家的专长领域

(1) 总体要求

注册会计师应当充分了解专家的专长领域，以能够：为了实现审计目的，确定专家工作的性质、范围和目标；评价专家的工作是否足以实现审计目的。

(2) 对专家的专长领域的了解事项

注册会计师对专家的专长领域的了解可能包括下列方面：

①与审计相关的、管理层的专家专长领域的进一步细分信息；

②职业准则或其他准则以及法律法规是否适用；

③专家使用哪些假设和方法(包括专家使用的模型，如适用)，及其在专家的专长领域是否得到普遍认可，对实现财务报告目的是否适当；

④专家使用的内外部数据或信息的性质。

4. 与专家达成一致意见

(1) 与专家达成一致意见的总体要求

专家工作的性质、范围和目标可能会随着情况的变化而发生较大的变化，相应地，注册会计师和专家各自的角色与责任、注册会计师和专家沟通的性质、时间安排和范围等也可能因情况的变化而发生较大变化。因此，无论是对外部专家还是内部专家，注册会计师都有必要就这些事项与其达成一致意见，并根据需要形成书面协议。

(2) 专家工作的性质、范围和目标

当就专家工作的性质、范围和目标达成一致意见时，注册会计师通常需要与专家讨论需要遵守的相关技术标准、其他职业准则或行业要求。

(3) 注册会计师和专家各自的角色和责任

注册会计师与专家就各自角色和责任达成的一致意见可能包括下列内容：

①由注册会计师还是专家对原始数据实施细节测试；

②同意注册会计师与被审计单位或其他人员讨论专家的工作结果或结论，必要时，包括同意注册会计师将专家的工作结果或结论的细节作为注册会计师在审计报告中发表非无保留意见的基础；

③将注册会计师对专家工作形成的结论告知专家。

注册会计师和专家就各自角色和责任达成的一致意见，可能还包括就各自的工作底稿的使用和保管达成的一致意见。当专家是项目组的成员时，专家的工作底稿是审计工作底稿的一部分。除非协议另作安排，外部专家的工作底稿属于外部专家，不是审计工作底稿的一部分。

(4) 注册会计师和专家之间沟通的性质、时间安排和范围

有效的双向沟通有利于将专家工作的性质、时间安排和范围与审计的其他工作整合在一起，也有利于在审计过程中对专家工作的目标进行适当的调整。如果专家的工作与注册会计师针对某项特别风险形成的结论相关，专家不仅要在工作结束时提交一份正式的报告，而且要随着工作的推进随时做出口头报告。明确与专家保持联络的合伙人或员工，以及专家和被审计单位的沟通程序，有助于及时、有效地沟通，特别是在较大的业务项目中。

(5) 对专家遵守保密规定的要求

适用于注册会计师的相关职业道德要求中的保密条款同样也适用于专家。法律法规可能对保密做出额外规定。被审计单位也可能要求外部专家同意遵守特定的保密条款。

5. 评价专家工作的恰当性

(1)评价专家工作恰当性的总体要求

对专家胜任能力、专业素质和客观性的评价，对专家的专长领域的熟悉程度和专家所执行工作的性质，影响注册会计师为评价专家工作是否足以实现审计目的所实施的审计程序的性质、时间安排和范围。

注册会计师应当评价专家的工作是否足以实现审计目的，包括：①专家的工作结果或结论的相关性和合理性，以及与其他审计证据的一致性；②如果专家的工作涉及使用重要的假设和方法，这些假设和方法在具体情况下的相关性和合理性；③如果专家的工作涉及使用重要的原始数据，这些原始数据的相关性、完整性和准确性。

(2)评价专家工作是否足以实现审计目的所实施的特定程序

评价专家工作是否足以实现审计目的所实施的特定程序可能包括：

①询问专家。

②复核专家的工作底稿和报告。

③实施用于证实的程序，如：a. 观察专家的工作；b. 检查已公布的数据，如来源于信誉高、权威的渠道的统计报告；c. 向第三方询证相关事项；d. 执行详细的分析程序；e. 重新计算。

④必要时(如当专家的工作结果或结论与其他审计证据不一致时)与具有相关专长的其他专家讨论。

⑤与管理层讨论专家的报告。

(3)评价专家的工作结果或结论的相关性和合理性

当评价专家的工作结果或结论(无论采取报告还是其他形式)的相关性和合理性时，注册会计师可能需要考虑：

①专家提交其工作结果或结论的方式是否符合专家所在的职业或行业标准；

②专家的工作结果或结论是否得到清楚地表述，包括提及与注册会计师达成一致的目标，执行工作的范围和运用的标准；

③专家的工作结果或结论是否基于适当的期间，并考虑期后事项(如相关)；

④专家的工作结果或结论在使用方面是否有任何保留、限制或约束，如果有，是否对注册会计师的工作产生影响；

⑤专家的工作结果或结论是否适当考虑了专家遇到的错误或偏差情况。

(4)评价专家工作涉及使用重要的假设和方法的相关性和合理性

虽然注册会计师不具备与专家同等的专业技能，对专家选择的假设和方法提出异议存在一定的困难，但是，注册会计师应当了解专家选择的假设和方法，并根据专家工作的具体情况，评价专家工作涉及使用重要的假设和方法的相关性和合理性。此外，还要考虑专家选择的假设和方法与以前期间采用的假设和方法是否一致。

当专家的工作涉及使用重要的假设和方法时，注册会计师评价这些假设和方法需要考虑：

①这些假设和方法在专家的专长领域是否得到普遍认可；

②这些假设和方法是否与适用的财务报告编制基础的要求相一致；

③这些假设和方法是否依赖某些专用模型的应用；

④这些假设和方法是否与管理层的假设、方法相一致，如果不一致，差异的原因及影响。

(5)评价专家工作涉及使用重要的原始数据的相关性、完整性和准确性

专家在工作过程中需要用到大量的原始数据，原始数据是否适合所涉及项目的具体情况直接关系到专家工作的恰当性。部分原始数据是从被审计单位内部获得的，部分数据来源于外部。注册会计师应当实施相应的审计程序，评价专家工作涉及使用重要的原始数据的相关性、完整性和准确性。

当专家的工作涉及使用对专家工作具有重要影响的原始数据时，注册会计师可以实施下列程序测试这些数据：

①核实数据的来源，包括了解和测试(适用时)针对数据的内部控制以及向专家传送数据的方式(如相关)；

②复核数据的完整性和内在一致性。

在许多情况下，注册会计师可能测试原始数据。然而，在另外一些情况下，如果专家使用的是其领域中高度专业化的原始数据，该专家可能测试这些原始数据。如果专家已测试，注册会计师可以通过询问专家、监督或复核专家的测试来评价数据的相关性、完整性和准确性。

(6)评价结果为不恰当时的措施

如果确定专家的工作不足以实现审计目的，注册会计师应当采取下列措施之一：

①就专家拟执行的进一步工作的性质和范围，与专家达成一致意见；

②根据具体情况，实施追加的审计程序。

如果注册会计师认为专家的工作不足以实现审计目的，且注册会计师通过实施追加的审计程序(如专家和注册会计师执行进一步工作)，或者通过雇用、聘请其他专家仍不能解决问题，则意味着没有获取充分、适当的审计证据，注册会计师有必要按照《中国注册会计师审计准则第1502号——在审计报告中发表非无保留意见》的规定发表非无保留意见。

7.4 对集团财务报表审计的特殊考虑

随着企业之间并购活动的加剧，出现了越来越多的企业集团。除单一实体财务报表审计中遇到的问题外，集团财务报表审计还涉及集团项目组与组成部分注册会计师之间的责任如何划分及相互之间工作的如何配合、集团项目组如何对合并过程收集充分、适当的审计证据、重要性概念在集团财务报表审计中如何运用等诸多问题。本节讨论与集团财务报表审计相关的这些问题。

7.4.1 与集团财务报表审计相关的概念综述

对集团财务报表审计相关的概念涉及以下内容。

1. 集团

集团，是指由所有组成部分构成的整体，并且所有组成部分的财务信息包括在集团财务报表中。集团至少拥有一个以上的组成部分。

2. 组成部分

组成部分，是指某一实体或某项业务活动，其财务信息由集团或组成部分管理层编制并应包括在集团财务报表中。

集团结构影响如何识别组成部分。如有些集团的组织结构规定，由母公司、子公司、合营企业以及按权益法或成本法核算的被投资实体编制财务信息；或由集团本部、分支机构编制财务信息；或是将两者结合。这些集团的财务报告系统可能是按照这样的组织结构来组织的。相应地，母公司、子公司、合营企业以及按权益法或成本法核算的被投资实体，或者集团本部、分支机构可被视为组成部分。而其他一些集团可能按照职能部门、生产过程、单项产品或劳务(或一组产品或劳务)或地区分布来组织财务报告系统。在这种情况下，集团管理层或组成部分管理层可能以职能部门、生产过程、单项产品或劳务(或一组产品或劳务)或地区为单位(报告主体或业务活动)编制财务信息并将其包括在集团财务报表中。相应地，这些职能部门、生产过程、单项产品或劳务(或一组产品或劳务)或地区可被视为组成部分。

集团财务报告系统中可能存在不同层次的组成部分。在这种情况下，在汇总层次上识别组成部分，可能比逐一识别更为合适。

3. 重要组成部分

重要组成部分，是指集团项目组识别出的具有下列特征之一的组成部分：①单个组成部分对集团具有财务重大性；②由于单个组成部分的特定性质或情况，可能存在导致集团财务报表发生重大错报的特别风险。

随着单个组成部分对集团具有的财务重大性的增加，集团财务报表的重大错报风险通常也会增加。集团项目组可以将选定的基准乘以某一百分比，以协助识别对集团具有财务重大性的单个组成部分。确定基准和应用于该基准的百分比属于职业判断。根据集团的性质和具体情况，适当的基准可能包括集团资产、负债、现金流量、利润总额或营业收入。如集团项目组可能认为超过选定基准 15%的组成部分是重要组成部分。然而，较高或较低的百分比也可能是适合具体情况的。

某些组成部分由于其特定性质或情况，可能存在导致集团财务报表发生重大错报的特别风险，集团项目组可能将其识别为重要组成部分。如某组成部分进行外汇交易，虽然其对集团并不具有财务重大性，但仍使集团面临导致重大错报的特别风险。

4. 集团财务报表

集团财务报表，是指包括一个以上组成部分财务信息的财务报表。集团财务报表也指没有母公司但处在同一控制下的各组成部分编制的财务信息所汇总生成的财务报表。

5. 集团审计和集团审计意见

集团审计，是指对集团财务报表进行的审计。

集团审计意见，是指对集团财务报表发表的审计意见。

6. 集团项目合伙人和集团项目组

集团项目合伙人，是指会计师事务所中负责某项集团审计业务及其执行，并代表会计师事务所在对集团财务报表出具的审计报告上签字的合伙人。

集团项目组，是指参与集团审计的，包括集团项目合伙人在内的所有合伙人和员工。集团项目组负责制定集团总体审计策略，与组成部分注册会计师沟通，针对合并过程执行相关工作，并评价根据审计证据得出的结论，作为形成集团财务报表审计意见的基础。

7. 组成部分注册会计师

组成部分注册会计师，是指基于集团审计目的，按照集团项目组的要求，对组成部分财务信息执行相关工作的注册会计师。基于集团审计目的，集团项目组成员可能按照集团项目组的工作要求，对组成部分财务信息执行相关工作。在这种情况下，该成员也是组成部分注册会计师。

8. 集团管理层和组成部分管理层

集团管理层，是指负责编制集团财务报表的管理层。

组成部分管理层，是指负责编制组成部分财务信息的管理层。

9. 集团层面控制

集团层面控制，是指集团管理层设计、执行和维护的与集团财务报告相关的控制。

10. 合并过程

合并过程，是指①通过合并、比例合并、权益法或成本法，在集团财务报表中对组成部分财务信息进行确认、计量、列报与披露；②对没有母公司但处在同一控制下的各组成部分编制的财务信息进行汇总。

7.4.2 与集团财务报表审计密切相关的审计知识概述

1. 集团财务报表审计中的责任设定

目前，各国对集团财务报表审计中的责任设定有两种模式。一种模式是集团项目组对整个集团财务报表审计工作及审计意见负全部责任，这一责任不因利用组成部分注册会计师的工作而减轻。另外一种模式是，集团项目组和组成部分注册会计师就各自执行的审计工作分别负责，集团项目组在执行集团财务报表审计时完全基于组成部分注册会计师的工作。为保证审计质量，《中国注册会计师审计准则第 1401 号——对集团财务报表审计的特殊考虑》采用了第一种模式。在这种模式下，尽管组成部分注册会计师基于集团审计目的对组成部分财务信息执行相关工作，并对所有发现的问题、得出的结论或形成的意见负责，集团项目合伙人及其所在的会计师事务所仍对集团审计意见负有责任。

相应地，集团项目合伙人按照职业准则和适用的法律法规的规定，应当确信执行集团审计业务的人员(包括组成部分注册会计师)从整体上具备适当的胜任能力和必要素质。负责指导、监督和执行集团审计业务，并确定出具的审计报告是否适合具体情况。注册会计师对集团财务报表出具的审计报告不应提及组成部分注册会计师，除非法律法规另有规定。如果法律法规要求在审计报告中提及组成部分注册会计师，审计报告应当指明,这种提及并不减轻集团项目合伙人及其所在的会计师事务所对集团审计意见承担的责任。

如果因未能就组成部分财务信息获取充分、适当的审计证据，导致集团项目组在对集团财务报表出具的审计报告中发表非无保留意见，集团项目组需要在导致非无保留意见的事项段中说明不能获取充分、适当审计证据的原因，除非法律法规要求在审计报告中提及组成部分注册会计师，并且这样做对充分说明情况是必要的，否则不应提及组成部分注册会计师。

2. 注册会计师的目标

在集团财务报表审计中，注册会计师的目标是：①确定是否担任集团审计的注册会计师；②如果担任集团审计的注册会计师，就组成部分注册会计师对组成部分财务信息执行工作的范围、时间安排和发现的问题，与组成部分注册会计师进行清晰的沟通；针对组成部分财务信息和合并过程，获取充分、适当的审计证据，以对集团财务报表是否在所有重大方面按照适用的财务报告编制基础编制发表审计意见。

3. 集团审计业务的承接与保持

(1) 在承接与保持阶段获取了解

在具体运用《中国注册会计师审计准则第 1121 号——对财务报表审计实施的质量控制》时，集团项目合伙人应当确定是否能够合理预期获取与合并过程和组成部分财务信息相关的充分、适当的审计证据，以作为形成集团审计意见的基础。因此，集团项目组应当了解集团及其环境、集团组成部分及其环境，以足以识别可能的重要组成部分。如果组成部分注册会计师对重要组成部分财务信息执行相关工作，集团项目合伙人应当评价集团项目组参与组成部分注册会计师工作的程度是否足以获取充分、适当的审计证据。

如果是新业务，集团项目组可以通过下列途径了解集团及其环境、集团组成部分及其环境：①集团管理层提供的信息；②与集团管理层的沟通；③如适用，与前任集团项目组、组成部分管理层或组成部分注册会计师的沟通。

集团项目组可能需要对下列事项进行了解：①集团结构，包括法律意义上的结构和组织结构(即集团财务报告系统是如何组织的)；②组成部分中对集团重要的业务活动，包括业务活动在何种行业状况、监管环境以及经济和政治环境下发生；③对服务机构的利用，包括共享服务中心；④对集团层面控制的描述；⑤合并过程的复杂程度；⑥是集团项目合伙人所在的会计师事务所还是网络以外的组成部分注册会计师对组成部分财务信息执行相关工作，以及集团管理层委托多家会计师事务所的理由；⑦集团项目组是否可以不受限制地接触集团治理层和管理层、组成部分治理层和管理层、组成部分信息和组成部分注册会计师(包括集团项目组需要获取的相关审计工作底稿)，以及是否可以对组成部分财务信息执行必要的工作。

如果是连续审计业务，集团项目组获取充分、适当的审计证据的能力可能受某些方面重大变化的影响，如：①集团组织结构的变化(如发生收购、处置或重组，或集团财务报告系统的组织方式发生变化)；②对集团具有重要影响的组成部分业务活动的变化；③集团治理层、管理层或重要组成部分的关键管理人员在构成上的变化；④对集团或组成部分管理层诚信和胜任能力的疑虑；⑤集团层面控制的变化；⑥适用的财务报告编制基础的变化。

(2) 审计范围受到限制

如果集团项目合伙人认为由于集团管理层施加的限制，使集团项目组不能获取充分、适当的审计证据，由此产生的影响可能导致对集团财务报表发表无法表示意见，集团项目合伙人应当视具体情况采取下列措施：①如果是新业务，拒绝接受业务委托，如果是连续审计业务，在法律法规允许的情况下，解除业务约定；②如果法律法规禁止注册会计师拒绝接受业务委托，或者注册会计师不能解除业务约定，在可能的范围内对集团财务报表实施审计，并对集团财务报表发表无法表示意见。

集团项目组接触信息可能受到集团管理层无法克服的情况的限制。即使接触信息受到限制，集团项目组仍有可能获取充分、适当的审计证据，然而这种可能性随着组成部分对集团重要程度的增加而降低。如果集团管理层限制集团项目组或组成部分注册会计师接触重要组成部分的信息，则集团项目组将无法获取充分、适当的审计证据。如果这类限制与不重要的组成部分有关，集团项目组仍有可能获取充分、适当的审计证据，但是受到限制的原因可能影响集团审计意见。

(3) 业务约定条款

集团项目合伙人应当按照《中国注册会计师审计准则第 1111 号——就审计业务约定条款达成一致意见》的规定，就集团审计业务约定条款与管理层或治理层(如适用)达成一致意见。

业务约定条款需要明确适用的财务报告编制基础。集团审计业务约定条款可能还需要包括下列事项：①在法律法规允许的范围内，集团项目组与组成部分注册会计师的沟通应当尽可能地不受限制；②组成部分注册会计师与组成部分治理层、组成部分管理层之间进行的重要沟通(包括就值得关注的内部控制缺陷进行的沟通)，也应当告知集团项目组；③监管机构与组成部分就财务报告事项进行的重要沟通，应当告知集团项目组；④如果集团项目组认为有必要，应当允许集团项目组接触组成部分信息、组成部分治理层、组成部分管理层和组成部分注册会计师(包括集团项目组需要获取的相关审计工作底稿)，以及允许集团项目组或允许其要求组成部分注册会计师对组成部分财务信息执行相关工作。

在集团项目合伙人接受集团审计业务委托后，下列方面受到的限制将导致无法获取充分、适当的审计证据，从而可能影响集团审计意见：①集团项目组接触组成部分信息、组成部分治理层和管理层，或组成部分注册会计师(包括集团项目组需要获取的相关审计工作底稿)；②拟对组成部分财务信息执行的工作。在极其特殊的情况下，如果适用的法律法规允许，这些限制可能导致解除业务约定。

4. 了解集团及其环境、集团组成部分及其环境

注册会计师应当通过了解被审计单位及其环境，识别和评估财务报表重大错报风险。审计风险取决于重大错报风险和检查风险。在集团审计中，审计风险包括组成部分注册会计师可能没有发现组成部分财务信息存在的错报(该错报导致集团财务报表发生重大错报)的风险，以及集团项目组可能没有发现该错报的风险。

(1) 集团管理层下达的指令

为实现财务信息的一致性和可比性，集团管理层通常对组成部分下达指令。这些指令具体说明了对包括在集团财务报表中的组成部分财务信息的要求，通常采用财务报告程序手册和报告文件包的形式。报告文件包通常由标准模板组成，用以提供包括在集团财务报表所需的财务信息，但报告文件包通常不采用按照适用的财务报告编制基础编制和列报的整套财务报表的形式。

集团管理层下达的指令通常包括：①运用的会计政策；②适用于集团财务报表的法定和其他披露要求，包括分部的确定和报告、关联方关系及其交易、集团内部交易、未实现内部交易损益以及集团内部往来余额；③报告的时间要求。

集团项目组对指令的了解可能包括下列方面：①就完成报告文件包而言，指令是否清晰、实用；②指令是否充分说明了适用的财务报告编制基础的特点；③指令是否规定了为遵守适用的财务报告编制基础的要求而需要充分披露的事项(如关联方关系及其交易和分部信息的披露)；④指令是否规定了如何确定合并调整事项(如集团内部交易、未实现内部交易损益和集团内部往来余额)；⑤指令是否规定了组成部分管理层对财务信息的批准程序。

(2) 了解集团及其环境、集团组成部分及其环境的程序

集团项目组应当对集团及其环境、集团组成部分及其环境获取充分的了解，以足以：①确认或修正最初识别的重要组成部分；②评估由于舞弊或错误导致财务报表发生重大错报的风险。

集团项目组可以基于下列信息，在集团层面评估集团财务报表重大错报风险：①在了解集团及其环境、集团组成部分及其环境和合并过程时获取的信息，包括在评价集团层面控制以及与合并过程相关的控制的设计和执行时获取的审计证据；②从组成部分注册会计师获取的信息。

在了解集团及其环境、集团组成部分及其环境的基础上，集团项目组应当按照《中国注册会计师审计准则第 1201 号——计划审计工作》的规定，制定集团总体审计策略和具体审计计划。

7.4.3 了解集团审计组成部分的注册会计师并与之沟通

只有当基于集团审计目的，计划要求由组成部分注册会计师执行组成部分财务信息的相关工作时，集团项目组才需要了解组成部分注册会计师。如果计划要求组成部分注册会计师执行组成部分财务信息的相关工作，集团项目部应当了解下列事项：

①组成部分注册会计师是否了解并将遵守与集团审计相关的职业道德要求，特别是独立性要求；

②组成部分注册会计师是否具备专业胜任能力；

③集团项目组参与组成部分注册会计师工作的程度是否足以获取充分、适当的审计证据；

④组成部分注册会计师是否处于积极的监管环境中。

1. 与集团审计相关的职业道德要求

当基于集团审计目的对组成部分财务信息执行相关工作时，组成部分注册会计师需要遵守与集团审计相关的职业道德要求。这些要求与组成部分注册会计师在其所在国家或地区执行法定审计时所需遵守的职业道德要求可能不同，或需要遵守更多的要求。因此，集团项目组需要了解组成部分注册会计师是否了解并将遵守与集团审计相关的职业道德要求，组成部分注册会计师了解和遵守的程度是否足以使其履行其在集团审计中承担的责任。

2. 组成部分注册会计师的专业胜任能力

集团项目组对组成部分注册会计师的专业胜任能力的了解可能包括下列方面：

①组成部分注册会计师是否对适用于集团审计的审计准则和其他职业准则有充分的了解，以足以履行其在集团审计中的责任；

②组成部分注册会计师是否拥有对特定组成部分财务信息执行相关工作所必需的专门技能(如行业专门知识)；

③如果相关，组成部分注册会计师是否对适用的财务报告编制基础(集团管理层向组成部分下达的指令，通常说明适用的财务报告编制基础的特征)有充分的了解，以足以履行其在集团审计中的责任。

如果组成部分注册会计师不符合与集团审计相关的独立性要求，或集团项目组对组成部分注册会计师职业道德、专业胜任能力和所处的监管环境存有重大疑虑，集团项目组应当就组成部分财务信息获取充分、适当的审计证据，而不应要求组成部分注册会计师对组成部分财务信息执行相关工作。

如果组成部分注册会计师不符合与集团审计相关的独立性要求，集团项目组不能通过参与组成部分注册会计师的工作、实施追加的风险评估程序或对组成部分财务信息实施进一步审计程序，以消除组成部分注册会计师不具有独立性的影响。

但是，集团项目组可以通过参与组成部分注册会计师的工作、实施追加的风险评估程序或对组成部分财务信息实施进一步审计程序，消除对组成部分注册会计师专业胜任能力的并非重大的疑虑(如认为其缺乏行业专门知识)，或消除组成部分注册会计师未处于积极有效的监管环境中的影响。

3. 与组成部分注册会计师的沟通

如果集团项目组与组成部分注册会计师之间未能建立有效的双向沟通关系，则存在集团项目组可能无法获取形成集团审计意见所依据的充分、适当的审计证据的风险。集团项目组清晰、及时地通报工作要求，是集团项目组和组成部分注册会计师之间形成有效的双向沟通关系的基础。

(1) 集团项目组向组成部分注册会计师的通报

集团项目组应当及时向组成部分注册会计师通报工作要求。通报的内容应当明确组成部分注册会计师应执行的工作和集团项目组对其工作的利用，以及组成部分注册会计师与集团项目组沟通的形式和内容。除此之外，通报的内容还应当包括：

①在组成部分注册会计师知悉集团项目组将利用其工作的前提下，要求组成部分注册会计师确认其将配合集团项目组的工作。

②与集团审计相关的职业道德要求，特别是独立性要求。

③在对组成部分财务信息实施审计或审阅的情况下，组成部分的重要性和针对特定类别的交易、账户余额或披露采用的一个或多个重要性水平(如适用)以及临界值，超过临界值的错报不能视为对集团财务报表明显微小的错报。

④识别出的与组成部分注册会计师工作相关的、由于舞弊或错误导致集团财务报表发生重大错报的特别风险。集团项目组应当要求组成部分注册会计师及时沟通所有识别出的、在组成部分内的其他由于舞弊或错误可能导致集团财务报表发生重大错报的特别风险，以及组成部分注册会计师针对这些特别风险采取的应对措施。

⑤集团管理层编制的关联方清单和集团项目组知悉的任何其他关联方。集团项目组应当要求组成部分注册会计师及时沟通集团管理层或集团项目组以前未识别出的关联方。集团项目组应当确定是否需要将新识别的关联方告知其他组成部分注册会计师。

(2) 组成部分注册会计师向集团项目组沟通的事项

集团项目组应当要求组成部分注册会计师沟通与得出集团审计结论相关的事项。沟通的内容应当包括：

①组成部分注册会计师是否已遵守与集团审计相关的职业道德要求，包括对独立性和专业胜任能力的要求；

②组成部分注册会计师是否已遵守集团项目组的要求；

③指出作为组成部分注册会计师出具报告对象的组成部分财务信息；

④因违反法律法规而可能导致集团财务报表发生重大错报的信息；

⑤组成部分财务信息中未更正错报的清单(清单不必包括低于集团项目组通报的临界值且明显微小的错报)；

⑥表明可能存在管理层偏向的迹象；

⑦描述识别出的组成部分层面值得关注的内部控制缺陷；

⑧组成部分注册会计师向组成部分治理层已通报或拟通报的其他重大事项，包括涉及组成部分管理层、在组成部分层而在内部控制中承担重要职责的员工以及其他人员(在舞弊行为导致组成部分财务信息出现重大错报的情况下)的舞弊或舞弊嫌疑；

⑨可能与集团审计相关或者组成部分注册会计师期望集团项目组加以关注的其他事项，包括在组成部分注册会计师要求组成部分管理层提供的书面声明中指出的例外事项；

⑩组成部分注册会计师的总体发现、得出的结论和形成的意见。

在配合集团项目组时，如果法律法规未予禁止，组成部分注册会计师可以允许集团项目组接触相关审计工作底稿。

(3) 评价与组成部分注册会计师的沟通

集团项目组应当评价与组成部分注册会计师的沟通。集团项目组应当：

①与组成部分注册会计师、组成部分管理层或集团管理层(如适用)讨论在评价过程中发现的重大事项；

②确定是否有必要复核组成部分注册会计师审计工作底稿的相关部分。

组成部分注册会计师的审计工作底稿中哪些部分与集团审计相关，可能因具体情况的不同而不同。集团项目组在复核时，通常关注的是与导致集团财务报表发生重大错报的特别风险相关的审计工作底稿。组成部分注册会计师的审计工作底稿按照组成部分注册会计师所在会计师事务所的复核程序进行复核这一事实，可能将影响集团项目组的复核范围。

如果认为组成部分注册会计师的工作不充分，集团项目组应当确定需要实施哪些追加的程序，以及这些程序是由组成部分注册会计师还是由集团项目组实施。

7.4.4 合并过程综述

集团项目组应当了解集团层面的控制和合并过程，包括集团管理层向组成部分下达的指令。如果对合并过程执行工作的性质、时间安排和范围基于预期集团层面控制有效运行，或者仅实施实质性程序不能提供认定层次的充分、适当的审计证据，集团项目组应当亲自测试或要求组成部分注册会计师代为测试集团层面控制运行的有效性。

集团项目组应当针对合并过程设计和实施进一步审计程序，以应对评估的、由合并过程导致的集团财务报表发生重大错报的风险。设计和实施的进一步审计程序应当包括评价所有组成部分是否均已包括在集团财务报表中。

集团项目组应当评价合并调整和重分类事项的适当性、完整性和准确性，并评价是否存在舞弊风险因素或可能存在管理层偏向的迹象。合并过程可能需要对集团财务报表中列报的金额做出调整，这类调整不经过常规交易处理系统，可能不会受到针对其他财务信息的控制的约束。集团项目组对这类调整的适当性、完整性和准确性的评价可能包括：

①评价重大调整是否恰当反映了相关事项和交易；

②确定重大调整是否得到集团管理层和组成部分管理层(如适用)的正确计算、处理和授权；

③确定重大调整是否有适当的证据支持并得到充分的记录；

④检查集团内部交易、未实现内部交易损益以及集团内部往来余额是否核对一致并抵销。

如果组成部分财务信息没有按照集团财务报表采用的会计政策编制，集团项目组应当评价组成部分财务信息是否已得到适当调整，以满足编制和列报集团财务报表的要求。

集团项目组应当确定，组成部分注册会计师上报的财务信息是否就是包括在集团财务报表中的财务信息。

7.5 其他特殊项目的审计

对会计估计、关联方和期初余额等特殊项目的审计，尽管也可以与具体会计报表项目一样，先由有关的审计项目组成员分别执行，而后再加以综合，但由于这些项目通常具有内容特殊、性质敏感、金额较大、情况复杂等特点，因此，在审计实务中往往是由专业理论知识比较扎实、执业经验比较丰富的注册会计师专门实施，并单独编制相应的审计工作底稿。

7.5.1 审计会计估计

1. 会计估计的性质

会计估计，是指在缺乏精确计量手段的情况下，采用的某项金额的近似值。会计估计一般包括存在估计不确定性时以公允价值计量的金额，以及其他需要估计的金额。其中，涉及公允价值计量的会计估计简称公允价值会计估计。由于经营活动具有内在不确定性，某些财务报表项目只能进行估计。

做出会计估计的难易程度取决于估计对象的性质。会计估计通常是被审计单位在不确定情况下做出的，其准确程度取决于管理层对不确定的交易或事项的结果做出的主观判断。但同时需要提醒的是，会计估计的结果与财务报表中原来已确认或披露的金额存在差异，并不必然表明财务报表存在错报。

2. 风险评估程序和相关活动

在实施风险评估程序和相关活动，以了解被审计单位及其环境时，注册会计师应当了解下列内容，作为识别和评估会计估计重大错报风险的基础。

(1) 了解适用的财务报告编制基础的要求

了解适用的财务报表编制基础的要求，有助于注册会计师确定该编制基础是否①规定了会计估计的确认条件或计量方法;②明确了某些允许或要求采用公允价值计量的条件(如与管理层执行与某项资产或负债相关的特定措施的意图挂钩)；③明确了要求做出或允许做出的披露。

了解适用的财务报告编制基础的要求，也为注册会计师就下列方面与管理层进行讨论提供了基础：①管理层如何运用与会计估计相关的要求：②注册会计师对这些要求是否得到恰当运用的判断。

管理层的点估计，是指管理层在财务报表中确认或披露一项会计估计而选择的金额。当存在可供选择的点估计时，财务报告编制基础可能为管理层确定点估计提供指引。在某些情况下，管理层可能有能力直接做出点估计；在其他情况下，管理层只有在考虑了各个据以确定点估计的可供选择的假设或结果后，才可能做出可靠的点估计。

(2) 了解管理层如何识别是否需要做出会计估计

编制财务报表要求管理层确定是否有必要对某项交易、事项和情况做出会计估计，以及确定是否已按照适用的财务报告编制基础确认、计量和披露所有必要的会计估计。

管理层可能通过对被审计单位经营情况和所在行业的了解,以及对当前期间实施经营战略情况的了解，结合以前期间编制财务报表所积累的经验，识别需要做出会计估计的交易、事项和情况。对此，注册会计师主要通过询问管理层，就可以了解管理层如何识别需要做出会计估计的情形。询问的内容可以包括：

①被审计单位是否已从事可能需要做出会计估计的新型交易；

②需要做出会计估计的交易的条款是否已改变；

③由于适用的财务报告编制基础的要求或其他规定的变化，与会计估计相关的会计政策是否已经相应变化；

④可能要求管理层修改或做出新会计估计的外部监管变化或其他不受管理层控制的变化是否已经发生；

⑤是否已经发生可能需要做出新估计或修改现有估计的新情况或事项。

而当管理层做出会计估计的流程更为结构化时(如管理层设有正式的风险管理职责)，注册会计师可以针对管理层定期复核导致会计估计的情况及在必要时重新估计会计估计的方法及惯常做法实施风险评估程序。会计估计(特别是与负债相关的会计估计)的完整性，通常是注册会计师考虑的重要因素。

(3) 了解管理层如何做出会计估计

编制财务报表也要求管理层建立针对会计估计的财务报告过程(包括适当的内部控制)。这些过程通常包括:①选择适当的会计政策,并规定做出会计估计的流程,包括适当的估计或估值的方法或模型(如适用)；②形成或识别影响会计估计的相关数据和假设；③定期复核需要做出会计估计和在必要时重新做出会计估计的情形。

管理层做出会计估计的方法和依据包括：

①用以做出会计估计的方法，包括模型(如适用)。有时，适用的财务报告编制基础可能规定会计估计的计量方法，如计量公允价值会计估计的特定模型。但在许多情况下，适用的财务报告编制基础没有规定计量方法，或可能规定了多种可供选择的计量方法。

②相关控制。在了解相关控制时，注册会计师可能考虑的事项包括做出会计估计的人员的经验与胜任能力，以及与下列情况相关的控制：a. 管理层如何确定做出会计估计所使用的数据的完整性、相关性和准确性;b. 由适当层级的管理层和治理层(如适用)对会计估计(包括使用的假设或输入数据)进行复核和批准；c. 将批准交易的人员和负责做出会计估计的人员进行职责分离，包括职责分配是否恰当地考虑了被审计单位的性质以及产品或服务的性质。

③管理层是否利用专家的工作。管理层可能拥有做出点估计必要的经验和胜任能力，或者被审计单位可能雇用那些具备做出点估计必要的经验和胜任能力的人员。但在某些情况下，管理层可能需要聘请专家做出或者帮助其做出会计估计。

④会计估计所依据的假设。假设是会计估计不可或缺的组成部分。管理层可能使用来源于内部和外部

不同类型的信息来支持假设，这些信息的相关性和可靠性各不相同。在某些情况下，假设可能可靠地建立在来源于外部(如公布的利率或其他统计数据)或内部(如历史信息或被审计单位以前经历过的情况)适用的信息的基础上。在其他情况下，假设可能更具有主观性，如被审计单位缺乏经验或没有获取信息的外部来源。

⑤用以做出会计估计的方法是否已经发生或应当发生不同于上期的变化，以及变化的原因。在评价管理层如何做出会计估计时，注册会计师需要了解用以做出会计估计的方法与前期相比是否已经发生变化或应当发生变化。当影响被审计单位的环境或情况或者适用的财务报告编制基础的要求发生变化时，需要改变估计方法加以应对。如果管理层改变了用以做出会计估计的方法，则注册会计师需要确定管理层能够证明新方法更加恰当，或者新方法本身就是对变化的应对。

⑥管理层是否评估以及如何评估估计不确定性的影响。在了解管理层是否以及如何评估估计不确定性的影响时，注册会计师可能考虑的事项包括：a. 管理层是否已经考虑以及如何考虑各种可供选择的假设或结果，如通过敏感性分析确定假设变化对会计估计的影响；b. 当敏感性分析表明存在多种可能结果时，管理层如何做出会计估计；c. 管理层是否监控上期做出会计估计的结果，以及管理层是否已恰当应对实施监控程序的结果。

注册会计师应当复核上期财务报表中会计估计的结果，或者复核管理层在本期财务报表中对上期会计估计做出的后续重新估计(如适用)。在确定复核的性质和范围时，注册会计师应当考虑会计估计的性质，以及复核时获取的信息是否可能与识别和评估本期财务报表中会计估计的重大错报风险相关。但是，注册会计师复核的目的不是质疑上期依据当时可获得的信息而做出的判断。

对公允价值会计估计和其他以计量日情况为基础的会计估计，上期财务报表中确认的公允价值金额与本期结果或为实现本期目的而重新做出估计的金额之间的差异可能更大。这是因为这些会计估计的计量目标是确定某一时点的价值，该价值可能随着被审计单位经营环境的变化而发生显著和快速的变化。因此，注册会计师在复核时，可将重点放在获取与识别和评估重大错报风险相关的信息上。

会计估计的结果与上期财务报表中已确认金额之间的差异，并不必然表明上期财务报表存在错报。但是，由于没有运用或错误运用下列两类信息而产生的差异可能表明上期财务报表存在错报：①在上期财务报表编制完成阶段管理层可以获得的信息；②合理预期管理层已经获得并在编制和列报财务报表时已予以考虑的信息。

3. 识别和评估重大错报风险

在识别和评估重大错报风险时，注册会计师应当评价与会计估计相关的估计不确定性的程度，并根据职业判断确定识别出的具有高度估计不确定性的会计估计是否会导致特别风险。

(1)估计不确定性

与会计估计相关的估计不确定性的程度受下列因素的影响：

①会计估计对判断的依赖程度；

②会计估计对假设变化的敏感性；

③是否存在可以降低估计不确定性的经认可的计量技术(当然，作为输入数据的假设，其主观程度仍可导致估计不确定性)；

④预测期的长度和从过去事项得出的数据对预测未来事项的相关性；

⑤是否能够从外部来源获得可靠数据；

⑥会计估计依据可观察到的或不可观察到的输入数据的程度。

与会计估计相关的估计不确定性程度，可能影响会计估计对管理层偏向的敏感性。

在评估重大错报风险时，注册会计师考虑的事项也可能包括：

①会计估计的实际的或预期的重要程度；

②会计估计的记录金额(即管理层的点估计)与注册会计师预期应记录金额的差异；

③管理层在做出会计估计时是否利用专家工作；

④对上期会计估计进行复核的结果。

(2)具有高度估计不确定性的会计估计

可能存在高度估计不确定性的会计估计的例子很多，如：

①高度依赖判断的会计估计，如对未决诉讼的结果或未来现金流量的金额和时间安排的判断，而未决诉讼的结果或未来现金流量的金额和时间安排取决于多年后才能确定结果的不确定事项；

②未采用经认可的计量技术计算的会计估计；

③注册会计师对上期财务报表中类似会计估计进行复核的结果表明最初会计估计与实际结果之间存在很大差异，在这种情况下管理层做出的会计估计；

④采用高度专业化的、由被审计单位自主开发的模型，或在缺乏可观察到的输入数据的情况下做出的公允价值会计估计。

在某些情况下，估计不确定性非常高，以致难以做出合理的会计估计。因此，适用的财务报告编制基础可能禁止在财务报表中对此进行确认或以公允价值计量。

4. 应对评估的重大错报风险

基于评估的重大错报风险，注册会计师应当确定：

(1)管理层是否恰当运用与会计估计相关的适用的财务报告编制基础的规定

许多财务报告编制基础规定会计估计的确认条件，并详细说明做出会计估计的方法和需要做出的披露。这些规定可能较为复杂，并要求运用判断。根据实施风险评估程序时了解的情况，注册会计师需要重点关注适用的财务报告编制基础中容易被误用或产生不同解释的相关要求。

注册会计师确定管理层是否恰当地遵守适用的财务报告编制基础的要求，在某种程度上依据其对被审计单位及其环境的了解。在某些情况下，为了确定管理层是否恰当地遵守适用的财务报告编制基础的要求，注册会计师有必要实施追加的审计程序，如检查资产当前实物状况。

(2)做出会计估计的方法是否恰当，并得到一贯运用，以及会计估计或做出会计估计的方法不同于上期的变化是否适合于具体情况

在情况没有发生变化或没有出现新的信息时，对会计估计或估计方法做出改变是武断的。武断的变化导致各期财务报表不一致，并可能产生财务报表重大错报，或显示存在管理层偏向。因此，注册会计师考虑会计估计或其估计方法自上期以来发生的变化是非常重要的。

管理层通常能够为不同期间基于环境的变化对会计估计或其估计方法的改变提供很好的理由。注册会计师需要根据判断确定该理由支持管理层观点(即环境已经发生变化,需要对会计估计或其估计方法做出改变)的充分性。

5. 实施进一步实质性程序以应对特别风险

在审计导致特别风险的会计估计时，注册会计师在实施进一步实质性程序时需要重点评价：①管理层是如何评估估计不确定性对会计估计的影响，以及这种不确定性对财务报表中会计估计的确认的恰当性可能产生的影响；②相关披露的充分性。

(1)估计不确定性

对导致特别风险的会计估计，除实施《中国注册会计师审计准则第 1231 号——针对评估的重大错报风险采取的应对措施》规定的其他实质性程序外，注册会计师还应当实施以下审计程序：

①评价管理层如何考虑替代性的假设或结果，以及拒绝采纳的原因，或者在管理层没有考虑替代性的假设或结果的情况下，评价管理层在做出会计估计时如何处理估计不确定性。

②评价管理层使用的重大假设是否合理。如果在做出会计估计时运用的某些假设的合理变化可能对会计估计的计量产生重大影响，则这些假设被视为重大假设。

③当管理层实施特定措施的意图和能力与其使用的重大假设的合理性或对适用的财务报告编制基础的恰当应用相关时，评价这些意图和能力。

(2) 做出区间估计

如果根据职业判断认为管理层没有适当处理估计不确定性对导致特别风险的会计估计的影响，注册会计师应当在必要时做出用于评价会计估计合理性的区间估计。

在编制财务报表时，管理层可能确信已经适当地处理了估计不确定性对导致特别风险的会计估计的影响。但是，在某些情况下，注册会计师可能认为管理层的工作是不够的，如注册会计师可能做出以下判断：

①通过评价管理层如何处理估计不确定性的影响不能获取充分、适当的审计证据；

②有必要进一步分析与会计估计相关的估计不确定性的程度，如注册会计师注意到类似环境下类似会计估计的结果存在较大差别；

③不大可能通过如复核截至审计报告日发生的事项等审计程序获得其他审计证据；

④可能有迹象表明管理层在做出会计估计时存在管理层偏向。

(3) 确认和计量的标准

对导致特别风险的会计估计，注册会计师应当获取充分、适当的审计证据，以确定下列方面是否符合适用的财务报告编制基础的规定：

①管理层对会计估计在财务报表中予以确认或不予确认的决策。如果管理层在财务报表中确认一项会计估计，注册会计师评价的重点是会计估计的计量是否足够可靠，能否满足适用的财务报告编制基础规定的确认标准。对于没有在财务报表中确认的会计估计，注册会计师评价的重点是会计估计是否在实质上已满足适用的财务报告编制基础规定的确认标准。即使某一项会计估计没有得到确认，且注册会计师认为这种处理是恰当的，可能仍然有必要在财务报表附注中披露具体情况。

②做出会计估计所选择的计量基础。对于公允价值会计估计，某些适用的财务报告编制基础在要求或者允许进行公允价值计量和披露时，是以公允价值可以可靠计量这一假定作为前提条件的。在某些情况下，如不存在恰当的计量方法或基础，这种假定可能不成立。在这种情况下，注册会计师评价的重点是管理层用以推翻适用的财务报告编制基础所规定的与采用公允价值相关的假定的依据是否恰当。

6. 评价会计估计的合理性并确定错报

注册会计师应当根据获取的审计证据，评价财务报表中的会计估计在适用的财务报告编制基础下是合理的还是存在错报。根据获取的审计证据，注册会计师可能认为这些证据指向与管理层的点估计不同的会计估计。当审计证据支持点估计时，注册会计师的点估计与管理层的点估计之间的差异构成错报。当注册会计师认为使用其区间估计能够获取充分、适当的审计证据时，则在注册会计师区间估计之外的管理层的点估计得不到审计证据的支持。在这种情况下，错报不小于管理层的点估计与注册会计师区间估计之间的最小差异。

管理层根据其对环境变化的主观判断而改变某项会计估计，或者改变上期做出会计估计的方法时，基于获取的审计证据，注册会计师可能认为会计估计被管理层随意改变而产生错报，或者将其视为可能存在管理层偏向的迹象。

一项错报，无论是由于舞弊还是错误导致，当与会计估计相关时，可能是由于下列因素导致的：

①毋庸置疑地存在错报(事实错报)；

②由注册会计师认为管理层对会计估计做出的判断不合理，或认为管理层对会计政策的选择或运用不恰当而产生的差异(判断错报)；

③注册会计师对总体中错报的最佳估计，包括由审计样本中识别出的错报推断出总体中的错报(推断错报)。

在某些涉及会计估计的情形中，错报可能由上述因素共同导致，因此难以或不可能区分出由哪一具体因素导致。

评价在财务报表附注中的会计估计和相关披露(无论是由适用的财务报告编制基础要求的还是属于自愿披露的)的合理性时考虑的事项，与在审计财务报表中确认的会计估计时考虑的事项在实质上是相同的。

7. 其他相关审计程序

(1)关注与会计估计相关的披露

注册会计师应当获取充分、适当的审计证据，以确定与会计估计相关的财务报表披露是否符合适用的财务报告编制基础的规定。对导致特别风险的会计估计，注册会计师还应当评价在适用的财务报告编制基础下，财务报表对估计不确定性的披露的充分性。

①按照适用的财务报告编制基础做出的披露。即列报财务报表，包括对重大事项的充分披露。适用的财务报告编制基础可能允许或规定与会计估计相关的披露，并且某些实体可能在财务报表附注中自愿披露额外信息。

②披露导致特别风险的会计估计的估计不确定性。对具有特别风险的会计估计，即使已按照适用的财务报告编制基础的要求进行了披露，注册会计师仍可能根据所涉及的情况和事实认为对估计不确定性的披露是不充分的。

(2)识别可能存在管理层偏向的迹象

注册会计师应当复核管理层在做出会计估计时的判断和决策,以识别是否可能存在管理层偏向的迹象。

在审计过程中，注册会计师可能注意到管理层做出的、可能导致出现管理层偏向迹象的判断和决策。这些迹象可能影响注册会计师对有关风险评估结果和相关应对措施是否仍然恰当的判断，并且注册会计师可能有必要考虑对审计其他方面的影响。进一步讲，这些迹象可能影响注册会计师对财务报表整体是否不存在重大错报的评估。与会计估计相关的、可能存在管理层偏向迹象的例子包括：

①管理层主观地认为环境已经发生变化，并相应地改变会计估计或估计方法；

②针对公允价值会计估计，被审计单位的自有假设与可观察到的市场假设不一致，但仍使用被审计单位的自有假设；

③管理层选择或做出重大假设以产生有利于管理层目标的点估计；

④选择带有乐观或悲观倾向的点估计。

(3)获取书面声明

注册会计师应当向管理层和治理层(如适用)获取书面声明，以确定其是否认为在做出会计估计时使用的重大假设是合理的。

根据估计不确定性的性质、重要性和程度，有关财务报表中确认或披露的会计估计的书面声明可能包括下列内容：

①计量流程(包括管理层在根据适用的财务报告编制基础做出会计估计时使用的相关假设和模型)的恰当性，以及流程的一贯运用；

②假设恰当地反映了管理层代表被审计单位执行特定措施的意图和能力(当这些意图和能力与会计估计和披露相关时)；

③在适用的财务报告编制基础下与会计估计相关的披露的完整性和适当性；

④存在需要对财务报表中会计估计和披露做出调整的期后事项。

针对未在财务报表中确认或披露的会计估计，书面声明也可能包括下列内容：

①管理层用于确定不满足适用的财务报告编制基础规定的确认或披露标准的依据的恰当性；

②针对未在财务报表中以公允价值计量或披露的会计估计，管理层用于推翻适用的财务报告编制基础规定的与使用公允价值相关的假定的依据的恰当性。

7.5.2 关联方的审计

许多关联方交易是在正常经营过程中发生的，与类似的非关联方交易相比，这些关联方交易可能并不具有更高的财务报表重大错报风险。但是，在某些情况下，关联方关系及其交易的性质可能导致关联方交易具有更高的财务报表重大错报风险。如：

①关联方可能通过广泛而复杂的关系和组织结构进行运作，相应增加关联方交易的复杂程度；

②信息系统可能无法有效识别或汇总被审计单位与关联方之间的交易和未结算项目的金额；

③关联方交易可能未按照正常的市场交易条款和条件进行，如某些关联方交易可能没有相应的对价。

由于关联方之间彼此并不独立，为使财务报表使用者了解关联方关系及其交易的性质，以及关联方关系及其交易对财务报表实际或潜在的影响，许多财务报告编制基础对关联方关系及其交易的会计处理和披露做出了规定。在适用的财务报告编制基础做出规定的情况下，注册会计师有责任实施审计程序，以识别、评估和应对被审计单位未能按照适用的财务报告编制基础对关联方关系及其交易进行恰当会计处理或披露导致的重大错报风险。即使适用的财务报告编制基础对关联方做出很少的规定或没有做出规定，注册会计师仍然需要了解被审计单位的关联方关系及其交易，以足以确定财务报表(就其受到关联方关系及其交易的影响而言)是否实现公允反映。

但是，由于审计的固有限制，即使注册会计师按照审计准则的规定恰当计划和实施了审计工作，也不可避免地存在财务报表中的某些重大错报未被发现的风险。就关联方而言，由于下列原因，审计的固有限制对注册会计师发现重大错报能力的潜在影响会加大。①管理层可能未能识别出所有关联方关系及其交易，特别是在适用的财务报告编制基础没有对关联方做出规定时；②关联方关系可能为管理层的串通舞弊、隐瞒或操纵行为提供更多机会。

正是由于存在未披露关联方关系及其交易的可能性，注册会计师在计划和实施与关联方关系及其交易有关的审计工作时，保持职业怀疑尤为重要，以实现关联方审计的目标：

①无论适用的财务信息编制基础是否对关联方做出规定，充分了解关联方及其交易，以便能够确认由此产生的、与识别和评估由于舞弊导致的重大错报风险相关的舞弊风险因素(如有)；根据获取的审计证据，就财务报告受到关联方关系及其交易的影响而言，确定财务报表是否实现公允反映。

②如果适用的财务报告编制基础对关联方做出规定，获取充分、适当的审计证据，确定关联方关系及其交易是否已按照适用的财务报告编制基础得到恰当识别、会计处理和披露。

1. 风险评估程序和相关工作

注册会计师在审计过程中应当实施风险评估程序和相关工作，以获取与识别关联方关系及其交易相关的重大错报风险的信息。

(1) 了解关联方关系及其交易

项目组内部的讨论。在进行内部讨论时，应当特别考虑由于关联方关系及其交易导致的舞弊或错误使得财务报表存在重大错报的可能性。讨论的内容可能包括：

①关联方关系及其交易的性质和范围(如利用在每次审计后更新的有关识别出的关联方的记录进行讨论)；

②强调在整个审计过程中对关联方关系及其交易导致的潜在重大错报风险保持职业怀疑的重要性；

③可能显示管理层以前未识别或未向注册会计师披露的关联方关系或关联方交易的情形或状况(如被审计单位组织结构复杂，利用特殊目的实体从事表外交易，或信息系统不够完善)；

④可能显示存在关联方关系或关联方交易的记录或文件；

⑤管理层和治理层对关联方关系及其交易(如果适用的财务报告编制基础对关联方做出规定)进行识别、恰当会计处理和披露的重视程度，以及管理层凌驾于相关控制之上的风险。

在对舞弊进行讨论时，讨论的内容还可能包括对关联方可能如何参与舞弊的特殊考虑。如：①如何利用管理层控制的特殊目的实体进行利润操纵；②如何安排被审计单位与已知关键管理人员的商业伙伴之间进行交易，以达到侵占资产的目的。

注册会计师应当向管理层询问下列事项：

①关联方的名称和特征，包括关联方自上期以来发生的变化；

②被审计单位和关联方之间关系的性质；

③被审计单位在本期是否与关联方发生交易，如发生，交易的类型、定价政策和目的。

如果适用的财务报告编制基础对关联方做出了规定，管理层可能容易获得有关关联方名称和特征的信息，因为被审计单位的信息系统需要记录、处理和汇总关联方关系及其交易，以满足适用的财务报告编制基础对关联方关系及其交易的会计处理和披露的要求。因此，管理层可能拥有关联方的详细清单以及自上期以来关联方发生变化情况的详细清单。在连续审计的情况下，向管理层进行询问，可以为注册会计师提供将其在以前审计中形成的有关关联方的工作记录与管理层提供的信息进行比较的基础，

如果适用的财务报告编制基础没有对关联方做出规定，被审计单位可能就没有上述信息系统。在这种情况下，管理层可能无法知悉所有关联方。尽管如此，管理层仍可能注意到存在关联方。在这种情况下，注册会计师对被审计单位关联方名称和特征的询问,可能构成其所实施风险评估程序和相关活动的一部分。注册会计师实施这些程序和活动旨在获得下列信息：①被审计单位的所有权和治理结构；②被审计单位正在实施和计划实施的投资的类型；③被审计单位的组织结构和筹资方式。

如果被审计单位与另一实体受同一方控制，且这种关系对被审计单位具有重大经济影响，则管理层更可能注意到这种关系。此时，如果注册会计师重点询问与被审计单位从事重大交易或共享众多资源的另一实体是否为关联方，则询问可能更有效。

当然，通过在业务接受或保持过程中对管理层的询问，注册会计师也可以获取有关关联方名称和特征的某些信息。

如果管理层建立了下列与关联方关系及其交易相关的控制，注册会计师应当询问管理层和被审计单位内部其他人员，实施其他适当的风险评估程序，以获取对相关控制的了解：①按照适用的财务报告编制基础，对关联方关系及其交易进行识别、会计处理和披露；②授权和批准重大关联方交易和安排；③授权和批准超出正常经营过程的重大交易和安排。

被审计单位内部的其他人员在某种程度上并不构成管理层，但也可能知悉关联方关系及其交易以及相关控制。这些人员可能包括：①治理层成员；②负责生成、处理或记录超出正常经营过程的重大交易的人员，以及对其进行监督或监控的人员；③内部审计人员；④内部法律顾问； ⑤负责道德事务的人员。

如果适用的财务报告编制基础对关联方做出规定，编制财务报表要求管理层在治理层的监督下设计、执行和维护与关联方关系及其交易相关的适当控制，使得关联方关系及其交易能够按照适用的财务报告编制基础的要求得到识别、适当的会计处理和披露。

在实务中，由于某些原因，被审计单位可能不存在与关联方关系及其交易相关的控制或控制存在缺陷。如果这些控制无效或者不存在，注册会计师可能无法就关联方关系及其交易获取充分、适当的审计证据。在这种情况下，注册会计师需要考虑对审计工作(包括审计意见)的影响。

虚假财务报告通常与管理层凌驾于控制之上有关，而此时控制可能看似有效运行。如果管理层和参与交易的另一方之间具有控制或重大影响的关系，管理层凌驾于控制之上的风险就更高，其原因是这些关系可能表明管理层有更大的动机和机会实施舞弊。

(2)在检查记录或文件时对关联方信息保持警觉

某些安排或其他信息可能显示管理层以前未识别或未向注册会计师披露的关联方关系或关联方交易，在审计过程中检查记录或文件时，注册会计师应当对这些安排或其他信息保持警觉。某些安排可能显示存在管理层以前未识别或未向注册会计师披露的关联方关系或交易，如与其他机构或人员组成不具有法人资格的合伙企业；按照超出正常经营过程的交易条款和条件，向特定机构或人员提供服务的安排；担保和被担保关系。

①检查记录或文件。为确定是否存在管理层以前未识别或未向注册会计师披露的关联方关系或关联方交易，注册会计师应当对某些可能提供有关关联方关系及其交易信息的记录或文件进行检查。

②询问管理层。在实施上述审计程序时，如果识别出被审计单位超出正常经营过程的重大交易，注册会计师应当向管理层询问这些交易的性质以及是否涉及关联方。就超出正常经营过程的重大交易获取进一步的信息，有助于注册会计师评价是否存在舞弊风险因素，并能够在适用的财务报告编制基础对关联方做出规定的情况下识别重大错报风险。注册会计师针对超出正常经营过程的重大交易的性质所进行的询问，

通常涉及了解交易的商业理由、交易的条款和条件。如果交易涉及关联方，由于关联方参与超出正常经营过程的重大交易，可以通过成为交易的一方直接影响该交易，或是通过中间机构间接影响该交易，这些影响可能表明存在舞弊风险因素。

2. 识别和评估重大错报风险

识别和评估关联方关系及其交易导致的重大错报风险，并确定这些风险是否为特别风险。在确定时，注册会计师应当将识别出的、超出被审计单位正常经营过程的重大关联方交易导致的风险确定为特别风险。

如果在实施与关联方有关的风险评估程序和相关工作中识别出舞弊风险因素，包括与能够对被审计单位或管理层施加支配性影响的关联方有关的情形，注册会计师应当在识别和评估由于舞弊导致的重大错报风险时考虑这些信息。关联方施加的支配性影响可能表现在以下方面：

①关联方否决管理层或治理层做出的重大经营决策；

②重大交易需经关联方的最终批准；

③对关联方提出的业务建议，管理层和治理层未曾或很少进行讨论；

④对涉及关联方（或与关联方关系密切的家庭成员）的交易，极少进行独立复核和批准。

如果关联方在被审计单位的设立和日后管理中均发挥主导作用，也可能表明存在支配性影响。

在出现其他风险因素的情况下，存在具有支配性影响的关联方，可能表明存在由于舞弊导致的特别风险。如：

①异常频繁变更高级管理人员或专业顾问，可能表明被审计单位为关联方谋取利益而从事不道德或虚假的交易；

②利用中间机构从事难以判断是否具有正当商业理由的重大交易，可能表明关联方出于欺诈目的，通过控制这些中间机构从交易中获利；

③有证据显示关联方过度干涉或关注会计政策的选择或重大会计估计的做出，可能表明存在虚假财务报告。

3. 针对重大错报风险的应对措施

针对评估的与关联方关系及其交易的重大错报风险，注册会计师应当设计和实施进一步审计程序，以获取充分、适当的审计证据。

(1) 识别出可能表明存在管理层以前未识别出或未披露的关联方关系或交易的安排或信息

如果识别出可能表明存在管理层以前未识别出或未向注册会计师披露的关联方关系或交易的安排信息，注册会计师应当确定相关情况是否能够证实关联方关系或关联方交易的存在。

(2) 识别出管理层以前未识别出或未披露的关联方关系密切或重大关联方交易

如果识别出管理层以前未识别出或未向注册会计师披露的关联方关系或重大关联方交易，注册会计师应当：

①立即将相关信息向项目组其他成员通报。及时向项目组成员传达有关新识别的关联方信息，有助于项目组成员确定这些信息是否对已实施风险评估程序的结果和由此得出的结论产生影响，包括是否需要重新评估重大错报风险。

②在适用的财务报告编制基础对关联方做出规定的情况下，要求管理层识别与新识别出的关联方之间发生的所有交易，以便注册会计师做出进一步评价，并询问与关联方关系及其交易相关的控制为何未能识别或披露该关联方关系或交易。

③对新识别出的关联方或重大关联方交易实施恰当的实质性程序。

④重新考虑可能存在管理层以前未识别出或未向注册会计师披露的其他关联方或重大关联方交易的风险，如有必要，实施追加的审计程序。

⑤如果管理层不披露关联方关系或交易看似是有意的，因而显示可能存在由于舞弊导致的重大错报风险，评价这一情况对审计的影响。注册会计师因此还可能考虑是否有必要重新评价管理层对询问的答复以及管理层声明的可靠性。

(3) 识别出超出正常经营过程的重大关联方交易

对于识别出的超出正常经营过程的重大关联方交易，注册会计师应当：

①检查相关合同或协议（如有）。如果检查相关合同或协议，注册会计师应当评价：

a. 交易的商业理由（或缺乏商业理由）是否表明被审计单位从事交易的目的可能是为了对财务信息做出虚假报告或为了隐瞒侵占资产的行为；

b. 交易条款是否与管理层的解释一致；

c. 关联方交易是否已按照适用的财务报告编制基础得到恰当会计处理和披露。

②获取交易已经恰当授权和批准的审计证据。如果超出正常经营过程的重大关联方交易经管理层、治理层或股东（如适用）授权和批准，可以为注册会计师提供审计证据，表明该项交易已在被审计单位内部的适当层面进行了考虑，并在财务报表中恰当披露了交易的条款和条件。如果存在未经授权和批准的这类交易，且注册会计师与管理层或治理层进行讨论后仍未获取合理解释，则可能表明存在由于舞弊或错误导致的重大错报风险。在这种情况下，注册会计师可能需要对其他类似性质的交易保持警觉。

(4) 管理层在财务报表中做出认定

如果管理层在财务报表中做出认定，声明关联方交易是按照等同于公平交易中通行的条款执行的，注册会计师应当就该项认定获取充分、适当的审计证据。

针对关联方交易与类似公平交易的价格比较情况，注册会计师可以比较容易地获取审计证据。但实务中存在的困难，限制了注册会计师获取关联方交易与公平交易在所有其他方面都等同的审计证据。

根据《企业会计准则第 36 号——关联方披露》的规定，被审计单位管理层只有在提供确凿证据的情况下，才能披露关联方交易是公平交易。如果管理层认定关联方交易是按照等同于公平交易中通行的条款执行的，则管理层在编制财务报表时需要证实这项认定。管理层用于支持这项认定的措施可能包括：①将关联方交易条款与相同或类似的非关联方交易的条款进行比较；②聘请外部专家确定交易的市场价格，并确认交易的条款和条件；③将关联方交易条款与公开市场进行的类似交易的条款进行比较。因此，注册会计师应当检查关联方交易披露的充分性，同时就关联方交易为公平交易的披露进行评价。

4. 评价会计处理和披露

当按照《中国注册会计师审计准则第 1501 号——对财务报表形成审计意见和出具审计报告》的规定对财务报表形成审计意见时，注册会计师应当评价：

①识别出的关联方关系及其交易是否已按照适用的财务报告编制基础得到恰当会计处理和披露。

②关联方关系及其交易是否导致财务报表未实现公允反映。

5. 其他相关审计程序

(1) 获取书面声明

如果适用的财务报告编制基础对关联方做出规定，注册会计师应当向管理层和治理层（如适用）获取下列书面声明：

①已经向注册会计师披露了全部已知的关联方名称和特征、关联方关系及其交易；

②经按照适用的财务报告编制基础的规定，对关联方关系及其交易进行了恰当的会计处理和披露。

在下列情况下，注册会计师向治理层获取书面声明可能是适当的：

①治理层批准某项特定关联方交易，该项交易可能对财务报表产生重大影响或涉及管理层；

②治理层就某些关联方交易的细节向注册会计师做出口头声明；

③治理层在关联方或关联方交易中享有财务或者其他利益。

注册会计师还可能决定就管理层做出的某项特殊认定获取书面声明，如管理层对特殊关联方交易不涉及某些未予披露的“背后协议”的声明。

(2) 与治理层沟通

除非治理层全部成员参与管理被审计单位，注册会计师应当与治理层沟通审计工作中发现的与关联方相关的重大事项。注册会计师与治理层沟通审计工作中发现的与关联方相关的重大事项，有助于双方就这些事项的性质和解决方法达成共识。

7.5.3 考虑持续经营假设

持续经营假设是指被审计单位在编制财务报表时，假定其经营活动在可预见的将来会继续下去，不拟也不必终止经营或破产清算，可以在正常的经营过程中变现资产、清偿债务。持续经营假设通常是会计确认和计量的基本假定之一，对财务报表的编制和审计关系重大。通用目的财务报表是在持续经营基础上编制的，除非管理层计划将被审计单位予以清算或终止经营，或者除此之外没有其他现实可行的选择。

1. 管理层的责任和注册会计师的责任

(1) 管理层的责任

某些适用的财务报告编制基础明确要求管理层对持续经营能力做出评估，并规定了与此相关的需要考虑的事项和做出的披露。相关法律法规还可能对管理层评估持续经营能力的责任和相关财务报表披露做出具体规定。

管理层对持续经营能力的评估涉及在特定时点对事项或情况的未来结果做出判断，这些事项或情况的未来结果具有固有不确定性。下列因素与管理层的判断相关：

①某一事项或情况或其结果出现的时点距离管理层做出评估的时点越远，与事项或情况的结果相关的不确定性程度越强。因此，明确要求管理层对持续经营能力做出评估的大多数财务报告编制基础可能规定了管理层应当考虑所有可获得信息的期间。

②被审计单位的规模和复杂程度、经营活动的性质和状况以及被审计单位受外部因素影响的程度，将影响对事项或情况的结果做出的判断。

③对未来的所有判断都以做出判断时可获得的信息为基础。管理层做出的判断在当时情况下可能是合理的，但之后发生的事项可能导致事项或情况的结果与做出的判断不一致。

(2) 注册会计师的责任

在执行财务报表审计业务时，注册会计师的责任是就管理层在编制和列报财务报表时运用持续经营假设的适当性获取充分、适当的审计证据，并就持续经营能力是否存在重大不确定性得出结论。即使编制财务报表时采用的财务报告编制基础没有明确要求管理层对持续经营能力做出专门评估，注册会计师的这种责任仍然存在。

如果存在可能导致被审计单位不再持续经营的未来事项或情况，审计的固有限制对注册会计师发现重大错报能力的潜在影响会加大。注册会计师不能对这些未来事项或情况做出预测。相应地，注册会计师未在审计报告中提及持续经营的不确定性，不能被视为对被审计单位持续经营能力的保证。

2. 风险评估程序和相关活动

在实施风险评估程序时，注册会计师应当考虑是否存在可能导致对持续经营能力产生重大疑虑的事项或情况，并确定管理层是否已对被审计单位持续经营能力做出初步评估。

如果管理层已对持续经营能力做出初步评估，注册会计师应当与管理层进行讨论，并确定管理层是否已识别出单独或汇总起来可能导致对被审计单位持续经营能力产生重大疑虑的事项或情况；如果管理层已识别出这些事项或情况，注册会计师应当与其讨论应对计划；如果管理层未对持续经营能力做出初步评估，注册会计师应当与管理层讨论其拟运用持续经营假设的基础，询问管理层是否存在单独或汇总起来可能导致对被审计单位持续经营能力产生重大疑虑的事项或情况。

被审计单位在财务、经营以及其他方面存在的某些事项或情况可能导致经营风险，这些事项或情况单独或连同其他事项或情况可能导致对持续经营假设产生重大疑虑。

(1) 财务方面

被审计单位在财务方面存在的可能导致对持续经营假设产生重大疑虑的事项或情况主要包括：

①净资产为负或营运资金出现负数。

②定期借款即将到期，但预期不能展期或偿还，或过度依赖短期借款为长期资产筹资。

③存在债权人撤销财务支持的迹象。

④历史财务报表或预测性财务报表表明经营活动产生的现金流量净额为负数。

⑤关键财务比率不佳。

⑥发生重大经营亏损或用以产生现金流量的资产的价值出现大幅下跌。经营亏损可能是由于被审计单位经营管理不善引起的，也可能是行业整体不景气造成的。

⑦拖欠或停止发放股利。

⑧在到期日无法偿还债务。

⑨无法履行借款合同的条款。为了保证贷款的安全，银行往往在借款合同中订有诸如流动资金保持量、资本支出的限制等条款。一旦被审计单位无法履行这些条款，银行为保全其债权，就有可能要求被审计单位提前偿还借款，从而导致被审计单位的资金周转出现困难。

⑩与供应商由赊购变为货到付款。

⑪无法获得开发必要的新产品或进行其他必要的投资所需的资金。

(2) 经营方面

被审计单位在经营方面存在的可能导致对持续经营假设产生重大疑虑的事项或情况主要包括：

①管理层计划清算被审计单位或终止经营。

②关键管理人员离职且无人替代。如果关键管理人员离职且无人替代，则会对被审计单位的经营活动产生重大不利影响，从而使持续经营能力存在重大的不确定性。

③失去主要市场、关键客户、特许权、执照或主要供应商。

④出现用工困难问题。一些企业的生产经营高度依赖于科技研发人员、技术熟练工人等，如软件开发公司从事软件设计的关键人员。如果企业缺乏这些对持续经营具有决定性影响的人力资源，将可能无法持续经营。

⑤重要供应短缺。一些企业的生产经营高度依赖于重要原材料供应，一旦短缺，企业将可能无法持续经营。

⑥出现非常成功的竞争者。一旦出现非常成功的竞争者，将可能对企业产品市场、原材料供应、关键管理人员和重要员工的稳定性等诸多方面产生影响，进而可能影响企业的持续经营能力。

(3) 其他方面

被审计单位在其他方面存在的可能导致对持续经营假设产生重大疑虑的事项或情况主要包括：

①违反有关资本或其他法定要求。被审计单位在生产经营过程中如果严重违反有关法律法规或政策，则有可能被有关部门撤销或责令关闭，或被处以较大数额的罚款，这将导致被审计单位无法持续经营或对其持续经营能力产生重大影响。

②未决诉讼或监管程序，可能导致其无法支付索赔金额。

③法律法规或政府政策的变化预期会产生不利影响。如被审计单位的利润和现金流量主要来自于对境外子公司的投资分得的红利。如果该子公司所在国家加强了外汇管制，被审计单位能否收到红利存在重大不确定性，就可能影响其持续经营。

④对发生的灾害未购买保险或保额不足。不可抗力因素超出了企业可控制的预测的范围，企业可能因此无法开展正常的经营活动，从而导致无法持续经营。

需要说明的是，以上这些示例并不能涵盖所有事项或情况，也不意味着存在其中一个或多个项目就一定表明存在重大不确定性，就必然导致被审计单位无法持续经营。某些措施通常可以减轻这些事项或情况的严重性，注册会计师对此应做出职业判断。如果被审计单位存在资不抵债、无法偿还到期债务等事项或情况，这可能表明被审计单位存在因持续经营问题导致的重大错报风险，该项风险与财务报表整体广泛相关，从而会影响多项认定。

3. 评价管理层对持续经营能力做出的评估

持续经营假设是指被审计单位在编制财务报表时，假定其经营活动在可预见的将来会继续下去，而可预见的将来通常是指财务报表日后十二个月。

如果管理层评估持续经营能力涵盖的期间短于自财务报表日起的十二个月，注册会计师应当提请管理层将其至少延长至自财务报表日起的十二个月。

4. 超出管理层评估期间的事项或情况

如果识别出超出管理层评估期间的事项或情况，注册会计师可能需要提请管理层评价这些事项或情况对于其评估被审计单位持续经营能力的潜在重要性。

除询问管理层外，注册会计师没有责任实施其他任何审计程序，以识别超出管理层评估期间并可能导致对被审计单位持续经营能力产生重大疑虑的事项或情况。

5. 识别出事项或情况时实施追加的审计程序

如果识别出可能导致对持续经营能力产生重大疑虑的事项或情况，注册会计师应当通过实施追加的审计程序(包括考虑缓解因素)，获取充分、适当的审计证据，以确定是否存在重大不确定性。这些程序应当包括：

①如果管理层尚未对被审计单位持续经营能力做出评估，提请其进行评估；

②评价管理层与持续经营能力评估相关的未来应对计划，这些计划的结果是否可能改善目前的状况，以及管理层的计划对于具体情况是否可行；

③如果被审计单位已编制现金流量预测，且对预测的分析是评价管理层未来应对计划时所考虑的事项或情况的未来结果的重要因素，评价用于编制预测的基础数据的可靠性，并确定预测所基于的假设是否具有充分的支持；

④考虑自管理层做出评估后是否存在其他可获得的事实或信息；

⑤要求管理层和治理层(如适用)提供有关未来应对计划及其可行性的书面声明。

6. 审计结论与报告

注册会计师应当根据获取的审计证据，运用职业判断，确定是否存在与事项或情况相关的重大不确定性，且这些事项或情况单独或汇总起来可能导致对被审计单位持续经营能力产生重大疑虑。如果注册会计师根据职业判断认为，鉴于不确定性潜在影响的重要程度和发生的可能性，为了使财务报表实现公允反映，有必要适当披露该不确定性的性质和影响，则表明存在重大不确定性。

(1)被审计单位运用持续经营假设适当但存在重大不确定性

如果认为运用持续经营假设适合具体情况，但存在重大不确定性，注册会计师应当确定：①财务报表是否已充分描述可能导致对持续经营能力产生重大疑虑的主要事项或情况，以及管理层针对这些事项或情况的应对计划；②财务报表是否已清楚披露可能导致对持续经营能力产生重大疑虑的事项或情况存在重大不确定性，并由此导致被审计单位可能无法在正常的经营过程中变现资产和清偿债务。

如果财务报表已做出充分披露，注册会计师应当发表无保留意见，并在审计报告中增加强调事项段，强调可能导致对持续经营能力产生重大疑虑的事项或情况存在重大不确定性的事实，并提醒财务报表使用者关注财务报表附注中对所述事项的披露。

如果财务报表未做出充分披露，注册会计师应当按照《中国注册会计师审计准则第 1502 号——在审计报告中发表非无保留意见》的规定，恰当发表保留意见或否定意见。注册会计师应当在审计报告中说明，存在可能导致对被审计单位持续经营能力产生重大疑虑的重大不确定性。

如果财务报表已在持续经营基础上编制，但根据判断认为管理层在财务报表中运用持续经营假设是不适当的，注册会计师应当发表否定意见。

如果管理层不愿按照注册会计师的要求做出评估或延长评估期间，注册会计师应当考虑这一情况对审计报告的影响。

(2) 运用持续经营假设不适当

①如果注册会计师运用职业判断认为管理层在编制财务报表时运用持续经营假设是不适当的，则无论财务报表对管理层运用持续经营假设的不适当性是否做出披露，注册会计师均应发表否定意见。

②如果在具体情况下运用持续经营假设是不适当的，管理层选用其他编制基础编制财务报表。如果财务报表对此做出了充分披露，注册会计师可以发表无保留意见，并在审计意见段之后增加强调事项段，以提醒财务报表使用者注意替代基础及其使用理由。

(3) 严重拖延对财务报表的批准

如果管理层或治理层在财务报表日后严重拖延对财务报表的批准，注册会计师应当询问拖延的原因。如果认为拖延可能涉及与持续经营评估相关的事项或情况，注册会计师应当实施本准则第十五条所述的有必要实施的追加的审计程序，并考虑就存在的重大不确定性对审计结论的影响。

7.5.4 首次接受委托时对期初余额的审计

广义地讲，期初余额的审计，既包括注册会计师首次接受委托对被审计单位的财务报表进行审计时所涉及的如何审计财务报表期初余额问题，也包括注册会计师执行连续审计业务时所涉及的如何审计财务报表期初余额问题。对于后者，注册会计师在当期审计中通常只需关注被审计单位经审计的上期期末余额是否已正确结转至本期，或在适当的情况下已做出重新表述，很少再实施其他专门的审计程序。

从目前看，注册会计师首次接受被审计单位委托主要有两类情况：一是指会计师事务所在被审计单位财务报表首次接受审计的情况下接受的审计委托；二是指会计师事务所在被审计单位上期财务报表由其他会计师事务所审计的情况下接受的审计委托，即由于种种原因，被审计单位更换会计师事务所对其本期财务报表进行审计。

1. 期初余额的含义

期初余额是指期初存在的账户余额。期初余额以上期期末余额为基础，反映了以前期间的交易和事项以及上期采用的会计政策的结果。正确理解期初余额的含义，需要把握以下三点：

①期初余额是期初已存在的账户余额。

②期初余额反映了以前期间的交易和事项以及上期采用的会计政策的结果。

③期初余额与注册会计师首次审计业务相联系。所谓首次审计业务，是指在上期财务报表未经审计，或上期财务报表由前任注册会计师审计的情况下承接的审计业务。

注册会计师对财务报表进行审计，是对被审计单位所审期间财务报表发表审计意见，一般无须专门对期初余额发表审计意见，但因为期初余额是本期财务报表的基础，所以要对期初余额实施适当的审计程序。判断期初余额对本期财务报表的影响程度应着眼于以下三个方面：一是上期结转至本期的金额；二是上期所采用的会计政策；三是上期期末已存在的或有事项及承诺。注册会计师应以这三个方面的内容为重点，确定期初余额对本期财务报表的影响。

2. 期初余额的审计目标

在执行首次审计业务时，注册会计师针对期初余额的目标是，获取充分、适当的审计证据以确定：①期初余额是否含有对本期财务报表产生重大影响的错报；②期初余额反映的恰当的会计政策是否在本期财务报表中得到一贯运用，或会计政策的变更是否已按照适用的财务报告编制基础做出恰当的会计处理和充分的列报与披露。

(1) 确定期初余额是否含有对本期财务报表产生重大影响的错报

要确定期初余额是否存在对本期财务报表产生重大影响的错报，主要是判断期初余额的错报对本期财务报表使用者进行决策的影响程度，是否足以改变或影响其判断。如果期初余额存在对本期财务报表产生重大影响的错报，则注册会计师在审计中必须对此提出恰当的审计调整或披露建议；反之，注册会计师无须对此予以特别关注和处理。

(2) 确定期初余额反映的恰当的会计政策是否在本期财务报表中得到一贯运用，或会计政策的变更是否已按照适用的财务报告编制基础做出恰当的会计处理和充分的列报与披露

会计政策是指企业在会计确认、计量和报告中所采用的原则、基础和会计处理方法。按照《企业会计准则第 28 号——会计政策、会计估计变更和差错更正》的规定，企业采用的会计政策，在每一会计期间和前后各期应当保持一致，不得随意变更。但是，在满足下列条件之一的情形下，可以变更会计政策：①法律、行政法规或者国家统一的会计制度等要求变更会计政策。②会计政策变更能够提供更可靠、更相关的会计信息。会计政策变更能够提供更可靠、更相关的会计信息的，应当采用追溯调整法处理，即将会计政策变更累积影响数调整列报前期最早期初留存收益，其他相关项目的期初余额和列报前期披露的其他比较数据也应当一并调整，但确定该项会计政策变更累积影响数不切实可行的情况除外。《企业会计准则第 28 号——会计政策、会计估计变更和差错更正》同时对本期财务报表附注中披露与会计政策变更有关的信息方面的问题提出了明确要求。

因此，在审计期初余额时，注册会计师应当按照《企业会计准则第 28 号——会计政策、会计估计变更和差错更正》的有关要求，评价被审计单位是否一贯运用恰当的会计政策，或是否对会计政策的变更做出了正确的会计处理和恰当的列报。

3. 审计程序

为达到上述期初余额审计目标，注册会计师应当阅读审计单位最近期间的财务报表和相关披露，以及前任注册会计师出具的审计报告(如有)，获取与期初余额相关的信息。注册会计师对期初余额需要实施的审计程序的性质和范围取决于下列事项：①被审计单位运用的会计政策；②账户余额、各类交易和披露的性质以及本期财务报表存在的重大错报风险；③期初余额相对于本期财务报表的重要程度；④上期财务报表是否经过审计，如果经过审计，前任注册会计师的意见是否为非无保留意见。审计程序通常包括：

(1) 确定上期期末余额是否已正确结转至本期，或在适当的情况下已做出重新表述

上期期末余额已正确结转至本期，主要是指：①上期账户余额计算正确；②上期总账余额与各明细账余额合计数或日记账余额合计数相等；③上期各总账余额和相应的明细账余额或日记账余额已经分别恰当地过入本期的总账和相应的明细账或日记账。

上期期末余额通常应直接结转至本期。但在出现某些情形时，上期期末余额不应直接结转至本期，而应当做出重新表述。如企业会计准则和相关会计制度的要求发生变化，或者上期期末余额存在重大的前期差错，如果前期差错累积影响数能够确定，按规定应当采用追溯调整法进行更正。

(2) 确定期初余额是否反映对恰当会计政策的运用

注册会计师首先应了解、分析被审计单位所选用的会计政策是否恰当，是否符合适用的财务报告编制基础的要求，按照所选用会计政策对被审计单位发生的交易或事项进行处理，是否能够提供可靠、相关的会计信息；其次，如果认定被审计单位所选用的会计政策恰当，应确认该会计政策是否在每一会计期间和前后各期得到一贯执行，有无变更；最后，如果发现会计政策发生变更，应审核其变更理由是否充分，是否按规定予以变更，或者由于具体情况发生变化，会计政策变更能够提供更可靠、更相关的会计信息，并关注被审计单位是否已经按照适用的财务报告编制基础的要求，对会计政策变更做出适当的会计处理和充分披露。

如果被审计单位上期适用的会计政策不恰当或与本期不一致，注册会计师在实施期初余额审计时应提请被审计单位进行调整或予以披露。

(3) 实施一项或多项审计程序

注册会计师实施的一项或多项审计程序包括：

①如果上期财务报表已经审计，查阅前任注册会计师的审计工作底稿，以获取有关期初余额的审计证据。

a. 查阅前任注册会计师的工作底稿。查阅的重点通常限于对本期审计产生重大影响的事项，如前任注册会计师对上期财务报表发表的审计意见的类型和主要内容、针对上期财务报表的审计计划和审计总结等

b. 考虑前任注册会计师的独立性和专业胜任能力。注册会计师能否通过查阅前任注册会计师的审计工作底稿获取有关期初余额的充分、适当的审计证据，在很大程度上依赖于注册会计师对前任注册会计师的独立性和专业胜任能力的判断。如果认为前任注册会计师不具有独立性，或者不具有应有的专业胜任能力，则无法通过查阅其审计工作底稿获取有关期初余额的充分、适当的审计证据。

c. 与前任注册会计师沟通时的考虑。在与前任注册会计师沟通时，注册会计师应当无论在接受委托前、接受委托后，还是在发现前任注册会计师审计的财务报表可能存在重大错报时，均应当采取相应的措施。

②评价本期实施的审计程序是否提供了有关期初余额的审计证据。

③实施其他专门的审计程序，以获取有关期初余额的审计证据。

注册会计师应当根据期初余额有关账户的不同性质实施相应的审计程序。账户的性质主要按照账户属于资产类还是负债类、属于流动性还是非流动性等标准加以区分。

a. 对流动资产和流动负债的审计程序。对流动资产和流动负债，注册会计师通常可以通过本期实施的审计程序获取部分审计证据。对于存货，注册会计师还应当按照《中国注册会计师审计准则第 1311 号——对存货、诉讼和索赔、分部信息等特定项目获取审计证据的具体考虑》的规定，实施追加的审计程序。

b. 对非流动资产和非流动负债的审计程序。对非流动资产和非流动负债，注册会计师通常检查形成期初余额的会计记录和其他信息。在某些情况下，注册会计师可向第三方函证期初余额，或实施追加的审计程序。

4. 审计结论和审计报告

在对期初余额实施审计程序后，注册会计师应当分析已获取的审计证据，区分不同情况形成对被审计单位期初余额的审计结论，在此基础上确定其对本期财务报表出具审计报告的影响。

(1) 审计后不能获取有关期初余额的充分、适当的审计证据

如果不能针对期初余额获取充分、适当的审计证据，注册会计师需要在审计报告中发表下列类型之一的非无保留意见：

①发表适合具体情况的保留意见或无法表示意见；

②除非法律法规禁止，对经营成果和现金流量(如相关)发表保留意见或无法表示意见，而对财务状况发表无保留意见。

(2) 期初余额存在对本期财务报表产生重大影响的错报

如果期初余额存在对本期财务报表产生重大影响的错报，注册会计师应当告知管理层；如果上期财务报表由前任注册会计师审计，注册会计师还应当考虑提请管理层告知前任注册会计师。如果错报的影响未能得到正确的会计处理和恰当的列报，注册会计师应当对财务报表发表保留意见或否定意见。

(3) 会计政策变更对审计报告的影响

如果认为按照适用的财务报告编制基础与期初余额相关的会计政策未能在本期得到一贯运用，或者会计政策的变更未能得到恰当的会计处理或适当的列报与披露，注册会计师应当对财务报表发表保留意见或否定意见。

(4) 前任注册会计师对上期财务报表发表了非无保留意见

如果前任注册会计师对上期财务报表发表了非无保留意见，注册会计师应当考虑该审计报告对本期财务报表的影响。如果导致出具非标准审计报告的事项对本期财务报表仍然相关和重大，注册会计师应当对本期财务报表发表非无保留意见。

前任注册会计师对上期财务报表出具了非标准审计报告，对本期财务报表可能产生影响，也可能不再产生影响，注册会计师在审计中应当对具体问题作具体分析，不能一概而论。在某些情况下，导致前任注册会计师发表非无保留意见的事项可能与对本期财务报表发表的意见既不相关也不重大。

复习思考题

1. 简述错误与舞弊的含义及其种类。
2. 简述针对舞弊导致的重大错报风险的总体应对措施。
3. 论述针对舞弊导致的认定层次的重大错报风险实施的审计程序。
4. 简述财务报表审计中对法律法规的考虑的具体内容。
5. 论述与治理层沟通的主要内容。
6. 现任注册会计师如何与前任注册会计师和后任注册会计师沟通?
7. 简述注册会计师如何利用内部审计工作。
8. 简述注册会计师如何利用专家的工作。
9. 论述集团财务报表审计中的责任设定的主要内容。
10. 论述注册会计师如何了解集团审计组成部分的注册会计师并与之沟通。
11. 论述期初余额的审计目标。

第二篇 审计测试流程

第8章 风险评估

学习目标

掌握风险评估所要了解的主要内容，熟悉风险评估程序、信息来源及项目组内部的讨论涉及的主要内容；掌握并了解被审计单位及其环境的各个要素的内容；熟练掌握并了解被审计单位的内部控制的主要内容；熟悉识别和评估财务报表层次以及认定层次的重大错报风险，了解需要特别考虑的重大错报风险，即特别风险的具体内容。

注册会计师实施风险导向审计，其目标是对财务报表不存在由于错误或舞弊导致的重大错报获取合理保证。风险导向审计是当今主流的审计方法，它要求注册会计师评估财务报表重大错报风险，设计和实施进一步审计程序以应对评估的错报风险，根据审计结果出具恰当的审计报告。

8.1 风险评估综述

8.1.1 风险评估所要了解的主要内容

1. 出台审计风险准则的过程回顾

审计风险准则项目最早由国际审计与鉴证准则理事会(IAASB)起草，并受到联合工作组(Joint Working Group)和美国公共监督理事会(Public Oversight Board)的审计效率研究工作组(原美国注册会计师协会下设组织)的影响。1998 年，加拿大、英国、美国的准则制定机构与学者组成联合工作组，了解和研究审计实务的发展情况，并为准则制定机构对审计准则做出必要修订提供建议。2000 年 5 月，联合工作组发表了研究报告《大型会计师事务所审计方法的发展》。2000 年 8 月，公共监督理事会发表了关于审计效率的研究报告。这两份报告的主要研究结论是，审计风险基本模型并没有被废弃，但需要做出适当的调整。

国际审计与鉴证准则理事会和美国审计准则委员会(ASB，原美国注册会计师协会下设组织)都确定了有关项目，应对审计环境变化，并考虑联合工作组和公共监督理事会的研究建议。由于两个准则制定机构面临相似的问题，具有提高审计质量的共同目的，因此两个项目小组合并成立了联合风险评估工作组，制定共同的审计风险准则，从源头上实现国际协调。

在审计风险准则项目开始的初期，相继发生了一些国际知名公司财务舞弊丑闻，严重损害了社会公众对审计有效性的信心，并导致准则制定机构对注册会计师的工作进行大量和深入的调查。尽管国际审计与鉴证准则理事会(IAASB)起草的审计风险准则项目并不是直接针对这些审计失败而直接做出的应对，但准则项目随后的调整、修改和完善(特别是对整个审计过程加以改进的思路)的确受到了这些重大事件的影响。国际审计与鉴证准则理事会(IAASB)也希望借这些准则提高全球范围内的审计实务标准及其运用的一致性。

联合风险评估工作组于 2002 年 10 月发布了审计风险准则征求意见稿，包括《财务报表审计的目标和一般原则》《审计证据》《了解被审计单位及其环境并评估重大错报风险》和《针对评估的重大错报风险实施的程序》。2003 年 10 月，国际审计与鉴证准则理事会在东京的会议上对征求意见稿进行了最后修订，获得委员会通过，审计风险准则在 2004 年 12 月 15 日之后正式施行。

随着经济全球化进程的加快，和国际接轨成为了必然的选择，由于我国经济的快速发展，以及我国企业经营环境的急速变化，我国的审计准则建设自然将面临许多挑战，主要体现在：行业面临的风险有日益增大的趋势；现行审计实务不能有效地应对财务报表重大错报风险；审计风险准则的出台导致国际审计准则出现很大变化；我国与其他国家和地区的经济依存度日益提高，审计准则国际趋同的要求越来越迫切。面对上述挑战，迫切需要注册会计师行业出台和国际趋同的审计风险准则，以提高审计质量，降低行业风险。

2. 我国审计风险准则的特点

我国的审计风险准则经过 2006 年 2 月 15 日、2010 年 11 月 1 日、2016 年 12 月 23 日三次重大变化，与 2006 年 2 月 15 日之前出台的审计准则相比较，审计风险准则具有以下特点。

(1)要求注册会计师加强对被审计单位及其环境的了解

注册会计师应当实施必要程序，更广泛和更深入地了解被审计单位及其环境的各个方面，包括了解内部控制，为识别财务报表层次以及各类交易、账户余额、列报和披露认定层次重大错报风险提供更好的基础。

(2)要求注册会计师在审计的所有阶段都要实施风险评估程序

注册会计师应当将识别的风险与认定层次可能发生错报的领域相联系，实施更为严格的风险评估程序，而不能直接将风险设定为高水平。

(3)要求注册会计师将识别和评估的风险与实施的审计程序挂钩

在设计和实施进一步审计程序时，主要指控制测试和实质性程序，注册会计师应当将审计程序的性质、时间安排和范围与识别、评估的风险相联系，以防止机械地利用程序表从形式上迎合审计准则对程序的要求。这里的程序表通常是指设计好了有固定格式的审计工作底稿范本。

(4)要求注册会计师针对重大的各类交易、账户余额、列报或披露实施实质性程序

注册会计师对重大错报风险评估是一种判断，被审计单位内部控制存在固有限制，无论评估的重大错报风险结果如何，注册会计师均应当针对重大的各类交易、账户余额、列报或披露实施实质性程序，不得将实质性程序仅集中在例外事项上。

(5)要求注册会计师将识别、评估和应对风险的关键程序形成审计工作记录，以保证执业质量，明确执业责任

审计风险准则的出台，有利于降低审计失败发生的概率，增强社会公众对行业的信赖；有利于严格审计程序，识别、评估和应对重大错报风险；有利于明确审计责任，实施有效的质量控制；有利于促使注册会计师掌握新知识和新技能，提高整个行业的专业水平。另外，审计风险准则对注册会计师风险评估程序以及依据风险评估结果实施进一步审计程序的影响很大，所以，也影响审计工作的各个方面。

3. 我国对审计风险评估的总体要求

《中国注册会计师审计准则第 1211 号——通过了解被审计单位及其环境识别和评估重大错报风险》作为专门规范风险评估的准则，规定注册会计师应当了解被审计单位及其环境，以充分识别和评估财务报表的重大错报风险，设计和实施进一步审计程序。

了解被审计单位及其环境是必要程序，并为注册会计师在下列关键环节做出职业判断提供重要基础。

(1)确定重要性水平，并随着审计工作的进程评估对重要性水平的判断是否仍然适当。

(2)考虑会计政策的选择和运用是否恰当，以及财务报表的列报(包括披露，下同)是否适当。

(3)识别需要特别考虑的领域，包括关联方交易、管理层运用持续经营假设的合理性，或交易是否具有合理的商业目的等。

(4)确定在实施分析程序时所使用的预期值。

(5)设计和实施进一步审计程序，以便将审计风险降至可接受的低水平。

(6)评价所获取审计证据的充分性和适当性。这也可以理解为风险评估的作用。

了解被审计单位及其环境是一个连续和动态地收集、更新与分析信息的过程，贯穿于整个审计过程的始终。注册会计师应当运用职业判断确定需要了解被审计单位及其环境的程度。

评价对被审计单位及其环境了解的程度是否恰当，关键是看注册会计师对被审计单位及其环境的了解是否足以识别和评估财务报表重大错报风险。如果了解被审计单位及其环境获得的信息足以识别和评估财务报表重大错报风险，设计和实施进一步审计程序，那么了解的程度就是恰当的。当然，要求注册会计师对被审计单位及其环境了解的程度，高于管理层为经营管理企业而对被审计单位及其环境需要了解的程度，是不恰当的。

8.1.2 风险评估程序、信息来源及项目组内部的讨论

1. 风险评估程序和信息来源

风险评估程序是指为了了解包括内部控制在内的被审计单位及其环境，以便识别和评估财务报表层次和认定层次的重大错报风险(无论该风险由舞弊还是错误导致)而实施的审计程序。注册会计师了解被审计单位及其环境，目的就是为了识别和评估财务报表层次的重大错报风险。注册会计师应该实施下列风险评估程序以了解被审计单位及其环境。

①询问被审计单位管理层和内部其他相关的人员。

②分析程序。

③观察和检查。

这些程序的具体内容如下。

(1) 询问被审计单位管理层和内部其他相关的人员

实施的这个风险评估程序是注册会计师了解被审计单位及其环境的一个重要信息来源。注册会计师可以考虑向管理层和财务负责人询问下列事项。

①管理层所关注的主要问题。例如新的竞争对手、主要客户和供应商的流失、新的宏观经济政策以及经营目标或战略的变化等。

②被审计单位最近的财务状况、经营成果和现金流量。

③可能影响财务报告的交易和事项，或者目前发生的重大会计处理问题。如重大的资产重组事宜等。

④被审计单位发生的其他重要变化。例如所有权结构、组织结构的变化以及内部控制的变化等。

尽管注册会计师通过询问管理层和财务负责人可以获取大部分信息，但是询问被审计单位内部的其他人士可能为注册会计师提供不同的信息，这就有助于注册会计师识别重大错报风险。因此，注册会计师除了询问管理层和对财务报告负有责任的人员外，还应该考虑询问内部审计人员、采购人员、生产人员、销售人员等其他人员，并考虑询问不同级别的员工，以获取对识别重大错报风险有用的信息。在确定向被审计单位的哪些人员进行询问以及询问哪些问题时，注册会计师还应该考虑采用何种信息才有助于其识别和评估重大错报风险。

①询问治理层，有助于注册会计师理解编制财务报表的环境。

②询问内部审计人员，有助于注册会计师了解其针对被审计单位内部控制设计和运行有效性而实施的工作，以及管理层对内部审计发现的问题是否采取适当的措施。

③询问参与生成、处理或记录复杂或异常交易的员工，有助于注册会计师评估被审计单位选择和运用某项会计政策的适当性。

④询问内部法律顾问，有助于注册会计师了解有关法律法规的遵循情况、产品保证和售后责任、与包括合营企业、合作企业在内的业务合作伙伴的关系、合同条款的含义以及诉讼情况等。

⑤询问营销或销售人员，有助于注册会计师了解被审计单位的营销策略及其变化、销售趋势以及与客户的合同安排。

⑥询问采购人员和生产人员，有助于注册会计师了解被审计单位的原材料采购和产品生产等情况。

⑦询问仓库保管人员，有助于注册会计师了解原材料、产成品等存货的进出、保管和盘点等情况。

(2) 实施分析程序

分析程序是指注册会计师通过研究不同财务数据之间以及财务数据与非财务数据之间的内在关系，对财务信息做出评价。分析程序还包括调查识别出的、与其他相关的信息不一致或与预期数据严重偏离的波动和关系。

分析程序既可用作风险评估程序和实质性程序，也可用于对财务报表的总体复核。注册会计师实施分析程序有助于识别异常的交易或事项，以及对财务报表和审计产生影响的金额、比率和趋势。在实施分析程序时，注册会计师应该预期可能存在的合理关系，并与被审计单位记录的金额、依据记录金额计算的比率或趋势相比较。如果发现异常或未预期到的关系，注册会计师应当在识别重大错报风险时考虑这些比较结果。

如果使用了高度汇总的数据，实施分析程序的结果仅可能初步显示财务报表存在重大错报风险，注册会计师应当将分析结果连同识别重大错报风险时获取的其他信息一并考虑。例如被审计单位存在很多产品系列，各个产品系列的毛利率存在一定的差异。对总体毛利率实施分析程序的结果仅可能初步显示销售成本存在重大错报风险，注册会计师需要实施更为详细的分析程序。再比如，对每个产品系列进行毛利率分析，或者将总体毛利率分析的结果连同其他信息一并考虑。

(3) 观察和检查

实施观察和检查程序可以印证对管理层和其他相关人员的询问结果，并可提供有关被审计单位及其环境的信息，具体的内容主要包括以下几方面。

①观察被审计单位的生产经营活动。观察被审计单位人员正在从事的生产活动和内部控制活动，可以增加注册会计师对被审计单位人员如何进行生产经营活动及实施内部控制的了解。

②检查文件、记录和内部控制手册。检查被审计单位的章程，与其他单位签订的合同、协议，各业务流程操作指引和内部控制手册等，可以了解被审计单位组织结构和内部控制制度的建立健全情况。

③阅读由管理层和治理层编制的报告。阅读被审计单位年度和中期财务报告，股东大会、董事会会议、高级管理层会议的会议记录或纪要，管理层的讨论和分析资料，经营计划和战略，对重要经营环节和外部因素的评价，被审计单位内部管理报告以及其他特殊目的报告(例如新投资项目的可行性分析报告)等，可以了解自上一审计结束至本期审计期间被审计单位发生的重大事项。

④实地察看被审计单位的生产经营场所和设备。通过现场访问和实地察看被审计单位的生产经营场所和设备，可以帮助注册会计师了解被审计单位的性质及其经营活动。在实地察看被审计单位的厂房和办公场所的过程中，注册会计师有机会与被审计单位的管理层和担任不同职责的员工进行交流，可以增强注册会计师对被审计单位的经营活动及其重大影响因素的了解。

⑤追踪交易在财务报告信息系统中的处理过程(穿行测试)。这是注册会计师了解被审计单位业务流程及其相关控制时经常使用的审计程序。通过追踪某笔或某几笔交易在业务流程中如何生成、记录、处理和报告，以及相关内部控制如何执行，注册会计师可以确定被审计单位的交易流程和相关控制是否与之前通过其他程序所获得的了解一致，并确定相关的控制是否得到执行。

2. 其他审计程序和信息来源

(1) 其他审计程序

除了采用上述程序从被审计单位内部获取信息以外，如果根据职业判断认为从被审计单位外部获取的信息有助于识别重大错报风险，注册会计师就应该实施其他审计程序以便获取这些信息。例如询问被审计单位聘请的外部法律顾问、专业评估师、投资顾问和财务顾问等。

阅读外部信息也可能有助于注册会计师了解被审计单位及其环境。外部信息包括证券分析师、银行、评级机构出具的有关被审计单位及其所处行业的经济或市场环境等状况的报告，贸易与经济方面的期刊杂志，法规或金融出版物，以及政府部门或民间组织发布的行业报告和统计数据等。

(2) 其他信息来源

注册会计师应该考虑在承接客户或续约过程中获取的信息，以及向被审计单位提供其他服务所获得的经验是否有助于识别重大错报风险。通常，对新的审计业务，注册会计师应该在业务承接阶段对被审计单位及其环境有一个初步的了解，以确定是否承接该业务。而对连续审计业务，也应该在每年的续约过程中对上一年的审计作总体评价，并更新对被审计单位的了解和风险评估结果，以便确定是否续约。注册会计师还应该考虑向被审计单位提供其他服务(例如执行中期财务报表审阅业务)所获得的经验是否有助于识别重大错报风险。

对于连续审计业务，如果拟利用在以前期间获取的信息，注册会计师应该确定被审计单位及其环境是否已经发生变化，以及该变化是否可能影响以前期间获取的信息在本期审计中的相关性。通过前期审计获取的有关被审计单位的组织结构、生产经营活动和内部控制的审计证据，以及有关以往的错报和错报是否得到及时更正的信息，可以帮助注册会计师评估本期财务报表的重大错报风险。但值得注意的是，被审计单位或其环境的变化可能导致此类信息在本期审计中已不具有相关性。假如注册会计师前期已经了解了内部控制的设计和执行情况，但被审计单位及其环境可能在本期发生变化，就会导致内部控制也发生相应的变化。在这种情况下，注册会计师需要实施询问和其他适当的审计程序(例如穿行测试)，以便确定该变化是否可能影响此类信息在本期审计中的相关性。

需要说明的是，注册会计师从六个方面(这六个方面的内容将在本章下一节作详细介绍)了解被审计单位及其环境，但注册会计师无须在了解每个方面时都实施以上所有的风险评估程序。其实在了解内部控制时就通常不用分析程序。但是，在按照准则的要求对被审计单位及其环境获取了解的整个过程中，注册会计师通常会实施上述所有的风险评估程序。

3. 项目组内部的讨论

(1)讨论的目标

项目组内部的讨论为项目组成员提供了交流信息和分享见解的机会。项目组通过讨论可以使成员更好地了解在各自分工负责的领域中，由于舞弊或错误导致财务报表重大错报的可能性，并了解各自实施审计程序的结果如何影响审计的其他方面，包括对确定进一步审计程序的性质、时间安排和范围的影响。

(2)讨论的内容

项目组应该讨论被审计单位面临的经营风险、财务报表容易发生错报的领域以及发生错报的方式。特别是由于舞弊导致重大错报的可能性。

(3)参与讨论的人员

注册会计师应该运用职业判断确定项目组内部参与讨论的成员。本准则第十六条规定，项目组的关键成员应该参与讨论，如果项目组需要拥有信息技术或其他特殊技能的专家，那么这些专家也应该参与讨论。参与讨论人员的范围受项目组成员的职责经验和信息需要的影响。如果是跨地区的审计业务，那么每个重要地区项目组的关键成员就应该参加讨论，但不要求所有成员每次都参与项目组的讨论。

(4)讨论的时间和方式

项目组应该根据审计的具体情况，在整个审计过程中持续交换有关财务报表发生重大错报可能性的信息。

根据《中国注册会计师审计准则第 1101 号——注册会计师的总体目标和审计工作的基本要求》的规定，在计划和实施审计工作时，注册会计师应该保持职业怀疑态度，认识到可能存在导致财务报表发生重大错报的情形。项目组在讨论时应该强调在整个审计过程中保持职业怀疑，警惕可能发生重大错报的迹象，并对这些迹象进行严格追踪。通过讨论，项目组成员可以交流和分享在整个审计过程中获得的信息，包括可能对重大错报风险评估产生影响的信息或针对这些风险实施审计程序的信息。

项目组还可以根据实际情况讨论其他重要事项。

8.2 了解被审计单位及其环境

注册会计师应该运用职业判断从下列方面了解被审计单位及其环境。

(1)相关行业状况、法律环境和监管环境及其他外部因素。
(2)被审计单位的性质。
(3)被审计单位对会计政策的选择和运用。
(4)被审计单位的目标、战略以及可能导致重大错报风险的相关经营风险。
(5)对被审计单位财务业绩的衡量和评价。
(6)被审计单位的内部控制。

其中的第(1)项为被审计单位的外部环境，第(2)、(3)、(4)、(6)项为被审计单位的内部因素，而第(5)项则既有外部因素也有内部因素，并且被审计单位及其环境的各个方面可能会相互影响，所以注册会计师在对被审计单位及其环境的各个方面进行了解和评估时，应该考虑各因素之间的相互作用。

8.2.1 行业状况、法律环境与监管环境以及其他外部因素

1. 行业状况

了解行业状况有助于注册会计师识别与被审计单位所处行业有关的重大错报风险。注册会计师应该了解被审计单位的行业状况，主要包括以下几方面。
(1)所处行业的市场与竞争，包括市场需求、生产能力和价格竞争。
(2)生产经营的季节性和周期性。
(3)与被审计单位产品相关的生产技术。
(4)能源供应与成本。
(5)行业的关键指标和统计数据。

2. 法律环境及监管环境

了解法律环境与监管环境的主要原因如下。
(1)某些法律法规或监管要求可能对被审计单位经营活动有重大影响，如果不遵守将导致停业等严重后果。
(2)某些法律法规或监管要求(如环保法规等)规定了被审计单位某些方面的责任和义务。
(3)某些法律法规或监管要求决定了被审计单位需要遵循的行业惯例和核算要求。
注册会计师应该了解被审计单位所处的法律环境及监管环境，主要包括以下几方面。
(1)会计原则和行业特定惯例。
(2)受管制行业的法规框架。
(3)对被审计单位经营活动产生重大影响的法律法规，包括直接的监管活动。
(4)税收政策(关于企业所得税和其他税种的政策)。
(5)目前对被审计单位开展经营活动产生影响的政府政策，如货币政策(包括外汇管制)、财政政策、财政刺激措施(如政府援助项目)、关税或贸易限制政策等。
(6)影响行业和被审计单位经营活动的环保要求。

3. 其他外部因素

注册会计师应该了解影响被审计单位经营的其他外部因素，主要包括以下几方面。
(1)当前的宏观经济状况以及未来的发展趋势如何?
(2)目前国内或本地区的经济状况(如增长率、通货膨胀、失业率、利率等)怎样影响被审计单位的经营活动?
(3)被审计单位的经营活动是否受到汇率波动或全球市场力量的影响?

8.2.2 被审计单位的性质

1. 所有权结构

对被审计单位所有权结构的了解有助于注册会计师识别关联方关系并了解被审计单位的决策过程。同

时，注册会计师可能需要对其控股母公司(股东)的情况做进一步的了解，包括控股母公司的所有权性质，管理风格及其对被审计单位经营活动及财务报表可能产生的影响。控股母公司与被审计单位在资产、业务、人员、机构、财务等方面是否分开，是否存在占用资金等情况。控股母公司是否施加压力，要求被审计单位达到其设定的财务业绩目标。

2. 治理结构

良好的治理结构可以对被审计单位的经营和财务运作实施有效的监督，从而降低财务报表发生重大错报的风险。注册会计师应该考虑治理层是否能够在独立于管理层的情况下对被审计单位事务(包括财务报告)做出客观判断。

3. 组织结构

复杂的组织结构可能导致某些特定的重大错报风险。注册会计师应该了解被审计单位的组织结构，考虑复杂的组织结构可能导致的重大错报风险，包括财务报表合并、商誉摊销和减值、长期股权投资核算以及特殊目的实体核算等问题。

4. 经营活动

了解被审计单位经营活动有助于注册会计师识别预期在财务报表中反映的主要交易类别、重要账户余额和列报。了解的内容主要包括但不要限于以下几方面。

(1)主营业务的性质。

(2)与生产产品或提供劳务相关的市场信息。

(3)业务的开展情况。

(4)联盟、合营与外包情况。

(5)从事电子商务的情况。

(6)地区与行业分布。

(7)生产设施、仓库和办公室的地理位置，存货存放地点和数量。

(8)关键客户。

(9)货物和服务的重要供应商。

(10)劳动用工安排。

(11)研究与开发活动及其支出。

(12)关联方交易。

5. 投资活动

了解被审计单位的投资活动有助于注册会计师关注被审计单位在经营策略和方向上的重大变化。注册会计师应该了解被审计单位的投资活动。主要包括但不限于以下几方面。

(1)近期拟实施或已实施的并购活动与资产处置情况，包括业务重组或某些业务的终止。

(2)证券投资、委托贷款的发生与处置。

(3)资本性投资活动，包括固定资产和无形资产投资，近期或计划发生的变动，以及重大的资本承诺等。

(4)不纳入合并范围的投资。例如联营、合营或其他投资，包括近期计划的投资项目。

6. 筹资活动

了解被审计单位的筹资活动有助于注册会计师评估被审计单位在融资方面的压力，并进一步考虑被审计单位在可预见的未来的持续经营能力。注册会计师应该了解被审计单位的筹资活动。主要包括但不限于以下几方面。

(1)债务结构和相关的条款，包括资产负债表外融资和租赁安排。

(2) 主要子公司和联营企业(无论是否处于合并范围内)的重要融资安排。

(3) 实际受益方及关联方，无论实际受益方是国内的还是国外的，其商业声誉和经验可能对被审计单位产生的影响。

(4) 衍生金融工具的使用。无论衍生金融工具是用于交易目的还是套期目的，以及运用的种类、范围和交易对手等。

7. 财务报告

财务报告具体是指以下几方面。

(1) 会计政策和行业特定惯例，包括特定行业的重要活动(例如银行业的贷款和投资、医药行业的研究与开发活动)。其中，会计政策是指企业进行会计核算和编制会计报表时所采用的具体原则、方法和程序。

(2) 收入确认惯例。

(3) 公允价值会计核算。

(4) 外币资产、负债与交易。

(5) 异常或复杂交易(包括在有争议的或新兴领域的交易)的会计处理(例如对股份支付的会计处理)。

8.2.3 被审计单位对会计政策的选择和运用

1. 重大和异常交易的会计处理方法

有些被审计单位可能存在与其所处行业相关的重大交易，例如商业银行向客户发放贷款、证券公司对外投资、医药企业的研究与开发活动等，注册会计师应该考虑重大的和不经常发生的交易的会计处理方法是否适当。

2. 在缺乏权威性标准或共识、有争议的或新兴领域采用重要会计政策产生的影响

在缺乏权威性标准与共识的领域，注册会计师应该关注被审计单位选用了哪些会计政策，为什么选用这些会计政策以及选用这些会计政策产生的影响。

3. 会计政策的变更

如果被审计单位变更了重要的会计政策，注册会计师就应该考虑变更的原因及其适当性，即考虑以下几方面。

(1) 会计政策的变更是否是法律、行政法规或者适用的会计准则和相关的会计制度要求的变更。

(2) 会计政策变更是否能够提供更加可靠、更加相关的会计信息。并且，注册会计师还应该关注会计政策的变更是否得到恰当处理和充分披露。

4. 新颁布的财务报告准则、法律法规，以及被审计单位何时采用、如何采用这些规定

新企业会计准则自 2007 年 1 月 1 日起在上市公司施行，并鼓励其他企业执行。注册会计师应该考虑被审计的上市公司是否已经按照新会计准则的要求，做好衔接调整工作，并收集执行新会计准则需要的信息资料。

除上述与会计政策的选择和运用相关的事项外，注册会计师还应该对下列与会计政策运用相关的情况予以关注。

(1) 是否采用激进的会计政策、方法、估计和判断。

(2) 财会人员是否拥有足够的运用会计准则的知识、经验和能力。

(3) 是否拥有足够的资源支持会计政策的运用，例如人力资源及培训、信息技术的采用、数据和信息的采集等。

另外，注册会计师还应该考虑被审计单位是否按照适用的会计准则和相关的会计制度的规定恰当地进行了列报，披露重要事项。列报和披露的主要内容包括但不限于财务报表及其附注的格式、结构安排、内

容、财务报表项目使用的术语、披露信息的明细程度、项目在财务报表中的分类以及列报信息的来源等。注册会计师应该考虑被审计单位是否已经对特定事项做了适当的列报和披露。

8.2.4 被审计单位的目标、战略以及相关的经营风险

1. 目标、战略与经营风险

目标是企业经营活动的指针。企业管理层或治理层一般会根据企业经营面临的外部环境和内部各种因素，制定合理可行的经营目标。战略是企业管理层为了实现经营目标采用的总体层面的策略和方法。为了实现某个既定的经营目标，企业可能有多个可行战略。经营风险是指可能对被审计单位实现目标和实施战略的能力产生不利影响的重大状况、事项、情况、作为(或不作为)所导致的风险，或由于制定不恰当的目标和战略而导致的风险。不同的企业可能面临不同的经营风险，这取决于企业经营的性质、所处的行业、外部监管环境、企业的规模和复杂程度。管理层有责任识别和应对这些风险。不能随环境的变化而做出相应的调整固然可能产生经营风险。但是，在调整的过程中也可能导致经营风险。

注册会计师应该了解被审计单位是否存在与下列方面有关的目标和战略，并考虑相应的经营风险。

(1)行业发展，其潜在的风险可能是被审计单位不具备足以应对行业变化的人力资源和业务专长等。

(2)开发新产品或提供新服务，其潜在的风险可能是被审计单位产品责任增加等。

(3)业务扩张，其潜在的风险可能是被审计单位对市场需求的估计不正确等。

(4)新的会计要求,其潜在的风险可能是被审计单位不当执行相关的会计要求,或会计处理成本增加等。

(5)监管要求，其潜在的风险可能是被审计单位法律责任增加等。

(6)本期及未来的融资条件，其潜在的风险可能是被审计单位由于无法满足融资条件而失去融资机会等。

(7)信息技术的运用，其潜在的风险可能是被审计单位信息系统与业务流程难以融合等。

(8)实施战略的影响，特别是由此产生的需要运用新的会计要求的影响。

2. 经营风险对重大错报风险的影响

经营风险与财务报表重大错报风险是既有联系又相互区别的两个概念，前者比后者范围更广。注册会计师了解被审计单位的经营风险有助于其识别财务报表重大错报风险。但并非所有的经营风险都与财务报表相关，注册会计师没有责任识别或评估对财务报表没有影响的经营风险。多数经营风险最终都会产生财务后果，从而影响财务报表，但并非所有的经营风险都会导致重大错报风险。经营风险可能对各类交易、账户余额以及列报认定层次或财务报表层次产生直接影响。注册会计师应该根据被审计单位的具体情况考虑经营风险是否可能导致财务报表发生重大错报。

3. 被审计单位的风险评估过程

管理层通常制定识别和应对经营风险的策略，注册会计师应该了解被审计单位的风险评估过程。此类风险评估过程是被审计单位内部控制的组成部分。

4. 对小型被审计单位的考虑

小型被审计单位通常没有正式的计划和程序来确定其目标、战略，并管理经营风险。注册会计师应该询问管理层或观察小型被审计单位如何应对这些事项，以获取了解，并评估重大错报风险。

8.2.5 被审计单位财务业绩的衡量和评价

被审计单位管理层经常会衡量和评价关键的包含财务的和非财务的业绩指标、预算及差异分析、分部信息和分支机构、部门或其他层次的业绩报告以及与竞争对手的业绩比较。此外，外部机构也会衡量和评价被审计单位的财务业绩，例如分析师的报告和信用评级机构的报告。

1. 了解的主要方面

在了解被审计单位财务业绩衡量和评价情况时，注册会计师应该关注下列信息。

(1)关键业绩指标(财务的或非财务的)、关键比率、趋势和经营统计数据。

(2)同期财务业绩比较分析。

(3)预测、预算、差异分析，分部信息与分部、部门或其他不同层次的业绩报告。

(4)员工业绩考核与激励性报酬政策。

(5)被审计单位与竞争对手的业绩比较。

2. 关注内部财务业绩衡量的结果

内部财务业绩衡量可能显示未预期到的结果或趋势。在这种情况下，管理层通常会进行调查并采取纠正措施。与内部财务业绩衡量相关的信息可能显示财务报表存在错报风险，例如内部财务业绩衡量可能显示被审计单位与同行业其他单位相比具有异常快的增长率或盈利水平，此类信息如果与业绩奖金或激励性报酬等其他因素结合起来考虑，可能显示管理层在编制财务报表时存在某种倾向的错报风险。所以，注册会计师应该关注被审计单位内部财务业绩衡量所显示的未预期到的结果或趋势、管理层的调查结果和纠正措施，以及相关的信息是否显示财务报表可能存在重大错报。

3. 考虑财务业绩衡量指标的可靠性

如果拟利用被审计单位内部信息系统生成的财务业绩衡量指标，注册会计师应该考虑相关的信息是否可靠，以及利用这些信息是否足以实现审计目标。许多财务业绩衡量中使用的信息可能由被审计单位的信息系统生成。如果被审计单位管理层在没有合理基础的情况下，认为内部生成的衡量财务业绩的信息是正确的，而实际上信息有误，那么根据有误的信息得出的结论也可能是错误的。如果注册会计师计划在审计中，比如实施分析程序时，利用财务业绩指标，就应该考虑相关的信息是否可靠，以及在实施审计程序时利用这些信息是否足以发现重大错报。

4. 对小型被审计单位的考虑

小型被审计单位通常没有正式的财务业绩衡量和评价程序，管理层往往依据某些关键指标，作为评价财务业绩和采取适当行动的基础，注册会计师应该了解管理层使用的关键指标。

需要强调的是，注册会计师了解被审计单位财务业绩的衡量与评价，是为了考虑管理层是否面临实现某些关键财务业绩指标的压力。这些压力既可能源于需要达到市场分析师或股东的预期，也可能产生于达到获得股票期权或管理层和员工奖金的目标。受压力影响的人员可能是高级管理人员(包括董事会)，也可能是可以操纵财务报表的其他经理人员，例如子公司或分支机构管理层可能为了达到奖金目标操纵财务报表。

在评价管理层是否存在歪曲财务报表的动机和压力时，注册会计师还应该考虑可能存在的其他情形。

8.3 了解被审计单位的内部控制

了解被审计单位的内部控制是识别和评估重大错报风险、设计和实施进一步审计程序的基础。注册会计师应该了解与审计相关的内部控制以识别潜在错报的类型，考虑导致重大错报风险的因素，以及设计和实施进一步审计程序的性质、时间安排和范围。

8.3.1 内部控制综述

1. 内部控制的含义和要素

内部控制是被审计单位为了合理保证财务报告的可靠性、经营的效率和效果以及对法律法规的遵守，由治理层、管理层和其他人员设计与执行的政策及程序。可以从以下几个方面理解内部控制。

（1）内部控制的目标

内部控制的目标是合理保证以下几方面。

(1) 财务报告的可靠性，这个目标与管理层履行财务报告编制责任密切相关。

(2) 经营的效率和效果，即经济有效地使用企业资源，以最优方式实现企业的目标。

(3) 遵守适用的法律法规的要求，即在法律法规的框架下从事经营活动。

（2）内部控制的责任主体

设计和实施内部控制的责任主体是治理层、管理层和其他人员，组织中的每一个人都对内部控制负有责任。

（3）实现内部控制目标的手段是设计和执行控制政策与程序

内部控制包括下列要素。

(1) 控制环境。

(2) 风险评估过程。

(3) 有与财务报告相关的信息系统和沟通。

(4) 控制活动。

(5) 对控制的监督。

值得指出的是，本准则采用了财务报告舞弊研究全国委员会（The Committee of Sponsoring Organization of the Treadway Commission，COSO）发布的内部控制框架，被审计单位可能并不一定采用这种分类方式来设计和执行内部控制。对内部控制要素的分类提供了了解内部控制的框架，但无论对内部控制要素如何进行分类，注册会计师都应该重点考虑被审计单位某项控制，是否能够以及如何防止或发现并纠正各类交易、账户余额、列报存在的重大错报。也就是说，在了解和评价内部控制时，采用的具体分析框架及控制要素的分类可能并不唯一，重要的是控制能否实现控制目标。注册会计师可以使用不同的框架和术语描述内部控制的不同方面，但必须涵盖上述内部控制五个要素所涉及的各个方面。

被审计单位设计和执行内部控制的具体方式会因被审计单位的规模和复杂程度的不同而不同。小型被审计单位通常采用非正式和简单的内部控制实现其目标，参与日常经营管理的业主（以下简称业主）可能承担多项职能，内部控制要素没有得到清晰区分，注册会计师应该综合考虑小型被审计单位内部控制要素能否实现其目标。

2. 与审计相关的控制

内部控制的目标旨在合理保证财务报告的可靠性、经营的效率和效果以及对法律法规的遵守。注册会计师审计的目标是对财务报表是否存在重大错报发表审计意见，尽管要求注册会计师在财务报表审计中考虑与财务报表编制相关的内部控制，但目的并非对被审计单位内部控制的有效性发表意见。注册会计师需要了解和评价的内部控制只是与财务报表审计相关的内部控制，并非被审计单位所有的内部控制。

被审计单位的目标与为了实现目标提供合理保证的控制之间存在直接关系。被审计单位的目标和控制，与财务报告、经营及合规有关，但这些目标和控制并非都与注册会计师的风险评估相关。

注册会计师在判断一项控制单独或连同其他控制是否与审计相关时可能考虑下列事项。

(1) 重要性。

(2) 相关风险的重要程度。

(3) 被审计单位的规模。

(4) 被审计单位业务的性质，包括组织结构和所有权特征。

(5) 被审计单位经营的多样性和复杂性。

(6) 适用的法律法规。

(7) 内部控制的情况和适用的要素。

(8) 作为内部控制组成部分的系统（包括使用服务机构）的性质和复杂性。

(9) 一项特定的控制（单独或连同其他控制）是否以及如何防止或发现并纠正重大错报。

如果在设计和实施进一步审计程序时拟利用被审计单位内部生成的信息，针对该信息完整性和准确性的控制可能与审计相关。如果与经营目标和合规目标相关的控制与注册会计师实施审计程序时评价或使用的数据相关，那么这些控制也可能与审计相关。

用以防止未经授权购买、使用或处置资产的内部控制，可能包括与财务报告目标和经营目标相关的控制。注册会计师对这些控制的考虑通常仅限于与财务报告可靠性相关的控制。

被审计单位通常有一些与内部控制目标相关但与审计无关的控制，注册会计师无须对其加以考虑。例如被审计单位可能依靠某个复杂的自动化控制系统提高经营活动的效率和效果(比如航空公司用于维护航班时间表的自动控制系统)，但这些控制通常与审计无关。

3. 对内部控制了解的深度

对内部控制了解的深度是指在了解被审计单位及其环境时对内部控制了解的程度。包括评价控制的设计，并确定其是否得到执行，但不包括对控制是否得到一贯执行的测试。

(1) 评价控制的设计

注册会计师在了解内部控制时，应该评价控制的设计，并确定其是否得到执行。评价控制的设计是指考虑一项控制单独或连同其他控制是否能够有效防止或发现并纠正重大错报。控制得到执行是指某项控制存在且被审计单位正在使用。评估一项无效控制的运行设计没有什么意义，因此，需要首先考虑控制的设计。设计不当的控制可能表明存在值得关注的内部控制缺陷。

(2) 获取控制设计和执行的审计证据

注册会计师通常实施下列风险评估程序，以获取有关控制设计和执行的审计证据。

①询问被审计单位的人员。

②观察特定控制的运用。

③检查文件和报告。

④追踪交易在财务报告信息系统中的处理过程(穿行测试)。这些程序是风险评估程序在了解被审计单位内部控制方面的具体运用。

询问本身并不足以评价控制的设计以及确定其是否得到执行，注册会计师应该将询问与其他风险评估程序结合使用。

(3) 了解内部控制与测试控制运行有效性的关系

除非存在某些可以使控制得到一贯运行的自动化控制，注册会计师对控制的了解并不能够代替对控制运行有效性的测试。道理很简单，假设获取某个人工控制在某个时点得到执行的审计证据，并不能证明该控制在所审计期间内的其他时点也有效运行。但是，信息技术可以使被审计单位持续一贯地对大量数据进行处理，提高了被审计单位监督控制活动运行情况的能力，信息技术还可以通过对应用软件、数据库、操作系统设置安全控制来实现有效的职责划分。由于信息技术处理流程的内在一贯性，实施审计程序确定某项自动控制是否得到执行，也可能实现对控制运行有效性测试的目标。

4. 内部控制的人工和自动化成分

(1) 考虑内部控制的人工和自动化特征及其影响

大多数被审计单位出于编制财务报告和实现经营目标的需要使用信息技术。然而，即使信息技术得到广泛使用，人工因素仍然会存在这些系统中。不同的被审计单位采用的控制系统中人工控制和自动化控制的比例是不同的。在一些小型的生产经营不太复杂的被审计单位，可能以人工控制为主。而在另外一些被审计单位，可能以自动化控制为主。内部控制可能既包括人工成分又包括自动化成分，在风险评估以及设计和实施进一步审计程序时，注册会计师应该考虑内部控制的人工和自动化特征及其影响。

内部控制采用人工系统还是自动化系统，将影响交易生成、记录、处理和报告的方式。在以人工为主的系统中，内部控制一般包括批准和复核业务活动，编制调节表并对调节项目进行跟踪。当采用信息技术系统生成、记录、处理和报告交易时，交易的记录形式(例如订购单、发票、装运单及相关的会计记录)可能是电子文档而不是纸质文件。信息技术系统中的控制可能既有自动控制（例如嵌入计算机程序的控制）又有人工控制。人工控制可能独立于信息技术系统，利用信息技术系统生成的信息，也可能限于监督信息技术系统和自动控制的有效运行或者处理例外事项。如果采用信息技术系统处理交易和其他数据，那么系统和程序可能包括与财务报表重大账户认定相关的控制或者包括人工控制作用的有效发挥。被审计单位的性质和经营的复杂程度会对采用人工控制和自动控制的成分组合产生影响。

(2)信息技术的优势及相关的内部控制风险

信息技术通常在下列方面提高被审计单位内部控制的效率和效果。

①在处理大量的交易或数据时，一贯运用事先确定的业务规则，并进行复杂运算。

②提高信息的及时性、可获得性及准确性。

③促进对信息的深入分析。

④提高对被审计单位的经营业绩及其政策和程序执行情况进行监督的能力。

⑤降低控制被规避的风险。

⑥通过对应用程序系统、数据库系统和操作系统执行安全控制，提高不相容职务分离的有效性。

但是，信息技术也可能对内部控制产生特定的风险。注册会计师应该从下列方面了解信息技术对内部控制产生的特定风险。

①所依赖的系统或程序不能正确处理数据，或处理了不正确的数据，或两种情况并存。

②未经授权访问数据，可能导致数据的毁损或对数据不恰当的修改，包括记录未经授权或不存在的交易，或不正确地记录了交易，多个用户同时访问同一数据库可能会造成特定风险。

③信息技术人员可能获得超越其职责范围的数据访问权限，因此，破坏了系统应有的职责分工。

④未经授权改变主文档的数据。

⑤未经授权改变系统或程序。

⑥未能对系统或程序做出必要的修改。

⑦不恰当的人为干预。

⑧可能丢失数据或不能访问所需要的数据。

(3)人工控制的适用范围及相关的内部控制风险

内部控制的人工成分在处理下列需要主观判断或酌情处理的情形时可能更为适当。

①存在大额、异常或偶发的交易。

②存在难以界定、预计或预测的错误的情况。

③针对变化的情况，需要对现有的自动化控制进行人工干预。

④监督自动化控制的有效性。

但是，由于人工控制由人执行，受人为因素的影响，也产生了特定的风险，注册会计师应该从下列方面了解人工控制产生的特定风险。

①人工控制可能更容易被规避、忽视或凌驾。

②人工控制可能不具有一贯性。

③人工控制可能更容易产生简单的错误或失误。

相对于自动控制，人工控制的可靠性较差。为此，注册会计师应该考虑人工控制在下列情形中可能是不适当的。

①存在大量或重复发生的交易。

②事先可预计和预测的错误能够通过自动化控制参数得以防止或发现并纠正。

③用特定的方法实施控制的控制活动可得到适当设计和自动化处理。

内部控制风险的程度和性质受被审计单位信息系统的性质和特征的影响。因此，在了解内部控制时，注册会计师应该考虑被审计单位是否通过建立有效的控制，以恰当应对由于使用信息技术系统或人工系统而产生的风险。

5. 内部控制的局限性

(1) 内部控制的固有局限性

内部控制存在固有的局限性，无论如何有效，只能为被审计单位实现财务报告目标提供合理的保证。内部控制存在的固有局限性包括以下几方面。

①在决策时人为判断可能出现错误和由于人为失误而导致内部控制失效。例如被审计单位信息技术工作人员没有完全理解系统如何处理销售交易，为了使系统能够处理新型产品的销售，可能错误地对系统进行更改/或者对系统的更改是正确的，但是程序员没能把此次更改转化为正确的程序代码。

②可能由于两个或更多的人员进行串通或管理层凌驾于内部控制之上而被规避。例如管理层可能与客户签订背后协议，对标准的销售合同做出变动，从而导致收入确认发生错误。再如，软件中的编辑控制旨在发现和报告超过赊销信用额度的交易，但这种控制可能被逾越或规避。

此外，如果被审计单位内部行使控制职能的人员素质不适应岗位要求，也会影响内部控制功能的正常发挥。被审计单位实施内部控制的成本效益问题也会影响其效能，当实施某项控制成本大于控制效果而发生损失时，就没有必要设置控制环节或控制措施。内部控制一般都是针对经常而重复发生的业务而设置的，如果出现不经常发生或未预计到的业务，原有控制就可能不适用。

(2) 对小型被审计单位的考虑

小型被审计单位拥有的员工通常较少，限制了其职责分离的程度。业主凌驾于内部控制之上的可能性较大。注册会计师应该考虑一些关键领域是否存在有效的内部控制。

8.3.2 内部控制的要素

1. 控制环境

(1) 控制环境的含义

控制环境包括治理职能和管理职能，以及治理层和管理层对内部控制及其重要性的态度、认识和措施。控制环境设定了被审计单位的内部控制基调，影响员工对内部控制的认识和态度。良好的控制环境是实施有效内部控制的基础。防止或发现并纠正舞弊和错误是被审计单位治理层和管理层的责任。在评价控制环境的设计和实施情况时，注册会计师应该了解管理层在治理层的监督下，是否营造并保持了诚实守信和合乎道德的文化，以及是否建立了防止或发现并纠正舞弊和错误的恰当控制。实际上，在审计业务承接阶段，注册会计师就需要对控制环境做出初步了解和评价。

(2) 对诚信和道德价值观念的沟通与落实

诚信和道德价值观念是控制环境的重要组成部分，影响到重要业务流程的设计和运行。内部控制的有效性直接依赖于负责创建、管理和监控内部控制的人员的诚信和道德价值观念。被审计单位是否存在道德行为规范，以及这些规范如何在被审计单位内部得到沟通和落实，决定了是否能产生诚信和道德的行为。对诚信和道德价值观念的沟通与落实既包括管理层如何处理不诚实、非法或不道德行为，也包括在被审计单位内部，通过行为规范以及高层管理人员的身体力行，对诚信和道德价值观念的营造和保持。

注册会计师在了解和评估被审计单位诚信与道德价值观念的沟通及落实时，考虑的主要因素可能包括以下几方面。

①被审计单位是否有书面的行为规范并向所有员工传达。

②被审计单位的企业文化是否强调诚信和道德价值观念的重要性。

③管理层是否身体力行，高级管理人员是否起表率作用。

④对违反有关政策和行为规范的情况，管理层是否采取适当的惩罚措施。

(3) 对胜任能力的重视

胜任能力是指具备完成某个职位的工作所应有的知识和能力。管理层对胜任能力的重视包括对于特定工作所需的胜任能力水平的设定，以及对达到该水平所必需的知识和能力的要求。注册会计师应该考虑主要管理人员和其他相关的人员是否能够胜任承担的工作与职责，例如财会人员是否对编报财务报表所适用的会计准则和相关的会计制度有足够的了解，并能正确运用。

注册会计师在就被审计单位对胜任能力的重视情况进行了解和评估时，考虑的主要因素可能包括。

①财会人员以及信息管理人员是否具备与被审计单位业务性质和复杂程度相称的足够的胜任能力及培训。在发生错误时，是否通过调整人员或系统来加以处理。

②管理层是否配备足够的财会人员以适应业务发展和有关方面的需要。

③财会人员是否具备理解和运用会计准则所需的技能。

(4)治理层的参与程度

被审计单位的控制环境在很大的程度上受治理层的影响。治理层的职责应在被审计单位的章程和政策中予以规定。治理层(董事会)通常通过其自身的活动，并在审计委员会或类似机构的支持下，监督被审计单位的财务报告政策和程序。因此，董事会、审计委员会或类似机构应该关注被审计单位的财务报告，并监督被审计单位的会计政策以及内部、外部的审计工作和结果。治理层的职责还包括监督用于复核内部控制有效性的政策和程序设计是否合理，执行是否有效。

治理层对控制环境影响的要素有治理层相对于管理层的独立性、成员的经验和品德、对被审计单位业务活动的参与程度、治理层行为的适当性、治理层所获得的信息、管理层对治理层所提出问题的追踪程度，以及治理层与内部审计人员和注册会计师的互动等。

注册会计师在对被审计单位治理层的参与程度进行了解和评估时，考虑的主要因素可能包括以下几方面。

①董事会是否建立了审计委员会或类似机构。

②董事会、审计委员会或类似机构是否与内部审计人员以及注册会计师有联系和沟通，联系和沟通的性质以及频率是否与被审计单位的规模和业务复杂程度相匹配。

③董事会、审计委员会或类似机构的成员是否具备适当的经验和资历。

④董事会、审计委员会或类似机构是否独立于管理层。

⑤审计委员会或类似机构会议的数量和时间是否与被审计单位的规模和业务复杂程度相匹配。

⑥董事会、审计委员会或类似机构是否充分地参与了监督编制财务报告的过程。

⑦董事会、审计委员会或类似机构是否对经营风险的监控有足够的关注，进而影响被审计单位和管理层的风险评估进程。

⑧董事会成员是否保持相对的稳定性。

(5)管理层的理念和经营风格

管理层负责企业的运作以及经营策略和程序的制定、执行与监督。控制环境的每个方面在很大的程度上都受管理层采取的措施和做出决策的影响，或在某些情况下受管理层不采取某些措施或不做出某种决策的影响。在有效的控制环境中，管理层的理念和经营风格可以创造一个积极的氛围，促进业务流程和内部控制的有效运行，同时创造一个减少错报发生可能性的环境。在管理层以一个或少数几个人为主时，管理层的理念和经营风格对内部控制的影响尤为突出。

管理层的理念包括管理层对内部控制的理念，即管理层对内部控制以及对具体控制实施环境的重视程度。管理层对内部控制的重视，将有助于控制的有效执行，并减少特定的控制被忽视或规避的可能性。控制理念反映在管理层制定的政策、程序及所采取的措施中，而不是反映在形式上。因此，要使控制理念成为控制环境的一个重要特质，管理层必须告知员工内部控制的重要性。同时，只有建立适当的管理层控制机制，控制理念才能产生预期的效果。

衡量管理层对内部控制重视程度的重要标准，是管理层收到有关内部控制弱点及违规事件的报告时是否做出适当反应。管理层及时地下达纠弊措施，表明他们对内部控制的重视，也有利于加强企业内部的控制意识。

此外，了解管理层的经营风格也很有必要，管理层的经营风格可以表明管理层所能接受的业务风险的性质。注册会计师应该考虑的问题包括管理层是否谨慎从事，只有在对方案的风险和潜在的利益进行仔细研究分析后才进一步采取措施。了解管理层的经营风格有助于注册会计师判断哪些因素影响管理层对待内部控制的态度，哪些因素影响在编制财务报表时所作的判断，特别是在做出会计估计以及选用会计政策时。这种了解也有助于注册会计师进一步认识管理层的能力和经营动机。注册会计师对管理层的能力和诚信越有信心，就越有理由依赖管理层提供的信息和做出的解释及声明。相反，如果对管理层经营风格的了解加重了注册会计师的怀疑，注册会计师就会加大职业怀疑的程度，从而对管理层的各种声明产生怀疑。因此，了解管理层的经营风格对注册会计师评估重大错报风险有着重要的意义。

注册会计师在了解和评估被审计单位管理层的理念和经营风格时，考虑的主要因素可能包括以下几方面。

①管理层是否对内部控制，包括信息技术的控制，给予了适当的关注。

②管理层是否由一个或几个人所控制，而董事会、审计委员会或类似机构对其是否实施了有效监督。

③管理层在承担和监控经营风险方面是风险偏好者还是风险规避者。

④管理层在选择会计政策和做出会计估计时是倾向于激进还是保守。

⑤管理层对于信息管理人员以及财会人员是否给予了适当关注。

⑥对于重大的内部控制和会计事项，管理层是否征询注册会计师的意见，或者经常在这些方面与注册会计师存在不同的意见。

(6)组织结构及职权与责任的分配

被审计单位的组织结构为计划、运作、控制及监督经营活动提供了一个整体框架。通过集权或分权决策，可以在不同的部门之间进行适当的职责划分，建立适当层次的报告体系。组织结构将影响权力、责任和工作任务在组织成员中的分配。被审计单位的组织结构将在一定的程度上取决于被审计单位的规模和经营活动的性质。

注册会计师应该考虑被审计单位组织结构中是否采用向个人或小组分配控制职责的方法，是否建立了执行包括交易授权在内的特定职能的授权机制，是否确保每个人都能清楚地了解报告关系和责任。注册会计师还需审查对分散经营活动的监督是否充分。有效的权责分配制度有助于形成整体的控制意识。

注册会计师应该关注组织结构及权责分配方法的实质而不是仅仅关注其形式。相应地，注册会计师应该考虑相关的人员对政策与程序的整体认识水平和遵守程度，以及管理层对其实施监督的程度。

注册会计师对组织结构的审查，有助于其确定被审计单位的职责划分应该达到何种程度，也有助于其评价被审计单位在这方面的不足会对整体审计策略产生的影响。

信息系统处理环境是注册会计师对组织结构及权责分配方法进行审查的一个重要方面。注册会计师应该考虑信息系统职能部门的结构安排是否明确了责任分配，授权和批准系统变化的职责分配，以及是否明确程序开发、运行及使用者之间的职责划分。

注册会计师在对被审计单位组织结构和职权与责任的分配进行了解和评估时，考虑的主要因素可能包括以下几方面。

①在被审计单位内部是否有明确的职责划分，是否将业务授权、业务记录、资产保管和维护，以及业务执行的责任尽可能地分离。

②数据的所有权划分是否合理。

③是否已针对授权交易建立适当的政策和程序。

(7)人力资源政策与实务

政策与程序(包括内部控制)的有效性，通常取决于执行人。因此，被审计单位员工的能力与诚信是控制环境中不可缺少的因素。人力资源政策与实务涉及招聘、培训、考核、晋升和薪酬等方面。被审计单位是否有能力招聘并保留一定的数量的既有能力又有责任心的员工在很大的程度上取决于其人事政策与实务。

注册会计师在对被审计单位人力资源政策与实务进行了解和评估时，考虑的主要因素可能包括以下几方面。

①被审计单位在招聘、培训、考核、咨询、晋升、薪酬、补救措施等方面是否都有适当的政策和实务(特别是在会计、财务和信息系统方面)。

②是否有书面的员工岗位职责手册，或者在没有书面文件的情况下，对于工作职责和期望是否做了适当的沟通和交流。

③人力资源政策与程序是否清晰，并且定期发布和更新。

④是否设定适当的程序，对分散在各地区和海外的经营人员建立和沟通人力资源政策与程序。

综上所述，注册会计师应该对控制环境的构成要素获取足够的了解，并考虑内部控制的实质及其综合效果，以了解管理层和治理层对内部控制及其重要性的态度、认识以及所采取的措施。

在评价控制环境各个要素时，注册会计师应该考虑控制环境各个要素是否得到执行。因为管理层也许建立了一个合理的内部控制，但却未有效执行。

在确定构成控制环境的要素是否得到执行时，注册会计师应该考虑将询问与其他风险评估程序相结合以获取审计证据。通过询问管理层和员工，注册会计师可能了解管理层如何就业务规程和道德价值观念与员工进行沟通。通过观察和检查，注册会计师可能了解管理层是否建立了正式的行为守则，在日常工作中行为守则是否得到遵守，以及管理层如何处理违反行为守则的情形。

控制环境对重大错报风险的评估具有广泛影响，注册会计师应该考虑控制环境的总体优势是否为内部控制的其他要素提供了适当的基础，并且未被控制环境中存在的缺陷所削弱。

注册会计师在评估重大错报风险时，存在令人满意的控制环境是一个积极的因素。虽然令人满意的控制环境并不能绝对防止舞弊，但却有助于降低发生舞弊的风险。有效的控制环境还为注册会计师相信在以前年度和期中所测试的控制将继续有效运行提供一定的基础。相反，控制环境中存在的弱点可能削弱控制的有效性。

控制环境本身并不能防止或发现并纠正各类交易、账户余额、披露认定层次的重大错报，注册会计师在评估重大错报风险时，应该将控制环境连同其他内部控制要素产生的影响一并考虑。

在小型被审计单位，可能无法获取以文件形式存在的有关控制环境要素的审计证据。例如小型被审计单位可能没有书面的行为守则，管理层对道德价值和专业胜任能力的推崇，通常是通过管理层在经营管理过程中展示的行为和态度得到体现。所以，注册会计师应该重点了解管理层对内部控制设计的态度、认识和措施。

2. 被审计单位的风险评估过程

(1)被审计单位风险评估过程的含义

任何经济组织在经营活动中都会面临各种各样的风险，风险对其生存和竞争能力产生影响。很多风险并不为经济组织所控制，但管理层应该确定可以承受的风险水平，识别这些风险并采取一定的应对措施。

可能产生风险的事项和情形包括以下几方面。

①监管及经营环境的变化。监管和经营环境的变化会导致竞争压力的变化以及重大的相关风险。

②新员工的加入。新员工可能对内部控制有不同的认识和关注点。

③新信息系统的使用或对原系统进行升级。信息系统的重大变化会改变与内部控制相关的风险。

④业务快速发展。快速的业务扩张可能会使内部控制难以应对，从而增加内部控制失效的可能性。

⑤新技术。将新技术运用于生产过程和信息系统可能改变与内部控制相关的风险。

⑥新生产型号、产品和业务活动。进入新的业务领域和发生新的交易可能带来新的与内部控制相关的风险。

⑦企业重组。重组可能带来裁员以及管理职责的重新划分，将影响与内部控制相关的风险。

⑧发展海外经营。海外扩张或收购会带来新的并且往往是特别的风险，进而可能影响内部控制，例如外币交易的风险。

⑨新的会计准则。采用新的或变化了的会计准则可能会增大财务报告发生重大错报的风险。

风险评估过程的作用是识别、评估和管理影响被审计单位实现经营目标能力的各种风险。而针对财务报告目标的风险评估过程则包括识别与财务报告相关的经营风险，评估风险的重大性和发生的可能性，以及采取措施管理这些风险。

被审计单位的风险评估过程包括识别与财务报告相关的经营风险，以及针对这些风险所采取的措施。注册会计师应该了解被审计单位的风险评估过程和结果。

(2) 对风险评估过程的了解

在评价被审计单位风险评估过程的设计和执行时，注册会计师应该确定管理层如何识别与财务报告相关的经营风险，如何估计该风险的重要性，如何评估风险发生的可能性，以及如何采取措施管理这些风险。如果被审计单位的风险评估过程符合其具体情况，了解被审计单位的风险评估过程和结果有助于注册会计师识别财务报表的重大错报风险。注册会计师在对被审计单位整体层面的风险评估过程进行了解和评估时，考虑的主要因素可能包括以下几方面。

①被审计单位是否已建立并沟通其整体目标，并辅以具体策略和业务流程层面的计划。

②被审计单位是否已建立风险评估过程，包括识别风险，估计风险的重大性，评估风险发生的可能性以及确定需要采取的应对措施。

③被审计单位是否已建立某种机制，识别和应对可能对被审计单位产生重大且普遍影响的变化，例如在金融机构中建立资产负债管理委员会，在制造型企业中建立期货交易风险管理小组等。

④会计部门是否建立了某种流程，以识别会计准则的重大变化。

⑤当被审计单位业务操作发生变化并影响交易记录的流程时，是否存在沟通渠道以通知会计部门。

⑥风险管理部门是否建立了某种流程，以识别经营环境包括监管环境发生的重大变化。

注册会计师可以通过了解被审计单位及其环境的其他方面信息，评价被审计单位风险评估过程的有效性。在了解被审计单位的业务情况时，如果发现了某些经营风险，注册会计师就应该了解管理层是否也意识到这些风险以及如何应对。在对业务流程的了解中，注册会计师还可能进一步地获得被审计单位有关业务流程的风险评估过程的信息。在销售循环中，如果发现了销售的截止性错报的风险，注册会计师应该考虑管理层是否也识别了该错报风险以及如何应对该风险。

注册会计师应该询问管理层识别出来的经营风险，并考虑这些风险是否可能导致重大错报。

在审计过程中，如果发现与财务报表有关的风险因素，注册会计师就可以通过向管理层询问和检查有关文件确定被审计单位的风险评估过程是否也发现了该风险。如果识别出管理层未能识别的重大错报风险，注册会计师就应该考虑被审计单位的风险评估过程为何没有识别出这些风险，以及评估过程是否适合具体的环境。

(3) 对小型被审计单位的考虑

在小型被审计单位，管理层可能没有正式的风险评估过程。注册会计师仍然应该与管理层讨论其如何识别经营风险以及如何应对这些风险。

3. 信息系统与沟通

(1) 与财务报告相关的信息系统的含义

与财务报告相关的信息系统包括用以生成、记录、处理和报告交易、事项和情况，对相关的资产、负债和所有者权益履行经营管理责任的程序和记录。交易可能通过人工或自动化程序生成。记录包括识别和收集与交易、事项有关的信息。处理包括编辑、核对、计量、估价、汇总和调节活动，可能由人工或自动化程序来执行。报告是指用电子或书面形式编制财务报告和其他信息，供被审计单位用于衡量和考核财务及其他方面的业绩。

与财务报告相关的信息系统应该与业务流程相适应。业务流程是指被审计单位开发、采购、生产、销售、发送产品和提供服务、保证遵守法律法规、记录信息等一系列活动。与财务报告相关的信息系统所生成信息的质量，对管理层能否做出恰当的经营管理决策以及编制可靠的财务报告具有重大影响。与财务报告相关的信息系统通常包括下列职能。

①识别与记录所有的有效交易。

②及时、详细地描述交易，以便在财务报告中对交易做出恰当分类。

③恰当计量交易，以便在财务报告中对交易的金额做出准确记录。

④恰当确定交易生成的会计期间。

⑤在财务报表中恰当地列报交易。

(2)对与财务报告相关的信息系统的了解

注册会计师应该从下列方面了解与财务报告相关的信息系统：

①在被审计单位经营过程中，对财务报表具有重大影响的各类交易。

②在信息技术和人工系统中，被审计单位的交易生成、记录、处理、必要的更正、结转至总账以及在财务报表中报告的程序。

③用以生成、记录、处理和报告(包括纠正不正确的信息以及信息如何结转至总账)交易的会计记录、支持性信息和财务报表中的特定账户。

④被审计单位的信息系统如何获取除交易以外的对财务报表重大的事项和情况。

⑤用于编制被审计单位财务报表(包括做出的重大会计估计和披露)的财务报告过程。

⑥与会计分录相关的控制，这些分录包括用以记录非经常性的、异常的交易或调整的非标准会计分录。

自动化程序和控制可能降低了发生无意错误的风险，但是并没有消除个人凌驾于控制之上的风险。某些高级管理人员可能篡改自动过入总分类账和财务报告系统的数据金额。当被审计单位运用信息技术进行数据的传递时，发生篡改可能不会留下痕迹或证据。

(3)与财务报告相关的沟通的含义

与财务报告相关的沟通包括使员工了解各自在与财务报告有关的内部控制方面的角色和职责、员工之间的工作联系，以及向适当级别的管理层报告例外事项的方式。

公开的沟通渠道有助于确保例外情况得到报告和处理。沟通可以采用政策手册、会计和财务报告手册和备忘录等形式进行，也可以通过发送电子邮件、口头儿沟通和管理层的行动来进行。

(4)对与财务报告相关的沟通的了解

注册会计师应该了解被审计单位内部如何对财务报告的岗位职责以及与财务报告相关的重大事项进行沟通。注册会计师还应该了解管理层与治理层(特别是审计委员会)之间的沟通，以及被审计单位与外部(包括与监管部门)的沟通。具体包括以下几方面。

①管理层就员工的职责和控制责任是否进行了有效沟通。

②针对可疑的不恰当事项和行为是否建立了沟通渠道。

③组织内部沟通的充分性是否能够使人员有效地履行职责。

④对于与客户、供应商、监管者和其他外部人士的沟通，管理层是否及时采取适当的进一步行动。

⑤被审计单位是否受到某些监管机构发布的监管要求的约束。

⑥外部人士例如客户和供应商在多大的程度上获知被审计单位的行为守则。

(5)对小型被审计单位的考虑

在小型被审计单位，与财务报告相关的信息系统和沟通可能不如大型被审计单位正式和复杂。管理层可能会更多地参与日常经营管理活动和财务报告活动，不需要很多书面的政策和程序指引，也没有复杂的信息系统和会计流程。由于小型被审计单位的规模较小，报告层次较少，因此，小型被审计单位可能比大型被审计单位更容易实现有效的沟通。注册会计师应该考虑这种特征对评估重大错报风险的影响。

4. 控制活动

(1)与审计相关的控制活动的含义

控制活动是指有助于确保管理层的指令得以执行的政策和程序。包括与授权、业绩评价、信息处理、实物控制和职责分离等相关的活动。

①授权。注册会计师应该了解与授权有关的控制活动，包括一般授权和特别授权。

授权的目的在于保证交易在管理层授权范围内进行。一般授权是指管理层制定的要求组织内部遵守的普遍适用于某类交易或活动的政策。特别授权是指管理层针对特定类别的交易或活动逐一设置的授权，例如重大资本支出和股票发行等。特别授权也可能用于超过一般授权限制的常规交易。例如同意因某些特别原因，对某个不符合一般信用条件的客户赊购商品。

②业绩评价。注册会计师应该了解与业绩评价有关的控制活动，主要包括被审计单位分析评价实际业绩与预算(或预测、前期业绩)的差异，综合分析财务数据与经营数据的内在关系，将内部数据与外部信息来源相比较，评价职能部门、分支机构或项目活动的业绩(例如银行客户信贷经理复核各分行、地区和各种贷款类型的审批与收回)，以及对发现的异常差异或关系采取必要的调查与纠正措施。

通过调查非预期的结果和非正常的趋势，管理层可以识别可能影响经营目标实现的情形。管理层对业绩信息的使用(例如将这些信息用于经营决策,还是同时用于对财务报告系统报告的非预期结果进行追踪)，决定了业绩指标的分析是只用于经营目的，还是同时用于财务报告目的。

③信息处理。注册会计师应该了解与信息处理有关的控制活动，包括信息技术的一般控制和应用控制。

被审计单位通常执行各种措施，检查各种类型信息处理环境下的交易的准确性、完整性和授权。信息处理控制可以是人工的、自动化的，或者基于自动流程的人工控制。信息处理控制分为两类，即信息技术的一般控制和应用控制。其中，信息技术一般控制是指与多个应用系统有关的政策和程序，有助于保证信息系统持续恰当地运行(包括信息的完整性和数据的安全性)，支持应用控制作用的有效发挥，通常包括数据中心和网络运行控制，系统软件的购置、修改及维护控制，接触或访问权限控制，应用系统的购置、开发及维护控制。例如程序改变的控制、限制接触程序和数据的控制、与新版应用软件包实施有关的控制等都属于信息系统一般控制。信息技术应用控制是指主要在业务流程层次运行的人工或自动化程序，与用于生成、记录、处理、报告交易或其他财务数据的程序相关，通常包括检查数据计算的准确性，审核账户和试算平衡表，设置对输入数据和数字序号的自动检查，以及对例外报告进行人工干预。

④实物控制。注册会计师应该了解实物控制，主要包括了解对资产和记录采取适当的安全保护措施，对访问计算机程序和数据文件设置授权，以及定期盘点并将盘点记录与会计记录相核对。例如现金、有价证券和存货的定期盘点控制。实物控制的效果影响资产的安全，从而对财务报表的可靠性及审计产生影响。

⑤职责分离。注册会计师应该了解职责分离，主要包括了解被审计单位如何将交易授权、交易记录以及资产保管等职责分配给不同的员工，以防范同一个员工在履行多项职责时可能发生的舞弊或错误。当信息技术运用于信息系统时，职责分离可以通过设置安全控制来实现。

(2)对控制活动的了解

在了解控制活动时，注册会计师应该重点考虑一项控制活动单独或连同其他控制活动，是否能够以及如何防止或发现并纠正各类交易、账户余额、列报存在的重大错报。注册会计师的工作重点是识别和了解针对重大错报可能发生的领域的控制活动。如果多项控制活动能够实现同一个目标，注册会计师不必了解与该目标相关的每项控制活动。

注册会计师对被审计单位整体层面的控制活动进行的了解和评估，主要是针对被审计单位的一般控制活动，特别是信息技术的一般控制。在了解和评估一般控制活动时考虑的主要因素可能包括以下几方面。

①对被审计单位的主要经营活动是否都有必要的控制政策和程序。

②管理层在预算、利润和其他财务和经营业绩方面是否都有清晰的目标，在被审计单位内部，是否对这些目标加以清晰的记录和沟通，并且积极地对其进行监控。

③是否存在计划和报告系统，以识别与目标业绩的差异，并向适当层次的管理层报告该差异。

④是否由适当层次的管理层对差异进行调查，并及时采取适当的纠正措施。

⑤不同人员的职责应在何种程度上相分离，以降低舞弊和不当行为发生的风险。

⑥会计系统中的数据是否与实物资产定期核对。

⑦是否建立了适当的保护措施，以防止未经授权接触文件、记录和资产。

⑧是否存在信息安全职能部门负责监控信息安全政策和程序。

(3)对小型被审计单位的考虑

小型被审计单位控制活动依据的理念与大型被审计单位可能相似。但是它们运行的正式程度可能不同。进一步讲，在小型被审计单位中，由于某些控制活动由管理层执行，特定类型的控制活动可能变得并不相关。小型被审计单位通常难以实施适当的职责分离，注册会计师应该考虑小型被审计单位采取的控制活动能否有效地实现控制目标。

5. 对控制的监督

(1)对控制的监督的含义

管理层的重要职责之一就是建立和维护控制并保证其持续有效运行，对控制的监督可以实现这个目标。监督是由适当的人员，在适当、及时的基础上，评估控制的设计和运行情况的过程。对控制的监督是指被审计单位评价内部控制在一段时间内运行有效性的过程。对控制的监督涉及及时评估控制的有效性并采取必要的补救措施。监督对控制的持续有效运行十分重要。在实际工作中，假如没有对银行存款余额调节表是否得到及时和准确的编制进行监督，该项控制可能就无法得到持续的执行。

通常，被审计单位通过持续的监督活动、单独的评价活动或两者相结合，来实现对控制的监督。持续的监督活动通常贯穿于被审计单位日常重复的活动中，包括常规管理和监督工作。

被审计单位可能使用内部审计人员或具有类似职能的人员对内部控制的设计和执行进行专门的评价，以找出内部控制的优点和不足，并提出改进建议。被审计单位也可能利用与外部有关各方沟通或交流所获取的信息监督相关的控制活动。在某些情况下，外部信息可能显示内部控制存在的问题和需要改进之处。例如客户通过付款来表达其同意发票金额，或者认为发票金额有误而不付款。监管机构(例如银行监管机构)可能会对影响内部控制运行的问题与被审计单位沟通。管理层可能也会考虑与注册会计师就内部控制问题进行沟通，通过与外部信息的沟通，可以发现内部控制存在的问题，以便采取纠正措施。

值得注意的是，上述用于监督活动的很多信息都由被审计单位的信息系统产生，这些信息可能会存在错报，从而导致管理层从监督活动中得出错误的结论。因此，注册会计师应该了解与被审计单位监督活动相关的信息来源，以及管理层认为信息具有可靠性的依据。如果拟利用被审计单位监督活动使用的信息(包括内部审计报告)，注册会计师应该考虑该信息是否具有可靠的基础，是否足以实现审计目标。

(2)了解对内部控制的监督

注册会计师在对被审计单位整体层面的监督进行了解和评估时，考虑的主要因素可能包括以下几方面。

①被审计单位是否定期评价内部控制。

②被审计单位人员在履行正常职责时，能够在多大的程度上获得内部控制是否有效运行的证据。

③与外部的沟通能够在多大的程度上证实内部产生的信息或者指出存在的问题。

④管理层是否采纳内部审计人员和注册会计师有关内部控制的建议。

⑤管理层是否及时纠正控制运行中的偏差。

⑥管理层根据监管机构的报告及建议是否及时采取纠正措施。

⑦是否存在协助管理层监督内部控制的职能部门(例如内部审计部门)。

如果存在上述第⑦项内部审计部门，那么对内部审计职能需进一步考虑的因素包括以下几方面。

①独立性和权威性。

②向谁报告，是直接向董事会、审计委员会或类似机构报告，还是对接触董事会、审计委员会或类似机构有限制。

③是否有足够的人员、培训和特殊技能，例如对于复杂的高度自动化的环境应该使用有经验的信息系统审计人员。

④是否坚持适用的专业准则。

⑤活动的范围，如财务审计和经营审计工作的平衡，在分散经营情况下内部审计的覆盖程度和轮换程度。

⑥计划、风险评估和执行工作的记录及形成结论的适当性。

⑦是否不承担经营管理责任。

(3)对小型被审计单位的考虑

小型被审计单位通常没有正式的持续监督活动，且持续的监督活动与日常管理工作难以明确区分，业主往往通过其对经营活动的密切参与来识别财务数据中的重大差异和错报，并对控制活动采取纠正措施，注册会计师应该考虑业主对经营活动的密切参与能否有效实现其对控制的监督目标。

8.3.3　在整体层面和业务流程层面了解内部控制

内部控制的某些要素（例如控制环境）更多地对被审计单位整体层面产生影响，而其他要素（例如信息系统与沟通、控制活动）则可能更多地与特定的业务流程相关。在审计实务中，注册会计师应该从被审计单位整体层面和业务流程层面分别了解与评价被审计单位的内部控制。整体层面的控制（包括对管理层凌驾于内部控制之上的控制）和信息技术一般控制通常在所有业务中普遍存在。业务流程层面控制主要是对工薪、销售和采购等交易的控制。整体层面的控制对内部控制在所有业务流程中得到严格的设计和执行具有重要影响。整体层面的控制较差甚至可能使最好的业务流程层面控制失效。管理层凌驾于内部控制之上（它们经常在企业整体层面出现）也是不好的公司行为中的普遍问题。

在初步计划审计工作时，了解内部控制通常采取下列步骤。

（1）确定被审计单位的重要业务流程和重要交易类别。

（2）了解重要交易流程，并记录获得的了解。

（3）确定可能发生错报的环节。

（4）识别和了解相关的控制。

（5）执行穿行测试，证实对交易流程和相关控制的了解。

（6）进行初步评价和风险评估。

在实务中，上述步骤可能同时进行，例如在询问相关人员的过程中，同时了解重要交易的流程和相关的控制。

1. 确定重要业务流程和重要交易类别

在实务中，将被审计单位的整个经营活动划分为几个重要的业务循环，有助于注册会计师更有效地了解和评估重要业务流程及相关的控制。通常，对制造业企业，可以划分为销售与收款循环、采购与付款循环、存货与生产循环、工资与人员循环、筹资与投资循环等。重要交易类别是指可能对被审计单位财务报表产生重大影响的各类交易。重要交易应与重大账户及其认定相联系，对于一般制造业企业，销售收入和应收账款通常是重大账户，销售和收款都是重要交易类别。除了一般所理解的交易以外，对财务报表具有重大影响的事项和情况也应包括在内，例如计提资产的折旧或摊销，考虑应收款项的可回收性和计提坏账准备等。

2. 了解重要的交易流程，并进行记录

在确定重要的业务流程和交易类别后，注册会计师便可着手了解每一类重要交易在信息技术或人工系统中生成、记录、处理及在财务报表中报告的程序，即重要交易流程。这是确定在哪个环节或哪些环节可能发生错报的基础。

交易流程通常包括一系列工作：输入数据的核准与修订、数据的分类与合并、进行计算、更新账簿资料和客户信息记录、生成新的交易、归集数据、列报数据。而与注册会计师了解重要交易相关的流程通常包括生成、记录、处理和报告交易等活动。例如在销售循环中，这些活动包括输入销售订单、编制货运单据和发票、更新应收账款信息记录等。相关的处理程序包括通过编制调整分录，修改并再次处理以前被拒绝的交易，以及修改被错误记录的交易。

注册会计师要注意记录以下信息。

（1）输入信息的来源。

（2）所使用的重要数据档案，如客户清单及价格信息记录。

（3）重要的处理程序，包括在线输入和更新处理。

（4）重要的输出文件、报告和记录。

（5）基本的职责划分，即列示各部门所负责的处理程序。

注册会计师通常只是针对每一年的变化修改记录流程的工作底稿，除非被审计单位的交易流程发生重

大改变。然而，无论业务流程与以前年度相比是否有变化，注册会计师每年都需要考虑上述注意事项，以确保对被审计单位的了解是最新的，并已包括被审计单位交易流程中相关的重大变化。

3. 确定可能发生错报的环节

注册会计师需要确认和了解被审计单位应该在哪些环节设置控制，以防止或发现并纠正各重要业务流程可能发生的错报。注册会计师所关注的控制，是那些能通过防止错报的发生，或者通过发现和纠正已有错报，从而确保每个流程中业务活动具体流程(从交易的发生到记录于账目)能够顺利运转的人工或自动化控制程序。

尽管不同的被审计单位为了确保会计信息的可靠性而对业务流程设计和实施不同的控制，但设计控制的目的是为了实现某些控制目标(见表 8-1)。实际上，这些控制目标与财务报表重大账户的相关认定相联系。但注册会计师在此时通常不考虑列报认定，而在审计财务报告流程时才考虑该认定。

表 8-1　控制目标

控 制 目 标	解　释
1. 完整性：所有的有效交易都已记录	必须有程序确保没有漏记实际发生的交易
2. 存在和发生：每项已记录的交易均真实	必须有程序确保会计记录中没有虚构的或重复入账的项目
3. 适当计量交易	必须有程序确保交易以适当的金额入账
4. 恰当确定交易生成的会计期间(截止性)	必须有程序确保交易在适当的会计期间内入账(比如月、季度、年等)
5. 恰当分类	必须有程序确保将交易记入正确的总分类账，必要时，记入相应的明细账内
6. 正确汇总和过账	必须有程序确保所有作为账簿记录中的借贷方余额都正确地归集(加总)，确保加总后的金额正确过入总账，必要时，过入明细分类账

4. 识别和了解相关的控制

通过对被审计单位的了解，包括在被审计单位整体层面对内部控制各要素的了解，以及在上述程序中对重要业务流程的了解，注册会计师可以确定是否有必要进一步了解在业务流程层面的控制。在某些情况下，注册会计师之前的了解可能表明被审计单位在业务流程层面针对某些重要交易流程所设计的控制是无效的，或者注册会计师并不打算依赖控制，这时注册会计师没有必要进一步了解在业务流程层面的控制。特别需要注意的是，如果认为仅通过实质性程序无法将认定层次的检查风险降至可接受的水平，或者针对特别风险，注册会计师应该了解和评估相关的控制活动。

如果注册会计师计划对业务流程层面的有关控制进行进一步的了解和评价，那么针对业务流程中容易发生错报的环节，注册会计师应该确定被审计单位是否建立了有效的控制，防止或发现并纠正这些错报；被审计单位是否遗漏了必要的控制；是否识别了可以最有效测试的控制。

通常将业务流程中的控制划分为预防性控制和检查性控制，下面分别予以说明。

(1)预防性控制

预防性控制通常用于正常业务流程的每一项交易中，以防止错报的发生。在流程中防止错报是信息系统的重要目标。缺少有效的预防性控制增加了数据发生错报的可能性，特别是在相关的账户及其认定存在较高重大错报风险时，更是如此。预防性控制可能是人工的，也可能是自动化的。预防性控制及其能防止错报的例子如表 8-2 所示。

表 8-2　预防性控制示例

对控制的描述	控制用来防止的错报
计算机程序自动生成收货报告，同时也更新采购档案	防止出现购货漏记账的情况
在更新采购档案之前必须先有收货报告	防止记录了未收到购货的情况
销售发票上的价格根据价格清单上的信息确定	防止销货计价错误
计算机将各凭证上的账户号码与会计科目表对比，然后进行一系列的逻辑测试	防止出现分类错报

(2)检查性控制

建立检查性控制的目的是发现流程中可能发生的错报(尽管有预防性控制还是会发生的错报)。被审计单位通过检查性控制，监督其流程和相应的预防性控制能否有效地发挥作用。检查性控制通常是管理层用来监督实现流程目标的控制。检查性控制可以由人工执行，也可以由信息系统自动执行。检查性控制及其可能查出的错报的例子如表 8-3 所示。

表 8-3　检查性控制示例

对控制的描述	设计控制预期查出的错报
定期编制银行存款余额调节表，跟踪调查挂账的项目	在对其他项目进行审核的同时,查找存入银行但没有记入日记账的现金收入,未记录的银行现金支付或虚构入账的不真实的银行现金收入或支付,未及时入账或未正确汇总分类的银行现金收入或支付
将预算与实际费用之间的差异列入计算机编制的报告中并由部门经理复核。记录所有超过预算 2%的差异情况和解决措施	在对其他项目进行审核的同时,查找本月发生的重大分类错报或没有记录及没有发生的大笔收入、支出以及相关联的资产和负债项目
计算机每天比较运出货物的数量和开票数量。如果发现差异，产生报告，由开票主管复核和追查	查找没有开票和记录的出库货物，以及与真实发货无关的发票
每季度复核应收账款贷方余额并找出原因	查找入账的发票和销售与现金收入中的分类错误

如果确信存在以下情况，就可以将检查性控制作为一个主要的手段，来合理保证某特定认定发生重大错报的可能性较小。

①控制所检查的数据是完整、可靠的。

②控制对于发现重大错报足够敏感。

③发现的所有重大错报都将被纠正。

前已提及，业务流程中对重要交易类别的有效控制通常同时包括预防性控制和检查性控制。缺乏有效的预防性控制增加了错报的风险，因此，需要建立更为敏感的检查性控制。通常，注册会计师在识别检查性控制的同时，也记录重要的预防性控制。

需要指出的是，注册会计师并不需要了解与每个控制目标相关的所有控制活动。在了解控制活动时，注册会计师应该重点考虑一项控制活动单独或连同其他控制活动，是否能够以及如何防止或发现并纠正各类交易、账户余额、列报存在的重大错报。如果多项控制活动能够实现同一个目标，注册会计师就不必了解与该目标相关的每项控制活动。

当然，如果在之后的穿行测试和评价中，注册会计师发现已识别的控制实际并未得到执行，就应该重新针对该项控制目标识别是否存在其他的控制。

5. 执行穿行测试，证实对交易流程和相关控制的了解

为了了解各类重要交易在业务流程中发生、处理和记录的过程，注册会计师通常会每年执行穿行测试。执行穿行测试可获得下列方面的证据。

(1)确认对业务流程的了解。

(2)确认对重要交易的了解是完整的,即在交易流程中所有与财务报表认定相关的可能发生错报的环节都已识别。

(3)确认所获取的有关流程中的预防性控制和检查性控制信息的准确性。

(4)评估控制设计的有效性。

(5)确认控制是否得到执行。

(6)确认之前所做的书面记录的准确性。

需要注意的是，如果不打算信赖控制，那么注册会计师仍需要执行穿行测试以确认以前对业务流程及可能发生错报环节了解的准确性和完整性。

注册会计师将穿行测试的情况记录于工作底稿时，记录的内容包括穿行测试过程中查阅的文件、穿行测试的程序以及注册会计师的发现和结论。

6. 初步评价和风险评估

(1)对控制的初步评价

在识别和了解控制后，根据执行上述程序和获取的审计证据，注册会计师需要评价控制设计的合理性并确定其是否得到执行。

注册会计师对控制的评价结论可能是以下几方面。

①所设计的内部控制单独或连同其他控制能够防止或发现并纠正重大错报，并得到执行。

②控制本身的设计是合理的，但没有得到执行。

③控制本身的设计就是无效的或缺乏必要的控制。

由于对控制的了解和评价是在穿行测试完成后，但又在测试控制运行有效性之前进行的，因此，上述评价结论只是初步结论，仍可能随控制测试后实施实质性程序的结果而发生变化。

(2)风险评估需要考虑的因素

注册会计师对控制的评价，进而对重大错报风险的评估，需要考虑以下因素。

①账户特征及已识别的重大错报风险。如果已识别的重大错报风险水平为高(例如复杂的发票计算或计价过程增加了开票错报的风险，经营的季节性特征增加了在旺季发生错报的风险)，那和相关的控制应有较高的敏感度，即在错报率较低的情况下也能防止或发现并纠正错报。

②对被审计单位整体层面控制的评价。注册会计师应该将对整体层面获得的了解和结论与在业务流程层面获得的有关重大交易流程及其控制的证据结合起来考虑。

在评价业务流程层面的控制要素时，考虑的影响因素可能包括：管理层及执行控制的员工表现出来的胜任能力及诚信度；员工受监督的程度及员工流动的频繁程度；管理层凌驾于控制之上的潜在可能性；缺乏职责划分，包括信息技术系统中自动化的职责划分的情况；所审计期间内部审计人员或其他监督人员测试控制运行情况的程度；业务流程变更所产生的影响，例如变更期间控制程序的有效性是否受到了削弱；在被审计单位本身的风险评估过程中，所识别的与某项控制运行相关的风险以及对于该控制是否有进一步的监督。注册会计师同时也要考虑其识别出针对某控制的风险，被审计单位是否也识别出该风险，并采取了适当的措施来降低该风险。

除非存在某些可以使控制得到一贯运行的自动化控制，注册会计师对控制的了解和评价并不能够代替对控制运行有效性的测试。例如注册会计师获得了某个人工控制在某个时点得到执行的审计证据，但这并不能证明该控制在被审计期间内的其他时点也得到有效执行。

有关对控制运行有效性实施的测试(即控制测试)，以及如何针对认定层次评估的重大错报风险确定进一步审计程序的性质、时间安排和范围，可以参见本书第 9 章。

7. 对财务报告流程的了解

以上讨论了注册会计师如何在重要业务流程层面了解重大交易生成、处理和记录的流程，并评估在可能发生错报的环节控制的设计和是否得到执行。在实务中，注册会计师还需要进一步了解有关信息从具体交易的业务流程过入总账、财务报表以及相关列报的流程，即财务报告流程及其控制。这个流程和控制与财务报表的列报认定直接相关。

财务报告流程包括以下几方面。

(1)将业务数据汇总记入总账的程序，即如何将重要业务流程的信息与总账和财务报告系统相连接。

(2)在总账中生成、记录和处理会计分录的程序。

(3)记录对财务报表常规和非常规调整的程序，例如合并调整、重分类等。

(4)草拟财务报表和相关披露的程序。

被审计单位的财务报告流程也应该包括相关的控制程序，以确保按照适用的会计准则和相关的会计制度的规定收集、记录、处理、汇总所需要的信息，并在财务报告中予以充分披露。例如关联方交易、分部报告等。

了解财务报告流程的控制采取的步骤与重要业务流程类似，也包括了解流程（包括上述的子流程，并考虑各个子流程之间如何链接），确定可能发生错报的环节，识别和了解用于防止或发现并纠正错报的控制，执行穿行测试，对控制的设计及是否得到执行进行评估等。

在了解和评估财务报告流程的过程中，注册会计师应该考虑对以下方面做出评估。

(1) 主要的输入信息，执行的程序，主要的输出信息。

(2) 每一财务报告流程要素中涉及信息技术的程度。

(3) 管理层的哪些人员参与其中。

(4) 记账分录的主要类型，例如标准分录、非标准分录。

(5) 适当的人员（包括管理层和治理层）对流程实施监督的性质和范围。

8.4 评估重大错报风险

8.4.1 评估财务报表层次和认定层次的重大错报风险

重大错报风险包括两个层次，即财务报表层次和认定层次的重大错报风险。所以，注册会计师应该识别和评估财务报表层次以及各类交易、账户余额、列报认定层次的重大错报风险。

1. 评估重大错报风险时考虑的因素

表 8-4 列示了风险评估时考虑的部分风险因素。

表 8-4 风险评估时考虑的部分风险因素

1. 已识别的风险是什么？	
财务报表层次	(1) 源于薄弱的被审计单位层次内部控制或信息技术一般控制。 (2) 特别风险。 (3) 与管理层凌驾和舞弊相关的风险因素。 (4) 管理层愿意接受的风险，例如小企业因缺乏职责分享导致的风险
认定层次	(1) 与完整性、准确性、存在或计价相关的特定风险。 ①收入、费用和其他交易。 ②账户余额。 ③财务报表披露。 (2) 可能产生多重错报的风险
相关内容控制程序	(1) 特别风险。 (2) 用于预防、发现或减轻已识别风险的恰当设计并执行的内部控制程序。 (3) 仅通过执行控制测试应对的风险
2. 错报（金额影响）可能发生的规模有多大？	
财务报表层次	什么事项可能导致财务报表重大错报？考虑管理层凌驾、舞弊、未预期事件和以往的经验
认定层次	考虑： (1) 交易、账户余额或披露的固有性质。 (2) 日常和例外事件。 (3) 以往的经验
3. 事件（风险）发生的可能性多大？	
财务报表层次	考虑： (1) 来自高层的基调。 (2) 管理层风险管理的方法。 (3) 采用的政策和程序设计。 (4) 以往的经验

续表

认定层次	考虑： (1)相关的内部控制活动。 (2)以往的经验
相关的内容控制程序	识别对于降低事件发生可能性非常关键的管理层风险应对要素

2. 评估重大错报风险的审计程序

在评估重大错报风险时，注册会计师应该实施下列审计程序。

(1)在了解被审计单位及其环境(包括与风险相关的控制)的整个过程中，结合对财务报表中各类交易、账户余额和披露的考虑，识别风险。例如，被审计单位因为相关的环境法规的实施需要更新设备，可能面临原有设备闲置或贬值的风险。宏观经济的低迷可能预示应收账款的回收存在问题。竞争者开发的新产品上市，可能导致被审计单位的主要产品在短期内过时，预示将出现存货跌价和长期资产(例如固定资产等)的减值。

(2)结合对拟测试的相关控制的考虑，将识别出的风险与认定层次可能发生错报的领域相联系。例如，销售困难使产品的市场价格下降，可能导致年末存货成本高于其可变现净值而需要计提存货跌价准备，这显示存货的计价认定可能发生错报。

(3)评估识别出的风险，并评价其是否更广泛地与财务报表整体相关，进而潜在地影响多项认定。

(4)考虑发生错报的可能性(包括发生多项错报的可能性以及潜在错报的重大程度是否足以导致重大错报)。

注册会计师应该利用实施风险评估程序获取的信息，包括在评价控制设计和确定其是否得到执行时获取的审计证据，作为支持风险评估结果的审计证据。注册会计师应该根据风险评估结果，确定实施进一步审计程序的性质、时间安排和范围。

3. 识别两个层次的重大错报风险

在对重大错报风险进行识别和评估后，注册会计师应该确定，识别的重大错报风险是与特定的某类交易、账户余额和披露的认定相关，还是与财务报表整体广泛相关，进而影响多项认定。

某些重大错报风险可能与特定的各类交易、账户余额和披露的认定相关。例如被审计单位存在复杂的联营或合资，这个事项表明长期股权投资账户的认定可能存在重大错报风险。又如，被审计单位存在重大的关联方交易，该事项表明关联方及关联方交易的披露认定可能存在重大错报风险。

某些重大错报风险可能与财务报表整体广泛相关，进而影响多项认定。例如在经济不稳定的国家和地区开展业务、资产的流动性出现问题、重要客户流失、融资能力受到限制等，可能导致注册会计师对被审计单位的持续经营能力产生重大疑虑。又如管理层缺乏诚信或承受异常的压力可能引发舞弊风险，这些风险与财务报表整体相关。

4. 控制环境对评估财务报表层次重大错报风险的影响

财务报表层次的重大错报风险很可能源于薄弱的控制环境。薄弱的控制环境带来的风险可能对财务报表产生广泛影响，难以限于某类交易、账户余额和披露，注册会计师应该采取总体应对措施。

举例说明，被审计单位治理层、管理层对内部控制的重要性缺乏认识，没有建立必要的制度和程序。或管理层经营理念偏于激进，又缺乏实现激进目标的人力资源等。这些缺陷源于薄弱的控制环境，可能对财务报表产生广泛影响，需要注册会计师采取总体应对措施。

5. 控制对评估认定层次重大错报风险的影响

在评估重大错报风险时，注册会计师应该将所了解的控制与特定认定相联系。这是因为控制有助于防止或发现并纠正认定层次的重大错报。在评估重大错报发生的可能性时，除了考虑可能的风险外，还要考虑控制对风险的抵消和遏制作用。有效的控制会减少错报发生的可能性，而控制不当或缺乏控制，错报就会由可能变成现实。

控制可能与某个认定直接相关，也可能与某个认定间接相关。关系越间接，控制在防止或发现并纠正认定中错报的作用越小。例如销售经理对分地区的销售网点的销售情况进行复核，与销售收入完整性的认定只是间接相关。相应地，该项控制在降低销售收入完整性认定中的错报风险方面的效果，要比与该认定直接相关的控制(例如将发货单与开具的销售发票相核对)的效果差。

注册会计师可能识别出有助于防止或发现并纠正特定认定发生重大错报的控制。在确定这些控制是否能够实现上述目标时，注册会计师应该将控制活动和其他要素综合考虑。例如将销售和收款的控制置身于其所在的流程和系统中考虑，以确定其能否实现控制目标。因为单个的控制活动(例如将发货单与销售发票相核对)本身并不足以控制重大错报风险。只有多种控制活动和内部控制的其他要素综合作用才足以控制重大错报风险。

当然，也有某些控制活动可能专门针对某类交易或账户余额的个别认定。例如被审计单位建立的、以确保盘点工作人员能够正确地盘点和记录存货的控制活动，直接与存货账户余额的存在性和完整性认定相关。注册会计师只需要对盘点过程和程序进行了解，就可以确定控制是否能够实现目标。

注册会计师应该考虑对识别的各类交易、账户余额和披露认定层次的重大错报风险予以汇总和评估，以确定进一步审计程序的性质、时间安排和范围。表 8-5 给出了评估认定层次重大错报风险汇总示例。

6. 考虑财务报表的可审计性

注册会计师在了解被审计单位内部控制后，可能对被审计单位财务报表的可审计性产生怀疑。例如对被审计单位会计记录的可靠性和状况的担心可能会使注册会计师认为可能很难获取充分、适当的审计证据，以支持对财务报表发表意见。再如，管理层严重缺乏诚信，注册会计师认为管理层在财务报表中做出虚假陈述的风险高到无法进行审计的程度。因此，如果通过对内部控制的了解发现下列情况，并对财务报表局部或整体的可审计性产生疑问，注册会计师就应该考虑出具保留意见或无法表示意见的审计报告。

表 8-5　评估认定层次的重大错报风险汇总

重大账户	认　　定	识别的重大错报风险	风险评估结果
列示重大账户。例如应收账款	列示相关的认定。例如存在、完整性、计价或分摊等	汇总实施审计程序识别出的与该重大账户的某项认定相关的重大错报风险	评估该项认定的重大错报风险水平(应该考虑控制设计是否合理，是否得到执行)

注：注册会计师也可以在该表中记录针对评估的认定层次重大错报风险而相应制定的审计方案。

(1)被审计单位会计记录的状况和可靠性存在重大问题，不能获取充分、适当的审计证据以发表无保留意见。

(2)对管理层的诚信存在严重疑虑。必要时，注册会计师应该考虑解除业务约定。

8.4.2 需要特别考虑的重大错报风险，即特别风险

1. 特别风险的含义

特别风险是指注册会计师识别和评估的、根据判断认为需要特别考虑的重大错报风险。

2. 确定特别风险时应考虑的事项

在判断哪些风险是特别风险时，注册会计师应该至少考虑下列事项。

①风险是否属于舞弊风险。

②风险是否与近期经济环境、会计处理方法和其他方面的重大变化有关，因此需要特别关注。

③交易的复杂程度。

④风险是否涉及重大的关联方交易。

⑤财务信息计量的主观程度，特别是计量结果是否具有高度不确定性。

⑥风险是否涉及异常或超出正常经营过程的重大交易。

3. 非常规交易和判断事项导致的特别风险

日常的、不复杂的、经正规处理的交易不太可能产生特别风险。特别风险通常与重大的非常规交易和判断事项有关。

非常规交易是指由于金额或性质异常而不经常发生的交易。例如企业并购、债务重组、重大或有事项等。由于非常规交易具有下列特征，所以与重大非常规交易相关的特别风险可能导致更高的重大错报风险。

(1)管理层更多地介入会计处理。

(2)数据收集和处理涉及更多的人工成分。

(3)复杂的计算或会计处理方法。

(4)非常规交易的性质可能使被审计单位难以对由此产生的特别风险实施有效控制。

判断事项通常包括做出的会计估计(具有计量的重大不确定性)。例如资产减值准备金额的估计、需要运用复杂估值技术确定的公允价值计量等。由于下列原因，与重大判断事项相关的特别风险可能导致更高的重大错报风险。

(1)对涉及会计估计、收入确认等方面的会计原则存在不同的理解。

(2)所要求的判断可能是主观和复杂的，或需要对未来事项做出假设。

4. 考虑与特别风险相关的控制

了解与特别风险相关的控制，有助于注册会计师制定有效的审计方案予以应对。对特别风险，注册会计师应该评价相关控制的设计情况，并确定其是否已经得到执行。由于与重大非常规交易或判断事项相关的风险很少受到日常控制的约束，所以注册会计师应该了解被审计单位是否针对该特别风险设计和实施了控制。

例如做出会计估计所依据的假设是否由管理层或专家进行复核，是否建立做出会计估计的正规程序，重大会计估计结果是否由治理层批准等。再如，管理层在收到重大诉讼事项的通知时采取的措施，包括这类事项是否提交适当的专家(例如内部或外部的法律顾问)处理、是否对该事项的潜在影响做出评估、是否确定该事项在财务报表中的披露问题以及如何确定等。

如果管理层未能实施控制以便恰当地应对特别风险，注册会计师应该认为内部控制存在重大缺陷，并考虑其对风险评估的影响。在此情况下，注册会计师应该考虑就此类事项与治理层沟通。

8.4.3 仅通过实质性程序无法应对的重大错报风险

作为风险评估的一部分，如果认为仅通过实质性程序获取的审计证据无法将认定层次的重大错报风险降至可接受的低水平，注册会计师就应该评价被审计单位针对这些风险设计的控制，并确定其执行情况。

在被审计单位对日常交易采用高度自动化处理的情况下，审计证据可能仅以电子形式存在，其充分性和适当性通常取决于自动化信息系统相关控制的有效性，注册会计师应该考虑仅通过实施实质性程序不能获取充分、适当审计证据的可能性。

举例来说，某企业通过高度自动化的系统确定采购品种和数量，生成采购订单，并通过系统中设定的收货确认和付款条件进行付款。除了系统中的相关信息以外，该企业没有其他有关订单和收货的记录。在这种情况下，如果认为仅通过实施实质性程序不能获取充分、适当的审计证据，注册会计师就应该考虑依赖相关控制的有效性，并对其进行了解、评估和测试。在实务中，注册会计师可以用表 8-6 汇总识别的重大错报风险。

表 8-6　识别的重大错报风险汇总

识别的重大错报风险	对财务报表的影响	相关的交易类别、账户余额和列报认定	是否与财务报表整体广泛相关	是否属于特别风险	是否属于仅通过实质性程序无法应对的重大错报风险
记录识别的重大错报风险	描述对财务报表的影响和导致财务报表发生重大错报的可能性	列示相关的各类交易、账户余额、列报及其认定	考虑是否属于财务报表层次的重大错报风险	考虑是否属于特别风险	考虑是否属于仅通过实质性程序无法应对的重大错报风险

8.4.4　对风险评估的修正

注册会计师对认定层次重大错报风险的评估应该以获取的审计证据为基础，并可能随着不断地获取审计证据而做出相应的变化。

例如注册会计师对重大错报风险的评估可能基于预期控制运行有效这个判断，即相关的控制可以防止或发现并纠正认定层次的重大错报。但在测试控制运行的有效性时，注册会计师获取的证据可能表明相关的控制在被审计期间并未有效运行。同样，在实施实质性程序后，注册会计师可能发现错报的金额和频率比在风险评估时预计的金额和频率要高。因此，如果通过实施进一步审计程序获取的审计证据与初始评估获取的审计证据相矛盾，注册会计师就应该修正风险评估结果，并相应修改原计划实施的进一步审计程序。

因此，评估重大错报风险与了解被审计单位及其环境一样，也是一个连续和动态地收集、更新与分析信息的过程，贯穿于整个审计过程的始终。

复习思考题

1. 简述风险评估所要了解的主要内容。
2. 简述我国对审计风险评估的总体要求。
3. 什么叫风险评估程序？
4. 简述了解被审计单位及其环境应该考虑的主要因素。
5. 什么叫内部控制？
6. 论述内部控制的要素。
7. 论述识别和评估重大错报风险时注册会计师应该实施的审计程序。
8. 简述可能表明被审计单位存在重大错报风险的事项和情况。
9. 如何识别两个层次的重大错报风险？
10. 简述特别风险的含义。

第9章 风险应对

学习目标

掌握财务报表层次重大错报风险的总体应对措施、增强审计程序不可预见性的方法、财务报表层次重大错报风险以及采取的总体应对措施对拟实施进一步审计程序的总体方案的影响的具体内容，了解进一步审计程序的含义和总体要求，以及进一步审计程序的性质、时间安排和范围的主要内容；掌握控制测试的含义要求和性质、时间安排及范围的主要内容；熟悉实质性程序的含义要求和性质、时间安排及范围的具体内容。

《中国注册会计师审计准则第1101号——注册会计师的总体目标和审计工作的基本要求》要求注册会计师在审计过程中贯彻风险导向审计的理念，围绕重大错报风险的识别、评估和应对，计划和实施审计工作。《中国注册会计师审计准则第1211号——通过了解被审计单位及其环境识别和评估重大错报风险》规范了注册会计师通过实施风险评估程序，识别和评估财务报表层次以及各类交易、账户余额和披露认定层次的重大错报风险。《中国注册会计师审计准则第1231号——针对评估的重大错报风险采取的应对措施》规范注册会计师针对已评估的重大错报风险确定总体应对措施，设计和实施进一步审计程序。因此，注册会计师应该针对评估的重大错报风险实施程序，即针对评估的财务报表层次重大错报风险确定总体应对措施，并针对评估的认定层次重大错报风险设计和实施进一步审计程序，以便将审计风险降至可接受的低水平。

9.1 针对两个层次重大错报风险的总体应对措施

9.1.1 针对财务报表层次重大错报风险的总体应对措施

1. 财务报表层次重大错报风险与总体应对措施

在财务报表重大错报风险的评估过程中，注册会计师应该确定，识别的重大错报风险是与特定的某类交易、账户余额和披露的认定相关，还是与财务报表整体广泛相关，进而影响多项认定。倘若是后者，则应该属于财务报表层次的重大错报风险。注册会计师应该针对评估的财务报表层次重大错报风险确定下列总体应对措施。

(1) 向项目组强调保持职业怀疑的必要性。

(2) 指派更有经验或具有特殊技能的审计人员，或利用专家的工作。由于各行业在经营业务、经营风险、财务报告、法规要求等方面具有特殊性，所以审计人员的专业分工细化将成为一种趋势。审计项目组成员中应有一定比例的人员曾经参与被审计单位以前年度的审计，或具有被审计单位所处特定行业的相关审计经验。必要时，要考虑利用信息技术、税务、评估、精算等方面的专家的工作。

(3) 提供更多的督导。对于财务报表层次重大错报风险较高的审计项目，项目组的高级别成员，比如项目负责人、项目经理等经验较丰富的人员，要对其他成员提供更详细、更经常、更及时的指导和监督，并加强项目质量复核。

(4) 在选择拟实施的进一步审计程序时融入更多的不可预见的因素。被审计单位的人员，尤其是管理层，如果熟悉注册会计师的审计套路，就有可能采取种种规避手段，来掩盖财务报表中的舞弊行为。为了应对这种情况，注册会计师在设计拟实施审计程序的性质、时间安排和范围时，应该考虑使某些程序不被审计单位管理层预见或事先了解。

在实务中，注册会计师可以通过以下方式提高审计程序的不可预见性。

①对某些未测试过的低于设定的重要性水平或风险较小的账户余额和认定实施实质性程序。

②调整实施审计程序的时间，使被审计单位不可预期。

③采取不同的审计抽样方法，使当期抽取的测试样本与以前有所不同。

④选取不同的地点实施审计程序，或预先不告知被审计单位所选定的测试地点。

(5)对拟实施审计程序的性质、时间安排和范围做出总体修改。财务报表层次的重大错报风险很可能源于薄弱的控制环境。薄弱的控制环境带来的风险可能对财务报表产生广泛影响，难以限于某类交易、账户余额、列报，注册会计师应该采取总体应对措施。相应地，注册会计师对控制环境的了解影响其对财务报表层次重大错报风险的评估。有效的控制环境可以使注册会计师增强对内部控制和被审计单位内部产生的证据的信赖程度。如果控制环境存在缺陷，那么注册会计师在对拟实施审计程序的性质、时间安排和范围做出总体修改时应该考虑。

①在期末而非期中实施更多的审计程序。控制环境的缺陷通常会削弱期中获得的审计证据的可信赖程度。

②通过实质性程序获取审计证据。良好的控制环境是其他控制要素发挥作用的基础。控制环境存在缺陷通常会削弱其他控制要素的作用，导致注册会计师可能无法信赖内部控制，而主要依赖实施实质性程序获取审计证据。

③增加拟纳入审计范围的经营地点和数量。

2. 增加审计程序不可预见性的方法

(1)增加审计程序不可预见性的思路

注册会计师可以通过增加审计程序提高审计程序的不可预见性，例如以下几方面。

①对某些以前未测试的低于设定的重要性水平或风险较小的账户余额和认定实施实质性程序。注册会计师可以关注以前未曾关注过的审计领域，尽管这些领域可能重要程度比较低。如果这些领域有可能被用于掩盖舞弊行为，注册会计师就要针对这些领域实施一些具有不可预见性的测试。

②调整实施审计程序的时间，使其超出被审计单位的预期。举例来说，如果注册会计师在以前年度的大多数审计工作都围绕着 12 月份或在年底前后进行，被审计单位就会了解注册会计师的这种审计习惯，由此可能会把一些不适当的会计调整放在年度的 9 月份、10 月份和 11 月份等，以避免引起注册会计师的注意。因此，注册会计师可以考虑调整实施审计程序时测试项目的时间，从测试 12 月份的项目调整到测试 9 月份、10 月份或 11 月份的项目。

③采取不同的审计抽样方法，使当年抽取的测试样本与以前有所不同。

④选取不同的地点实施审计程序，或预先不告知被审计单位所选定的测试地点。举例来说，在存货监盘程序中，注册会计师可以到未事先通知被审计单位的盘点现场进行监盘，使被审计单位没有机会事先清理现场，隐藏一些不想让注册会计师知道的情况。表 9-1 举例说明了一些具有不可预见性的审计程序。

表 9-1　审计程序的不可预见性示例表

审计领域	一些可能适用的具有不可预见性的审计程序
存货	(1)向以前审计过程中接触不多的被审计单位员工询问，比如采购、销售、生产人员等
	(2)在不事先通知被审计单位的情况下，选择一些以前未曾访问过的盘点地点进行存货监盘
销售/应收账款	(1)向以前审计过程中接触不多或未曾接触过的被审计单位员工询问，比如负责处理大客户账户的销售部人员
	(2)改变实施实质性分析程序的对象，比如对收入按细类进行分析
	(3)针对销售和销售退回延长截止测试期间
	(4)实施以前未曾考虑过的审计程序，比如： ①函证确认销售条款或者选定销售额较不重要，以前未曾关注的销售交易，比如对出口销售实施实质性程序 ②实施更细致的分析程序，比如使用计算机辅助审计技术审阅销售及客户账户。 ③测试以前未曾函证过的账户余额，比如金额为负或者零的账户，或者余额低于以前设定的重要性水平的账户。 ④改变函证日期，即把所函证账户的截止日期提前或者推迟。 ⑤对关联公司销售和相关的账户余额，除了进行详细函证外，再实施其他审计程序进行验证

续表

审计领域	一些可能适用的具有不可预见性的审计程序
采购/应付账款	(1)如果以前未曾对应付账款余额普遍进行函证，那么可以考虑直接向供应商函证确认余额。如果经常采用函证方式，就可以考虑改变函证的范围或者时间
	(2)对以前由于低于设定的重要性水平而未曾测试过的采购项目进行详细测试
	(3)使用计算机辅助审计技术审阅采购和付款账户，以便发现一些特殊项目，比如是否有不同的供应商使用相同的银行账户
现金/银行存款	(1)多选几个月的银行存款余额调节表进行测试
	(2)对有大量银行账户的，考虑改变抽样方法
固定资产	对以前由于低于设定的重要性水平而未曾测试过的固定资产进行测试，比如考虑实地盘查一些价值较低的固定资产，例如汽车和其他设备等
跨区域审计项目	修改分支机构审计工作的范围或者区域(例如增加某些较次要分支机构的审计工作量，或实地去分支机构开展审计工作)

(2)增加审计程序不可预见性的实施要点

①注册会计师需要与被审计单位的高层管理人员事先沟通，要求实施具有不可预见性的审计程序，但不能告知其具体内容。注册会计师可以在签订审计业务约定书时明确提出这个要求。

②虽然对于不可预见性程度没有量化的规定，但审计项目组可根据对舞弊风险的评估等确定具有不可预见性的审计程序。

③项目合伙人需要安排项目组成员有效地实施具有不可预见性的审计程序，但同时要避免使项目组成员处于困难境地。

3. 总体应对措施对拟实施进一步审计程序的总体审计方案的影响

财务报表层次重大错报风险难以限于某类交易、账户余额、列报的特点，意味着此类风险可能对财务报表的多项认定产生广泛影响，并相应地增加注册会计师对认定层次重大错报风险的评估难度。因此，注册会计师评估的财务报表层次重大错报风险以及采取的总体应对措施，对拟实施进一步审计程序的总体方案具有重大影响。

拟实施进一步审计程序的总体方案包括实质性方案和综合性方案。其中，实质性方案是指注册会计师实施的进一步审计程序以实质性程序为主。综合性方案是指注册会计师在实施进一步审计程序时，将控制测试与实质性程序结合使用。当评估的财务报表层次重大错报风险属于高风险水平(并相应地采取更强调审计程序的不可预见性，重视调整审计程序的性质、时间和范围等总体应对措施)时，拟实施进一步审计程序的总体方案往往更倾向于实质性方案。

9.1.2 针对认定层次重大错报风险的进一步审计程序

1. 进一步审计程序的含义和总体要求

(1)进一步审计程序的含义

相对风险评估程序而言，进一步审计程序是指注册会计师针对评估的各类交易、账户余额、列报(包括披露，下同)认定层次重大错报风险实施的审计程序，包括控制测试和实质性程序。

(2)设计进一步审计程序时的考虑因素

在设计进一步审计程序时，注册会计师应该考虑下列因素。

①风险的重要性。风险的重要性是指风险造成的后果的严重程度。风险的后果越严重，就越需要注册会计师关注和重视，越需要精心设计有针对性的进一步审计程序。

②重大错报发生的可能性。重大错报发生的可能性越大，同样越需要注册会计师精心设计进一步审计程序。

③涉及的各类交易、账户余额和披露的特征。不同的交易、账户余额和列报，产生的认定层次的重大错报风险也会存在差异，适用的审计程序也有差别，需要注册会计师区别对待，并设计有针对性的进一步审计程序予以应对。

④被审计单位采用的特定控制的性质。不同性质的控制（尤其是人工控制还是自动化控制）对注册会计师设计进一步审计程序具有重要影响。

⑤注册会计师是否拟获取审计证据，以确定内部控制在防止或发现并纠正重大错报方面的有效性。如果注册会计师在风险评估时预期内部控制运行有效，随后拟实施的进一步审计程序就必须包括控制测试，且实质性程序自然会受到之前控制测试结果的影响。

2. 进一步审计程序的性质

（1）进一步审计程序的性质的含义

进一步审计程序的性质是指进一步审计程序的目的和类型。其中，进一步审计程序的目的包括通过实施控制测试以确定内部控制运行的有效性，通过实施实质性程序以发现认定层次的重大错报。进一步审计程序的类型包括检查、观察、询问、函证、重新计算、重新执行和分析程序。

如前所述，在应对评估的风险时，合理确定审计程序的性质是最重要的。这是因为不同的审计程序应对特定认定错报风险的效力不同。例如对于与收入完整性认定相关的重大错报风险，控制测试通常更能有效应对。对于与收入发生认定相关的重大错报风险，实质性程序通常更能有效应对。

（2）进一步审计程序的性质的选择

在确定进一步审计程序的性质时，注册会计师首先需要考虑的是认定层次重大错报风险的评估结果。因此，注册会计师应该根据认定层次重大错报风险的评估结果选择审计程序。评估的认定层次重大错报风险越高，对通过实质性程序获取的审计证据的相关性和可靠性的要求越高，从而可能影响进一步审计程序的类型及其综合运用。例如当注册会计师判断某类交易协议的完整性存在更高的重大错报风险时，除了检查文件以外，注册会计师还可能决定向第三方询问或函证协议条款的完整性。

除了从总体上把握认定层次重大错报风险的评估结果对选择进一步审计程序的影响外，在确定拟实施的审计程序时，注册会计师接下来应该考虑评估的认定层次重大错报风险产生的原因，包括考虑各类交易、账户余额、列报的具体特征以及内部控制。例如注册会计师可能判断某特定类别的交易即使在不存在相关控制的情况下发生重大错报的风险仍较低，此时注册会计师可能认为仅实施实质性程序就可以获取充分、适当的审计证据。

需要说明的是，如果在实施进一步审计程序时拟利用被审计单位信息系统生成的信息，注册会计师应该就信息的准确性和完整性获取审计证据。例如注册会计师在实施实质性分析程序时，使用了被审计单位生成的非财务信息或预算数据。再如，注册会计师在对被审计单位的存货期末余额实施实质性程序时，拟利用被审计单位的信息系统生成的各个存货存放地点及其余额清单。注册会计师应该获取关于这些信息的准确性和完整性的审计证据。

3. 进一步审计程序的时间

（1）进一步审计程序的时间的含义

进一步审计程序的时间是指注册会计师何时实施进一步审计程序，或审计证据适用的期间或时点。因此，当提及进一步审计程序的时间时，在某些情况下指的是审计程序的实施时间，在另一些情况下是指需要获取的审计证据适用的期间或时点。

（2）进一步审计程序的时间的选择

有关进一步审计程序的时间的选择问题，第一个层面是注册会计师选择在何时实施进一步审计程序的问题，第二个层面是选择获取什么期间或时点的审计证据的问题。第一个层面的选择问题主要集中在如何权衡期中与期末实施审计程序的关系。第二个层面的选择问题分别集中在如何权衡期中审计证据与期末审计证据的关系，如何权衡以前审计获取的审计证据和本期审计获取的审计证据的关系。这两个层面的最终落脚点都是如何确保获取审计证据的效率和效果。

注册会计师可以在期中或期末实施控制测试或实质性程序。这就引出了注册会计师应该如何选择实施审计程序的时间的问题。一项基本的考虑因素应该是注册会计师评估的重大错报风险，当重大错报风险较高时，注册会计师应该考虑在期末或接近期末实施实质性程序，或采用不通知的方式，或在管理层不能预见的时间实施审计程序。

虽然在期末实施审计程序在很多情况下非常必要，但仍然不排除注册会计师在期中实施审计程序可能发挥的积极作用。在期中实施进一步审计程序，可能有助于注册会计师在审计工作初期识别重大事项，并在管理层的协助下及时解决这些事项，或针对这些事项制定有效的实质性方案或综合性方案。当然，在期中实施进一步审计程序也存在很大的局限。

首先，注册会计师往往难以仅凭在期中实施的进一步审计程序获取有关期中以前的充分、适当的审计证据(例如某些期中以前发生的交易或事项在期中审计结束时尚未完结)。

其次，即使注册会计师在期中实施的进一步审计程序能够获取有关期中以前的充分、适当的审计证据，但从期中到期末这段剩余期间还往往会发生重大的交易或事项(包括期中以前发生的交易、事项的延续，以及期中以后发生的新的交易、事项)，从而对所审计期间的财务报表认定产生重大影响。

最后，被审计单位管理层也完全有可能在注册会计师于期中实施了进一步审计程序之后对期中以前的相关会计记录做出调整甚至篡改，注册会计师在期中实施了进一步审计程序所获取的审计证据已经发生了变化。为此，如果在期中实施了进一步审计程序，那么注册会计师还应该针对剩余期间获取审计证据。

注册会计师在确定何时实施审计程序时应该考虑的几项重要因素如下。

①控制环境。良好的控制环境可以抵消在期中实施进一步审计程序的局限性，使注册会计师在确定实施进一步审计程序的时间时有更大的灵活度。

②何时能得到相关的信息。例如某些控制活动可能仅在期中(或期中以前)发生，而之后可能难以再被观察到。

③错报风险的性质。比如被审计单位可能为了保证盈利目标的实现，而在会计期末以后伪造销售合同以虚增收入，此时注册会计师需要考虑在期末(即资产负债表日)这个特定时点获取被审计单位截至期末所能提供的所有销售合同及相关的资料，以防范被审计单位在资产负债表日后伪造销售合同虚增收入的做法。

④审计证据适用的期间或时点。注册会计师应该根据需要获取的特定审计证据确定何时实施进一步审计程序。举例来说，为了获取资产负债表日的存货余额证据，显然不宜在与资产负债表日间隔过长的期中时点或期末以后的时点实施存货监盘等相关的审计程序。

需要说明的是，虽然注册会计师在很多情况下可以根据具体情况选择实施进一步审计程序的时间，但也存在着一些限制选择的情况。某些审计程序只能在期末或期末以后实施，包括将财务报表与会计记录相核对，检查财务报表编制过程中所做的会计调整等。如果被审计单位在期末或接近期末发生了重大交易，或重大交易在期末尚未完成，注册会计师就应该考虑交易的发生或截止等认定可能存在的重大错报风险，并在期末或期末以后检查此类交易。

4. 进一步审计程序的范围

(1) 进一步审计程序的范围的含义

进一步审计程序的范围是指实施进一步审计程序的数量，包括抽取的样本量，对某项控制活动的观察次数等。

(2) 确定进一步审计程序的范围时考虑的因素

在确定审计程序的范围时，注册会计师应该考虑下列因素。

①确定的重要性水平。确定的重要性水平越低，注册会计师实施进一步审计程序的范围越广。

②评估的重大错报风险。评估的重大错报风险越高，对拟获取审计证据的相关性、可靠性的要求越高，因此注册会计师实施的进一步审计程序的范围也越广。

③计划获取的保证程度。计划获取的保证程度是指注册会计师计划通过所实施的审计程序对测试结果可靠性所获取的信心。计划获取的保证程度越高，对测试结果的可靠性要求越高，注册会计师实施的进一步审计程序的范围越广。例如注册会计师对财务报表是否存在重大错报的信心可能来自控制测试和实质性

程序。如果注册会计师计划从控制测试中获取更高的保证程度，控制测试的范围就更广。

需要说明的是，随着重大错报风险的增加，注册会计师应该考虑扩大审计程序的范围。但是，只有当审计程序本身与特定的风险相关时，扩大审计程序的范围才是有效的。

在考虑确定进一步审计程序的范围时，使用计算机辅助审计技术具有积极的作用。注册会计师可以使用计算机辅助审计技术对电子化的交易和账户文档进行更广泛的测试，包括从主要电子文档中选取交易样本，或按照某个特征对交易进行分类，或对总体而非样本进行测试。

鉴于进一步审计程序的范围往往是通过一定的抽样方法加以确定的，因此，注册会计师需要慎重考虑抽样过程对审计程序范围的影响是否能够有效地实现审计目的。注册会计师使用恰当的抽样方法通常可以得出有效的结论。但如果存在下列情形，那么注册会计师依据样本得出的结论可能与对总体实施同样的审计程序得出的结论不同，出现不可接受的风险。

①从总体中选择的样本量过小。

②选择的抽样方法对实现特定目标不适当。

③未对发现的例外事项进行恰当地追查。

此外，注册会计师在综合运用不同的审计程序时，除了面临各类审计程序的性质选择问题外，还面临如何权衡各类程序的范围问题。因此，注册会计师在综合运用不同的审计程序时。不仅应该考虑各类审计程序的性质，还应该考虑测试的范围是否适当。

9.2 控制测试

控制测试是为了获取关于控制防止或发现并纠正认定层次重大错报的有效性而实施的测试。注册会计师应该选择为相关认定提供证据的控制进行测试。

9.2.1 控制测试的含义和要求

1. 控制测试的含义

控制测试是指用于评价内部控制在防止或发现并纠正认定层次重大错报方面的运行有效性的审计程序。这个概念需要与“了解内部控制”进行区分。“了解内部控制”包含两层含义：一是评价控制的设计。二是确定控制是否得到执行。测试控制运行的有效性与确定控制是否得到执行所需获取的审计证据是不相同的。

在实施风险评估程序以获取控制是否得到执行的审计证据时，注册会计师应该确定某项控制是否存在，被审计单位是否正在使用。

在测试控制运行的有效性时，注册会计师应该从下列方面获取关于控制是否有效运行的审计证据。

(1)控制在所审计期间的不同时点是如何运行的。

(2)控制是否得到一贯执行。

(3)控制由谁或以何种方式执行。

从这三个方面来看，控制运行有效性强调的是控制能够在各个不同时点按照既定设计得以一贯执行。所以，在了解控制是否得到执行时，注册会计师只需抽取少量的交易进行检查或观察某几个时点。但在测试控制运行的有效性时，注册会计师需要抽取足够数量的交易进行检查或对多个不同的时点进行观察。

测试控制运行的有效性与确定控制是否得到执行所需获取的审计证据虽然存在差异，但两者也有联系。为了评价控制设计和确定控制是否得到执行而实施的某些风险评估程序并非专为控制测试而设计，但可能提供有关控制运行有效性的审计证据，注册会计师可以考虑在评价控制设计和获取其得到执行的审计证据的同时测试控制运行的有效性，以提高审计效率。同时，注册会计师应该考虑这些审计证据是否足以实现控制测试的目的。

2. 控制测试的要求

作为进一步审计程序的类型之一，控制测试并非在任何情况下都需要实施。当存在下列情形之一时，注册会计师应该实施控制测试。

(1)在评估认定层次重大错报风险时，预期控制的运行是有效的。

(2)仅实施实质性程序不足以提供认定层次充分、适当的审计证据。

如果在评估认定层次重大错报风险时预期控制的运行是有效的，注册会计师就应该实施控制测试，就控制在相关的期间或时点的运行有效性获取充分、适当的审计证据。

注册会计师通过实施风险评估程序，可能发现某项控制的设计是存在的，也是合理的，同时得到了执行。在这种情况下，出于成本效益的考虑，注册会计师可能预期，如果相关的控制在不同的时点都得到了一贯执行，与该项控制有关的财务报表认定发生重大错报的可能性就不会很大，也就不需要实施很多的实质性程序。为此，注册会计师可能会认为值得对相关的控制在不同的时点是否得到了一贯执行进行测试，即实施控制测试。这种测试主要是出于成本效益的考虑，其前提是注册会计师通过了解内部控制以后认为某项控制存在着被信赖和利用的可能。因此，只有认为控制设计合理、能够防止或发现和纠正认定层次的重大错报，注册会计师才有必要对控制运行的有效性实施测试。

如果认为仅实施实质性程序获取的审计证据无法将认定层次重大错报风险降至可接受的低水平，注册会计师就应该实施相关的控制测试，以获取控制运行有效性的审计证据。

此外，需要强调的是，被审计单位在所审计期间内可能由于技术更新或组织管理变更而更换了信息系统，从而导致在不同的时期使用了不同的控制。倘若被审计单位在所审计期间内的不同时期使用了不同的控制，注册会计师就应该考虑不同时期控制运行的有效性。

9.2.2 控制测试的性质、时间安排和范围

1. 控制测试的性质

(1)控制测试性质的含义

控制测试的性质是指控制测试所使用的审计程序的类型及其组合。

计划从控制测试中获取的保证水平是决定控制测试性质的主要因素之一。注册会计师应该选择适当类型的审计程序以获取有关控制运行有效性的保证。在计划和实施控制测试时，对控制有效性的信赖程度越高，注册会计师应该获取越有说服力的审计证据。当拟实施的进一步审计程序主要以控制测试为主，尤其是仅实施实质性程序无法或不能获取充分、适当的审计证据时，注册会计师应该获取有关控制运行有效性的更高的保证水平。

控制测试所使用的审计程序的类型包括以下几方面。

①询问。注册会计师可以向被审计单位适当的员工询问，获取与内部控制运行情况相关的信息。例如询问信息系统管理人员有无未经授权接触计算机硬件和软件，向负责复核银行存款余额调节表的人员询问如何进行复核，包括复核的要点是什么，发现不符事项如何处理等。然而，仅仅通过询问不能为控制运行的有效性提供充分的证据，注册会计师通常需要印证被询问者的答复，例如向其他人员询问和检查执行控制时所使用的报告、手册或其他文件等。因此，虽然询问是一种有用的手段，但是它必须和其他测试手段结合使用才能发挥作用。在询问过程中，注册会计师应该保持职业怀疑态度。

②观察。观察是测试不留下书面记录的控制(如职责分离)的运行情况的有效方法。例如观察存货盘点控制的执行情况。观察也可以运用于实物控制，例如查看仓库门是否锁好，或空白支票是否妥善保管。通常情况下，注册会计师通过观察直接获取的证据比间接获取的证据更可靠。但是，注册会计师还要考虑其所观察到的控制在注册会计师不在场时可能未被执行的情况。

③检查。对运行情况留有书面证据的控制，检查非常适用。书面说明、复核时留下的记号，或其他记录在偏差报告中的标志都可以被当作控制运行情况的证据。例如检查销售发票是否有复核人员签字，检查销售发票是否附有客户订购单和出库单等。

④重新执行。通常只有当询问、观察和检查程序结合在一起仍无法获得充分的证据时，注册会计师才考虑通过重新执行来证实控制是否有效运行。例如为了合理保证计价认定的准确性，被审计单位的一项控制是由复核人员核对销售发票上的价格与统一价格单上的价格是否一致。但是，要检查复核人员有没有认真执行核对，仅仅检查复核人员是否在相关的文件上签字是不够的，注册会计师还需要自己选取一部分销售发票进行核对，这就是重新执行程序。但是，如果需要进行大量的重新执行，注册会计师就要考虑通过实施控制测试以缩小实质性程序的范围是否有效率。

询问本身并不足以测试控制运行的有效性，注册会计师应将询问与其他审计程序结合使用，而观察提供的证据仅限于观察发生的时点。因此，将询问与检查或重新执行结合使用，可能比仅实施询问和观察获取更高的保证。例如被审计单位针对处理收到的邮政汇款单设计和执行了相关的内部控制，注册会计师通过询问和观察程序往往不足以测试此类控制的运行有效性，还需要检查能够证明此类控制在所审计期间的其他时段有效运行的文件和凭证，以获取充分、适当的审计证据。

(2) 确定控制测试性质时的要求

①考虑特定控制的性质。注册会计师应该根据特定控制的性质选择所需实施审计程序的类型。例如某些控制可能存在反映控制运行有效性的文件记录，在这种情况下，注册会计师可以检查这些文件记录以获取控制运行有效的审计证据。某些控制可能不存在文件记录(例如一项自动化的控制活动)，或文件记录与能否证实控制运行有效性不相关，注册会计师应该考虑实施检查以外的其他审计程序(例如询问和观察)或借助计算机辅助审计技术，以获取有关控制运行有效性的审计证据。

②考虑测试与认定直接相关和间接相关的控制。在设计控制测试时，注册会计师不仅应该考虑与认定直接相关的控制，还应该考虑这些控制所依赖的与认定间接相关的控制，以便获取支持控制运行有效性的审计证据。例如被审计单位可能针对超出信用额度的例外赊销交易设置报告和审核制度(与认定直接相关的控制)。在测试该项制度的运行有效性时，注册会计师不仅应该考虑审核的有效性。还应该考虑与例外赊销报告中信息准确性有关的控制(与认定间接相关的控制)是否有效运行。

③如何对一项自动化的应用控制实施控制测试。对于一项自动化的应用控制，由于信息技术处理过程的内在一贯性,注册会计师可以利用该项控制得以执行的审计证据和信息技术一般控制(特别是对系统变动的控制)运行有效性的审计证据，作为支持该项控制在相关的期间运行有效性的重要审计证据。

(3) 实施控制测试时对双重目的的实现

控制测试的目的是评价控制是否有效运行，细节测试的目的是发现认定层次的重大错报。尽管两者目的不同，但注册会计师可以考虑针对同一交易同时实施控制测试和细节测试，以便实现双重目的。例如注册会计师通过检查某笔交易的发票可以确定其是否经过适当的授权也可以获取关于该交易的金额、发生时间等细节证据。当然，如果拟实施双重目的的测试，注册会计师就应该仔细设计和评价测试程序。

(4) 实施实质性程序的结果对控制测试结果的影响

如果通过实施实质性程序未发现某项认定存在错报，这本身并不能说明与该认定有关的控制是有效运行的。但如果通过实施实质性程序发现某项认定存在错报，注册会计师就应该在评价相关控制的运行有效性时予以考虑。因此，注册会计师应该考虑实施实质性程序发现的错报对评价相关的控制运行有效性的影响(例如降低对相关控制的信赖程度、调整实质性程序的性质、扩大实质性程序的范围等)。如果实施实质性程序发现被审计单位没有识别出的重大错报，那么通常表明内部控制存在重大缺陷，注册会计师应该就这些缺陷与管理层和治理层进行沟通。

2. 控制测试的时间

(1) 控制测试时间的含义

控制测试的时间包含两层含义：一是何时实施控制测试；二是测试所针对的控制适用的时点或期间。一个基本的原理是，如果测试特定时点的控制，那么注册会计师仅得到该时点控制运行有效性的审计证据；如果测试某个期间的控制，那么注册会计师可以获取控制在该期间有效运行的审计证据。因此，注册会计师应该根据控制测试的目的确定控制测试的时间，并确定拟信赖的相关控制的时点或期间。

关于根据控制测试的目的确定控制测试的时间，如果仅需要测试控制在特定时点的运行有效性，那么注册会计师只需要获取该时点的审计证据。如果需要获取控制在某个期间有效运行的审计证据，那么仅获取与时点相关的审计证据是不充分的，注册会计师应该辅以其他控制测试，包括测试被审计单位对控制的监督。而所谓的“其他控制测试”应该具备的功能是，能提供相关的控制在所有相关的时点都运行有效的审计证据。被审计单位对控制的监督起到的就是一种检验相关的控制在所有相关的时点是否都有效运行的作用。因此，注册会计师测试这类活动能够强化控制在某期间运行有效性的审计证据效力。

(2) 如何考虑期中审计证据

注册会计师有可能在期中实施进一步审计程序。对于控制测试，注册会计师在期中实施此类程序具有更积极的作用。但需要说明的是，即使注册会计师已获取有关控制在期中运行有效性的审计证据，也需要考虑如何能够将控制在期中运行有效性的审计证据合理延伸至期末。一个基本的考虑是针对期中至期末这段剩余期间获取充分、适当的审计证据。因此，如果已获取有关控制在期中运行有效性的审计证据，并拟利用该证据，注册会计师就应该实施下列审计程序：

①获取这些控制在剩余期间变化情况的审计证据。

②确定针对剩余期间还需获取的补充审计证据。

在上述两项审计程序中，第一项是针对期中已获取审计证据的控制，考察这些控制在剩余期间的变化情况(包括是否发生了变化以及如何变化)。如果这些控制在剩余期间没有发生变化，那么注册会计师可能决定信赖期中获取的审计证据。如果这些控制在剩余期间发生了变化(例如信息系统、业务流程或人事管理等方面发生变动)，那么注册会计师需要了解并测试控制的变化对期中审计证据的影响。

上述两项审计程序中，第二项是针对期中证据以外的、剩余期间的补充证据。在执行该项规定时，注册会计师应该考虑下列因素。

①评估的认定层次重大错报风险的重大程度。评估的重大错报风险对财务报表的影响越大，注册会计师需要获取的剩余期间的补充证据就越多。

②在期中测试的特定控制。举例来说，对自动化运行的控制，注册会计师更可能测试信息系统一般控制的运行有效性，以获取控制在剩余期间运行有效性的审计证据。

③在期中对有关控制运行有效性获取的审计证据的程度。如果注册会计师在期中对有关控制运行有效性获取的审计证据比较充分，就可以考虑适当减少需要获取的剩余期间的补充证据。

④剩余期间的长度。剩余期间的长度越长，注册会计师需要获取的剩余期间的补充证据就越多。

⑤在信赖控制的基础上拟减少进一步实施实质性程序的范围。注册会计师对相关控制的信赖程度越高，通常在信赖控制的基础上拟减少进一步实施实质性程序的范围就越大。在这种情况下，注册会计师需要获取的剩余期间的补充证据就越多。

⑥控制环境。在注册会计师总体上拟信赖控制的前提下，控制环境越薄弱(或把握程度越低)，注册会计师需要获取的剩余期间的补充证据就越多。

除了上述的测试剩余期间控制的运行有效性，测试被审计单位对控制的监督也能够作为一项有益的补充证据，以便更有把握地将控制在期中运行有效性的审计证据延伸至期末。如前所述，被审计单位对控制的监督起到的是一种检验相关控制在所有相关时点是否都有效运行的作用，因此，通过测试剩余期间控制的运行有效性或测试被审计单位对控制的监督，注册会计师可以获取补充审计证据。

(3) 如何考虑以前审计获取的审计证据

注册会计师考虑以前审计获取的有关控制运行有效性的审计证据，其意义在于：一方面，相对于具体的交易、账户余额和列报而言，内部控制中的诸多要素对于被审计单位往往是相对稳定的，因此，注册会计师在本期审计时还是可以适当考虑利用以前审计获取的有关控制运行有效性的审计证据；另一方面，内部控制在不同期间可能发生重大变化，注册会计师在利用以前审计获取的有关控制运行有效性的审计证据时需要格外慎重，充分考虑各种因素。

关于如何考虑以前审计获取的有关控制运行有效性的审计证据，基本思路是考虑拟信赖的以前审计中测试的控制在本期是否发生变化，因为考虑与控制变化有关的审计证据有助于注册会计师决定合理调整拟在本期获取的有关控制运行有效性的审计证据。

①基本思路。考虑拟信赖的以前审计中测试的控制在本期是否发生变化。如果拟信赖以前审计获取的有关控制运行有效性的审计证据，注册会计师就应该通过实施询问并结合观察或检查程序，获取这些控制是否已经发生变化的审计证据。例如在以前的审计中，注册会计师可能确定被审计单位某项自动控制能够发挥预期作用。那么在本期审计中，注册会计师需要获取审计证据以便确定是否发生了影响该自动控制持续有效发挥作用的变化。例如注册会计师可以通过询问管理层或检查日志，确定哪些控制已经发生变化。

注册会计师可能面临两种结果：一是控制在本期发生变化；二是控制在本期没有发生变化。

②当控制在本期发生变化时注册会计师的做法。如果控制在本期发生变化，注册会计师就应该考虑以前审计获取的有关控制运行有效性的审计证据是否与本期审计相关。若是系统的变化仅仅使被审计单位从中获取新的报告，则这种变化通常不影响以前审计所获取证据的相关性。若是系统的变化引起数据累积或计算发生改变，则这种变化可能影响以前审计所获取证据的相关性。若是拟信赖的控制自上次测试后已经发生变化，则注册会计师应该在本期审计中测试这些控制的运行有效性。

③当控制在本期未发生变化时注册会计师的做法。如果拟信赖的控制自上次测试后未发生变化，且不属于旨在减轻特别风险的控制，注册会计师就应该运用职业判断确定是否在本期审计中测试其运行有效性，以及本次测试与上次测试的时间间隔，但两次测试的时间间隔不得超过两年。

如果拟信赖以前审计获取的某些控制运行有效性的审计证据，注册会计师就应该在每次审计时从中选取足够数量的控制，测试其运行有效性。不应该将所有拟信赖控制的测试集中于某一次审计，而在之后的两次审计中不进行任何测试。这个规定的考虑主要是为了尽量降低审计风险，毕竟注册会计师可能难以充分识别以前审计中测试过的控制在本期是否发生变化。此外，在每一次审计中选取足够数量的部分控制进行测试，除了能够提供这些以前审计中测试过的控制在当期运行有效性的审计证据外，还可提供控制环境持续有效性的旁证，从而有助于注册会计师判断其信赖以前审计获取的审计证据是否恰当。

④不得依赖以前审计所获取证据的情形。鉴于特别风险的特殊性，对于旨在减轻特别风险的控制，不论该控制在本期是否发生变化，注册会计师都不应该依赖以前审计获取的证据。因此，如果确定评估的认定层次重大错报风险是特别风险，并拟信赖旨在减轻特别风险的控制，注册会计师就不应该依赖以前审计获取的审计证据，而应该在本期审计中测试这些控制的运行有效性。也就是说，如果注册会计师拟信赖针对特别风险的控制，那么所有关于该控制运行有效性的审计证据必须来自当年的控制测试。相应地，注册会计师应该在每次审计中都测试这类控制。

3. 控制测试的范围

对于控制测试的范围，其含义主要是指某项控制活动的测试次数。注册会计师应该设计控制测试，以获取控制在整个拟信赖的期间有效运行的充分、适当的审计证据。

(1)确定控制测试范围的考虑因素

注册会计师在确定某项控制的测试范围时通常应考虑的因素如下。

①在拟信赖期间，被审计单位执行控制的频率。控制执行的频率越高，控制测试的范围越大。

②在所审计期间，注册会计师拟信赖控制运行有效性的时间长度。拟信赖控制运行有效性的时间长度不同，在该时间长度内发生的控制活动次数也不同。注册会计师需要根据拟信赖控制的时间长度确定控制测试的范围。拟信赖期间越长，控制测试的范围越大。

③控制的预期偏差。预期偏差可以用控制未得到执行的预期次数占控制应该得到执行次数的比率加以衡量，这项指标也可以称作预期偏差率。考虑该因素，是因为在考虑测试结果是否可以得出控制运行有效性的结论时，不可能只要出现任何控制执行偏差就认定控制运行无效，所以需要确定一个合理水平的预期偏差率。控制的预期偏差率越高，需要实施控制测试的范围越大。如果控制的预期偏差率过高，注册会计师就应该考虑控制可能不足以便将认定层次的重大错报风险降至可接受的低水平，从而针对某个认定实施的控制测试可能是无效的。

④通过测试与认定相关的其他控制获取的审计证据的范围。针对同一认定，可能存在不同的控制。当针对其他控制获取审计证据的充分性和适当性较高时，测试该控制的范围可适当缩小。

⑤拟获取的有关认定层次控制运行有效性的审计证据的相关性和可靠性。

(2)对自动化控制的测试范围的特别考虑

除非系统(包括系统使用的表格、文档或其他永久性数据)发生变动，注册会计师通常不需要增加自动化控制的测试范围。

信息技术处理具有内在一贯性，除非系统发生变动，一项自动化应用控制应该一贯运行。对于一项自动化应用控制，一旦确定被审计单位正在执行该控制，注册会计师通常无须扩大控制测试的范围，但需要考虑执行下列测试以确定该控制持续有效运行。

①测试与该应用控制有关的一般控制的运行有效性。

②确定系统是否发生变动，如果发生变动，那么是否存在适当的系统变动控制。

③确定对交易的处理是否使用授权批准的软件版本。

例如注册会计师可以检查信息系统安全控制记录，以便确定是否存在未经授权的接触系统硬件和软件，以及系统是否发生变动。

(3)测试两个层次控制时注意的问题

控制测试可用于被审计单位每个层次的内部控制。整体层次控制测试通常更加主观(例如管理层对胜任能力的重视)。对整体层次控制进行测试，通常比业务流程层次控制(例如检查付款是否得到授权)更难以记录。因此，整体层次控制和信息技术一般控制的评价通常记录的是文件备忘录和支持性证据。注册会计师最好在审计的早期测试整体层次控制。原因在于对这些控制测试的结果会影响其他计划审计程序的性质和范围。

9.3 实质性程序

9.3.1 实质性程序的含义和要求

1. 实质性程序的含义

实质性程序是指用于发现认定层次重大错报的审计程序。实质性程序包括下列两类程序。

(1)对各类交易、账户余额和披露的细节测试。

(2)实质性分析程序。

注册会计师实施的实质性程序应该包括下列与财务报表编制完成阶段相关的审计程序。

(1)将财务报表与其所依据的会计记录相核对。

(2)检查财务报表编制过程中做出的重大会计分录和其他会计调整。注册会计师对会计分录和其他会计调整检查的性质和范围，取决于被审计单位财务报告过程的性质和复杂程度以及由此产生的重大错报风险。

由于注册会计师对重大错报风险的评估是一种判断，所以可能无法充分识别所有的重大错报风险，并且由于内部控制存在固有局限性，无论评估的重大错报风险结果如何，注册会计师都应该针对所有重大的各类交易、账户余额和披露实施实质性程序。

2. 针对特别风险实施的实质性程序

如果认为评估的认定层次重大错报风险是特别风险，注册会计师就应该专门针对该风险实施实质性程序。若是认为管理层面临实现盈利指标的压力而可能提前确认收入，则注册会计师在设计询证函时不仅应该考虑函证应收账款的账户余额，还应该考虑询证销售协议的细节条款(例如交货、结算及退货条款)。注册会计师还可以考虑在实施函证的基础上针对销售协议及其变动情况询问被审计单位的非财务人员。

如果针对特别风险实施的程序仅为实质性程序，那么这些程序应该包括细节测试，或将细节测试和实质性分析程序结合使用，以便获取充分、适当的审计证据。为了应对特别风险需要获取具有高度相关性和可靠性的审计证据，仅实施实质性分析程序不足以获取有关特别风险的充分、适当的审计证据。

9.3.2 实质性程序的性质、时间安排和范围

1. 实质性程序的性质

(1) 实质性程序的性质的含义

实质性程序的性质是指实质性程序的类型及其组合。实质性程序的两种基本类型包括细节测试和实质性分析程序。

①细节测试是对各类交易、账户余额和披露的具体细节进行测试，目的在于直接识别财务报表认定是否存在错报。细节测试被用于获取与某些认定相关的审计证据，例如存在、准确性、计价等认定。

②实质性分析程序从技术特征上仍然是分析程序，主要是通过研究数据之间的关系评价信息，只是将该技术方法用作实质性程序，即用以识别各类交易、账户余额和披露及相关的认定是否存在错报。实质性分析程序通常更适用于在一段时间内存在可预期关系的大量交易。

(2) 细节测试和实质性分析程序的适用性

由于细节测试和实质性分析程序的目的、技术手段存在一定的差异，因此各自有不同的适用领域。注册会计师应该根据各类交易、账户余额和披露的性质选择实质性程序的类型。细节测试适用于对各类交易、账户余额和披露认定的测试，尤其是对存在或发生、计价认定的测试。对在一段时期内存在可预期关系的大量交易，注册会计师可以考虑实施实质性分析程序。

(3) 细节测试的方向

对于细节测试，注册会计师应该针对评估的风险设计细节测试，获取充分、适当的审计证据，以达到认定层次所计划的保证水平。该规定的含义是，注册会计师需要根据不同的认定层次的重大错报风险设计有针对性的细节测试。例如在针对存在或发生认定设计细节测试时，注册会计师应该选择包含在财务报表金额中的项目，并获取相关的审计证据。又如，在针对完整性认定设计细节测试时，注册会计师应该选择有证据表明应该包含在财务报表金额中的项目，并调查这些项目是否确实包括在内。例如为了应对被审计单位漏记本期应付账款的风险，注册会计师可以检查期后付款记录。

(4) 设计实质性分析程序时考虑的因素

注册会计师在设计实质性分析程序时应该考虑的因素包括以下几方面。

①对特定认定使用实质性分析程序的适当性。

②对已记录的金额或比率做出预期时，所依据的内部或外部数据的可靠性。

③做出预期的准确程度是否足以在计划的保证水平上识别重大错报。

④已经记录金额与预期值之间可接受的差异额。考虑到数据及分析的可靠性，当实施实质性分析程序时，如果使用被审计单位编制的信息，注册会计师就应该考虑测试与信息编制相关的控制，以及这些信息是否在本期或前期经过审计。

2. 实质性程序的时间

实质性程序的时间选择与控制测试的时间选择有共同点，也有很大的差异。共同点在于，两类程序都面临着对期中审计证据和对以前审计获取的审计证据的考虑。两者的差异在于以下几方面。

①在控制测试中，期中实施控制测试并获取期中关于控制运行有效性审计证据的做法更具有一种“常态”，而由于实质性程序的目的在于更直接地发现重大错报，所以在期中实施实质性程序时更需要考虑其成本效益的权衡。

②在本期控制测试中拟信赖以前审计获取的有关控制运行有效性的审计证据，已经受到了很大的限制，而对于以前审计中通过实质性程序获取的审计证据，则采取了更加慎重的态度和更严格的限制。

(1) 如何考虑是否在期中实施实质性程序

在期中实施实质性程序，一方面消耗了审计资源，另一方面期中实施实质性程序获取的审计证据又不

能直接作为期末财务报表认定的审计证据，注册会计师仍然需要进一步消耗审计资源，使期中审计证据能够合理延伸至期末。于是这两部分审计资源的总和是否能够显著小于完全在期末实施实质性程序所需消耗的审计资源，是注册会计师需要权衡的。因此，注册会计师在考虑是否在期中实施实质性程序时应该考虑以下因素。

①控制环境和其他相关的控制。控制环境和其他相关的控制越薄弱，注册会计师越不宜在期中实施实质性程序。

②实施审计程序所需信息在期中之后的可获得性。如果实施实质性程序所需信息在期中之后可能难以获取，例如系统变动导致某类交易记录难以获取，注册会计师就应该考虑在期中实施实质性程序。但如果实施实质性程序所需信息在期中之后的可获得性并不存在明显困难，该因素就不应该成为注册会计师在期中实施实质性程序的重要影响因素。

③实质性程序的目的。如果针对某项认定实施实质性程序的目的就包括获取该认定的期中审计证据(从而与期末比较)，注册会计师就应该在期中实施实质性程序。

④评估的重大错报风险。注册会计师评估的某项认定的重大错报风险越高，针对该认定所需获取的审计证据的相关性和可靠性要求也就越高，注册会计师越应该考虑将实质性程序集中于期末(或接近期末)实施。

⑤特定类别交易或账户余额以及相关认定的性质。例如某些交易或账户余额以及相关认定的特殊性质(例如收入截止认定、未决诉讼)决定了注册会计师必须在期末(或接近期末)实施实质性程序。

⑥针对剩余期间，能否通过实施实质性程序或将实质性程序与控制测试相结合，降低期末存在错报而未被发现的风险。如果针对剩余期间注册会计师可以通过实施实质性程序或将实质性程序与控制测试相结合，较有把握地降低期末存在错报而未被发现的风险(例如注册会计师在 10 月份实施预审时考虑是否使用一定的审计资源实施实质性程序，从而形成的剩余期间不是很长)，注册会计师就可以考虑在期中实施实质性程序。但如果针对剩余期间注册会计师认为还需要消耗大量审计资源才有可能降低期末存在错报而未被发现的风险，甚至没有把握通过适当的进一步审计程序降低期末存在错报而未被发现的风险(例如被审计单位于 8 月份发生管理层变更，注册会计师接受后任管理层邀请实施预审时，考虑是否使用一定的审计资源实施实质性程序)，注册会计师就不宜在期中实施实质性程序。

(2) 如何考虑期中审计证据

如果在期中实施了实质性程序，注册会计师就应该针对剩余期间实施进一步的实质性程序，或将实质性程序和控制测试结合使用，以便将期中测试得出的结论合理延伸至期末。该规定指出了在如何将期中实施的实质性程序得出的结论合理延伸至期末时，注册会计师有两种选择。

①针对剩余期间实施进一步的实质性程序。

②将实质性程序和控制测试结合使用。

如果拟将期中测试得出的结论延伸至期末，注册会计师就应该考虑针对剩余期间仅实施实质性程序是否足够。如果认为实施实质性程序本身不充分，那么注册会计师还应该测试剩余期间相关控制运行的有效性或针对期末实施实质性程序。

对于舞弊导致的重大错报风险(作为一类重要的特别风险)，被审计单位存在故意错报或操纵的可能性，那么注册会计师更应该慎重考虑能否将期中测试得出的结论延伸至期末。因此，如果已经识别出由于舞弊导致的重大错报风险，为了将期中得出的结论延伸至期末而实施的审计程序通常是无效的，注册会计师应该考虑在期末或者接近期末实施实质性程序。

(3) 如何考虑以前审计获取的审计证据

在以前审计中实施实质性程序获取的审计证据，通常对本期只有很弱的证据效力或没有证据效力，不足以应对本期的重大错报风险。只有当以前获取的审计证据及其相关事项未发生重大变动时(例如以前审计通过实质性程序测试过的某项诉讼在本期没有任何实质性进展)，以前获取的审计证据才可能用作本期的有效审计证据。但即便如此，如果拟利用以前审计中实施实质性程序获取的审计证据，注册会计师就应该在本期实施审计程序，以确定这些审计证据是否具有持续的相关性。

3. 实质性程序的范围

评估的认定层次重大错报风险和实施控制测试的结果是注册会计师在确定实质性程序的范围时重要的考虑因素。因此，在确定实质性程序的范围时，注册会计师应该考虑评估的认定层次重大错报风险和实施控制测试的结果。注册会计师评估的认定层次的重大错报风险越高，需要实施实质性程序的范围就越广。如果对控制测试结果不满意，注册会计师就应该考虑扩大实质性程序的范围。

(1) 在设计细节测试时，注册会计师除了从样本量的角度考虑测试范围外，还要考虑选样方法的有效性等因素。例如从总体中选取大额或异常项目，而不是进行代表性抽样或分层抽样。

(2) 实质性分析程序的范围有两层含义。第一层含义是对什么层次上的数据进行分析，注册会计师可以选择在高度汇总的财务数据层次进行分析，也可以根据重大错报风险的性质和水平调整分析层次。例如按照不同的产品线、不同的季节或月份、不同的经营地点或存货存放地点等实施实质性分析程序。第二层含义是需要对什么幅度或性质的偏差展开进一步调查。实施分析程序可能发现偏差，但并非所有的偏差都值得展开进一步调查。可容忍或可接受的偏差(即预期偏差)越大，作为实质性分析程序一部分的进一步调查的范围就越小。于是确定适当的预期偏差幅度同样属于实质性分析程序的范畴。因此，在设计实质性分析程序时，注册会计师应该确定已经记录的金额与预期值之间可接受的差异额。在确定该差异额时，注册会计师应该主要考虑各类交易、账户余额和披露及相关认定的重要性和计划的保证水平。

复习思考题

1. 简述应对重大错报风险的措施和程序。
2. 简述控制测试的含义和要求。
3. 论述控制措施的性质、时间安排和范围的主要内容。
4. 简述实质性程序的含义和要求。
5. 论述实质性程序的性质、时间安排和范围的主要内容。

第三篇　审计实务知识

第 10 章　销售与收款循环的审计

学习目标

熟悉销售与收款循环涉及的主要单据与会计记录，了解销售与收款循环涉及的主要业务活动，理解销售与收款循环的内部控制，掌握销售与收款循环的控制测试，熟练掌握销售与收款循环所涉及的交易、账户余额的实质性程序。

从本章至第 14 章将以执行企业会计准则的公司的财务报表审计为例，介绍几个主要业务循环审计的具体内容，重点介绍对各财务报表项目如何进行审计测试。财务报表审计的组织方式大致有两种：一是对财务报表的每个账户余额单独进行审计，此法称为账户法；二是将财务报表分成几个循环进行审计，即把紧密联系的交易种类和账户余额归入同一个循环中，按业务循环组织实施审计，此法称为循环法。

控制测试是在了解被审计单位内部控制、实施风险评估程序基础上进行的，而了解内部控制主要是评价控制的设计以及是否得到执行，与被审计单位的业务流程关系密切，因此，对控制测试通常应采用循环法实施。一般而言，在财务报表审计中可将被审计单位的所有交易和账户余额划分为 4 个、5 个、6 个甚至更多个业务循环。由于各被审计单位的业务性质和规模不同，所以其业务循环的划分也应有所不同。我们将交易和账户余额划分为销售与收款循环、采购与付款循环、生产与存货循环、人力资源与工薪循环、投资与筹资循环，并以销售与收款循环、采购与付款循环、生产与存货循环、投资与筹资循环为例分章阐述各业务循环的审计。由于货币资金与上述多个业务循环均密切相关，并且货币资金的业务和内部控制又有着不同于其他业务循环和其他财务报表项目的鲜明特征，因此，将货币资金审计单独安排在第 14 章进行介绍。

对交易和账户余额的实质性程序既可以采用账户法实施，也可以采用循环法实施。但由于控制测试通常按循环法实施，所以为了有利于实质性程序与控制测试的衔接，提倡采用循环法。按照各财务报表项目与业务循环的相关程度，可以建立起各业务循环与其所涉及的主要财务报表项目（特殊行业的财务报表项目不涉及）之间的对应关系，如表 10-1 所示。

表 10-1　业务循环与主要财务报表项目对照

业 务 循 环	资产负债表项目	利润表项目
销售与收款循环	应收票据、应收账款、长期应收款、预收款项、应交税费	营业收入、营业税金及附加、销售费用
采购与付款循环	预付款项、固定资产、在建工程、工程物资、固定资产清理、无形资产、开发支出、商誉、长期待摊费用、应付票据、应付账款、长期应付款	管理费用
存货与仓储循环	材料采购或在途物资、原材料、材料成本差异、库存商品、发出商品、商品进销差价、委托加工物资、委托代销商品、受托代销商品、周转材料、在产品（包括生产成本、工程施工、开发成本等）、制造费用、劳务成本、存货跌价准备、受托代销商品款	营业成本
人力资源与工薪循环	应付职工薪酬	营业成本、销售费用、管理费用

续表

业 务 循 环	资产负债表项目	利润表项目
筹资与投资循环	交易性金融资产、应收利息、应收股利、其他应收款、其他流动资产、可供出售金融资产、持有至到期投资、长期股权投资、投资性房地产、递延所得税资产、其他非流动资产、短期借款、交易性金融负债、应付利息、应付股利、其他应付款、其他流动负债、长期借款、应付债券、专项应付款、预计负债、递延所得税负债、其他非流动负债、实收资本(或股本)、资本公积、盈余公积、未分配利润	财务费用、资产减值损失、公允价值变动收益、投资收益、营业外收入、营业外支出、所得税费用

10.1 销售与收款循环的特点

10.1.1 不同行业类型的收入来源

企业的收入主要来自于出售商品、提供服务等，由于所处行业不同，企业具体的收入来源也有所不同。表 10-2 列示了一些常见的行业的主要收入来源，供参考。

表 10-2 不同行业类型的收入来源

行 业 类 别	收 入 来 源
贸易业	作为零售商向普通大众(最终消费者)零售商品；作为批发商向零售商供应商品
一般制造业	通过采购原材料并将其用于生产流程制造产品卖给客户取得收入
专业服务业	律师、会计师、商业咨询师等主要通过提供专业服务取得服务费收入；医疗服务机构通过提供医疗服务取得收入，包括给住院患者提供病房和医护设备，为患者提供精细护理、手术和药品等取得收入
金融服务业	向客户提供金融服务取得手续费，向客户发放贷款取得利息收入，通过协助客户对其资金进行投资取得相关的理财费用
建筑业	通过提供建筑服务完成建筑合同取得收入

从表 10-2 可见，一个企业所处的行业和经营性质决定了该企业的收入来源，以及为获取收入而相应产生的各项费用支出。注册会计师需要对被审计单位的相关行业活动和经营性质有比较全面的了解，才能胜任被审计单位收入、支出的审计工作。

10.1.2 销售与收款循环涉及的主要单据与会计记录

在内部控制比较健全的企业，处理销售与收款业务通常需要使用很多凭证和会计记录。典型的销售与收款循环所涉及的主要凭证和会计记录有以下几种。

1. 客户订购单

即客户提出的书面购货要求。企业可以通过销售人员或其他途径，例如采用电话、信函、邮件和向现有的及潜在的客户发送订购单等方式接受订货，取得客户订购单。

2. 销售单

销售单是列示客户所订商品的名称、规格、数量以及其他与客户订购单有关信息的凭证，作为销售方内部处理客户订购单的依据。

3. 发运凭证

发运凭证是在发运货物时编制的，用以反映发出商品的规格、数量和其他有关内容的凭据。发运凭证的一联留给客户，其余联(一联或数联)由企业保留，通常其中有一联由客户在收到商品时签署并返还给销售方，用作销售方确认收入及向客户收取货款的依据。

4. 销售发票

销售发票是一种用来表明已销售商品的名称、规格、数量、价格、销售金额等内容的凭证。常见的增值税发票就是销售发票的抵扣联和发票联寄送给客户，存根联和记账联由企业保留。销售发票也是在会计账簿中登记销售交易的基本凭据之一。

5. 商品价目表

商品价目表是列示已经授权批准的、可供销售的各种商品的价格清单。

6. 贷项通知单

贷项通知单是一种用来表示由于销售退回或经批准的折让而引起的应收销货款减少的凭证。这种凭证的格式通常与销售发票的格式相同，只不过它不是用来证明应收账款的增加，而是用来证明应收账款的减少。

7. 应收账款账龄分析表

应收账款账龄分析表通常，应收账款账龄分析表按月编制，反映月末应收账款总额的账龄区间，并详细反映每个客户月末应收账款金额和账龄。同时也是常见的计提应收账款坏账准备的重要依据。

8. 应收账款明细账

应收账款明细账是用来记录每个客户各项赊销、还款、销售退回及折让的明细账。

9. 主营业务收入明细账

主营业务收入明细账是一种用来记录销售交易的明细账。它通常记载和反映不同类别商品或服务的营业收入的明细发生情况和总额。

10. 折扣与折让明细账

折扣与折让明细账是一种用来核算企业销售商品时，按销售合同规定为了及早收回货款而给予客户的销售折扣和因商品品种、质量等原因而给予客户的销售折让情况的明细账。企业也可以不设置折扣与折让明细账，而将该类业务直接记入主营业务收入明细账。

11. 汇款通知书

汇款通知书是一种与销售发票一起寄给客户，由客户在付款时再寄回销售单位的凭证。这种凭证注明客户的名称、销售发票号码、销售单位开户银行账号以及金额等内容。

12. 库存现金日记账和银行存款日记账

库存现金日记账和银行存款日记账是用来记录应收账款的收回或现销收入以及其他各种现金、银行存款收入和支出的日记账。

13. 坏账核销审批表

坏账核销审批表是一种用来批准将无法收回的应收款项作为坏账予以核销的单据。

14. 客户对账单

客户对账单是一种定期寄送给客户的用于购销双方定期核对账目的文件。客户对账单上通常注明应收账款的期初余额、本期销售交易的金额、本期已收到的货款、贷项通知单的金额以及期末余额等内容。对账单可能是月度、季度或年度的，取决于企业的经营管理需要。

15. 转账凭证

转账凭证是指记录转账业务的记账凭证，它是根据有关转账业务(即不涉及库存现金、银行存款收付的各项业务)的原始凭证编制的。企业记录赊销交易的会计凭证即为一种转账凭证。

16. 现金和银行凭证

现金和银行凭证是指分别用来记录库存现金和银行存款收入业务与支付业务的记账凭证。

10.2 销售与收款循环的风险评估程序

10.2.1 销售与收款循环的主要业务活动

销售与收款循环的主要业务活动，因企业的性质和经营方式不同而各异。以生产企业而言，其主要的业务活动如下。

1. 接受客户订购单

客户提出订货要求是整个销售与收款循环的起点，是购买某种货物或接受某种劳务的一项申请。

很多企业在批准了客户订购单之后，下一步就应该编制一式多联的销售单。销售单是证明管理层有关销售交易的“发生”认定的凭据之一，也是此笔销售的交易轨迹的起点之一。此外，由于客户订购单是来自外部的引发销售交易的文件之一，有时也能为有关销售交易的“发生”认定提供补充证据。

2. 批准赊销信用

对于赊销业务的批准是由信用管理部门根据管理层的赊销政策在每个客户的已授权的信用额度内进行的。信用管理部门的职员在收到销售单管理部门的销售单后，应将销售单与该客户已被授权的赊销信用额度以及至今尚欠的账款余额加以比较。执行人工赊销信用检查时，还应合理划分工作职责，以避免销售人员为了扩大销售而使企业承受不适当的信用风险。

设计信用批准控制的目的是为了降低坏账风险，因此，这些控制与应收账款账面余额的“计价和分摊”认定有关。

在使用信息系统实现自动控制的企业，订购单涉及的客户是否已被列入经批准的客户名单，以及赊销金额是否仍在信用额度内这类控制往往通过系统设置得以实现。对于不满足条件的情形则要求管理层的特别批准。

3. 按销售单编制发运凭证并发货

企业管理层通常要求商品仓库只有在收到经过批准的销售单时才能编制发运凭证并供货。设立这项控制程序的目的是为了防止仓库在未经授权的情况下擅自发货。因此，已批准销售单的一联通常应该送达仓库。作为仓库按销售单供货和发货给装运部门的授权依据。

信息系统可以协助企业在销售单得到发货批准后才能生成连续编号的发运凭证，并能按照设定的要求核对发运凭证与销售单之间相关内容的一致性。

4. 按销售单装运货物

将经过批准的销售单供货与按销售单装运货物职责相分离，有助于避免负责装运货物的职员在未经授权的情况下装运产品。装运部门职员在装运之前，还必须进行独立验证，以确定从仓库提取的商品都附有经过批准的销售单，且所提取商品的内容与销售单及发运凭证一致。

5. 向客户开具发票

开具发票是指开具并向客户寄送事先连续编号的销售发票。与这项活动相关的问题如下。

(1)是否对所有装运的货物都开具了发票(即“完整性”认定问题)。

(2)是否只对实际装运的货物开具发票，有无重复开具发票或虚开发票(即“发生”认定问题)。

(3)是否按已授权批准的商品价目表所列价格计价开具发票(即“准确性”认定问题)。

为了降低开具发票过程中出现遗漏、重复、错误计价或其他差错的风险，应该设立以下控制程序。

(1)负责开具发票的职员在开具每张销售发票之前，独立检查是否存在装运凭证和相应的经过批准的销售单。

(2)依据已经授权批准的商品价目表开具销售发票。

(3)将装运凭证上的商品总数与相对应的销售发票上的商品总数进行比较。

上述控制与销售交易的“发生”“完整性”以及“准确性”认定有关，企业通常保留销售发票的存根联。

信息系统也可以协助实现上述内部控制，在单证核对一致的情况下生成连续编号的销售发票，并对列外事项进行汇总，以供企业相关的人员进行进一步的处理。

6. 记录销售业务

在手工会计系统中，记录销售的过程包括区分赊销、现销。按照销售发票编制转账记账凭证或现金、银行存款收款凭证，再据以登记营业收入明细账和应收账款明细账或库存现金、银行存款日记账。

记录销售的控制程序包括但不限于以下几方面。

(1)依据有效的装运凭证和销售单记录销售。这些装运凭证和销售单应该能够证明销售交易的发生及其发生的日期。

(2)使用事先连续编号的销售发票并对发票使用情况进行监控。

(3)独立检查已销售发票上的销售金额与会计记录金额的一致性。

(4)记录销售的职责应该与处理销售交易的其他功能相分离。

(5)对记录过程中所涉及的有关记录的接触予以限制，以减少未经授权批准的记录发生。

(6)定期独立检查应收账款的明细账与总账的一致性。

(7)由不负责现金出纳和销售及应收账款记账的人员定期向客户寄发对账单，对不符事项进行调查，必要时调整会计分录，编制对账情况汇总报告并交管理层审核。

7. 办理和记录现金、银行存款收入

这项活动涉及的是货款收回，导致现金、银行存款增加以及应收账款减少。在办理和记录现金、银行存款收入时，企业最关心的是货币资金的安全。货币资金的失窃或被侵占可能发生在货币资金收入入账之前或入账之后。处理货币资金收入时要保证全部货币资金如数、及时地计入现金、银行存款日记账或应收账款明细账，并如数、及时地将现金存入银行。企业通过出纳与现金记账的职责分离、现金盘点、编制银行余额调节表、定期向客户发送对账单等控制来实现上述目的。

8. 办理和记录销售退回、销售折扣与折让

客户如果对商品不满意，销售企业一般会同意在商品售出一定的期限内接受退货，或给予一定的销售折让。客户如果提前支付货款，销售企业就可能会给予一定的销售折扣。发生此类事项时一般需经授权批准，并应该确保与办理此事有关的部门和职员各司其职，分别控制实物流和会计处理。

9. 提取坏账准备

企业通常定期对应收账款的可回收性进行评估，并基于一定的指标(例如账龄、客户财务状况等)计提坏账准备。

10. 核销坏账

不管赊销部门的工作如何主动，客户因经营不善、宣告破产、死亡等原因而不支付货款的事儿仍时有发生。销售企业若认为某项货款再也无法收回，就必须注销这笔货款。对这些坏账，正确的处理方法应该是获取货款无法收回的确凿证据，经适当审批后及时做会计调整。

10.2.2 销售与收款循环的内部控制

注册会计师通常利用在了解被审计单位内部控制中所获取的资料来评价内部控制风险。销售与收款循环中企业通常从以下方面设计和执行内部控制。

1. 适当的职责分离

适当的职责分离有助于防止各种有意的或无意的错误。例如主营业务收入账如果是由记录应收账款之外的职员独立登记，并由另一位不负责账簿记录的职员定期调节总账和明细账，就构成了一项交互牵制。规定负责主营业务收入和应收账款记账的职员不得经手货币资金，也是防止舞弊的一项重要控制。另外，销售人员通常有一种追求更大销售数量的自然倾向，而不问它是否将以巨额坏账损失为代价，赊销的审批则在一定的程度上可以抑制这种倾向。因此，赊销批准职能与销售职能的分离，也是一种理想的控制。

为了确保办理销售与收款业务的不相容岗位相互分离、制约和监督，一个企业有关销售与收款业务相关职责适当分离的基本要求通常包括企业应该分别设立办理销售、发货、收款三项业务的部门(或岗位)；企业在订立销售合同前，应该指定专门人员就销售价格、信用政策、发货及收款方式等具体事项与客户进行谈判。谈判人员至少应该有两人以上，并与订立合同的人员相分离；编制销售发票通知单的人员与开具销售发票的人员应相互分离；销售人员应该避免接触销货现款；企业应收票据的取得和贴现必须经由保管票据以外的主管人员的书面批准。

2. 恰当的授权审批

对于授权审批问题，注册会计师应该关注以下四个关键点上的审批程序。

(1)在销售发生之前，赊销已经正确审批。

(2)非经正当审批，不得发出货物。

(3)销售价格、销售条件、运费、折扣等必须经过审批。

(4)审批人应该根据销售与收款授权批准制度的规定，在授权范围内进行审批，不得超越审批权限。对于超过企业既定销售政策和信用政策规定范围的特殊销售交易，需要经过适当的授权。前两项控制的目的在于防止企业因向虚构的或者无力支付货款的客户发货而蒙受损失；价格审批控制的目的在于保证销售交易按照企业定价政策规定的价格开票收款；对授权审批范围设定权限的目的则在于防止因审批人决策失误而造成严重损失。

3. 充分的凭证和记录

充分的凭证和记录有助于企业执行各项控制以便控制目标。例如，企业在收到客户订购单后，编制一份预先编号的一式多联的销售单，分别用于批准赊销、审批发货、记录发货数量以及向客户开具发票等。在这种制度下，只要定期清点销售单和销售发票，就可以避免漏开发票或漏记销售的情况。

4. 凭证的预先编号

对凭证预先进行编号，旨在防止销售以后遗漏向客户开具账单或登记入账，也可防止重复开具发票或重复记账。当然，如果对凭证的编号不做清点，预先编号就会失去其控制意义。定期检查全部凭证的编号，并调查凭证缺号或重号的原因，是实施这项控制的关键点。在目前信息技术得以广泛运用的环境下，凭证预先编号这项控制在很多情况下由系统执行,同时辅以人工的监控(例如对系统生成的例外报告进行复核)。

5. 按月寄出对账单

由不负责现金出纳和销售及应收账款记账的人员按月向客户寄发对账单，能促使客户在发现应付账款余额不正确后及时反馈有关的信息。为了使这项控制更加有效，最好将账户余额中出现的所有核对不符的账项，指定一位既不掌管货币资金也不记录主营业务收入和应收账款账目的主管人员处理，然后由独立人员按月编制对账情况汇总报告并交管理层审阅。

6. 内部核查程序

由内部审计人员或其他独立人员核查销售交易的处理和记录，是实现内部控制目标所不可缺少的一项控制措施。销售与收款内部控制检查的主要内容包括以下几方面。

(1)销售与收款交易相关的岗位及人员的设置情况。重点检查是否存在销售与收款交易不相容职务混岗的现象。

⑵销售与收款交易授权批准制度的执行情况。重点检查授权批准手续是否健全，是否存在越权审批行为。

⑶销售的管理情况。重点检查信用政策、销售政策的执行是否符合规定。

⑷收款的管理情况。重点检查销售收入是否及时入账，应收账款的催收是否有效，坏账核销和应收票据的管理是否符合规定。

⑸销售退回的管理情况。重点检查销售退回手续是否齐全，退回货物是否及时入库。

此外，对于收款循环的内部控制而言，尽管由于每个企业的性质、所处的行业、规模以及内部控制健全程度等不同，而使其与收款交易相关的内部控制内容有所不同，但以下与收款交易相关的内部控制内容是通常应该共同遵循的。

⑴企业应该按照《现金管理暂行条例》《支付结算办法》等规定，及时办理销售收款业务。

⑵企业应该将销售收入及时入账，不得账外设账，不得擅自坐支现金。销售人员应该避免接触销售现款。

⑶企业应该建立应收账款账龄分析制度和逾期应收账款催收制度。销售部门应该负责应收账款的催收，财会部门应该督促销售部门加紧催收。对催收无效的逾期应收账款可以通过法律程序予以解决。

⑷企业应该按客户设置应收账款台账，及时登记每个客户应收账款余额增减变动情况和信用额度使用情况。对长期往来客户应该建立起完善的客户资料，并对客户资料实行动态管理，及时更新。

⑸企业对于可能成为坏账的应收账款应该报告有关的决策机构，由其进行审查，确定是否确认为坏账。企业发生的各项坏账，应该查明原因，明确责任，并在履行规定的审批程序后做出会计处理。

⑹企业注销的坏账应该进行备查登记，做到账销案存。已注销的坏账又收回时应该及时入账，防止形成账外资金。

⑺企业应收票据的取得和贴现必须经由保管票据以外的主管人员的书面批准。应该有专人保管应收票据，对于即将到期的应收票据，应该及时向付款人提示付款。已贴现票据应该在备查簿中登记，以便日后追踪管理，并应该制定逾期票据的冲销管理程序和逾期票据追踪监控制度。

⑻企业应该定期与往来客户通过函证等方式核对应收账款、应收票据、预收款项等往来款项。如果不符，应该查明原因，及时处理。

10.2.3 销售与收款循环存在的重大错报风险

1. 销售与收款循环的重大错报风险的内容

销售与收款循环涉及的财务报表项目主要为营业收入和应收账款，以及应收票据、预收货款、长期应收款、应交税费、税金及附加等。以一般制造业的赊销销售为例，相关交易和余额存在的重大错报风险通常包括以下几方面。

⑴收入确认存在的舞弊风险。收入是利润的来源，直接关系到企业的财务状况和经营成果。有些企业往往为了达到粉饰财务报表的目的而采用虚增（发生认定）或隐瞒收入（完整性认定）等方式实施舞弊。在财务报表舞弊案件中，涉及收入确认的舞弊占有很大的比例，收入确认已成为注册会计师审计的高风险领域。中国注册会计师审计准则要求注册会计师基于收入确认存在舞弊风险的假设，评价哪些类型的收入、收入交易或认定导致舞弊风险。

⑵收入的复杂性可能导致的错误。管理层可能对一些不同安排下所涉及的交易风险的判断缺乏经验，在收入确认上就容易发生错误，例如被审计单位可能针对一些特定的产品或服务提供一些特殊的交易安排，比如特殊的退货约定、特殊的服务期限安排等。

⑶发生的收入交易未能得到正确记录。

⑷期末收入交易和收款交易可能未计入正确的期间，包括销售退回交易的截止错误。

⑸收款未及时入账或记入不正确的账户，因此导致应收账款（或应收票据和银行存款）的错报。

⑹应收账款坏账准备的计提不准确。某些重大错报风险可能与财务报表整体广泛相关，进而影响多项

认定，例如舞弊风险某些重大错报风险可能与特定的某类交易、账户余额和披露的认定相关。如会计期末的收入交易和收款交易的截止错误(截止认定)，或应收账款坏账准备的计提(计价与分摊认定)。在评估重大错报风险时，注册会计师应该落实到该风险所涉及的相关认定，从而更有针对性地设计进一步的审计程序。

2. 评估收入确认存在的舞弊风险

(1) 在识别和评估与收入确认相关的重大错报风险时考虑舞弊风险

注册会计师在识别和评估与收入确认相关的重大错报风险时，应该基于收入确认存在舞弊风险的假定，评价哪些类型的收入、收入交易或认定导致舞弊风险。

假定收入确认存在舞弊风险，并不意味着注册会计师应该将与收入确认相关的所有认定都假定为存在舞弊风险。注册会计师需要结合对被审计单位及其环境的具体了解，考虑收入确认舞弊可能如何发生。被审计单位不同，管理层实施舞弊的动机或压力不同，其舞弊所涉及的具体认定也不同，注册会计师需要做出具体分析。

如果注册会计师认为收入确认存在舞弊风险的假定不适用于业务的具体情况，从而未将收入确认作为由于舞弊导致的重大错报风险领域，注册会计师应该在审计工作底稿中记录得出该结论的理由。

(2) 通过实施风险评估程序识别与收入确认相关的舞弊风险

风险评估程序，是注册会计师为了了解被审计单位及其环境，以识别和评估重大错报风险而实施的审计程序。风险评估程序应该包括询问管理层以及被审计单位内部其他人员、分析程序、观察和检查程序。

实施风险评估程序，对注册会计师识别与收入确认相关的舞弊风险至关重要。注册会计师应该评价通过实施风险评估程序和执行其他相关的活动获取的信息是否表明存在舞弊风险因素。

(3) 常用的收入确认舞弊手段

了解被审计单位通常采用的收入确认舞弊手段，有助于注册会计师更加有针对性地实施审计程序。被审计单位通常采用的收入确认舞弊手段举例如下。

①为了达到粉饰财务报表的目的而虚增收入或提前确认收入。

a. 利用与未披露关联方之间的资金循环虚构交易。

b. 通过未披露的关联方进行显失公允的交易。

c. 通过出售关联方的股权，使之从形式上不再构成关联方，但仍与之进行显失公允的交易，或与未来或潜在的关联方进行显失公允的交易。

d. 通过虚开商品销售发票虚增收入，而将货款挂在应收账款中，并可能在以后期间计提坏账准备，或在期后冲销。

e. 为了虚构销售收入，将商品从某个地点移送至另一个地点，以出库单和运输单据为依据记录销售收入。

f. 在与商品相关的风险和报酬尚未全部转移给客户之前确认销售收入。

g. 通过隐瞒售后回购或售后租回协议，而将以售后回购或售后租回方式发出的商品作为销售商品确认收入。

h. 采用完工百分比法确认劳务收入时，故意低估预计总成本或多计实际发生的成本，以通过高估完工百分比的方法实现当期多确认收入。

i. 在采用代理商的销售模式时，在代理商仅向购销双方提供帮助接洽、磋商等中介代理服务的情况下，按照相关购销交易的总额而非净额(扣除佣金和代理费等)确认收入。

j. 当存在多种可供选择的收入确认会计政策或会计估计方法时，随意变更所选择的会计政策或会计估计方法。

k. 选择与销售模式不匹配的收入确认会计政策。

②为了达到报告期内降低税负或转移利润等目的而少计收入或延后确认收入。

a. 被审计单位将商品发出、收到货款并满足收入确认条件后，不确认收入，而将收到的货款作为负债挂账，或转入本单位以外的其他账户。

b. 被审计单位采用以旧换新的方式销售商品时，以新旧商品的差价确认收入。

c. 在提供劳务或建造合同的结果能够可靠估计的情况下，不在资产负债表日按完工百分比法确认收入，而推迟到劳务结束或工程完工时确认收入。

(4) 表明被审计单位在收入确认方面可能存在舞弊风险的迹象

舞弊风险迹象是注册会计师在实施审计过程中发现的、需要引起对舞弊风险警觉的事实或情况。存在舞弊风险迹象并不必然表明发生了舞弊，但了解舞弊风险迹象，有助于注册会计师对审计过程中发现的异常情况产生警觉，从而更有针对性地采取应对措施。

通常表明被审计单位在收入确认方面可能存在舞弊风险的迹象列举如下。

①注册会计师发现，被审计单位的客户是否付款取决于下列情况。

a. 能否从第三方取得融资。

b. 能否转售给第三方(例如经销商)。

c. 被审计单位能否满足特定的重要条件。

②未经客户同意，在销售合同约定的发货期之前发送商品。

③未经客户同意，将商品运送到销售合同约定地点以外的其他地点。

④被审计单位的销售记录表明，已将商品发往外部仓库或货运代理人，却未指明任何客户。

⑤在实际发货之前开具销售发票，或实际未发货而开具销售发票。

⑥对于期末之后的发货，在本期确认相关的收入。

⑦实际销售情况与订单不符，或者根据已取消的订单发货或重复发货。

⑧已经销售给货运代理人的商品，在期后有大量退回。

⑨销售合同或发运单上的日期被更改，或者销售合同上加盖的公章并不属于合同所指定的客户。

⑩在接近期末时发生了大量或大额的交易。

⑪交易之后长期不进行结算。

⑫在被审计单位业务或其他相关事项未发生重大变化的情况下，询证函回函相符比例明显异于以前年度。

⑬发生异常大量的现金交易，或被审计单位有非正常的资金流转及往来，特别是有非正常现金收付的情况。

⑭应收款款项收回时，付款单位与购买方不一致，存在较多代付款的情况。

⑮交易标的对交易对手而言不具有合理用途。

⑯主要客户自身规模与其交易规模不匹配。

(5) 对收入确认实施分析程序

分析程序是一种识别收入确认舞弊风险的较为有效的方法，注册会计师需要重视并充分利用分析程序，发挥其在识别收入确认舞弊中的作用。

在收入确认领域，注册会计师可以实施的分析程序的例子包括以下几方面。

①将本期销售收入金额与以前可比期间的对应数据或预算数进行比较。

②分析月度或季度销售量变动趋势。

③将销售收入变动幅度与销售商品及提供劳务收到的现金、应收账款、存货、税金等项目的变动幅度进行比较。

④将销售毛利率、应收账款周转率、存货周转率等关键财务指标与可比期间数据、预算数或同行业其他企业数据进行比较。

⑤分析销售收入等财务信息与投入产出率、劳动生产率、产能、水电能耗、运输数量等非财务信息之间的关系。

⑥分析销售收入与销售费用之间的关系，包括销售人员的人均业绩指标、销售人员薪酬、差旅费用、运费，以及销售机构的设置、规模、数量、分布等。

注册会计师通过实施分析程序，可能识别出未注意到的异常关系，或难以发现的变动趋势，从而有目的、有针对性地关注可能发生重大错报风险的领域，有助于评估重大错报风险，为设计和实施应对措施提供基础。

如果发现异常或偏离预期的趋势或关系，注册会计师就需要认真调查其原因，评价是否表明可能存在由于舞弊导致的重大错报风险。涉及期末收入和利润的异常关系尤其值得关注，例如在报告期的最后几周内记录了不寻常的大额收入或异常交易。注册会计师可能采取的调查方法列举如下。

①如果注册会计师发现被审计单位的毛利率变动较大或与所在行业的平均毛利率差异较大，注册会计师就可以采用定性分析与定量分析相结合的方法，从行业及市场变化趋势、产品销售价格和产品成本要素等方面对毛利率变动的合理性进行调查。

②如果注册会计师发现应收账款余额较大，或其增长幅度高于销售收入的增长幅度，注册会计师就需要分析具体原因(例如赊销政策和信用期限是否发生变化等)，并在必要时采取恰当的措施，例如扩大函证比例、增加截止测试和期后收款测试的比例等。

③如果注册会计师发现被审计单位的收入增长幅度明显高于管理层的预期，就可以询问管理层的适当人员，并考虑管理层的答复是否与其他审计证据一致。例如，如果管理层表示收入增长是由于销售量增加所致，注册会计师就可以调查与市场需求相关的情况。

3. 根据重大错报风险评估结果设计进一步审计程序

注册会计师基于销售与收款循环的重大错报风险评估结果，制定实施进一步审计程序包括综合性方案和实质性方案的总体方案(见表10-3)，继而实施控制测试和实质性程序，以应对识别出的重大错报风险。注册会计师通过控制测试和实质性程序获取的审计证据综合起来应该足以应对识别出的认定层次的重大错报风险。

注册会计师根据重大错报风险的评估结果初步确定实施进一步审计程序的具体审计计划，因为风险评估和审计计划都是贯穿审计全过程的动态活动，而且控制测试的结果可能导致注册会计师改变对内部控制的信赖程度。因此，具体审计计划并非一成不变，可能需要在审计过程中进行调整。

然而，无论是采用综合性方案还是实质性方案，获取的审计证据都应该能够从认定层面应对所识别的重大错报风险，直至针对该风险所涉及的全部相关认定，都已获取了足够的保证程度。

表10-3 销售与收款循环的重大错报风险和进一步审计程序总体方案

重大错报风险描述	相关的财务报表项目及认定	风险程度	是否信赖控制	进一步审计程序的总体方案	拟从控制测试中获取的保证程度	拟从实质性程序中获取的保证程度
销售收入可能未真实发生	收入：发生 应收账款：存在	特别	是	综合性方案	高	中
销售收入记录可能不完整	收入/应收账款：完整性	一般	否	实质性方案	无	低
期末收入交易可能未计入正确的期间	收入：截止 应收账款：存在/完整性	特别	否	实质性方案	无	高
发生的收入交易未能取得准确记录	收入：准确性 应收账款：计价和分摊	一般	是	综合性方案	部分	低
应收账款坏账准备的计提不准确	应收账款：计价和分摊	一般	否	实质性方案	无	中

10.3 销售与收款循环的进一步审计程序

10.3.1 销售与收款循环的控制测试

1. 控制测试的基本原理

在对被审计单位销售与收款循环的内部控制实施测试时，注册会计师需要注意以下几点。

(1) 控制测试所使用的审计程序的类型主要包括询问、观察、检查和重新执行，其提供的保证程度依次递增。注册会计师需要根据所测试的内部控制的特征及需要获得的保证程度选用适当的测试程序。

(2) 如果在其中实施了控制测试，注册会计师就应该在年末审计时实施适当的前推程序，就控制在剩余期间的运行情况获取证据，以确定控制是否在整个被审计期间持续运行有效。

(3) 控制测试的范围取决于注册会计师需要通过控制测试获取的保证程度。

(4) 如果拟信赖的内部控制是由计算机执行的自动化控制，那么注册会计师除了测试自动化应用控制的运行有效性，还需要就相关的信息技术一般控制的运行有效性获取审计证据。

上述实施销售与收款循环的控制测试的基本要求，其原理对其他业务循环的控制测试同样适用，因此。在后面讨论的其他业务循环的控制测试时将不再重复介绍。

2. 以风险为起点的控制测试

风险评估和风险应对是整个审计过程的核心，因此，注册会计师通常以识别的重大错报风险为起点，选取拟测试的控制并实施控制测试，表 10-4 列示了通常情况下，注册会计师对销售与收款循环实施的控制测试。

表 10-4　销售与收款循环的风险、存在的控制及控制测试程序

可能发生错报的环节	相关的财务项目及认定	存在的内部控制（自动）	存在的内部控制（人工）	内部控制测试程序
订单处理和赊销的信用控制				
可能向没有获得赊销授权或超出了其信用额度的客户赊销	收入：发生 应收账款：存在	订单上的客户代码与应收账款主文档记录的代码一致。目前未偿付余额加上本次销售额在信用限额范围内。上述两项均满足才能生成销售单	对于不在主文档中的客户或者超过信用额度的客户订购单，才需要经过适当授权批准，才可生成销售单	询问员工销售单的生成过程，检查是否所有生成的销售单均有对应的客户订购单为依据。检查系统中自动生成销售单的生成逻辑，是否确保满足了客户范围及其信用控制的要求。对于系统外授权审批的销售单，检查是否经过适当批准
发运商品				
可能在没有批准发货的情况下发出了商品	收入：发生 应收账款：存在	当客户销售单在系统中获得发货批准时，系统自动生成连续编号的发运凭证	只有当附有经批准的销售单和发运凭证时保安人员才能放行	检查系统内发运凭证的生成逻辑以及发运凭证是否连续编号。 询问并观察发运时保安人员的放行检查
发运商品与客户销售单可能不一致	收入：准确性应收账款：计价与分摊	计算机把发运凭证中所有准备发出的商品与销售单上的商品种类和数量进行比对。打印种类或数量不符的例外报告，并暂缓发货	管理层复核例外报告和暂缓发货的清单，并解决问题	检查例外报告和暂缓发货的清单
已发出商品可能与发运凭证上的商品种类和数量不符	收入：准确性应收账款：计价与分摊		商品打包发运前，装运部门对商品和发运凭证内容进行独立核对，并在发运凭证上签字以示商品已与发运凭证核对且种类和数量相符。 客户要在发运凭证上签字以作为收到商品且商品与订购单一致的证据	检查发运凭证上相关的员工及客户的签名，作为发货一致的证据
已销售商品可能未实际发运给客户	收入：发生 应收账款：存在		客户要在发运凭证上签字作为收到商品且商品与订购单一致的证据。	检查发运凭证上客户的签名，作为收货的证据。

续表

可能发生错报的环节	相关的财务项目及认定	存在的内部控制(自动)	存在的内部控制(人工)	内部控制测试程序
开具发票				
商品发运可能未开具销售发票或已开出发票没有发运凭证的支持	应收账款：存在 完整 权利和义务 收入：发生完整	发货以后系统根据发运凭证及相关的信息自动生成连续编号的销售发票。 系统自动复核连续编号的发票和发运凭证的对应关系，并定期生成例外报告	复核例外报告并调查原因	检查系统生成发票的逻辑。 检查例外报告及跟进情况
由于定价或产品摘要不正确，以及销售单或发运凭证或销售发票代码输入错误，可能导致销售价格不正确	收入：准确性 应收账款：计价与分摊	通过逻辑登录限制控制定价主文档的更改。只有得到授权的员工才能进行更改。 系统通过使用和检查主文档版本序号，确定正确的定价主文档版本已经被上传。系统检查录入的产品代码的合理性	核对经授权的有效的价格更改清单与计算机获得的价格更改清单是否一致。 如果发票由手工填写或没有定价主文档，则有必要对发票的价格进行独立核对	检查文件以确定价格更改是否经授权。 重新执行以确定打印出的更改后价格与授权是否一致。 通过检查 IT 的一般控制和收入交易的应用控制，确定正确的定价主文档版本是否已被用来生成发票。 如果发票由手工填写，检查发票中价格复核人员的签名。通过核对经授权的价格清单与发票上的价格，重新执行该核对过程
发票上的金额可能出现计算错误	收入：准确性 应收账款：计价与分摊	每张发票的单价、计算、商品代码、商品摘要和客户账户代码均由计算机程序控制。 如果由计算机控制的发票开具程序的更改是受监控的，那么在操作控制帮助下，可以确保使用的是正确的发票生成程序版本。 系统代码有密码保护，只有经授权的员工才可以更改。 定期打印所有系统上做出的更改	上述程序的所有更改由上级复核和审批。 如果由手工开具发票，就必须独立复核发票上计算的增值税和总额的正确性	自动：询问发票生成程序更改的一般控制情况，确定是否经授权以及现有的版本是否正在被使用。 检查有关程序更改的复核审批程序。 手工：检查与发票计算金额正确性相关的人员的签名。 重新计算发票金额，证实其是否正确
记录赊销				
销售发票入账的会计期间可能不正确	收入：截止发生 应收账款：存在完整权利和义务	系统根据销售发票的信息自动汇总生成当期销售入账记录	定期执行人工销售截止检查程序。 向客户发送月末对账单，调查并解决客户质询的差异	检查系统中销售记录生成的逻辑。 重新执行销售截止检查程序。检查客户质询信件并确定问题是否已得到解决
销售发票入账金额可能不准确	收入：准确性 应收账款：计价与分摊	系统根据销售发票的信息自动汇总生成当期销售入账记录	复核明细账与总账之间的调节 向客户发送月末对账单，调查并解决客户质询的差异	检查系统销售入账记录的生成逻辑，对于手工调节项目进行检查，并调查原因是否合理。 检查客户质询信件并确定问题是否已得到解决
销售发票可能被记入不正确的应收账款明细账户	应收账款：计价与分摊	系统将客户代码、商品发送地址、发运凭证、发票与应收账款主文档中的相关信息进行比对	应收账款客户主文档中明细账的汇总金额应该与应收账款总分类账核对。对于二者之间的调节项需要调查原因并解决。 向客户发送月末对账单，调查并解决客户质询的差异	检查应收账款客户主文档中明细余额汇总金额的调解结果与应收账账总分类账是否核对相符，以及负责该项工作的员工签名。 检查客户质询信件并确定问题是否已得到解决

续表

可能发生错报的环节	相关的财务项目及认定	存在的内部控制(自动)	存在的内部控制(人工)	内部控制测试程序
记录应收账款的收款				
应收账款记录的收款与银行存款可能不一致	应收账款/货币资金：完整存在权利和义务 计价与分摊	在每日编制电子版存款清单时，系统自动贷记应收账款	将每日收款汇总表、电子版收款清单和银行存款清单相比较。 定期取得银行对账单，独立编制银行存款余额调节表。 向客户发送月末对账单，对客户质询的差异应该予以调查并解决	检查核对每日收款汇总表、电子版收款清单和银行存款清单的核对记录和核对人签名。 检查银行存款余额调节表和负责编制的员工的签名。 检查客户质询信件并确定问题是否已被解决
收款可能被记入不正确的应收账款账户	应收账款：计价与分摊存在	电子版收款清单与应收账款明细账之间建立连接界面，根据对应的客户名称、代码、发票号等将收到的款项对应到相应的客户账户。对于无法对应的款项生成例外事项报告。 系统定期生成按客户明细分的应收账款账龄分析表	将生成的例外事项报告的项目进行手工核对，或调查产生的原因并解决。 向客户发送月末对账单，对客户质询的差异应该予以调查并解决。 管理层每月复核按客户细分的应收账款账龄分析表，并调查长期余额或其他异常余额	检查系统中的对应关系审核设置是否合理。 检查对例外事项报告中的信息进行核对的记录以及无法核对事项的解决情况。 检查客户质询信件并确定问题是否已被解决。 检查管理层对应收账款账龄分析表的复核及跟进措施
坏账准备计提及坏账核销				
坏账准备的计提可能不充分	应收账款：计价与分摊	依据公司计提坏账的规则，自动生成应收账款账龄分析表	管理层对财务人员依据账龄分析表计算编制的坏账准备计提表进行复核。对于存在客观证据表明将无法按应收款项的原有条款收回款项时，复核财务人员是否已经获得该证据，并恰当计算了应计提的坏账准备金额。复核无误后需在坏账准备计提表上签字。 管理层复核坏账核销的依据，并进行审批	检查财务系统计算账龄分析表的规则是否正确。 询问管理层如何复核坏账准备计提表的计算，检查是否有复核人员的签字。 检查坏账核销是否经过管理层的恰当审批
记录现金销售				
登记入账的现金收入与企业已经实际收到的现金不符	收入：完整发生 截止准确性货币资金：完整存在	现金销售通过统一的收款台用收银机集中收款，并自动打印销售小票	销售小票应交予客户确认金额一致。 通过监视器监督收款台。 每个收款台都打印每日现金销售汇总表。 盘点每个收款台收到的现金，并与相关销售汇总表调节相符。 独立检查所有收到的现金已存入银行。 将每日现金销售汇总表与银行对账单相比较。 定期取得银行对账单，独立编制银行存款余额调节表	实地观察收银台、销售点的收款过程，并检查在这些地方是否有足够的物理监控。 检查收款台打印销售小票和现金销售汇总表的程序设置及修改权限设置。 检查盘点记录和结算记录上负责计算现金及与销售汇总表相调节工作的员工的签名。 检查银行存款单和销售汇总表上的签名，证明已实施复核。 检查银行存款余额调节表的编制和复核人员的审核记录

需要说明的是，表 10-4 列示的为销售与收款循环中一些较为常见的内部控制和相应的控制测试程序，目的在于帮助注册会计师根据具体情况设计能够应对已识别风险、实现审计目标的控制测试。需要注意的是，此表既未包含销售和收款循环所有的内部控制和控制测试，也并不意味着审计实务应该按此执行。主要原因是被审计单位所处的行业不同、规模不一、内部控制制度的设计和执行方式不同，以前期间接受审计的情况也各不相同。同时，受审计时间、审计成本的限制，注册会计师除了确保审计质量、审计效果外，还需要提高审计效率，尽可能地消除重复的测试程序，保证检查某个凭证时能够一次完成对该凭证的全部审计测试程序，并按最有效的顺序实施审计测试。因此，在审计实务中，注册会计师需要从实际出发，设计适用被审计单位具体情况的实用高效的控制测试计划。

10.3.2　销售与收款循环的实质性程序

基于控制测试的结果(即控制运行是否有效)，注册会计师可以根据控制测试中已经获得的审计证据及其保证程度，确定是否需要对具体审计计划中设计的实质性程序的性质、时间安排和范围做出适当的调整。如果控制测试的结果表明内部控制未能有效运行，那么注册会计师需要从实质性程序中获取更多的相关审计证据，注册会计师可以修改实质性程序的性质，例如采用细节测试而非实质性分析程序、获取更多的外部证据等，或修改实质性审计程序的范围，例如扩大样本规模。

在实务中，注册会计师通过计划阶段执行的风险评估程序，已经确定了与已识别重大错报风险相关的认定。在下面的介绍中，我们将从风险对应的具体审计目标和相关认定的角度出发，介绍实务中较为常见的针对营业收入和应收账款的实质性程序。这些程序可以从一个或多个认定方面应对识别的重大错报风险。

1. 营业收入的实质性程序

(1) 营业收入的审计目标

营业收入的审计目标一般包括确定利润表中记录的营业收入是否已经发生，且与被审计单位有关(发生认定)；确定所有应该记录的营业收入是否均已记录(完整性认定)；确定与营业收入有关的金额及其他数据是否已经恰当记录，包括对销售退回、销售折扣与折让的处理是否适当(准确性认定)；确定营业收入是否已经记录于正确的会计期间(截止认定)；确定营业收入是否已经按照企业会计准则的规定在财务报表中做出恰当的列报。

(2) 主营业务收入的实质性程序概要

①获取营业收入明细表，并执行以下工作。

a. 复核加计是否正确，并与总账数和明细账合计数核对是否相符。

b. 检查以非记账本位币结算的主营业务收入使用的折算汇率及折算是否正确。

②实施实质性程序。

a. 针对已经识别需要运用分析程序的有关项目，并基于对被审计单位及其环境的了解，通过进行横向比较、纵向比较、预算预测数比较、波动分析等，考虑有关数据之间关系的影响，以建立有关数据的期望值。

b. 确定可接受的差异额。

c. 将实际金额与期望值相比较，计算差异。

d. 如果差异额超过确定的可接受差异额，调查并获取充分的解释和恰当的、佐证性质的审计证据。

e. 评估实质性分析程序的结果。

③检查主营业务收入的确认方法是否符合企业会计准则的规定。按照《企业会计准则第 14 号——收入》的规定，当企业与客户之间的合同同时满足下列条件时，企业应当在客户取得相关商品控制权时确认收入。

a. 合同各方已批准该合同并承诺将履行各自义务。

b. 该合同明确了合同各方与所转让商品或提供劳务（以下简称“转让商品”）相关的权利和义务。

c. 该合同有明确的与所转让商品相关的支付条款。

d. 该合同具有商业实质，即履行该合同将改变企业未来现金流量的风险、时间分布或金额。

e. 企业因向客户转让商品而有权取得的对价很可能收回。

因此，注册会计师需要了解被审计单位确认产品销售收入的会计政策，并测试被审计单位是否依据上述五个条件确认产品销售收入。

④核对收入交易的原始凭证与会计分录。以主营业务收入明细账中的会计分录为起点，检查相关的原始凭证例如订购单、销售单、发运凭证、发票等，以便评价已经入账的营业收入是否真实发生，检查订购单和销售单，用以确认存在真实的客户购买要求，销售交易已经过适当的授权批准。销售发票存根上所列的单价，通常还要与经过批准的商品价目表进行比较核对，对其金额小计和合计数也要进行复核。发票中列出的商品的规格、数量和客户代码等，则应该与发运凭证进行比较核对，尤其是由客户签收商品的一联，确定已经按照合同约定完成交易，可以确认收入。同时，还要检查原始凭证中的交易日期，以便确认收入计入了正确的会计期间。

⑤从发运凭证中选取样本，追查至销售发票存根和主营业务收入明细账，以便确定是否存在遗漏事项(完整性认定)。

⑥结合对应收账款实施的函证程序，选择主要客户函证本期销售额。

⑦实施销售的截止测试。注册会计师对销售交易实施的截止测试可能包括以下程序。

a. 选取资产负债表日前后若干天的发运凭证，与应收账款和收入明细账进行核对。同时，从应收账款和收入明细账选取在资产负债表日前后若干天的凭证，与发运凭证核对，以便确定销售是否存在跨期现象。

b. 复核资产负债表日前后销售和发货水平，确定业务活动水平是否异常，并考虑是否有必要追加实施截止测试程序。

c. 取得资产负债表日后所有的销售退回记录，检查是否存在提前确认收入的情况。

d. 结合对资产负债表日应收账款的函证程序，检查有无未取得对方认可的大额销售。

⑧存在销货退回的，检查相关的手续是否符合规定，结合原始销售凭证检查其会计处理是否正确，结合存货项目审计关注其真实性。

⑨检查销售折扣与折让。企业在销售交易中，往往会因产品品种不符、质量不符合要求以及结算方面的原因发生销售折扣与折让。尽管引起销售折扣与折让的原因不尽相同，其表现形式也不尽一致，但都是对收入的抵减，直接影响收入的确认和计量。因此，注册会计师应该重视折扣与折让的审计。

⑩检查主营业务收入在财务报表中的列报和披露是否符合企业会计准则的规定。

2. 应收账款的实质性程序

(1) 应收账款的审计目标

应收账款的审计目标一般包括以下几方面。

①确定资产负债表中记录的应收账款是否存在(存在认定)。

②确定所有应该记录的应收账款均已记录(完整性认定)。

③确定记录的应收账款是否由被审计单位拥有或控制(权利和义务认定)。

④确定应收账款是否可以收回，坏账准备的计提方法和比例是否恰当，计提是否充分(计价和分摊认定)。

⑤确定应收账款及其坏账准备是否已经按照企业会计准则的规定在财务报表中做出恰当列报。

(2) 应收账款的实质性程序概要

①取得或编制应收账款明细表。

a. 复核加计正确，并与总账数和明细账合计数核对是否相符。结合坏账准备科目与报表数核对是否相符。应收账款报表数反映企业因销售商品、提供劳务等应该向购买单位收取的各种款项，减去已计提的相应的坏账准备后的净额。

b. 检查非记账本位币应收账款的折算汇率及折算是否正确。对于用非记账本位币(通常为外币)结算的应收账款，注册会计师应该检查被审计单位外币应收账款的增减变动是否采用交易发生日的即期汇率将外币金额折算为记账本位币金额，或者采用按照系统合理的方法确定的、与交易发生日即期汇率近似的汇率折算，选择采用汇率的方法前后各期是否一致。期末外币应收账款余额是否采用期末即期汇率折合为记账本位币金额。折算差额的会计处理是否正确。

c. 分析有贷方余额的项目，查明原因，必要时，建议做重分类调整。

d. 结合其他应收款，预收款项等往来项目的明细余额，调查有无同一客户多处挂账、异常余额或与销售无关的其他款项(例如代销账户、关联方账户或员工账户)。必要时提出调整建议。

②分析与应收账款相关的财务指标。

a. 复核应收账款借方累计发生额与主营业务收入关系是否合理，并将当期应收账款借方发生额占销售收入净额的百分比与管理层考核指标和被审单位相关的赊销政策比较，如果存在异常就应该查明原因。

b. 计算应收账款周转率、应收账款周转天数等指标，并与被审计单位相关的赊销政策、被审计单位以前年度指标、同行业同期相关的指标进行对比分析，检查是否存在重大异常。

③检查应收账款账龄分析是否正确。

a. 获取应收账款账龄分析表，如表 10-5 所示。

表 10-5　应收账款账龄分析

审计截止日：　　　　　　　　　　　　　　　　货币单位：

顾客名称	期初余额	本期增加	本期减少	期末余额	期末余额账龄			
					1 年以内	1～2 年	2～3 年	3 年以上
合计								

b. 测试应收账款账龄分析表计算的准确性，并将应收账款账龄分析表中的合计数与应收账款总分类账余额相比较，并调查重大调节项目。

c. 检查原始凭证，例如销售发票、运输记录等，测试账龄划分的准确性。

④对应收账款实施函证程序。函证应收账款的目的在于证实应收账款账户余额的真实性、准确性。通过第三方提供的函证回复，可以比较有效地证明被询证者(即债务人)的存在和被审计单位记录的可靠性。

⑤对应收账款余额实施函证以外的细节测试。对于未函证的应收账款，审计人员应该抽查有关的原始凭证，例如销售合同、销售订单、销售发票副本及发运凭证等，以验证与其相关的应收账款的真实性。这种程序通常与以上描述的未收到回函情况下实施的替代程序相似。

⑥检查坏账的冲销和转回。

首先，注册会计师应该检查有关债务人破产或者死亡的，以及破产或以遗产清偿后无法收回的，或者债务人长期未履行清偿义务的应收账款。

其次，应该检查被审计单位的坏账处理是否经过授权批准，有关会计处理是否正确。

⑦检查应收账款的列报是否恰当。除了企业会计准则要求的披露之外，如果被审计单位为上市公司，那么注册会计师还要评价其披露是否符合证券监管部门的特别规定。

3. 坏账准备的实质性程序

企业会计准则规定，企业应该在期末对应收款项进行检查，并合理预计可能产生的坏账损失。应收款项包括应收票据、应收账款、预付款项、其他应收款和长期应收款等。下面，我们以应收账款相关的坏账准备为例，阐述坏账准备审计常用的实质性程序。

(1) 坏账准备的审计目标

坏账准备的审计目标通常包括以下几方面。

①确定计提坏账准备的方法和比例是否恰当，坏账准备的计提是否充分。

②确定坏账准备增减变动的记录是否正确。

③确定坏账准备期末余额是否正确。

④确定坏账准备的披露是否恰当。

(2) 坏账准备的实质性程序概要

①取得或编制坏账准备明细表，复核加计是否正确，与坏账准备总账数、明细账合计数核对是否相符。

②将应收账款坏账准备本期计提数与资产减值损失相应明细项目的发生额核对是否相符。

③检查应收账款坏账准备计提和核销的批准程序，取得书面报告等证明文件，结合应收账款函证回函结果，评价计提坏账准备所依据的资料、假设及方法。

④实际发生坏账损失的，检查转销依据是否符合有关的规定，会计处理是否正确。对于被审计单位在被审计期间内发生的坏账损失，注册会计师应该检查其原因是否清楚，是否符合有关的规定，有无授权批准，有无已作坏账处理后又重新收回的应收账款，相应的会计处理是否正确。对有确凿证据表明确实无法收回的应收账款，例如债务单位已撤销、破产、资不抵债、现金流量严重不足等，企业应该根据管理权限，经过股东(大)会或董事会，或经理(厂长)办公会或类似机构批准作为坏账损失，冲销提取的坏账准备。

⑤已经确认并转销的坏账重新收回的，检查其会计处理是否正确。

⑥确定应收账款坏账准备的披露是否恰当。企业应该在财务报表附注中清晰地说明坏账的确认标准、坏账准备的计提方法和计提比例。上市公司还应该在财务报表附注中分项披露如下主要事项。

a. 本期全额计提坏账准备，或计提坏账准备的比例较大的(计提比例一般超过 40%及以上的，下同)，应该说明计提的比例以及理由。

b. 以前期间已经全额计提坏账准备，或计提坏账准备的比例较大但在本期又全额或部分收回的，或通过重组等其他方式收回的，应该说明其原因、原估计计提比例的理由以及原估计计提比例的合理性。

c. 本期实际冲销的应收款项及其理由，其中，实际冲销的关联交易产生的应收账款应该单独披露。

复习思考题

1. 在什么情况下，应收账款可以不实施函证程序？注册会计师应该如何控制？对于未予函证的应收账款，设计出两个有效的审计程序验证其真实性。如果采用肯定式函证而没有收到回函，那么注册会计师应该如何控制？

2. 简述销售与收款循环涉及的主要单据与会计记录的内容。

3. 简述主营业务收入的实质性程序。

4. 简述坏账准备的实质性程序。

第 11 章　采购与付款循环的审计

学习目标

熟悉采购与付款循环涉及的主要单据与会计记录，了解采购与付款循环涉及的主要业务活动，理解采购与付款循环的内部控制，掌握采购与付款循环的控制测试，熟练掌握采购与付款循环所涉及的交易、账户余额的实质性程序。

11.1　采购与付款循环的特点

11.1.1　不同行业类型的采购和费用支出

企业的采购与付款循环涉及购买商品和劳务，以及企业在经营活动中为获取收入而发生的直接或间接的支出。采购业务是企业生产经营活动的起点，企业的支出从性质、数量和发生频率上看是多种多样的。采购与付款循环的审计主要关注与购买货物和劳务、应付账款的支付有关的控制活动以及重大交易。固定资产的采购和管理通常由单独的资产管理部门负责，其风险考虑和相关控制与普通的原材料等商品采购有较大不同，因此在审计实务中一般单独考虑，不包括在采购与付款循环的审计内进行描述。

不同的企业性质决定企业除了有一些共性的费用支出外，还会发生一些不同类型的支出。表 11-1 列示了不同企业通常发生的一些支出情况，这些支出为包括经营用房产支出和人工费用支出在内。

表 11-1　不同行业类型的采购和费用支出

行业类型	典型的采购和费用支出
贸易业	产品的选择和购买、产品的存储和运输、广告促销费用、售后服务费用
一般制造业	生产过程所需的设备支出，原材料、易耗品、配件的购买与存储支出，市场经营费用，把产成品运达顾客或零售商处发生的运输费用，管理费用
专业服务业	律师、会计师、财务顾问的费用支出包括印刷、通讯、差旅费、电脑、车辆等办公设备的购置和租赁，书籍资料和研究设施的费用
金融服务业	建立专业化的安全的计算机信息网络和用户自动存取款设备的支出，给付储户的存款利息，支付其他银行的资金拆借利息、手续费，现金存放、现金运送和网络银行设施的安全维护费用，客户关系维护费用
建筑业	建材支出，建筑设备和器材的租金或购置费用，支付给分包商的费用；保险支出和安保成本；建筑保证金和许可审批方面的支出；交通费、通讯费等。当在外地施工时还会发生建筑工人的食宿费用

11.1.2　采购与付款循环涉及的主要单据与会计记录

采购与付款交易通常要经过请购——订货——验收——付款这样的程序，同销售与收款交易一样，在内部控制比较健全的企业，处理采购与付款交易通常也需要使用很多单据与会计记录。以常用的制造业为例，典型的采购与付款循环所涉及的主要单据与会计记录有以下几种：

1. 采购计划

企业以销售和生产计划为基础，考虑供需关系及市场计划变化等因素，制定采购计划，并经适当的管理层审批后执行。

2. 供应商清单

企业通过文件审核及实地考察等方式对合作的供应商进行认证，将通过认证的供应商信息进行手工或系统维护，并及时进行更新。

3. 请购单

请购单是由生产、仓库等相关部门的有关人员填写，送交采购部门，是申请购买商品、劳务或其他资产的书面凭证。

4. 订购单

订购单是由采购部门填写， 经适当的管理层审核后发送供应商，是向供应商购买订购单上所指定的商品、劳务或其他资产的书面凭证。

5. 验收及入库单

验收单是收到商品、资产时所编制的凭据，列示通过品质检验的，从供应商处收到的商品、资产的种类和数量等内容。入库单是由仓库管理人员填写的验收合格品入库的凭证。

6. 卖方发票

卖方发票(供应商发票)是供应商开具的，交给买方以载明发运的货物或提供的劳务、应付款金额和付款条件等事项的凭证。

7. 付款凭单

付款凭单是采购方企业的应付凭单部门编制的，载明已收到的商品、资产或接受的劳务、应付款金额和付款日期的凭证。付款凭单是采购方企业内部记录和支付负债的授权证明文件。

8. 转账凭证

转账凭证是指记录转账交易的记账凭证，它是根据有关转账交易（即不涉及库存现金、银行存款收付的各项交易）的原始凭证编制的。

9. 付款凭证

付款凭证包括现金付款凭证和银行存款付款凭证，是指用来记录库存现金和银行存款支出交易的记账凭证。

10. 应付账款明细账

11. 库存现金日记账和银行存款日记账

12. 供应商对账单

供应商对账单是由供应商编制的，用于核对与采购企业往来款项的凭据，通常标明期初余额、本期购买、本期支付给供应商的款项和期末余额等信息。供应商对账单是供应商对有关交易的陈述，如果不考虑买卖双方在收发货物上可能存在的时间差等因素，其期末余额通常应与采购方相应的应付账款期末余额一致。

11.2 采购与付款循环的风险评估程序

11.2.1 采购与付款循环的主要业务活动

采购与付款循环包括了采购和付款两大交易，但采购交易和付款交易又涉及多个具体业务流程，具体包括下列内容。

1. 制定采购计划

基于企业的生产经营计划、生产、仓库等部门定期编制采购计划，经部门负责人等适当的管理人员审批后提交采购部门，具体安排商品及服务采购。

2. 供应商认证及信息维护

企业通常对于合作的供应商事先进行资质等审核、将通过审核的供应商信息录入系统，形成完整的供应商清单，并及时对其信息变更进行更新。采购部门只能向通过审核的供应商进行采购。

3. 请购商品和劳务

生产部门根据采购计划，对需要购买的已列入存货清单的原材料等项目填写请购单，其他部门也可以对所需要购买的未列入存货清单的项目编制请购单。大多数企业对正常经营所需物资的购买均作一般授权，如生产部门在现有库存达到再订购点时就可提出采购申请，其他部门也可为正常的维修工作和类似工作直接申请采购有关物品。请购单可由手工或计算机编制。由于企业内不少部门都可以填列请购单，可以分别部门设置请购单的连续编号，每张请购单必须经过对这类支出预算负责的主管人员签字批准。请购单是证明有关采购交易的“发生”认定的凭据之一。

4. 编制订购单

采购部门在收到请购单后，只能对经过批准的请购单发出订购单。对每张订购单，采购部门应确定最佳的供应来源。对一些大额、重要的采购项目，应采取竞价方式来确定供应商，以保证供货的质量、及时性和成本的低廉。

订购单应正确填写所需要的商品品名、数量、价格、厂商名称和地址等，预先予以顺序编号并经过被授权的采购人员签名。其正联应送交供应商，副联则送至企业内部的验收部门、应付凭单部门和编制请购单的部门。随后，应独立检查订购单的处理，以确定是否确实收到商品并正确入账。这项检查与采购交易的“完整性”认定有关。

5. 验收商品

有效的订购单代表企业已授权验收部门接受供应商发运来的商品。验收部门首先应比较所收商品与订购单上的要求是否相符，如商品的品名、摘要、数量、到货时间等，然后再盘点商品并检查商品有无损坏。

验收后，验收部门应对已收货的每张订购单编制一式多联、预先按顺序编号的验收单，作为验收和检验商品的依据。验收人员将商品送交仓库或其他请购部门时，应取得经过签字的收据，或要求其在验收单的副联上签收，以确立他们对所采购的资产应负的保管责任。验收人员还应将其中的一联验收单送交应付凭单部门。

验收单是支持资产或费用以及与采购有关的负债的“存在或发生”认定的重要凭据。定期独立检查验收单的顺序以确定每笔采购交易都已编制凭单，则与采购交易的“完整性”认定有关。

6. 储存已验收的商品

将已验收商品的保管与采购的其他职责相分离，可减少未经授权的采购和盗用商品的风险。存放商品的仓储区应相对独立，限制无关人员接近。这些控制与商品的“存在”认定有关。

7. 编制付款凭单

记录采购交易之前，应付凭单部门应核对订购、验收单还卖方发票的一致性并编制付款凭单。这项功能的控制包括：

①确定供应商发票的内容与相关的验收单、订购单的一致性；

②确定供应商发票计算的正确性；

③编制有预先顺序编号的付款凭单，并附上支持性凭证(如订购单、验收单和供应商发票等)，这些支持性凭证的种类，因交易对象的不同而不同；

④独立检查付款凭单计算的正确性；

⑤在付款凭单上填入应借记的资产或费用账户名称；

⑥由被授权人员在凭单上签字，以示批准照此凭单要求付款；所有未付凭单的副联应保存在未付凭单

档案中，以待日后付款；经适当批准和有预先编号的凭单为记录采购交易提供了依据，因此，这些控制与“存在”、“发生”、“完整性”、“权利和义务”、和“计价和分摊”等认定有关；

8. 确认与记录负债

正确确认已验收货物和已接受劳务的债务，对企业财务报表和实际现金支出具有重大影响。与应付账款确认和记录相关的部门一般有责任核查购置的财产， 并在应付凭单登记簿或应付账款明细账中加以记录。在收到供应商发票时，应付账款部门应将发票上所记载的品名、规格、价格、数量、条件及运费与订购单上的有关资料核对，如有可能，还应与验收单上的资料进行比较。

应付账款确认与记录的一项重要控制是要求记录现金支出的人员不得经手现金、有价证券和其他资产。恰当的凭证、记录与记账手续，对业绩的独立考核和应付账款职能而言是必不可少的控制。

在手工系统下，应将已批准的未付款凭单送达会计部门，据以编制有关记账凭证和登记有关账簿。会计主管应监督为采购交易而编制的记账凭证中账户分类的适当性；通过定期核对编制记账凭证的日期与凭单副联的日期，监督入账的及时性。而独立检查会计人员则应核对所记录的凭单总数与应付凭单部门送来的每日凭单汇总表是否一致，并定期独立检查应付账款总账余额与应付凭单部门未付款凭单档案中的总金额是否一致。

9. 办理付款

通常是由应付凭单部门负责确定未付凭单在到期日付款。企业有多种款项结算方式，以支票结算方式为例，编制和签署支票的有关控制包括：

①独立检查已签发支票的总额与所处理的付款凭单的总额的一致性；

②应由被授权的财务部门的人员负责签署支票；

③被授权签署支票的人员应确定每张支票都附有一张已经适当批准的未付款凭单，并确定支票收款人姓名和金额与凭单内容一致；

④支票一经签署就应在其凭单和支持性凭证上用加盖印戳或打洞等方式将其注销，以免重复付款；

⑤支票签署人不应签发无记名甚至空白的支票；

⑥支票应预先顺序编号，保证支出支票存根的完整性和作废支票处理的恰当性；

⑦应确保只有被授权的人员才能接近未经使用的空白支票。

10. 记录现金、银行存款支出

仍以支票结算方式为例，在手工系统下，会计部门应根据已签发的支票编制付款记账凭证，并据以登记银行存款日记账及其他相关账簿。以记录银行存款支出为例，有关控制包括：

①会计主管应独立检查记入银行存款日记账和应付账款明细账的金额的一致性，以及与支票汇总记录的一致性；

②通过定期比较银行存款日记账记录的日期与支票副本的日期，独立检查入账的及时性；

③独立编制银行存款余额调节表。

11.2.2 采购与付款循环的内部控制

在内部控制的设置方面，采购与付款循环和销售与收款循环所讲述的主要内部控制存在很多类似之处，在此只介绍采购交易内部控制的特殊之处。

1. 适当的职责分离

如前所述，适当的职责分离有助于防止各种有意或无意的错误。与销售和收款交易一样，采购与付款交易也需要适当的职责分离。企业应当建立采购与付款交易的岗位责任制，明确相关部门和岗位的职责、权限，确保办理采购与付款交易的不相容岗位相互分离、制约和监督。采购与付款交易不相容岗位至少包括：请购与审批；询价与确定供应商；采购合同的订立与审批；采购与验收；采购、验收与相关会计记录；

付款审批与付款执行。这些都是对企业提出的、有关采购与付款交易相关职责适当分离的基本要求，以确保办理采购与付款交易的不相容岗位相互分离、制约和监督。

2. 恰当的授权审批

付款需要由经授权的人员审批，审批人员在审批前需要检查相关支持文件，并对其发现的例外事项进行跟进处理。

3. 凭证的预先编号及对例外报告的跟进处理

通过对入库单的预先编号以及对例外情况的汇总处理，被审计单位可以应对存货和负债记录方面的完整性风险。若该控制是由人工执行的，被审计单位可以安排入库单编制人员以外的独立复核人员定期检查已经进行会计处理的入库单记录，确认是否存在遗漏、或重复记录的入库单，并对例外情况予以跟进。若在 IT 环境下，则系统可以定期生成列明跳号或重号的入库单统计例外报告，由经授权的人员对例外报告进行复核和跟进，可以确认所有入库单都进行了处理，且没有重复处理。

11.2.3 采购与付款循环存在的重大错报风险

1. 采购与付款循环的重大错报风险的内容

影响采购与付款交易和余额的重大错报风险可能包括以下内容。

(1) 低估负债或相关准备

在承受反映较高盈利水平和营运资本的压力下，被审计单位管理层可能试图低估应付账款等负债或资产相关准备，包括低估对存货应计提的跌价准备。重大错报风险通常集中体现在：①遗漏交易；②采用不正确的费用支出截止期；③将应当及时确认损益的费用性支出资本化，然后通过资产的逐步摊销予以消化等。这些将对完整性、截止、发生、存在、准确性和分类认定产生影响。

(2) 管理层错报负债、费用支出的偏好和动因

被审计单位管理层可能为了完成预算，满足业绩考核要求，保证从银行获得额外的资金，吸引潜在投资者，误导股东，影响公司股价等动机，通过操纵负债、费用支出的确认控制损益。如：

①平滑利润。通过多计准备或少计负债和准备，把损益控制在被审计单位管理层希望的程度。

②利用特别目的实体把负债从资产负债表中剥离，或利用关联方间的费用定价优势制造虚假的收益增长趋势。

③被审计单位管理层把私人费用计入企业费用，把企业资金当作私人资金运作。

(3) 费用支出的复杂性

如被审计单位开始在国外开展销售交易，管理层对于可能遭遇的问题解决经验有限，甚至不具备进行正确交易的能力。这可能导致费用支出分配的错误、外币换算错误和跌价准备计提的错误。

(4) 不正确地记录外币交易

当被审计单位进口用于出售的商品时，可能由于采用不恰当的外币汇率而导致该项采购的记录出现差错。此外，还存在未能将诸如运费、保险费和关税等与存货相关的进口费用进行正确分摊的风险。

(5) 舞弊和盗窃的固有风险

如果被审计单位经营大型零售业务，由于所采购商品和固定资产的数量及支付的款项庞大，交易复杂，容易造成商品发运错误，员工和客户发生舞弊和盗窃的风险较高。如果那些负责付款的会计人员有权接触应付账款主文档，并能够通过在应付账款主文档中擅自添加新的账户来虚构采购交易，风险也会增加。

(6) 存在未记录的权利和义务

这可能导致资产负债表分类错误以及财务报表附注不正确或披露不充分。

概而括之，为评估重大错报风险，注册会计师应详细了解有关交易或付款的内部控制，这些控制主要是为预防、检查和纠正前面所认定的重大错报的固有风险而设置的。注册会计师可以通过审阅以前年

度审计工作底稿、观察内部控制执行情况、询问管理层和员工、检查相关的文件和资料等方法加以了解。对相关文件和资料的检查可以提供审计证据，如通过检查供应商对账表和银行对账单，能够发现差错并加以纠正。

在评估重大错报风险时，注册会计师所以需要充分了解被审计单位对采购与付款交易的控制活动，目的在于使得计划实施的审计程序更加有效。即注册会计师必须对被审计单位的重大错报风险有一定认识，在此基础上设计并实施进一步审计程序，才能有效应对重大错报风险。

2. 根据重大错报风险评估结果设计进一步审计程序

针对评估的财务报表层次重大错报风险，注册会计师应计划进一步审计程序的总体方案，包括确定针对相关认定计划采用综合性方案还是实质性方案，以及考虑审计程序的性质、时间安排和范围。当存在以下情形之一时，注册会计师应当设计和实施控制测试：

综合控制测试和实质性程序，注册会计师需要评价获取的审计证据是否足以应对识别出的认定层次重大错报风险。

表 11-2 为假定评估应付账款为重要账户，且相关认定包括存在/发生、完整性、准确性及截止的前提下，注册会计师计划的进一步审计程序总体方案示例。

表 11-2　采购与付款循环的重大错报风险和进一步审计程序总体方案

重大错报风险描述	相关财务报表项目及认定	风险程度	是否信赖控制	进一步审计程序的总体方案	拟从控制测试中获取的保证程度	拟从实质性程序中获取的保证程度
确认的负债及费用并未实际发生	应付账款/其他应付款：存在 销售费用/管理费用：发生	一般	是	综合性方案	高	低
不计提采购相关的负债或不计提尚未付款的已经购买的服务支出	应收账款/其他应付款：完整 销售费用/管理费用：完整	特别	是	综合性方案	高	中
采用不正确的费用支出截止期，例如将本期的支出延迟到下期确认	应收账款/其他应付款：完整 销售费用/管理费用：截止	一般	否	实质性方案	无	高
发生的采购未能以正确的金额记录	应收账款/其他应付款：准确性 销售费用/管理费用：计价和分摊	一般	是	综合性方案	高	低

以上计划示例是根据注册会计师对重大错报风险的初步评估安排的，若是在审计过程中注册会计师了解的情况或获取的证据导致其更新相关风险的评估，则注册会计师需要执行的进一步审计程序也需要相应更新。例如，若注册会计师通过控制测试发现被审计单位针对计价认定的相关控制存在缺陷，导致其需要提高对相关控制风险的评估，则注册会计师可能需要相关提高有关重大错报风险的评价，并进一步修改实质性审计程序的性质、时间安排和范围。

11.3　采购与付款循环的进一步审计程序

11.3.1　采购与付款循环的控制测试

采购与付款循环中常见的内部控制的具体测试方法举例如表 11-3 所示。在实际工作中，注册会计师是否执行表 11-3 示例的内部控制测试是根据其风险评估确定的。在某些情况下，如被审计单位的采购是根据 IT 系统事先设定的规则（包括购买的商品及数量）自动发起的，付款也是根据收到商品后系统设置的付款期限自动确定的，该过程在IT系统之外没有其他相关凭据的情形下，注册会计师可能判断无法仅通过执行实质性程序获取充分适当的审计证据；在其他情况下，是否执行表11-3所列示的控制测试则是注册会计师根据审计效率做出的总体判断。若是采取依赖于有效的内部控制减少实质性程序测试的方法，比仅依赖实质性程序更能够提高审计的总体效率，则选择执行控制测试就是适当的。另外，有效的内部控制仅能降低而不能消除重大错报风险，因此仅依赖控制测试而不执行实质性程序也不能为相关的重要账户及其认定提供充分、适当的审计证据。注册会计师还是需要设计和执行实质性程序。

1. 以风险为起点的控制测试

采购与付款循环的控制测试，是指对采购与付款循环的内部控制设计和运行的有效性进行的测试。在审计实务中，注册会计师通常以识别的重大错报风险为起点实施控制测试，其内容如表11-3所示。

表11-3 采购与付款循环的风险、存在的控制及控制测试程序

可能发生错误的环节	相关的财务报表项目及认定	对应的内部控制示例(自动)	对应的内部控制示例(人工)	内部控制测试程序
采购计划未经适当审批	存货：存在 其他费用：发生 应付账款：存在		生产、仓储等部门根据生产计划制定需求计划，经复核人复核后执行	询问复核人复核在购计划的过程，检查采购计划是否核算人恰当复核
新增供应商或供应商信息变更未经恰当的认证	存货：存在 其他费用：发生 应付账款：存在	采购订单上的供应商代码必须在系统供应商清单中存在匹配的代码，才能生效并发送供应商。	复核人复核并批准每一项供应商数据的变更请求。包括供应商地址或银行账户的变更以及新增供应商等。复核时，评估拟进行的供应商数据变更否得到适合文件的支持，诸如由供应商提供的新地址或银行账户明细或经批准的供应商的授权表格。当复核完成且复核人提出的问题、要求的修改已经得到满意的解决后，复核人在系统中确认复核完成	询问复核人复核供应商数据变更请求的过程。抽样检查变更需求是否有相关文件支持及有复核人的复核确认。检查系统中采购订单的生成逻辑，确认是否存在供应商代码匹配的要求
录入系统的供应商数据可能为经恰当的认证。	存货：存在 其他费用：发生 应付账款/其他应收款：存在	系统定期生成供应商信息所有新增变更的报告(包括新增供应商，更改银行账户等)	复核人员定期复核系统生成报告中的项目是否均恰当授权，当复核工作完成或要求的修改得到满意解决后签字确认复核工作完后才完成	检查系统报告的生成逻辑及完整性。询问复核人对报告的检查过程，确认其是否签署
采购订单与有效的请购单不符	存货：存在,准确性 其他费用：发生，准确性 应付账款/其他应收款：存在，准确性		复核人复核并批准每一个采购订单，包括复核采购订单是否有经适当权限人员签署的请购单支持。复核人也确认采购订单的价格与供应商协商一致且该供应商已通过审批。当复核完成且复核人提出问题，要求的修改已经得到满意的解决后，签署确认复核完成	询问复核人复核采购订单过程，包括复核人提出的问题及其跟进记录。抽样检查采购订单是否有对应的请购单及复核人签署确认
订单未被录入系统或在系统中重复录入·	存货：存在,完整性 其他费用：发生，完整性 应付账款/其他应收款：存在，完整性	系统每月末生成列明跳码或重码的采购订单的例外报告	复核人定期复核列明重码或跳码的采购订单编号的例外报告，以确定是否有遗漏，重复的记录。该复核确定所有采购订单是否都输入系统，且仅输入一次	检查系统例外报告的生成逻辑。 询问复核人对例外报告的检查过程。其发现的问题是否及时得到了跟进处理
接收了缺乏有效采购订单或未经验收的商品	应付账款：存在，完整性 存货：存在性，完整性 其他费用：发生，完整性	入库确认后，系统生成连续编号的入库单。	收货人员只有完成以下程序后，才能在系统中确认商品入库： 检查是否存在有效的采购订单 检查是否存在有效的验收单 检查收到的货物的数量是否与发货单一致	检查系统入库单编号的连续性。 询问收货人员的收获过程，抽样检查入库单是否有对应一致的采购订单及验收单

续表

可能发生错误的环节	相关的财务报表项目及认定	对应的内部控制示例(自动)	对应的内部控制示例(人工)	内部控制测试程序
临近会计期末的采购未被记录的正确的会计期间	应收账款：完整性 存货/其他费用：完整性	系统每月末生成列明跳码或重码的采购订单的例外报告	复核人复核系统生成的例外报告，检查是否有遗漏，重复的记录。当复核完成且复核人提出问题、要求的修改已经得到满意解决后，签署确认复核完成	检查系统例外报告的生成逻辑。 询问复核人对例外报告的检查过程。其发现的问题是否及时得到了跟进处理
	应付账款：存在，完整性 存货：存在性，完整性 其他费用：发生，完整性	系统每月末生成包含作业已收货但相关发票未录入系统货物信息的例外报告	复核人复核该例外报告中的项目，确定采购是否有效。当复核完成且复核人提出问题、要求的修改已经得到满意解决后，签署确认复核已经完成	检查系统例外报告的生产逻辑。 询问复核人对报告的复核过程，核对报告中的采购是否计提了相应负债，检查复核人的签署确认
发票未被正确编码，导致在成本或费用之间的错误分类	存货：准确性、完整性 其他费用：准确性、完整性 应付账款：存在性、完整性	系统自动将相关的发票归集入对应的总分类账费用科目	每张发票开具前均经复核人复核并批准，复核人评估正确的总分类账代码是否被应用到该项目	询问复核人对发票编号/总分类代码的复核过程，抽样检查相关发票是否被恰当分类到相关费用
	费用/成本：完整性、计价和分摊 应付账款：完整性、计价和分摊		定期编制所选定关键绩效指标(例如：分成本中心/部门的费用，费用占收入的比例等)与管理层预期(包括以前期间或预算等信息)相比较的报告，复核人识别关键绩效指标与预期之间差异的相关问题(例如波动、例外或异常调整)，并与相关人员跟进。所有问题合理处理后，复核人通过签署关键绩效指标报告以证明完成复核	根据样本量要求选取关键绩效报告，确定是否经管理层复核；复核是否在合理的时间完成；检查关键绩效指标的计算是否准确，是否与账面记录核对一致；评估用于调查重大差异的界限是否适当。 复核人询问其复核方法，对于其提出的问题，检查是否恰当处理。评价使用数据的完整性和准确性
批准付款的发票上存在价格/数量错误或劳务尚未提供的情形	应付账款：完整性、计价和分摊 存货/成本：完整性、计价和分摊	当入库单录入系统后，系统将其与采购订单进行核对。当发票录入系统后，系统将其详细信息与采购订单及入库单进行核对。如信息相符或差异不超过可接受差异，系统将自动批准发票可以付款。将被列示例外报告中，由人工跟进。	负责应付账款且吴职业冲突的人员负责跟进例外报告中的所有项目。仅当不符信息从例外报告中消除后发票才么子付款。	检查系统报告的生成逻辑，确认例外报告的完整性及准确性。 与复核人讨论其复核过程，抽样选取例外/删改情况报告。检查每一份报告并确定： 1.是否存在管理层复核的证据； 2.复核是否在合理的时间范围内完成； 3.复核人提出问题的跟进是否恰当、是否能使交易恰当记录于会计系统。 抽样选取采购发票，检查是否与入库单和采购订单所记载的价格、供应商、日期、描述及数量一致

续表

可能发生错误的环节	相关的财务报表项目及认定	对应的内部控制示例(自动)	对应的内部控制示例(人工)	内部控制测试程序
现金支付未记录、未记录在正确的供应商账户(串户)或记录金额不正确	应付账款：准确性、存在行 存货：准确性 其他费用：准确性		独立于负责现金交易处理的会计人员每月末编制银行存款金额调节表。所有重大差异由调节表编制人跟进，并根据具体情形进行跟进处理。经授权的管理人员复核所编制的银行余额调节表，当复核工作完成或复核人提出的问题/要求的修改已得到满意的解决后，签署确认复核工作已完成	询问复核人对银行存款余额调节表的复核过程。 抽样检查银行余额调节表，检查其是否及时得到复核、复核的问题是否得到恰当跟进处理、复核人是否签署确认。
	应付账款：存在性、完整性、准确性 存货：存在性、完整性、计价和分摊 其他费用：发生、完整性、计价和分摊		应付账款会计人员将供应商提供的对账单与应付账款明细进行核对，并对差异进行跟进处理。 复核人定期复核供应商对账结果，该对账通过从应付账款明细账中抽取的一定数量的应付供应商余额与供应商提供的对账单进行核对。当复核工作完成或复核人提出的问题/要求的修改已得到满意解决后，签署确认复核工作已完成。	询问复核人对供应商对账结果的复核过程，抽样选取供应商对账单，检查其是否与应付账款明细账得到了正确的核对，差异是否得到了恰当的跟进处理。检查复核人的相关签署确认。
员工具有不适当的访问权力，使其能够实施违规交易或隐瞒错误	应付账款：存在性、存在性、完整性 存货：存在性、完整性、计价和分摊 其他费用：发生、完整性、计价和分摊	采购系统根据管理层的授权进行权限设置，以支持采购职能所要求的上述职责分离。	管理层分离以下活动： 1.供应商信息维护 2.请购授权 3.输入采购订单 4.开具供应商发票 5.按照订单收取货物 6.存货盘点调整等	检查系统中相关人员的访问权限。 复核管理层的授权职责分配表，对不相容职位(申请与审批等)是否设置了恰当的职责分离。
总账与明细账中的记录不一致	应付账款：完整性及准确性 其他费用：完整性及准确性	应付账款/费用明细账的总余额与总账户间的调节表会在每个期间末及时执行。	任何差异会被调查，如恰当，将进行调整。 复核人会复核调查表及相关支付文档，任何差异及/或调整会批准。	核对总账与明细账的一致性，检查复核人及差异跟进记录。

2. 关键控制的选择和测试

表 11-3 以一般制造业为例，列示了其采购和付款流程中常见的内部控制，以帮助读者对于该流程有一个全面的了解。注册会计师在实务操作中，并不需要对该流程的所有控制点进行测试，而是应该针对识别的可能发生错报环节，选择足以应对评估的重大错报风险的关键控制进行控制测试。

控制测试的具体方法则需要根据具体控制的性质确定，同时由专门的信息系统测试人员测试系统的相关控制以确认例外/删改报告的完整性和准确性。

11.3.2 采购与付款循环的实质性程序

采购与付款交易的主要重大错报风险通常是低估费用和应付账款，从而高估利润、粉饰财务状况。因此，实施实质性程序，如对收到的商品和付款实施截止测试，以获取交易是否已被计入正确的会计期间的证据就显得非常重要；该交易循环中的另一项重大错报风险是采购的商品、资产被错误分类，即对本应资本化的予以费用化，或对本应费用化的予以资本化。这都将影响利润和资产或负债。此外，对于付款交易，还应关注被审计单位是否存在未经授权或无效的付款，是否将应计入费用的付款有意无意地冲销了不相关的应付账款。针对上述重大错报风险实施实质性审计程序的目标在于获取关于发生、完整性、准确性、截止、存在、权利和义务、计价和分摊、分类等多项认定的审计证据。

1. 应付账款的实质性程序

(1)应付账款的审计目标

应付账款的审计目标一般包括：①确定资产负债表中记录的应付账款是否存在(存在性认定)；②确定所有应当记录的应付账款是否均已记录(完整性认定)；③确定资产负债表中记录的应付账款是否为被审计单位应当履行的现时义务(权利与义务认定)；④确定应付账款是否以恰当的金额包括在财务报表中，与之相关的计价调整是否已恰当记录(计价认定)；⑤确定应付账款是否已按照企业会计准则的规定在财务报表中做出恰当的列报。

(2)应付账款的实质性程序概要

①获取或编制应付账款明细表，并执行以下工作：

1)复核加计是否正确，并与报表数、总账数和明细账合计数核对是否相符；

2)检查非记账本位币应付账款的折算汇率及折算是否正确；

3)分析出现借方余额的项目，查明原因，必要时，建议作重分类调整；

4)结合预付账款、其他应付款等往来项目的明细余额，检查有无针对同一交易在应付账款和预付账款同时记账的情况、异常余额或与购货无关的其他款项。

②函证应付账款。获取适当的供应商相关清单，如当期采购量清单、所有现存供应商名单或应付账款明细账。询问该清单是否完整并考虑该清单是否应包括预期负债等附加项目。选取样本进行测试并执行以下程序：a．向债权人发送询证函；b．将询证函余额与已经记录金额相比较，如存在差异，检查支持性文件，评价已经记录金额是否恰当；c．对于未作回复的函证实施替代程序：如检查至付款文件(现金支出、电汇凭证和支票存根等)、相关的采购文件(采购订单、验收单、发票和合同)或其他适当文件；d．若认为回函不可靠，评价对评估的重大错报风险以及其他审计程序的性质、时间安排和范围的影响。

③检查应付账款是否计入了正确的会计期间，是否存在未入账的 应付账款。

a．检查债务形成的相关原始凭证，如供应商发票、验收报告 或入库单等，查找有无未及时入账的应付账款，确认应付账款期末余额的完整性。

b．检查资产负债表日后应付账款明细账贷方发生额的相应凭证，关注其购货发票的日期，确认其入账时间是否合理。

c．获取被审计单位与其供应商之间的对账单以及被审计单位编制的差异调节表，确定应付账款金额的准确性。

d．针对资产负债表日后付款项目，检查银行对账单及有关付款凭证(如银行汇款通知、供应商收据等)，询问被审计单位内部或外部的知情人员，查找有无未及时入账的应付账款。

e．结合存货监盘程序，检查被审计单位在资产负债日前后的存货入库资料(验收报告或入库单)，检查相关负债是否计入了正确的会计期间。

如果注册会计师通过这些审计程序发现某些未入账的应付账款，应将有关情况详细记入审计工作底稿，并根据其重要性确定是否需要建议被审计单位进行相应的调整。

④寻找未入账负债的测试。获取期后收取、记录或支付的发票明细，包括获取支票登记簿、电汇报告或银行对账单以及入账的发票和未入账的发票。从中选取项目进行测试并实施以下程序：

1)检查支持性文件，如相关的发票、采购合同或申请、收货文件以及接受劳务明细，以确定收到商品或接受劳务的日期及应在期末之前入账的日期；

2)追踪已选取项目至应付账款明细账、货到票未到的暂估入账等，并关注费用所计入的会计期间，调查并跟进所有已经识别的差异；

3)评价费用是否被记录于正确的会计期间，并相应确定是否存在期末未入账负债。

⑤检查应付账款长期挂账的原因并做出记录，对确实无须支付的应付账款的会计处理是否正确。

⑥如果存在应付关联方的款项：a．了解交易的商业理由；b．检查证实交易的支持性文件(如发票、合同、协议及入库和运输单据等相关文件)；c．检查被审计单位与关联方的对账记录或向关联方函证。

⑦检查应付账款是否已按照企业会计准则的规定在财务报表中做出恰当列报和披露。

2. 除折旧或摊销、人工费用以外的一般费用的实质性程序

折旧或摊销和人工费用一般分别在固定资产循环和人力资源与工薪酬循环中涵盖，这里只提及除这些费用以外的一般费用。

(1)一般费用的审计目标

常见的一般费用的审计目标包括：①确定利润表中记录的一般费用是否确实发生(发生认定)；②确定所有应当记录的费用是否均已记录(完整性认定)；③确定一般费用是否以恰当的金额包括在财务报表中(准确性认定)；④确定费用是否已经计入恰当的会计期间(截止认定)

(2)一般费用的实质性程序概要

①获取一般费用明细表，复核其加计数是否正确、并与总账和明细账合计数核对是否正确。

②实施实质性分析程序，包括：

a. 考虑可获取信息的来源、可比性、性质和相关性以及与信息编制相关的控制，评价在对记录的金额或比率做出预期时使用数据的可靠性；

b. 将费用细化到适当层次，根据关键因素和相互关系设定期望值，这些关键因素可以是本期预算、费用类别与销售数量，也可以是职工人数的变化之间的关系等，评价预期值是否足够精确以识别重大错报；

c. 确定已记录金额与预期值之间可接受的、无须作进一步调查的可接受的差异额；

d. 将已经记录金额与期望值进行比较，识别需要进一步调查的差异；

e. 调查差异，询问管理层，针对管理层的答复获取适当的审计证据；根据具体情况在必要时实施其他审计程序。

③从资产负债表日后的银行对账单或付款凭证中选取项目进行测试，检查支持性文件，如合同或发票等，关注发票日期和款项支付日期，追踪已经选取项目至相关费用明细表，检查费用所计入的会计期间，评价费用是否被记录在正确的会计期间。

④对本期发生的费用选取样本，检查其支持性文件，确定原始凭证是否齐全，记账凭证与原始凭证是否相符以及账务处理是否正确。

⑤抽取资产负债表日前后的凭证，实施截止测试，评价费用是否被记录在正确的会计期间。

⑥检查一般费用是否已经按照企业会计准则及其他相关规定在财务报表中做出恰当的列报和披露。

复习思考题

1. 注册会计师甲和乙在审计 D 公司年度财务报表时，注意到与购货和付款循环相关的内部控制存在缺陷。他们认为 D 公司管理当局在资产负债表日故意推迟记录发生的应付账款。请问注册会计师甲和乙应如何查找未入账的应付账款？

2. 简述采购与付款循环涉及的主要单据与会计记录的内容。

3. 简述采购与付款循环的内部控制的主要内容。

4. 简述应付账款的实质性程序。

第 12 章　生产与存货循环的审计

学习目标

熟悉生产与存货循环涉及的主要单据与会计记录，了解生产与存货循环涉及的主要业务活动，理解生产与存货循环的内部控制，掌握生产与存货循环的控制测试，熟练掌握生产与存货循环所涉及的交易、账户余额的实质性程序。

12.1　生产与存货循环的特点

12.1.1　不同行业类型的存货性质

存货的性质随被审计单位业务的不同呈现很大的差别，表 12-1 列示了不同行业类型的经营主体的存货的性质。

表 12-1　不同行业类型的存货性质

行业类型	存 货 性 质
贸易业	从厂商、批发商或其他零售商处采购的商品
餐饮业	用于加工食品的食材、饮料等
建筑业	建筑材料、在建项目成本（通常包括建造活动发生的直接材料、直接人工成本和间接费用，以及支付给分包商的建造成本等）
一般制造业	采购的原材料、低值易耗品和配件等，生产的半成品和产成品

存货是贸易行业、餐饮行业、建筑行业、一般制造行业等企业的重要资产，存货的采购、使用和销售与企业的经营活动密切相关，对企业的财务状况和经营成果具有重大的影响。注册会计师应当确认在财务报表中列示的存货金额是否正确（准确性认定），是否归被审计单位所有（存在、完整性、权利和义务认定），期末计价是否正确（计价和分摊认定），存货的购入和发出交易是否计入正确的会计期间（截止认定）。

原材料的采购入库在采购与付款循环中涉及，产成品的出库销售在销售与收款循环中涉及，本章侧重于原材料入库之后至产成品发出之间的业务活动。

12.1.2　生产与存货循环涉及的主要单据与会计记录

在内部控制比较健全的企业，处理生产和存货业务通常需要使用很多单据与会计记录。典型的生产与存货循环所涉及的主要单据与会计记录有以下几种，这些单据名称在不同的被审计单位可能叫法不同。

1. 生产指令

生产指令又称“生产任务通知单”或“生产通知单”，是企业下达制造产品等生产任务的书面文件，用以通知供应部门组织材料发放，生产车间组织产品制造，会计部门组织成本计算。广义的生产指令也包括用于指导产品加工的工艺规程，如机械加工企业的“路线图”等。

2. 领发料凭证

领发料凭证是企业为控制材料发出所采用的各种凭证，如材料发出汇总表、领料单、限额领料单、领料登记簿、退料单等。

3. 产量和工时记录

产量和工时记录是登记工人或生产班组在出勤时间内完成产品数量、质量和生产这些产品所耗费工时数量的原始记录。产量和工时记录的内容与格式是多种多样的，在不同的生产企业中，甚至在同一企业的不同生产车间中，由于生产类型不同而采用不同格式的产量和工时记录。常见的产量和工时记录主要有工作通知单、工序进程单、工作班产量报告、产量通知单、产量明细表、废品通知单等。

4. 工薪汇总表及工薪费用分配表

工薪汇总表是为了反映企业全部工薪的结算情况，并据以进行工薪总分类核算和汇总整个企业工薪费用而编制的，它是企业进行工薪费用分配的依据。工薪费用分配表反映了各生产车间各产品应负担的生产工人工薪及福利费。

5. 材料费用分配表

材料费用分配表是用来汇总反映各生产车间各产品所耗费的材料费用的原始记录。

6. 制造费用分配汇总表

制造费用分配汇总表是用来汇总反映各生产车间各产品所应负担的制造费用的原始记录。

7. 成本计算单

成本计算单是用来归集某一成本计算对象所应承担的生产费用，计算该成本计算对象的总成本和单位成本的记录。

8. 产成品入库单和出库单

产成品入库单是产品生产完成并经检验合格后从生产部门转入仓库的凭证；产成品出库单是根据经批准的销售单发出产成品的凭证。

9. 存货明细账

存货明细账是用来反映各种存货增减变动情况和期末库存数量及相关成本信息的会计记录。

10. 存货盘点指令、盘点表及盘点标签

一般制造业企业通常会定期对存货实物进行盘点，将实物盘点数量与账面数量进行核对，对差异进行分析调查，必要时作账务调整，以确保账实相符。在实施存货盘点之前，管理人员通常编制存货盘点指令，对存货盘点的时间、人员、流程及后续处理等方面做出安排。在盘点过程中，通常会使用盘点表记录盘点结果，使用盘点标签对已经盘点存货及数量做出标识。

11. 存货货龄分析表

很多制造型企业通过编制存货货龄分析表，识别流动较慢或滞销的存货，并根据市场情况和经营预测，确定是否需要计提存货跌价准备。这对于管理具有保质期的存货(如食品、药品、化妆品等)尤其重要。

12.2 生产与存货循环的风险评估程序

12.2.1 生产与存货循环的主要业务活动

以制造业为例，生产与存货循环所涉及的主要业务活动通常涉及以下部门：生产计划部门、仓库、生产部门、人事部门、销售部门、会计部门等，具体包括下列内容。

1. 计划和安排生产

生产计划部门的职责是根据顾客订单或者对销售预测和产品需求的分析来决定生产授权。如决定授权

生产，即签发预先编号的生产通知单。该部门通常应将发现的所有生产通知单按顺序编号并加以记录控制。此外，还需要编制一份材料需求报告，列示所需要的材料和零件及其库存。

2. 发出原材料

仓库部门的责任是根据从生产部门收到的领料单发出原材料。领料单上必须列示所需的材料数量和种类，以及领料部门的名称。领料单可以一料一单，也可以多料一单，通常需要一式三联。仓库管理人员发料并签署后，将其中一联连同材料交给领料部门，其余两联一联留着仓库用以登记材料明细账，另一联送交会计部门进行材料收发核算和成本核算。

3. 生产产品

生产部门在收到生产通知单及领取原材料后，便将生产任务分解到每一个生产工人，并将所领取的原材料交给生产工人，据以执行生产任务。生产工人在完成生产任务后，将完成的产品交生产部门统计人员查点，然后转交检验员验收并办理入库手续；或是将所完成的半成品移交下一个部门，作进一步加工。

4. 核算产品成本

为了正确核算并有效控制产品成本，必须建立健全成本会计制度，将生产控制和成本核算有机结合在一起。一方面，生产过程中的各种记录、生产通知单、领料单、计工单、入库单等文件资料都要汇集到会计部门，由会计部门对其进行检查和核对，了解和控制生产过程中存货的实物流转；另一方面，会计部门要设置相应的会计账户，会同有关部门对生产过程中的成本进行核算和控制。成本会计制度可以非常简单，只是在期末记录存货余额；也可以是完善的标准成本制度，它持续地记录所有材料处理、在产品和产成品，并形成对成本差异的分析报告。完善的成本会计制度应该提供原材料转为在产品，在产品转为产成品，以及按成本中心、分批生产任务通知单或生产周期所消耗的材料、人工和间接费用的分配和归集的详细资料。

5. 产成品入库及储存

产成品入库，须由仓储部门先行点验和检查，然后验收。签收后，将实际入库数量通知会计部门。据此，仓储部门确立了本身应承担的责任，并对验收部门的工作进行验证。除此之外，仓储部门还应根据产成品的品质特征分类存放，并填制标签。

6. 发出产成品

产成品的发出须由独立的发运部门进行。装运产成品时必须持有经有关部门核准的发运通知单，并据此编制出库单。出库单至少一式四联，一联交仓储部门；一联由发运部门留存；一联送交客户；一联作为给客户开具发票的依据。

7. 存货盘点

管理人员编制盘点指令，安排适当人员对存货实物(包括原材料、在产品和产成品等所有存货类别)进行定期盘点，将盘点结果与存货账面数量进行核对，调查差异并进行适当调整。

8. 计提存货跌价准备

财务部门根据存货货龄分析表信息及相关部门提供的有关存货状况的信息，结合存货盘点过程中对存货状况的检查结果，对出现损毁、滞销、跌价等降低存货价值的情况进行分析计算，计提存货跌价准备。

12.2.2 生产与存货循环的内部控制

生产与存货循环就上述 8 个业务活动可能存在的内部控制主要包括以下方面。

1. 计划和安排生产

就这项主要业务活动，有些被审计单位的内部控制要求根据经审批的月度生产计划书，由生产计划经理签发预先按顺序编号的生产通知单。

2. 发出原材料

就这项主要业务活动，有些被审计单位的内部控制要求：

①领料单应当经生产主管批准，仓库管理员凭经批准的领料单发料；领料单一式三联，分别作为生产部门存根联、仓库联和财务联。

②仓库管理员应把领料单编号、领用数量、规格等信息输入计算机系统，经仓储经理复核并以电子签名方式确认后，系统自动更新材料明细台账。

3. 生产产品和核算产品成本

就这两项主要业务活动，有些被审计单位的内部控制要求：

①生产成本记账员应根据原材料领料单财务联，编制原材料领用日报表，与计算机系统自动生成的生产记录日报表核对材料耗用和流转信息；由会计主管审核无误后，生成记账凭证并过账至生产成本及原材料明细账和总分类账。

②生产部门记录生成各环节所耗用工时数，包括人工工时数和机器工时数，并将工时信息输入生产记录日报表。

③每月末，由生产车间与仓库核对原材料和产成品的转出和转入记录，如有差异，仓库管理员应编制差异分析报告，经仓储经理和生产经理签字确认后交会计部门进行调整。

④每月末，由计算机系统对生产成本中各项组成部分进行归集，按照预设的分摊公式和方法，自动将当月发生的生产成本在完工产品和在产品之间按比例分配；同时，将完工产品成本在各不同产品类别之间分配，由此生成产品成本计算表和生产成本分配表；由生产成本记账员编制成生产成本结转凭证，经会计主管审核批准后进行账务处理。

4. 产成品入库及储存

就这项主要业务活动，有些被审计单位的内部控制要求：

①产成品入库时，质量检验员应检查并签发预先按顺序编号的产成品验收单，由生产小组将产成品送交仓库，仓库管理员应检查产成品验收单，并清点产成品数量，填写预先顺序编号的产成品入库单经质检经理、生产经理和仓储经理签字确认后，有仓库管理员将产成品入库单信息输入计算机系统，计算机系统自动更新产成品明细台账并与采购订购单编号核对。

②存货存放在安全的环境(如上锁、使用监控设备等)中，只有经过授权的工作人员可以接触及处理存货。

5. 发出产成品

就这项主要业务活动，在销售与收款循环中涉及了产成品出库这一环节，此外还有后续的结转销售成本环节，有些被审计单位可能设计以下内部控制要求：

①产成品出库时，由仓库管理员填写预先顺序编号的出库单，并将产成品出库单信息输入计算机系统，经仓储经理复核并以电子签名方式确认后，计算机系统自动更新产成品明细台账并与发运通知单编号核对。

②产成品装运发出前，有运输经理独立核查出库单、销售订购单和发运通知单，确定从仓库提取的商品附有经批准的销售订购单，并且所提取商品的内容与销售订购单一致。

③每月末，生产成本记账员根据计算机系统内状态为“已处理”的订购单数量，编制销售成本结转凭证，结转相应的销售成本，经会计主管审核批准后进行账务处理。

6. 存货盘点

就这项主要业务活动，有些被审计单位的内部控制要求：

①生产部门和仓储部门在盘点日前对所有存货进行清理和归整，便于盘点顺利进行。

②每一组盘点人员中应包括仓储部门以外的其他部门人员，即不能由负责保管存货的人员单独负责盘点存货；安排不同的工作人员分别负责初盘和复盘。

③盘点表和盘点标签事先连续编号，发放给盘点人员时登记领用人员；盘点结束后回收并清点所有已经使用和未使用的盘点表和盘点标签。

④为防止存货被遗漏或重复盘点，所有盘点过的存货贴盘点标签，注明存货品名、数量和盘点人员，完成盘点前检查现场确认所有存货均已贴上盘点标签。

⑤将不属于被审计单位的由被审计单位代为保管的存货单独堆放并作标识；将盘点期间需要领用的原材料或出库的产成品分开堆放并作标识。

⑥汇总盘点结果，与存货账面数量进行比较，调查分析差异原因，并对认定的盘盈和盘亏提出账务调整，经仓储经理、生产经理、财务经理和总经理复核批准后入账。

7. 计提存货跌价准备

就这项主要业务活动，有些被审计单位的内部控制要求：

①定期编制存货货龄分析表，管理人员复核该分析表，确定是否有必要对滞销存货计提存货跌价准备，并计算存货可变现净值，据此计提存货跌价准备。

②生产部门和仓储部门每月上报残次冷背存货明细，采购部门和销售部门每月上报原材料和产成品最新价格信息，财务部门据此分析存货跌价风险并计提跌价准备，由财务经理和总经理复核批准并入账。

12.2.3 生产与存货循环存在的重大错报风险

1. 生产与存货循环存在的重大错报风险

以一般制造类企业为例，影响生产与存货循环交易和余额的风险因素可能包括：

(1) 交易的数量和复杂性

制造类企业交易的数量庞大，业务复杂，这就增加了错误和舞弊的风险。

(2) 成本核算的复杂性

制造类企业的成本核算比较复杂。虽然原材料和直接人工等直接成本的归集和分配比较简单，但间接费用的分配就可能较为复杂，并且，同一行业中的不同企业也可能采用不同的认定和计量基础。

(3) 产品的多元化

这可能要求聘请专家来验证其质量、状况或价值。另外，计算库存存货数量的方法也可能是不同的。例如，计量煤堆、筒仓里的谷物或糖、钻石或者其他贵重的宝石、化工品和药剂产品的存储量的方法都可能不一样。这并不是要求注册会计师每次清点存货都需要专家配合，如果存货容易辨认，存货数量容易清点，就无须专家帮助。

(4) 某些存货项目的可变现净值难以确定

例如价格受全球经济供求关系影响的存货，由于其可变现净值难以确定，会影响存货采购价格和销售价格的确定，并将影响注册会计师对与存货计价认定有关的风险进行的评估。

(5) 将存货存放在很多地点

大型企业可能将存货存放在很多地点，并且可以在不同的地点之间配送存货，这将增加商品途中毁损或遗失的风险，或者导致存货在两个地点被重复列示，也可能产生转移定价的错误或舞弊。

(6) 寄存的存货

有时候存货虽然还存放在企业，但可能已经不归企业所有。反之，企业的存货也可能被寄存在其他企业。

由于存货与企业各项经营活动的紧密联系，存货的重大错报风险往往与财务报表其他项目的重大错报风险紧密相关。如收入确认的错报风险往往与存货的错报风险共存；采购交易的错报风险与存货的错报风险共存，存货成本核算的错报风险与营业成本的错报风险共存等等。总之，一般制造企业的存货的重大错报风险通常包括：

①存货实物可能不存在(存在认定)；

②属于被审计单位的存货可能未在账面反映(完整性认定)；

③存货的所有权可能不属于被审计单位(权利和义务认定)；

④存货的单位成本可能存在计算错误(计价和分摊认定及准确性认定)；

⑤存货的账面价值可能无法实现，即跌价损失准备的计提可能不充分(计价和分摊认定)。

2. 根据重大错报风险评估结果设计进一步审计程序

注册会计师基于生产与存货循环的重大错报风险评估结果，制定实施进一步审计程序的总体方案，包括综合性方案和实质性方案(见表 12-2)，继而实施控制测试和实质性程序，以应对识别出的认定层次的重大错报风险。注册会计师通过控制测试和实质性程序获取的审计证据综合起来应足以应对识别出的认定层次的重大错报风险。

注册会计师根据重大错报风险的评估结果初步确定实施进一步审计程序的具体审计计划，因为风险评估和审计计划都是贯穿审计全过程的动态活动，而且控制测试的结果可能导致注册会计师改变对内部控制的信赖程度，因此，具体审计计划并非一成不变，可能需要在审计过程中进行调整。

表 12-2 生产与存货循环的重大错报风险和进一步审计程序总体方案

重大错报风险描述	相关财务报表项目及认定	风险程度	是否信赖控制	进一步审计程序的总体方案	拟从控制测试中获取的保证程度	拟从实质性程序中获取的保证程度
存货实物可能不存在	存货：存在	特别	是	综合性方案	中	高
存货的单位成本可能存在计算错误	存货：计价和分摊 营业成本：准确性	一般	是	综合性方案	中	低
已经销售产品的成本可能没有准确结转至营业成本	存货：计价和分摊 营业成本：准确性	一般	是	综合性方案	中	低
存货的账面价值可能无法实现	存货：计价和分摊	特别	否	实质性方案	无	高

然而，无论是采用综合性方案还是实质性方案，获取的审计证据都应当能够从认定层次应对所识别的重大错报风险，直至针对该风险所涉及的全部相关认定均已经获取了足够的保证程度。

12.3 生产与存货循环的进一步审计程序

12.3.1 生产与存货循环的控制测试

总体上看,生产与存货循环的内部控制主要包括存货数量的内部控制和存货单价的内部控制两个方面。由于生产与存货循环和其他业务循环的紧密联系，生产与存货循环中某些审计程序，特别是对存货余额的审计程序，与其他相关业务循环的审计程序同时进行将更为有效。如原材料的采购和记录是作为采购与付款循环的一部分进行测试的，人工成本是作为工薪循环的一部分进行测试的。因此，在对生产与存货循环的内部控制实施测试时，要考虑其他业务循环的控制测试是否与本循环相关，避免重复测试。

风险评估和风险应对是整个审计过程的核心，因此，注册会计师通常以识别的重大错报风险为起点，选取拟测试的控制并实施控制测试。表 12-3 列示了通常情况下注册会计师对生产和存货循环实施的控制测试。

表 12-3 生产与存货循环的风险、存在的控制及控制测试程序

可能发生错报的环节	相关的财务项目及认定	存在的内部控制(自动)	存在的内部控制(人工)	内部控制测试程序
发出原材料				
原材料的发出可能未经授权	生产成本：发生		所有领料单由生产主管签字批准，仓库管理员凭经批准的领料单发出原材料	选取领料单，检查是否有生产主管的签字授权

续表

可能发生错报的环节	相关的财务项目及认定	存在的内部控制（自动）	存在的内部控制（人工）	内部控制测试程序
发出的原材料可能未正确记入相应产品的生产成本中	生产成本：准确性	领料单信息输入系统时须输入对应的生产任务单编号和所生产的产品代码，每月末系统自动归集生成材料成本明细表	生产主管每月末将其生产任务单及相关领料单存根联与材料成本明细表进行核对，调查差异并处理	检查生产主管核对材料成本明细表记录，并询问其核对过程及结果
记录人工成本				
生产工人的人工成本可能未得到准确反映	生产成本：准确性	所有员工有专属员工代码和部门代码，员工的考勤记录记入相应员工代码	人事部每月编制工薪，费用分配表，按员工所属部门将工薪费用分配至生产成本、制造费用、管理费用和销售费用，经财务经理复核后入账	检查系统中员工的部门代码设置是否与其实际职责相符。 询问并检查财务经理复核工资费用分配表过程和记录
记录制造费用				
发生的制造费用可能没有得到完整归集	制造费用：完整性	系统根据输入的成本和费用代码自动识别制造费用并进行归集	成本会计每月复核系统生成的制造费用明细表并调查异常波动。必要时由财务经理批准进行调整	检查系统的自动归集设置是否符合有关成本和费用的性质，是否合理。 询问并检查成本会计复核制造费用明细表的过程和记录，检查财务经理对调整制造费用的分录的批准记录
计算产品成本				
生产成本和制造费用在不同产品之间、在产品和产成品之间的分配可能不正确	存货：计价和分摊 营业成本：准确性		成本会计执行产品成本核算日常成本合算，财务经理每月末审核产品成本计算表及相关资料（原材料成本核算表、工薪费用分配表、制造费用分配表等）并调查异常项目	询问财务经理如何执行复核及调查。选取产品成本计算表及相关资源，检查财务经理的复核记录
产成品入库				
已完工产品的生产成本可能没有转移到产成品中	存货：计价和分摊	系统根据当月输入的产成品入库单和出库单信息自动生成产成品收（入库）发（出库）存（余额）报表	成本会计将产成品收发存报表中的产品入库数量与当月成本计算表中结转的产成品成本对应数量进行核对	询问和检查成本会计将产成品收发存报表与成本计算表进行核对的过程和记录
发出产成品				
销售发出的产成品的成本可能没有准确转入营业成本	存货：计价和分摊 营业成本：准确性	系统根据确认的营业收入所对应的售出产品自动结转营业成本	财务经理和总经理每月对毛利率进行比较分析，对异常波动进行调查和处理	检查系统设置的自动结转功能是否正常运行，成本结转方式是否符合公司成本核算政策。 询问和检查财务经理和总经理进行毛利率分析的过程和记录，并对异常波动的调查和处理结果进行核实
盘点存货				
存货可能被盗或因材料领用/产品销售未入账而出现账实不符	存货：存在		仓库保管员每月末盘点存货并与仓库台账核对并调节一致；成本会计监督其盘点与核对，并抽查部分存货进行复盘。 每年末盘点所有存货，并根据盘点结果分析盘盈盘亏并进行账面调整	

续表

可能发生错报的环节	相关的财务项目及认定	存在的内部控制（自动）	存在的内部控制（人工）	内部控制测试程序
计提存货跌价准备				
可能存在残次冷背的存货，影响存货的价值	存货：计价和分摊 资产减值损失：完整性	系统根据存货入库日期自动统计货龄，每月末生成存货货龄分析表	财务部根据系统生成的存货货龄分析表，结合生产和仓储部门上报的存货损毁情况及存货盘点中对存货状况的检查结果，计提存货减值准备，报总经理审核批准后入账	询问财务经理识别减值风险并确定减值准备的过程，检查总经理的复核批准记录

上述控制测试，若是人工控制在执行时依赖于信息系统生成的报告，则注册会计师还应当对系统生成的报告的准确性执行测试，如与计提存货跌价准备相关的管理层控制中使用了系统生成的存货货龄分析表，其准确性影响管理层控制的有效性，所以，注册会计师需要同时测试存货货龄分析表的准确性。

有些被审计单位采用信息系统执行全程自动化成本核算，在这种情况下，注册会计师通常需要对信息系统中的成本核算流程和参数设置进行了解和测试，并测试相关信息系统一般控制的运行有效性。

需要说明的是，表 12-3 列示的是生产与存货循环中一些较为常见的内部控制和相应的控制测试程序，目的在于帮助注册会计师根据具体情况设计能够实现审计目标的控制测试。该表既未包含生产与存货循环所有的内部控制和控制测试，也并不意味着审计实务应当按此执行。一方面，被审计单位所处行业不同、规模不一、内部控制制度的设计和执行方式不同，以前期间接受审计的情况也各不相同；另一方面，受审计时间、审计成本的限制，注册会计师除了确保审计质量、审计效果外，还需要提高审计效率、尽可能地消除重复的测试程序，保证检查某一凭证时能够一次完成对该凭证的全部审计测试程序，并按最有效的顺序实施审计测试。因此，在审计实务工作中，注册会计师需要从实际出发，设计适合被审计单位具体情况的实用高效的控制测试计划。

12.3.2 生产与存货循环的实质性程序

注册会计师完成控制测试，就要基于控制测试的结果，确定从控制测试中已经获得的审计证据及其保证程度，确定是否需要对具体审计计划中设计的实质性程序的性质、时间安排和范围做出适当调整。例如，若是控制测试的结果表明被审计单位的内部控制未能有效运行，注册会计师就需要从实质性程序中获取更多的相关审计证据，注册会计师可以修改实质性程序的性质，如采用细节测试而非实质性分析程序、获取更多的外部证据等，或修改实质性审计程序的范围(如扩大样本规模)。在实务中，注册会计师通过计划阶段执行的风险评估程序，已经确定了已识别重大错报风险的相关认定。接下来我们将介绍，从风险对应的具体审计目标和相关认定的角度出发，阐述实务中较为常见的针对存货和营业成本的实质性程序。

1. 存货的审计目标

存货审计，尤其是对年末存货余额的测试，通常是审计中最复杂也最费时的部分。对存货存在和存货价值的评估常常十分困难，导致存货审计复杂的主要原因：

①存货通常是资产负债表中的一个主要项目，而且通常是构成营运成本的最大项目。

②存货存放于不同的地点，这使得对它的实物控制和盘点都很困难；企业必须将存货置放于便于产品生产和销售的地方，但是这种分散也带来了审计的困难。

③存货项目的多样性也给审计带来了困难，如化学制品、宝石、电子元件以及其他的高科技产品。

④存货本身的陈旧以及存货成本的分配也使得存货的股价存在困难。

⑤不同企业采用的存货计价方法存在多样性。

正是由于存货对于企业的重要性、存货问题的复杂性以及存货与其他项目密切的关联度，要求注册会计师对存货项目的审计应当予以特别的关注。相应地，要求实施存货项目审计的注册会计师应具备较高的专业素质和相关业务知识，分配较多的审计工时，运用多种有针对性的审计程序。

存货的审计目标一般包括：

①账面存货余额对应的实物是否真实存在(存在认定)；

②属于被审计单位的存货是否均已入账(完整性认定)；

③存货是否属于被审计单位(权利和义务)；

④存货单位成本的计量是否准确(准确性认定)；

⑤存货的账面价值是否可以实现(计价和分摊认定)。

2. 存货的一般审计程序

(1)获取年末存货余额明细表，并执行以下工作：

①复核单项存货金额的计算(单位成本×数量)和明细表的加总计算是否准确；

②将本年末存货余额与上年末存货余额进行比较，总体分析变动原因。

(2)实施实质性分析程序

①根据对被审计单位的经营活动、供应商、贸易条件、行业惯例和行业现状的了解，确定存货周转天数预期值。

②根据对本期存货余额组成、实际经营情况、市场情况、存货采购情况等的了解，确定可接受的重大差异额。

③计算实际存货周转天数和预期周转天数之间的差异。

④通过询问管理层和相关员工，调查存在重大差异的原因，并评估差异是否表明存在重大错报风险，是否需要设计恰当的细节测试程序以识别和应对重大错报风险。

3. 存货监盘

(1)存货监盘的作用

如果存货对财务报表是重要的，注册会计师应当实施下列审计程序，对存货的存在和状况获取充分、适当的审计证据：

①在存货盘点现场实施监盘(除非不可行)；

②对期末存货记录实施审计程序，以确定其是否准确反映实际的存货盘点结果。

在存货盘点现场实施监盘时，注册会计师应当实施下列审计程序：

①评价管理层用以记录和控制存货盘点结果的指令和程序；

②观察管理层制定的盘点程序的执行情况；

③检查存货；

④执行抽盘。

存货监盘的相关程序可以用作控制测试或者实质性程序，注册会计师可以根据风险评估结果、审计方案和实施的特定程序做出判断。

需要说明的是，尽管实施存货监盘，获取有关期末存货数量和状况的充分、适当的审计证据是注册会计师的责任，但这并不能取代被审计单位管理层定期盘点存货、合理确定存货的数量和状况的责任。事实上，管理层通常制定程序，要求对存货每年至少进行一次实物盘点，以作为编制财务报表的基础，并用以确定被审计单位永续盘存制的可靠性(如适用)。

存货监盘针对的主要是存货的存在认定、完整性认定以及权利义务认定，注册会计师监盘存货的目的在于获取有关存货数量和状况的审计证据，以确证被审计单位记录的所有存货确实存在，已经反映了被审计单位拥有的全部存货，并属于被审计单位的合法财产。存货监盘本身并不足以供注册会计师确定存货的所有权，注册会计师可能需要执行其他实质性审计程序以应对所有权认定的相关风险。

(2)存货监盘的计划

①制定存货监盘计划的基本要求。注册会计师应当就被审计单位存货的特点、盘存制度和存货内部控

制的有效性等情况，在评价被审计单位管理层制定的存货盘点程序的基础上，编制存货监盘计划，对存货监盘做出合理安排。

有效的存货监盘需要制定周密、细致的计划。为了避免误解并有助于有效地实施存货监盘，注册会计师通常需要与被审计单位就存货监盘等问题达成一致意见。因此，注册会计师首先应当充分了解被审计单位存货的特点、盘存制度和存货内部控制的有效性等情况，并考虑获取、审阅和评价被审计单位预定的盘点程序。存货存在与完整性的认定具有较高的重大错报风险，而且注册会计师通常只有一次机会通过存货的实地监盘对有关认定做出评价。根据计划过程所搜集到的信息，有助于注册会计师合理确定参与监盘的地点以及存货监盘的程序。

②制定存货监盘计划应考虑的相关事项。在编制存货监盘计划时，注册会计师需要考虑以下事项：

1）与存货相关的重大错报风险。存货通常具有较高水平的重大错报风险，影响重大错报风险的因素具体包括：存货的数量和种类、成本归集的难易程度、陈旧过时的速度或易损坏程度、遭受失窃的难易程度。由于制造过程和成本归集制度的差异，制造企业的存货与其他企业（如批发企业）的存货相比往往具有更高的重大错报风险，对于注册会计师的审计工作而言则更具复杂性。外部因素也会对重大错报风险产生影响。如技术进步可能导致某些产品过时，从而导致存货价值更容易发生高估。以下类别的存货就可能增加审计的复杂性与风险：

——具有漫长制造过程的存货。制造过程漫长的企业（如飞机制造和酒类产品酿造企业）的审计重点包括递延成本、预期发生成本以及未来市场波动可能对当期损益的影响等事项。

——具有固定价格合约的存货。预期发生成本的不确定性是其重大审计问题。

——与时装相关的服装行业。由于服装产品的消费者对服装风格或颜色的偏好容易发生变化，因此，存货是否过时是重要的审计事项。

——鲜活、易腐商品存货。因为物质特性和保质期短暂，此类存货变质的风险很高。

——具有高科技含量的存货。由于技术进步，此类存货容易过时。

——单位价值高昂、容易被盗窃的存货。如珠宝存货的错报风险通常高于铁制、纽扣之类存货的错报风险。

2）与存货相关的内部控制的性质。在制定存货监盘计划时，注册会计师应当了解被审计单位与存货相关的内部控制，并根据内部控制的完善程度确定进一步审计程序的性质、时间安排和范围。与存货相关的内部控制涉及被审计单位供、产、销各个环节，包括采购、验收、仓储、领用、加工、装运出库等方面。需要说明的是，与存货内部控制相关的措施有很多，其有效程度也存在差异。

与采购相关的内部控制的总体目标是所有交易都已获得适当的授权与批准。使用购货订购单是一项基本的内部控制措施。购货订购单应当预先连续编号，事先确定采购价格并获得批准。此外，还应当定期清点购货订购单。

与存货验收相关的内部控制的总体目标是所有收到的商品都已得到记录。使用验收报告单是一项基本的内部控制措施。被审计单位应当设置独立的部门负责验收商品，该部门具有验收存货实物、确定存货数量、编制验收报告、将验收报告传送至会计核算部门以及运送商品至仓库等一系列职能。

与仓储相关的内部控制的总体目标是确保与存货实物的接触必须得到管理层的指示和批准。被审计单位应当采取实物控制措施，使用适当的存储设施，以使存货免受意外损毁、盗窃或破坏。

与领用相关的内部控制的总体目标是所有存货的领用均应得到批准和记录。使用存货领用单是一项基本的内部控制措施，对存货领用单，应当定期进行清点。

与加工（生产）相关的内部控制的总体目标是对所有的生产过程做出适当的记录。使用生产报告是一项基本的内部控制措施。在生产报告中，应当对产品质量缺陷和零部件使用及报废情况及时做出说明。

与装运出库相关的内部控制的总体目标是所有的装运都得到了记录。使用发运凭证是一项基本的内部控制措施。发运凭证应当预先编号，定期进行清点，并作为日后开具收款账单的依据。

被审计单位与存货实地盘点相关的内部控制通常包括：制定合理的存货盘点计划，确定合理的存货盘点程序，配备相应的监督人员，对存货进行独立的内部验证，将盘点结果与永续存货记录进行独立的调节，对盘点表和盘点标签进行充分控制。

3) 对存货盘点是否制定了适当的程序，并下达了正确的指令。注册会计师一般需要复核或与管理层讨论其存货盘点程序。在复核或与管理层讨论其存货盘点程序时，注册会计师应当考虑下列主要因素，以评价其能否合理地确定存货的数量和状况：盘点的时间安排；存货盘点范围和场所的确定；盘点人员的分工及胜任能力；盘点前的会议及任务布置；存货的整理和排列，对毁损、陈旧、过时、残次及所有权不属于被审计单位的存货的区分；存货的计量工具和计量方法；在产品完工程度的确定方法；存放在外单位的存货的盘点安排；存货收发截止的控制；盘点期间存货移动的控制；盘点表单的设计、使用与控制；盘点结果的汇总以及盘盈或盘亏的分析、调查与处理。

如果认为被审计单位的存货盘点程序存在缺陷，注册会计师应当提请被审计单位调整。

4) 存货盘点的时间安排。如果存货盘点在财务报表日以外的其他日期进行，注册会计师除实施存货监盘相关审计程序外，还应当实施其他审计程序，以获取审计证据，确定存货盘点日与财务报表日之间的存货变动是否已得到恰当的记录。

5) 被审计单位是否一贯采用永续盘存制。存货数量的盘存制度一般为实地盘存制和永续盘存制。存货盘存制度不同，注册会计师需要做出的存货监盘安排也不同。如果被审计单位通过实地盘存制确定数量，则注册会计师要参加此种盘点。如果被审计单位采用永续盘存制，注册会计师应在年度中一次或多次参加盘点。

6) 存货的存放地点（包括不同存放地点的存货的重要性和重大错报风险），以确定适当的监盘地点。

注册会计师应了解所有的存货存放地点，既可以防止被审计单位或自己发生任何遗漏，也有助于恰当地分配审计资源。注册会计师通常应当重点考虑被审计单位的重要存货存放地点，特别是金额较大可能存在重大错报风险（如存货性质特殊）的存货地点，将这些存货地点列入监盘地点。对其他无法在存货盘点现场实施存货监盘的存货存放地点，注册会计师应当实施替代审计程序，以获取有关存货的存在和状况的充分、适当的审计证据。

7) 是否需要专家协助。注册会计师可能不具备其他专业领域专长与技能。在确定资产数量或资产实物状况（如矿石堆），或在收集特殊类别存货（如艺术品、稀有玉石、房地产、电子器件、工程设计等）的审计证据时，注册会计师可以考虑利用专家的工作。

当在产品存货金额较大时，可能面临如何评估在产品完工程序问题。注册会计师可以了解被审计单位的盘点程序，如果有关在产品的完工程度未被明确列出，注册会计师应当考虑采用其他有助于确定完工程度的措施，如获取零部件明细清单、标准成本表以及作业成本表，与工厂的有关人员进行讨论等，并运用职业判断。注册会计师也可以根据存货生产过程的复杂程度利用专家的工作。

③存货监盘计划的主要内容包括：

a. 存货监盘的目标、范围及时间安排。存货监盘的主要目标包括获取被审计单位资产负债表日有关存货数量和状况以及有关管理层存货盘点程序可靠性的审计证据，检查存货的数量是否真实完整，是否归属被审计单位，存货有无毁损、陈旧、过时、残次和短缺等状况。存货监盘范围的大小取决于存货的内容、性质及与存货相关的内部控制的完善程度和重大错报风险的评估结果。存货监盘的时间，包括实地察看盘点现场的时间、观察存货盘点的时间和对已盘点存货实施检查的时间等，应当与被审计单位实施存货盘点的时间相协调。

b. 存货监盘的要点及关注事项。存货监盘的要点主要包括注册会计师实施存货监盘程序的方法、步骤，各个环节应注意的问题以及所要解决的问题。注册会计师需要重点关注的事项包括盘点期间的存货移动、存货的状况、存货的截止确认、存货的各个存放地点及金额等。

c. 参加存货监盘人员的分工。注册会计师应当根据被审计单位参加存货盘点人员分工、分组情况、存货监盘工作量的大小和人员素质情况，确定参加存货监盘的人员组成以及各组成人员的职责和具体分工情况，并加强督导。

d. 检查存货的范围。注册会计师应当根据对被审计单位存货盘点和对被审计单位内部控制的评价结果确定检查存货的范围。在实施观察程序后，如果认为被审计单位内部控制设计良好且得到有效实施、存货盘点组织良好，可以相应缩小实施检查程序的范围。

(3) 存货监盘程序

在存货盘点现场实施监盘时，注册会计师应当实施下列审计程序。

①评价管理层用以记录和控制存货盘点结果的指令和程序。注册会计师需要考虑这些指令和程序是否包括下列方面：

a. 适当控制活动的运用，如收集已使用的存货盘点记录，清点未使用的存货盘点表单，实施盘点和复盘程序；

b. 准确认定在产品的完工程度，流动缓慢（呆滞）、过时或毁损的存货项目，以及第三方拥有的存货（如寄存货物）；

c. 在适用的情况下用于估计存货数量的方法，如可能需要估计煤堆的重量；

d. 对存货在不同存放地点之间的移动以及截止日前后期间出入库的控制。

②观察管理层制定的盘点程序（如对盘点时及其前后的存货移动的控制程序）的执行情况。这有助于注册会计师获取有关管理层指令和程序是否得到适当设计和执行的审计证据。尽管盘点存货时最好能保持存货不发生移动，但在某些情况下存货的移动是难以避免的。如果在盘点过程中被审计单位的生产经营仍将持续进行，注册会计师应通过实施必要的检查程序，确定被审计单位是否已经对此设置了相应的控制程序，确保在适当的期间内对存货做出了准确记录。

此外，注册会计师可以获取有关截止性信息（如存货移动的具体情况）的复印件，有助于日后对存货移动的会计处理实施审计程序。具体来说，注册会计师一般应当获取盘点日前后存货收发及移动的凭证，检查库存记录与会计记录期末截止是否正确。注册会计师在对期末存货进行截止测试时，通常应当关注：

所有在截止日期以前入库的存货项目是否均已包括在盘点范围内，并已反映在截止日以前的会计记录中。任何在截止日期以后入库的存货项目是否均未包括在盘点范围内，也未反映在截止日以前的会计记录中。

所有截止日以前装运出库的存货商品是否均未包括在盘点范围内，且未包括在截止日的存货账面余额中；所有已记录为购货但尚未入库的存货是否均已包括在盘点范围内，并已反映在会计记录中。

在途存货和被审计单位直接向顾客发运存货是否均已得到了适当的会计处理。

注册会计师通常可观察存货的验收入库地点和装运出库地点以执行截止测试。在存货入库和装运过程中采用连续编号的凭证时，注册会计师应当关注截止日期前的最后编号。如果被审计单位没有使用连续编号的凭证，注册会计师应当列出截止日期以前的最后几笔装运和入库记录。如果被审计单位使用运货车厢或拖车进行存储、运输或验收入库，注册会计师应当详细列出存货场地上满载和空载的车厢或拖车，并记录各自的存货状况。

③检查存货。在存货监盘过程中检查存货，虽然不一定确定存货的所有权，但有助于确定存货的存在，以及识别过时、毁损或陈旧的存货。注册会计师应当把所有过时、毁损或陈旧存货的详细情况记录下来，这既便于进一步追查这些存货的处置情况，也能为测试被审计单位存货跌价资金准备计提的准确性提供证据。

④执行抽盘。在对存货盘点结果进行测试时，注册会计师可以从存货盘点记录中选取项目追查至存货实物，以及从存货实物中选取项目追查至盘点记录，以获取有关盘点记录准确性和完整性的审计证据。需要说明的是，注册会计师应尽可能避免让被审计单位事先了解将抽盘的存货项目。除记录注册会计师对存货盘点结果进行的测试情况外，获取管理层完成的存货盘点记录的复印件也有助于注册会计师日后实施审计程序，以确定被审计单位的期末存货记录是否准确地反映了存货的实际盘点结果。

注册会计师在实施抽盘程序时发现差异，很可能表明被审计单位的存货盘点在准确性或完整性方面存在错误。由于检查的内容通常仅仅是已盘点存货中的一部分，所以在检查中发现的错误很可能意味着被审计单位的存货盘点还存在着其他错误。一方面，注册会计师应当查明原因，并及时提请被审计单位更正；另一方面，注册会计师应当考虑错误的潜在范围和重大程度，在可能的情况下，扩大检查范围以减少错误的发生。注册会计师还可要求被审计单位重新盘点。重新盘点的范围可限于某一特殊领域的存货或特定盘点小组。

⑤需要特别关注的情况，包括：

a. 存货盘点范围。在被审计单位盘点存货前，注册会计师应当观察盘点现场，确定应纳入盘点范围的存货是否已经适当整理和排列，并附有盘点标识，防止遗漏或重复盘点。对未纳入盘点范围的存货，注册会计师应当查明未纳入的原因。

b. 对特殊类型存货的监盘。对某些特殊类型的存货而言，被审计单位通常使用的盘点方法和控制程序并不完全适用。这些存货通常或者没有标签，或者其数量难以估计，或者其质量难以确定，或者盘点人员无法对其移动实施控制。在这些情况下，注册会计师需要运用职业判断，根据存货的实际情况，设计恰当的审计程序，对存货的数量和状况获取审计证据。表 12-4 列举了被审计单位特殊存货的类型、通常采用的盘点方法与存在的潜在问题，以及可供注册会计师实施的监盘程序。注册会计师在审计实务中，应当根据被审计单位所处行业的特点、存货的类别和特点以及内部控制等具体情况，并在通用的存货监盘程序基础上，设计关于特殊类型存货监盘的具体审计程序。

⑥存货监盘结束时的工作。在被审计单位存货盘点结束前，注册会计师应当：

a. 再次观察盘点现场，以确定所有应纳入盘点范围的存货是否均已盘点。

b. 取得并检查已填用、作废及未使用盘点表单的号码记录，确定其是否连续编号，查明已发放的表单是否均已收回，并与存货盘点的汇总记录进行核对。注册会计师应当根据自己在存货监盘过程中获取的信息对被审计单位最终的存货盘点结果汇总记录进行复核，并评估其是否正确地反映了实际盘点结果。

表 12-4　特殊类型存货的监盘程序

存货类型	盘点方法与潜在问题	可供实施的审计程序
木材、钢筋盘条、管子	通常无标签，但在盘点时会做上标记或用粉笔标识。 难以确定存货的数量或等级	检查标记或标识。 利用专家或被审计单位内部有经验人员的工作
堆积型存货（如糖、煤、钢废料）	通常既无标签也不做标记。 在估计存货数量时存在困难	运用工程估测、几何计算、高空勘测，并依赖详细的存货记录。 如果堆场中的存货堆不高，可进行实地监盘，或通过旋转存货堆加以估计
使用磅秤测量的存货	在估计存货数量时存在困难	在监盘前和监盘过程中均应检验磅秤的精准度，并留意磅秤的位置移动与重新调校程序。 将检查和重新衡量程序相结合。 检查称量尺度的换算问题
散装物品（如贮窖存货、使用桶、箱、罐、槽等容器储存的液体、气体、谷类粮食、流体存货等）	在盘点时通常难以识别和确定。 在估计存货数量时存在困难。 在确定存货质量时存在困难	使用容器进行监盘或通过预先编号的清单列表加以确定。 使用浸蘸、测量棒、工程报告以及依赖永续存货记录。 选择样品进行化验与分析，或利用专家的工作
贵金属、石器、艺术品与收藏品	在存货辨认与质量确定方面存在困难	选择样品进行化验与分析，或利用专家的工作。
生产纸浆用木材，牲畜	在存货辨认与数量确定方面存在困难。 可能无法对此类存货的移动实施控制	通过高空摄影以确定其存在性，对不同时点的数量进行比较，并依赖永续存货记录

(4) 特殊情况的处理

①在存货盘点现场实施存货监盘不可行。在某些情况下、实施存货监盘可能是不可行的。这可能是由存货性质和存放地点等因素造成的，如存货存放在对注册会计师的安全有威胁的地点。然而，对注册会计师带来不便的一般因素不足以支持注册会计师做出实施存货监盘不可行的决定。审计中的困难、时间或成本等事项本身，不能作为注册会计师省略不可替代的审计程序或满足于说服力不足的审计证据的正当理由。

②因不可预见的情况导致无法在存货盘点现场实施监盘。有时，由于不可预见情况而可能导致无法在预定日期实施存货监盘，两种比较典型的情况包括：一是注册会计师无法亲临现场，即由于不可抗力导致其无法到达存货存放地实施存货监盘；二是气候因素，即由于恶劣的天气导致注册会计师无法实施存货监盘程序，或由于恶劣的天气无法观察存货，如木材被积雪覆盖。

③由第三方保管或控制的存货。如果由第三方保管或控制的存货对财务报表是重要的，注册会计师应当实施下列一项或两项审计程序，以获取有关该存货存在和状况的充分、适当的审计证据：

a．向持有被审计单位存货的第三方函证存货的数量和状况。

b．实施检查或其他适合具体情况的审计程序。根据具体情况(如获取的信息使注册会计师对第三方的诚信和客观性产生疑虑)，注册会计师可能认为实施其他审计程序是适当的。其他审计程序可以作为函证的替代程序，也可以作为追加的审计程序。

其他审计程序的示例包括：

第一，实施或安排其他注册会计师实施对第三方的存货监盘(如可行)；

第二，获取其他注册会计师或服务机构注册会计师针对用以保证存货得到恰当盘点和保管的内部控制的适当性而出具的报告；

第三，检查与第三方持有的存货相关的文件记录，如仓储单；

第四，当存货被作为抵押品时，要求其他机构或人员进行确认。

4．存货计价测试

存货监盘程序主要是对存货的数量进行测试。为验证财务报表上存货余额的真实性，还必须对存货的计价进行审计。存货计价测试包括两个方面的内容，即被审计单位所使用的存货单位成本是否正确，和是否恰当计提了存货跌价损失准备。

(1)存货单位成本测试

针对原材料的单位成本，注册会计师通常基于企业的原材料计价方法(如先进先出法、加权平均法等)，结合原材料的历史购买成本，测试其账面成本是否准确，测试程序包括核对原材料采购的相关凭证，这些凭证主要是与价格相关，如合同、采购订单、发票等，以及验证原材料计价方法的运用是否正确。

针对产成品和在产品的单位成本，注册会计师需要对成本核算过程实施测试，包括直接材料错报测试、直接人工成本测试、制造费用测试和生产成本在当期完工产品与在产品之间分配的测试四项内容，具体如下：

①直接材料成本测试。

a．对采用定额单耗的企业，可选择某一成本报告期若干种具有代表性的产品成本计算单，获取样本的生产指令或产量统计记录及其直接材料单位消耗定额，根据材料明细账或采购业务测试工作底稿中各该直接材料的单位实际成本，计算直接材料总消耗量和总成本，与该样本成本计算单中的直接材料成本核对。

b．对未采用定额单耗的企业，可获取材料费用分配汇总表、材料发出汇总表(或领料单)、材料明细账或采购业务测试工作底稿中各该直接材料的单位成本，作如下检查：成本计算单中直接材料成本与材料费用分配汇总表中该产品负担的直接材料费用是否相符，分配标准是否合理；将抽取的材料发出汇总表或领料单中若干种直接材料的发出总量和各该种材料的实际单位成本之积，与材料费用分配汇总表中各该种材料费用进行比较。

c．对采用标准成本法的企业，获取样本的生产指令或产量统计记录，直接材料单位标准用量，直接材料标准单价及发出材料汇总表或领料单，检查下列事项：根据生产量、直接材料单位标准用量、标准单价计算的标准成本与成本计算单中的直接材料成本核对是否相符，直接材料成本差异的计算与账务处理是否正确。

②直接人工成本测试。

a．对于采用计时工资制的企业，获取样本的实际工时统计记录、员工分类表和员工工薪手册(工资率)及人工费用分配汇总，作如下检查：成本计算单中直接人工成本与人工费用分配汇总表中该样本的直接人工费用是否相符；样本的实际工时统计记录于人工费用分配汇总表中该样本的实际工时核对是否相符；抽取生产部门若干天的工时台账与实际工时统计记录核对是否相符；当没有实际工时统计记录时，则可根据职员分类表及职员工薪手册中的工资率，计算复核人工费用分配汇总表中该样本的直接人工费用是否合理。

b．对采用计件工资制的企业，获取样本的产量统计报告、个人(小组)产量记录和经批准的单位工薪标准或计件工资制度，检查下列事项：根据样本的统计产量和单位工薪标准计算的人工费用与成本计算单中直接人工成本核对是否相符；抽取若干直接人工(小组)产量记录，检查是否被汇总计入产量统计报告。

c．对采用标准成本法的企业，获取样本的生产指令或产量统计报告、工时统计报表和经批准的单位标准工时、标准工时工资率、直接人工的工薪汇总表等资料，检查下列事项：根据产量和单位标准工时计算的标准工时总量，再乘以标准工时工资率，同成本计算单中的直接人工成本核对是否相符；直接人工成本差异的计算与账务处理是否正确，并注意直接人工的标准成本的年度内有无重大变更。

③制造费用测试。获取样本的制造费用分配汇总表、按项目分列的制造费用明细账、与制造费用分配标准有关的统计报告及其相关原始记录，作如下检查：1)制造费用分配汇总表中，样本分担的制造费用与成本计算单中的制造费用核对是否相符；2)制造费用分配汇总表中的合计数与样本所属成本报告期的制造费用明细账总计数核对是否相符；3)制造费用分配汇总表选择的分配标准(机器工时数、直接人工工资、直接人工工时数、产量等)与相关的统计报告或原始记录核对是否相符，并对费用分配标准的合理性做出评估；4)如果企业采用预计费用分配率分配制造费用，则应针对制造费用分配过多或过少的差额，检查其是否作了适当的账务处理；5)如果持有标准成本法，则应检查样本中标准制造费用的确定是否合理，计入成本计算单的数额是否正确，制造费用差异的计算与账务处理是否正确，并注意标准制造费用在当年度内有无重大变更。

④生产成本在当期完工产品与在产品之间分配的测试。检查成本计算单中在产品数量与生产统计报告或在产品盘存表中的数量是否一致；检查在产品约当产量计算或其他分配标准是否合理；计算复核样本的总成本和单位成本。

(2)存货跌价损失准备的测试

注册会计师在测试存货跌价损失准备时，需要从以下两个方面进行测试：

①识别需要计提跌价损失准备的存货项目。可以通过询问管理层和生产、仓储、财务、销售等相关部门员工，了解被审计单位如何收集有关滞销、过时、陈旧、毁损、残次存货的信息并为之计提必要的跌价损失准备，同时还要结合存货监盘过程中检查存货状况而获取的信息，以判断被审计单位的存货跌价损失准备计算是否有遗漏。

②检查可变现净值的计量是否合理。在存货计价审计中，由于被审计单位对期末存货抽样成本与可变现净值孰低的方法计价，所以注册会计师应充分关注其对存货可变现净值的确定记录存货跌价准备的计提。

可变现净值是指企业在日常活动中，存货的估计售价减去完工时估计将要发生的成本、估计的销售费用以及相关税费后的金额。企业确定存货的可变现净值，应当以取得的确凿证据为基础，并且考虑持有存货的目的以及资产负债表日后事项的影响等因素。

复习思考题

1. 简述生产与存货循环涉及的主要单据与会计记录的内容。

2. 简述生产与存货循环的内部控制主要内容。

3. 20×8 年 9 月，ABC 会计师事务所首次接受委托审计甲公司 20×8 年度财务报表，委派 A 注册会计师担任项目负责人。甲公司为果汁生产企业，20×8 年期初、期末存货余额占资产总额比重重大。存货主要包括苹果和桶装果汁，其中苹果贮存在各采购地 10 个简易棚内，桶装果汁贮存在甲公司 1 个仓库内。甲公司对存货采用永续盘存制核算。甲公司拟于 20×8 年 12 月 31 日起开始盘点存货，盘点工作由熟悉相关业务且具有独立性的人员执行。A 注册会计师编制的存货监盘计划摘录如下：

(1) 与存货相关的内部控制比较有效，加之存货单位价值不高，将存货认定层次重大错报风险评估为低水平。

(2) 在对桶装果汁实施监盘程序时，采用观察以及检查相关的收、发、存凭证和记录的方法，确定存货的数量。

(3) 甲公司对苹果的盘点计划是：20×8 年 12 月 31 日盘点 5 个简易棚内苹果，20×9 年 1 月 5 日盘点其他 5 个简易棚内苹果。根据甲公司的盘点计划，要求项目组成员在上述时间对苹果实施监盘程序。

要求：针对上述存货监盘计划第 (1) 项至第 (3) 项，逐项判断存货监盘计划是否存在缺陷。如果存在缺陷，简要提出改进建议。

第 13 章　筹资与投资循环的审计

学习目标

熟悉筹资与投资循环涉及的主要凭证与会计记录，了解筹资与投资循环涉及的主要业务活动，理解筹资与投资循环的内部控制，掌握筹资与投资循环的控制测试，熟练掌握筹资与投资循环所涉及的交易、账户余额的实质性程序。

13.1　筹资与投资循环的特点

13.1.1　企业的筹资活动与投资活动的性质

筹资与投资循环由筹资活动与投资活动的交易事项组成。筹资活动是指企业为满足生存和发展的需要，通过改变企业资本及债务规模和构成而筹集资金的活动。投资活动是指企业为享有被投资单位分配的利润，或为谋求其他利益，将资产让渡给其他单位而获得另一项资产的活动。

和销售与收款循环、采购与付款循环、生产与存货循环相比，这些循环往往因行业不同而体现不同的收入来源、不同的采购和费用支出、不同的存货性质。而筹资与投资循环，其交易内容，性质，资产来源、资金使用，几乎没有区别，在不同的行业之间其发生的经济业务，基本上是相同的。筹资与投资循环中所涉及的资产负债表项目主要包括：交易性金融资产、应收利息、应收股利、可供出售金融资产、持有至到期投资、长期股权投资、投资性房地产、短期借款、交易性金融负债、应付利息、应付股利、长期借款、应付债券、实收资本、资本公积、盈余公积、未分配利润等；所涉及的利润表项目主要包括：财务费用、投资收益等。

13.1.2　筹资与投资循环所涉及的主要单据与会计记录

1. 筹资活动的凭证和会计记录

(1) 债券

筹资活动的债券是公司依据法定程序发行、约定在一定期限内还本付息的有价证券。

(2) 股票

筹资活动的股票是公司签发的证明股东所持股份的凭证。

(3) 债券契约

债券契约是一张明确债券持有人与发行企业双方所拥有的权利与义务的法律性文件，其内容一般包括：①债券发行的标准；②债券的明确表述；③利息或利息率；④受托管理人证书；⑤登记和背书；⑥如系抵押债券，其所担保的财产；⑦债券发生拖欠情况如何处理，以及对偿债基金、利息支付、本金返还等的处理。

(4) 股东名册

发行记名股票的公司记载股东的凭证，内容包括：股东的姓名或者名称及住所；股东所持股份数；股东所持股票的编号；股东取得其股份的日期。发行无记名股票的，公司应记载其股票数量、编号及发行日期。

(5) 公司债券存根簿

发行记名公司债券的时应当在公司债券存根簿上载明：①债券持有人的姓名或者名称及住所；②债券持有人取得债券的日期及债券的编号；③债券总额，债券的票面金额，债券的利率，债券的还本付息的期限和方式；④债券的发行日期。发行无记名公司债券的，应当在公司债券存根簿上记载债券总额、利率、偿还期限和方式、发行日期及债券的编号。

(6) 承销或包销协议

企业向社会公开发行债券和股票时，应当由依法设立的证券经营机构承销或包销，公司应与其签订承销或包销协议。

(7) 借款合同或协议

公司向银行或其他金融机构借入款项时与其签订的合同或协议。

(8) 有关记账凭证

(9) 有关会计科目的明细账和总账

2. 投资活动的凭证和会计记录

(1) 股票

投资活动涉及的股票，又指股票投资凭证，包括记载股票投资购买业务的买入凭证和记载股票投资卖出业务的卖出凭证。其中，买入凭证包括购买股票数量、被投资公司、股票买价、交易成本、购买日期、结算日期、结算日应付金额合计；卖出凭证包括卖出股票数量、被投资公司、股票卖价、交易成本、卖出日期、结算日期、结算日金额合计等。

(2) 债券

投资活动的债券是记载债券持有人与发行企业双方所拥有的权利与义务的法律性文件，其内容一般包括债券发行的标准、债券的确切表述、利息或利息率、受托管理人证书、登记和背书等。

(3) 委托投资协议

委托投资是委托人将资金事先存入金融机构作为委托投资基金，委托金融信托机构向其指定的联营或投资单位进行投资，并对投资的使用情况、被投资单位的经营情况及利润分红等进行管理和监督的一种金融信托业务，包括委托金融信托机构直接投资于被投资单位和委托金融信托机构购买有价证券两个方面。

(4) 委托贷款合同

委托贷款是指由企业提供合法来源的资金，委托业务银行根据企业确定的贷款对象、用途、金额、期限、利率等代为发放、监督使用并协助收回的贷款业务。企业应当与借款人签订委托贷款合同。

(5) 股利收取凭证

向所有股东分发股利的文件，标明股东、股利数额、每股股利、被审计单位在交易最终日期持有的总股利金额。

(6) 投资总分类账

对被投资单位所持有的投资，记录所有的详细信息，包括所获得或收取的投资收益；总分类账中的投资账户记录初始购买成本和之后的账面价值。

(7) 投资明细分类账

由投资单位保存，以用来记录所有的非现金性投资交易，如期末的市场对市场调整、公允价值的反映，以及记录于处置投资相关的损益。

13.2 筹资与投资循环的风险评估程序

13.2.1 筹资与投资循环所涉及的主要业务活动

1. 筹资所涉及的主要业务活动

(1) 授权审批

企业通过借款筹集资金需经管理层的审批，其中债券的发行每次都要由董事会授权；企业发行股票必须依据国家有关法规或企业章程的规定，报经企业最高权力机构及国家有关管理部门批准。

(2)签订合同或协议

向银行或其他金融机构融资须签订借款合同，发行债券须签订债券契约和债券承销或包销合同。

(3)取得资金

企业实际取得银行或金融机构划入的款项或债券、股票的融入资金。

(4)计算利息或股利

企业应按有关合同或协议的规定，及时计算利息或股利。

(5)偿还本息或发放股利

银行借款或发行债券应按有关合同或协议的规定偿还本息，融入的股本根据股东大会的决定发放股利。

2. 投资所涉及的主要业务活动

(1)审批授权

投资业务应由企业的高层管理机构进行审批。

(2)取得证券或其他投资

企业可以通过购买股票或债券进行投资，也可以通过与其他单位联合形成投资。

(3)取得投资收益

企业可以取得股权投资的股利收入、债券投资的利息收入和其他投资收益。

(4)转让证券或收回其他投资

企业可以通过转让证券实现投资的收回；其他投资已经投出，除联营合同期满，或由于其他特殊原因联营企业解散外，一般不得抽回投资。

13.2.2 筹资与投资循环的内部控制

1. 筹资活动的内部控制

以应付债券为例，说明负债筹资业务相关的内部控制如下。

(1)授权审批制度

应付债券的发行要有正式的授权程序，每次均要由董事会授权，向有关机关递交相关文件。

(2)受托管理制度

应付债券的发行，要有受托管理人来行使保护发行人和持有人合法权益的权利。

(3)合同或契约制度

债券发行必须签订债券契约；债券的承销或包销必须签订有关协议。

(4)职责分工制度

记录应付债券业务的会计人员不得参与债券发行。

(5)定期核对制度

如果企业保存债券持有人明细分类账，应同总分类账核对相符，若这些记录由外部机构保存，则须定期同外部机构核对。

(6)保管制度

未发行的债券必须有专人负责，债券的回购要有正式的授权程序。

2. 投资活动的内部控制

投资活动的内部控制包括以下内容。

(1)合理的职责分工

这是指合法的投资业务，应在业务的授权、业务的执行、业务的会计记录以及投资资产的保管等方面都有明确的分工，不得由一人同时负责上述任何两项工作。

(2)健全的资产保管制度

企业对投资资产(指股票和债券资产)一般有两种保管方式：一种是由独立的专门机构保管，这些机构拥有专门的保存和保护措施，可以防止各种证券及单据的失窃或毁损，并且由于它与投资业务的会计记录工作完全分离，可以大大降低舞弊的可能性。另一种方式是由企业自行保管，在这种方式下，必须建立严格的联合控制制度，即至少要由两名以上人员共同控制，不得一人单独接触证券。

(3) 详尽的会计核算制度

企业的投资资产无论是自行保管还是由他人保管，都要进行完整的会计记录，并对其增减变动及投资收益进行相关会计核算。具体而言，应对每一种股票或债券分别设立明细分类账，并详细记录其名称、面值、证书编号、数量、取得日期、经纪人(证券商)名称、购入成本、收取的股息或利息等；对于联营投资类的其他投资，也应设置明细分类账，核算其他投资的投出及其投资收益和投资收回等业务，并对投资的形式(如流动资产、固定资产、无形资产等)、投向(即接受投资单位)、投资的计价以及投资收益等做出详细的记录。

(4) 严格的记名登记制度

除无记名证券外，企业在购入股票或债券时应在购入的当日尽快登记于企业名下，切忌登记于经办人员名下，防止冒名转移并借其他名义牟取私利的舞弊行为发生。

(5) 完善的定期盘点制度

对于企业所拥有的投资资产，应由内部审计人员或不参与投资业务的其他人员进行定期盘点，检查是否确为企业所拥有，并将盘点记录与账面记录相互核对以确认账实的一致性。

13.2.3 筹资与投资循环的重大错报风险

和销售与收款循环、采购与付款循环相比，筹资与投资循环业务每笔交易的金额通常较大，漏记或不恰当地对一笔业务进行会计处理，将会导致重大错报，从而对企业财务报表的公允反映产生较大的影响；该循环的业务如果企业不能从投资中获得预期回报甚至投资失败，或不能承担筹资的成本，或长期借款到期时不能预期偿还本息，将导致企业产生持续经营风险。

注册会计师了解被审计单位的筹资与投资活动，可能对评估财务报表舞弊的风险、从性质角度考虑审计重要性、评估持续经营假设的适用性等有重要影响。

该循环审计的重大风险是夸大投资和掩饰负债的行为。

1. 查找关联交易

由于在筹资和投资循环中，关联方交易发生的频率非常高，对企业的财务状况和经营成果的公允表达具有重大影响，对关联方交易应认真地确认和审查。关联方交易带来的主要测试风险是法律形式与经济实质之间的潜在背离以及被审计单位将关联交易作为在各主体间转移资产的通道。一般来说，显示关联交易可能存在的信号有：①复杂的资本结构；②存在重点公司间交易的公司的测试由多个会计师事务所进行，或者其中的部分公司没有经过测试；③高度复杂的商业实务增加了管理当局掩盖经济实质的能力；④临近期末的、特殊的、高度复杂的重大交易带来难度较大的实质重于形式的问题。但是，由于关联方及其交易的复杂性及内部控制、审计测试的固有限制，注册会计师对关联方及其交易的测试并不能保证发现关联方及其交易的所有错报或漏报。

2. 拖欠贷款引起的对持续经营的关注

如果被审计单位拥有大量的未偿还负债，注册会计师就必须特别关注是否有违反限制性条款或无法支付本金或利息的行为。拖欠借款是无法实现借款协议的一种常见形式，常常导致借款单位要求在特定的期限内偿还所有的借款和应计利息，从而引起对被审计单位持续经营的能力的怀疑。

3. 审查衍生金融工具

衍生金融工具公允价值的确定和交易记录的完整性等可能存在重大错报风险，对于从事投机性衍生金融工具交易的企业而言，尤其如此。

衍生工具是一种复杂的金融工具，其价值取决于一个或多个基本金融资产或金融指数。投资于衍生金融工具的目的包括：①或是为了增强获利能力、流动性、变现能力或这些目标的组合；②或是为了规避由于利率、汇率或商品价格变动而带来的金融风险。被审计单位以获利为目的的衍生金融工具买卖的审计风险比只是单纯地规避损失的审计风险要高。

在财务报表审计中，注册会计师对审计衍生金融工具的责任是，考虑管理层做出的与衍生金融工具相关的认定是否使得已编制的财务报表符合适用的会计准则的规定。

由于衍生金融工具的使用日益频繁，注册会计师应该向被审计单位管理当局询问是否存在衍生金融工具，并仔细检查合同中是否存在可能的风险敞口和需要确认的损失，确保所有的衍生金融工具都在资产负债表上以公允价值计量反映。注册会计师还应该检查报表附注中与衍生金融工具相关的投资政策的披露情况。

在下列情形中，注册会计师应当考虑利用专家的工作：①衍生金融工具本身非常复杂；②简单的衍生金融工具应用于复杂的情形；③衍生金融工具交易活跃；④衍生金融工具的估值基于复杂的定价模型。

在筹资与投资循环的实质性程序中，审计测试的主要目标是揭示夸大投资和掩饰负债的行为，注册会计师相应地要关注下列程序：检查并确认有价证券，阅读贷款协议和董事会会议记录，重新计算应计科目，同时还要重点关注与借款协议和股东权益有关的细节披露情况。

13.3 筹资与投资循环的进一步审计程序

13.3.1 筹资与投资循环的控制测试

1. 筹资活动的控制测试

仍以应付债券为例，说明筹资活动相关内部控制的测试如下。

(1) 内部控制的了解与初步评价

注册会计师一般可以通过询问、观察和检查等方法来了解被审计单位应付债券的内部控制。在了解的基础上，注册会计师应对应付债券的内部控制进行初步评价，估计控制风险水平，以决定是否进行控制测试及控制测试的时间、性质和范围。

(2) 控制测试

①取得债券发行、偿还和购回的有关文件，检查债券发行是否经董事会授权，是否履行了适当的审批手续，是否符合法律的规定，检查债券的偿还和购回是否按董事会的授权进行；②索取债券契约，查明企业是否根据契约的规定支付债券利息；③检查债券入账、债券折价或溢价的会计处理是否正确，核对应付债券的明细账和总账是否相符，核对应付债券明细账和有关凭证是否相符；④通过实地观察或询问有关人员或检查有关凭证，了解债券筹资业务的处理情况，确定是否进行恰当的职责分工；⑤检查发行债券的保管情况，查明存取手续是否健全。

注册会计师在完成上述程序后，应对企业应付债券内部控制的设计的合理性及执行的有效性进行分析和评价，重新评估控制风险水平，以确定对其实质性测试工作的影响，并针对内部控制薄弱环节提出改进建议。

2. 投资活动的控制测试

投资活动内部控制的测试包括以下内容。

(1) 内部控制的了解与初步评价

注册会计可以采用问卷调查形式，了解企业投资活动内部控制情况，并做出适当的记录，以便下一步进行正常测试。在此基础上，对投资循环的内部控制进行初步评价，估计控制风险水平，以决定是否进行控制测试及控制测试的时间、性质和范围。

(2) 控制测试程序

①进行简易抽查。注册会计师应抽查投资业务的会计记录。如可从各类投资业务的明细账中抽取部分

会计记录，按原始凭证到明细账、总账的顺序核对有关数据和情况，判断其会计处理过程是否合规完整。②审阅内部盘核报告。注册会计师应审阅内部审计人员或其他授权人员对投资资产进行定期盘核的报告。③观察职责分工情况。④检查有价证券的保管制度。⑤分析企业投资业务管理报告。

注册会计师在完成控制测试之后，应对内部控制进行进一步评价，确定对企业投资活动内部控制的可信赖程度，并重新评估控制风险，以修订实质性测试的计划。

13.3.2 筹资与投资循环的实质性程序

1. 借款相关项目审计

(1)短期借款的审计

短期借款的审计目标：①确定期末短期借款是否存在；②确定期末短期借款是否为被审计单位应履行的偿还义务；③确定短期借款的借入、偿还及计息的记录是否完整；④确定短期借款的期末余额是否正确；⑤确定短期借款的披露是否恰当。

短期借款的实质性程序包括以下内容。

①获取或编制短期借款明细表，复核加计正确，并与报表数、总账数和明细账合计数核对是否相符；检查非记账本位币短期借款的折算汇率及折算金额是否正确，折算方法是否前后期一致。

②检查被审计单位贷款卡，核实账面记录是否完整，并对被审计单位贷款卡上列示的信息与账面记录核对的差异进行分析，同时关注贷款卡中列示的被审计单位对外担保的信息。

③对短期借款进行函证。

④检查短期借款的增加，对年度内增加的短期借款，检查借款合同，了解借款数额、借款用途、借款条件、借款日期、还款期限、借款利率，并与相关会计记录相核对。

⑤检查短期借款的减少，对年度内减少的短期借款，应检查相关记录和原始凭证，核实还款数额，并与相关会计记录相核对。

⑥复核短期借款利息，根据短期借款的利率和期限，检查被审计单位短期借款的利息计算是否正确；如有未计利息和多计利息，应做出记录，必要时提请进行调整。

⑦检查被审计单位用于短期借款的抵押资产的所有权是否属于被审计单位，其价值和实际状况是否与契约中的规定相一致。

⑧检查被审计单位与贷款人之间所发生的债务重组。检查债务重组协议，确定其真实性、合法性，并检查债务重组的会计处理是否正确。

⑨检查银行授信情况。

⑩检查短期借款是否已按照企业会计准则的规定在财务报表中做出恰当的列报，被审计单位短期借款是否按信用借款、抵押借款、质押借款、保证借款分别披露；检查期末逾期借款是否按贷款单位、借款金额、逾期时间、年利率、逾期未偿还原因和预期还款期等进行披露。

(2)长期借款的审计

长期借款的审计目标：①确定期末长期借款是否存在；②确定期末长期借款是否为被审计单位应履行的偿还义务；③确定长期借款的借入、偿还及计息的记录是否完整；④确定长期借款的期末余额是否正确；⑤确定长期借款的披露是否恰当。

长期借款的实质性程序包括以下内容。

①获取或编制长期借款明细表，复核加计是否正确，并与总账数和明细账合计数核对是否相符，减去将于一年内偿还的长期借款后与报表数核对是否相符；检查非记账本位币长期借款的折算汇率及折算是否正确，折算方法是否前后期一致。

②检查被审计单位贷款卡，核实账面记录是否完整。对被审计单位贷款卡上列示的信息与账面记录核对的差异进行分析，并关注贷款卡中列示的被审计单位对外担保的信息。

③对长期借款进行函证。

④检查长期借款的增加，对年度内增加的长期借款，检查借款合同和授权批准，了解借款数额、借款条件、借款用途、借款日期、还款期限、借款利率，并与相关会计记录核对。

⑤检查长期借款的减少，对年度内减少的长期借款，检查相关记录和原始凭证，核实还款数额，并与相关会计记录核对。

⑥复核长期借款利息，根据长期借款的利率和期限，复核被审计单位长期借款的利息计算是否正确，如有未计利息和多计利息，应做出记录，必要时进行调整。

⑦检查借款费用的会计处理是否正确，检查资产负债表日被审计单位是否按摊余成本和实际利率计算确定长期借款的利息费用，并正确计入财务费用、在建工程、制造费用、研发支出等相关账户，是否按合同利率计算应付未付利息计入应付利息科目，是否按其差额计入长期借款——利息调整。同时应检查专门借款和一般借款的借款费用资本化的时点和期间、资产范围、目的和用途等是否符合资本化条件。

⑧检查被审计单位抵押长期借款的抵押资产的所有权是否属于被审计单位，其价值和实际状况是否与担保契约中的规定相一致。

⑨检查被审计单位与贷款人进行的债务重组，检查债务重组协议，确定其真实性、合法性，并检查债务重组的会计处理是否正确。

⑩检查长期借款是否已按照企业会计准则的规定在财务报表中做出恰当的列报。

2. 所有者权益相关项目审计

(1) 实收资本的审计

实收资本的审计目标：①确定实收资本是否存在；②确定实收资本的增减变动是否符合法律、法规和合同、章程的规定，记录是否完整；③确定实收资本期末余额是否正确；④确定实收资本的披露是否恰当。

实收资本的实质性程序包括下列内容。

①获取或编制实收资本(股本)明细表，复核加计是否正确，并与报表数、总账数和明细账合计数核对是否相符；以非记账本位币出资的，检查其折算汇率是否符合规定，折算差额的会计处理是否正确。

②首次接受委托的客户，取得历次验资报告，将其所载明的投资者名称、投资方式、投资金额、到账时间等内容与被审计单位历次实收资本(股本)变动的账面记录、会计凭证及附件等核对。

③审阅公司章程、股东(大)会、董事会会议记录中有关实收资本(股本)的规定。收集与实收资本(股本)变动有关的董事会会议纪要、股东(大)会决议、合同、协议、公司章程及营业执照，公司设立批文、验资报告等法律性文件，并更新永久性档案。

④检查投入资本是否真实存在，审阅和核对与投入资本有关的原始凭证、会计记录，必要时向投资者函证实缴资本额，对有关财产和实物价值进行鉴定，以确定投入资本的真实性，对于发行在外的股票，应检查股票的发行活动；检查的内容包括已发行股票的登记簿、募股清单、银行对账单、会计账面记录等；必要时，可向证券交易所和金融机构函证股票发行的数量；对于发行在外的股票，应检查股票发行费用的会计处理是否符合有关规定。

⑤检查出资期限和出资方式、出资额，检查投资者是否按合同、协议、章程约定的时间和方式缴付出资额，是否已经注册会计师验证。若已验资，应审阅验资报告。

⑥检查实收资本(股本)增减变动的原因，查阅其是否与董事会纪要、补充合同、协议及其他有关法律性文件的规定一致，逐笔追查至原始凭证，检查其会计处理是否正确。注意有无抽资或变相抽资的情况，如有，应取证核实，作恰当处理。对首次接受委托的客户，除取得验资报告外，还应检查并复印记账凭证及进账单：

a. 对于股份有限公司，应检查股票收回的交易活动，检查的内容包括已发行股票的登记簿、收回的股票、银行对账单、会计账面记录等；

b. 以发放股票股利增资的，检查股东(大)会决议，检查相关增资手续是否办理，会计处理是否正确；

c. 对于以资本公积、盈余公积和未分配利润转增资本的，应取得股东(大)会等资料，并审核是否符合国家有关规定，会计处理是否正确；

d. 以权益结算的股份支付行权时增资，取得相关资料，检查是否符合相关规定，会计处理是否正确；

e. 以回购股票以及其他法定程序报经批准减资的，检查股东(大)会决议以及相关的法律文件，手续是否办理，会计处理是否正确；

f. 中外合作经营企业在合作期间归还投资的，收集与已归还投资变动有关的公司章程、合同、董事会会议纪要、政府部门的批准文件等资料，查明其是否合规、合法，并更新永久性档案，并对已归还投资的发生额逐项审计至原始凭证，检查应用的折算汇率和会计处理是否符合相关规定。

⑦根据证券登记公司提供的股东名录，检查被审计单位及其子公司、合营企业与联营企业是否有违反规定的持股情况。

⑧检查认股权证及其有关交易，确定委托人及认股人是否遵守认股合约或认股权证中的有关规定。

⑨检查实收资本(股本)是否已按照企业会计准则的规定在财务报表中做出恰当列报。

(2) 未分配利润的审计

未分配利润的审计目标。未分配利润是指未作分配的净利润，即这部分利润没有分配给投资者，也未指定用途。未分配利润的审计目标包括：①确定期末未分配利润是否存在；②确定未分配利润增减变动的记录是否完整；③确定未分配利润期末余额是否正常；④确定未分配利润的披露是否恰当。

未分配利润的实质性程序如下。

①获取或编制利润分配明细表，复核加计是否正确，与报表数、总账数及明细账合计数核对是否相符。

②将未分配利润年初数与上年审定数核对是否相符，检查涉及损益的上年审计调整是否正确入账。

③获取与未分配利润有关的董事会会议纪要、股东(大)会决议、政府部门批文及有关合同、协议、公司章程等文件资料，并更新永久性档案。

④检查董事会会议纪要、股东(大)会决议、利润分配方案等资料，对照有关规定确认利润分配的合法性。

⑤检查未分配利润变动的相关凭证，结合所获取的文件资料，确定其会计处理是否正确。

⑥了解本年利润弥补以前年度亏损的情况，确定本期末未弥补亏损金额。如果已超过弥补期限，且已因为抵扣亏损而确认递延所得税资产的，应当进行调整。

⑦检查本期未分配利润变动除净利润转入以外的全部相关凭证，结合所获取的文件资料，确定其会计处理是否正确。

⑧结合以前年度损益科目的审计，检查以前年度损益调整的内容是否真实、合理，注意对以前年度所得税的影响。对重大调整事项应逐项核实其发生原因、依据和有关资料，复核数据的正确性。

⑨检查未分配利润是否已按照企业会计准则的规定在财务报表中做出恰当列报，检查对资产负债表日后至财务报告批准报出日之间由董事会或类似机构所制定利润分配方案中拟分配的股利，是否在财务报表附注中单独披露。

3. 投资相关项目审计

(1) 交易性金融资产的审计

交易性金融资产的审计目标。交易性金融资产是指企业为了近期出售而持有的金融资产。交易性金融资产的审计目标一般包括：①确定交易性金融资产是否存在；②确定交易性金融资产是否归被审计单位所有；③确定交易性金融资产的增减变动及其损益的记录是否完整；④确定交易性金融资产的计价是否正确；⑤确定交易性金融资产期末余额是否正确；⑥确定交易性金融资产的披露是否恰当。

交易性金融资产的实质性程序如下。

①获取或编制交易性金融资产明细表，复核加计正确，并与报表数、总账数和明细账合计数核对是否相符；检查非记账本位币交易性金融资产的折算汇率及折算是否正确；与被审计单位讨论以确定划分为交易性金融资产是否符合企业会计准则的规定。

②就被审计单位管理层将投资确定划分为交易性金融资产的意图获取审计证据，并考虑管理层实施该意图的能力。应向管理层询问，并通过下列方式对管理层的答复予以印证，考虑管理层以前所述的对于划分为交易性金融资产的意图的实际实施情况；复核包括预算、会议纪要等在内的书面计划和其他文件记录；

考虑管理层选择划分为交易性金融资产的理由；考虑管理层在既定经济环境下实施特定措施的能力。

③确定交易性金融资产余额正确及存在：

a．获取股票、债券、基金等账户对账单，与明细账余额核对，做出记录或进行适当调整；

b．被审计单位人员盘点交易性金融资产，编制交易性金融资产盘点表，审计人员实施监盘并检查交易性金融资产名称、数量、票面价值、票面利率等内容，同时与相关账户余额进行核对；如有差异，查明原因，做出记录或进行适当调整；

c．如交易性金融资产在审计工作日已售出或兑换，则追查至相关原始凭证，以确认其在资产负债表日是否存在；

d．在外保管的交易性金融资产等应查阅有关保管的文件，必要时可向保管人函证，复核并记录函证结果。了解在外保管的交易性金融资产实质上是否为委托理财，如是，则应详细记录，分析资金的安全性和可收回性，提请被审计单位重新分类，并充分披露。

④确定交易性金融资产的会计记录是否完整，并确定所购入交易性金融资产归被审计单位所拥有，取得有关账户流水单，对照检查账面记录是否完整。检查购入交易性金融资产是否为被审计单位所拥有；向相关机构发函，并确定是否存在变现限制，同时记录函证过程。

⑤确定交易性金融资产的计价是否正确，复核交易性金融资产计价方法，检查其是否按公允价值计量，前后期是否一致；复核公允价值取得依据是否充分。公允价值与账面价值的差额是否计入公允价值变动损益科目。

⑥抽取交易性金融资产增减变动的相关凭证，检查其原始凭证是否完整合法，会计处理是否正确，抽取交易性金融资产增加的记账凭证，注意其原始凭证是否完整合法，成本、交易费用和相关利息或股利的会计处理是否符合规定；抽取交易性金融资产减少的记账凭证，检查其原始凭证是否完整合法，会计处理是否正确；注意出售交易性金融资产时其成本结转是否正确。

⑦检查有无变现存在重大限制的交易性金融资产，如有，则查明情况，并做适当调整。

⑧检查交易性金融资产是否已按照企业会计准则的规定在财务报表中做出恰当列报。

(2)长期股权投资的审计

长期股权投资的实质性程序通常包括以下内容。

①获取或编制长期股权投资明细表，复核加计是否正确，并与总账数和明细账合计数核对是否相符；结合长期股权投资减值准备科目与报表数核对是否相符。

②实质性分析程序，比较当年度及以前年度投资余额、收购及转让投资的增减变动，并对异常情况做出解释；比较当年度及以前年度股利收入及按持股比例计算投资收益的增减变动，并对异常情况做出解释；比较被审计单位当年度、以前年度及市场的平均投资收益率。

③检查长期股权投资的核算是否按规定采用权益法或成本法，对于采用权益法的，应取得被投资单位业经审计的年度会计报表，必要时可向审计该报表的会计师事务所发出调查问卷。如果未经审计，则应考虑是否对被投资单位的会计报表实施适当的审计或审阅程序。

④确定长期股权投资是否存在，并归被审计单位所有；根据管理层的意图和能力，分类是否正确；针对各分类其计价方法、期末余额是否正确：

a．根据有关合同和文件，确认长期股权投资的股权比例和时间，检查长期股权投资核算方法是否正确；取得被投资单位的章程、营业执照、组织机构代码证等资料；

b．分析被审计单位管理层的意图和能力，检查有关原始凭证，验证长期股权投资分类的正确性(分为对子公司、联营企业、合营企业和其他企业的投资四类)，是否不包括应由金融工具确认和计量准则核算的长期股权投资；

c．对于应采用权益法核算的长期股权投资，获取被投资单位已经注册会计师审计的年度财务报表，如果未经注册会计师审计，则应考虑对被投资单位的财务报表实施适当的审计或审阅程序。

d．对于采用成本法核算的长期股权投资，检查股利分配的原始凭证及分配决议等资料，确定会计处理是否正确；对被审计单位实施控制而采用成本法核算的长期股权投资，比照权益法编制变动明细表，以备合并报表使用；

e. 对于成本法和权益法相互转换的，检查其投资成本的确定是否正确。

⑤通过以下程序确定长期股权投资增减变动的记录是否完整。

a. 检查本期增加的长期股权投资，追查至原始凭证及相关的文件或决议及被投资单位验资报告或财务资料等，确认长期股权投资是否符合投资合同、协议的规定，会计处理是否正确(根据企业合并形成、企业合并以外其他方式取得的长期股权投资分别确定初始投资成本)。

b. 检查本期减少的长期股权投资，追查至原始凭证，确认长期股权投资的处理是否有合理的理由及授权批准手续，会计处理是否正确。

⑥期末对长期股权投资进行逐项检查，以确定长期股权投资是否已经发生减值。

a. 核对长期股权投资减值准备本期与以前年度计提方法是否一致，如有差异，查明会计政策调整的原因，并确定会计政策改变对本期损益的影响，提请被审计单位做适当披露；

b. 对长期股权投资进行逐项检查，根据被投资单位经营政策、法律环境、市场需求、行业及盈利能力等的各种变化判断长期股权投资是否存在减值迹象。当长期股权投资可收回金额低于账面价值时，应将可收回金额低于账面价值的差额作为长期股权投资减值准备予以计提，并应与被审计单位已计提数相核对，如有差异，查明原因。

c. 将本期减值准备计提金额与利润表资产减值损失(或投资收益)中的相应数字进行核对。

d. 长期股权投资减值准备按单项资产计提，计提依据是否充分，是否得到适当批准。

⑦检查通过发行权益性证券、投资者投入、企业合并等方式取得的长期股权投资的会计处理是否正确。

⑧对于长期股权投资分类发生变化的，检查其核算是否正确。

⑨结合银行借款等的检查，了解长期股权投资是否存在质押、担保情况。如有，则应详细记录，并提请被审计单位进行充分披露。

⑩与被审计单位人员讨论确定是否存在被投资单位由于所在国家和地区及其他方面的影响，其向被审计单位转移资金的能力受到限制的情况。如存在，应详细记录受限制情况，并提请被审计单位充分披露。

⑪如有必要，可向被投资单位函证相关投资情况。

⑫检查长期股权投资的列报是否恰当。

复习思考题

1. 简述筹资与投资循环所涉及的主要单据与会计记录的内容。
2. 简述筹资与投资循环的内部控制的主要内容。

第14章　货币资金的审计

学习目标

了解货币资金与各交易循环的关系，熟悉货币资金涉及的主要单据与会计记录，了解货币资金涉及的主要业务活动；掌握货币资金的内部控制，掌握货币资金的控制测试，熟练掌握货币资金的实质性程序。

14.1　货币资金审计综述

货币资金是流动性最强的一项资产，包括库存现金、银行存款、其他货币资金三类经济业务事项和交易，是企业最容易出现舞弊现象的环节，所以，加强货币资金审计，是注册会计师审计最为重要的一个环节之一。

14.1.1　货币资金与交易循环

货币资金与各交易循环中的业务活动存在密切的关系，这些关系包括：

①在销售与收款循环中，企业产品的销售、劳务的提供会导致货币资金的增加；

②在采购与付款循环中，企业购买固定资产、无形资产和存货等会导致货币资金的减少；

③在生产与存货循环中，企业支付各种存货费用会导致货币资金的减少；

④在人力资源与工薪循环中，企业支付各种人工费用会导致货币资金的减少；

⑤在筹资循环中，企业发行股票、债券、向银行或其他金融机构借款时会导致货币资金的增加，而还本付息、支付股利则会导致货币资金的减少；

⑥在投资循环中，企业购买股票、债券时，会导致货币资金的减少，而收回投资、收取股利、利息时，则会导致货币资金的增加。

14.1.2　涉及的主要单据和会计记录

货币资金审计涉及的单据和会计记录主要有：①现金盘点表；②银行对账单；③银行存款余额调节表；④有关科目的记账凭证；⑤有关会计账簿。

14.2　货币资金的风险评估程序

14.2.1　涉及的主要业务活动

以一般制造型企业为例，介绍与货币资金业务相关的主要业务活动。

1. 现金管理

出纳员每日对库存现金自行盘点，编制现金报表，计算当日现金收入、支出及结余额，并将结余额与实际库存额进行核对，若有差异及时查明原因。会计主管定期检查现金日报表。

每月末，会计主管指定出纳员以外的人员对现金进行盘点，编制库存现金盘点表，将盘点金额与现金日记账余额进行核对。对冲抵库存现金的借条、未提现支票、未做报销的原始票证，在库存现金盘点报告表中予以注明。会计主管复核库存现金盘点表，若盘点金额与现金日记账余额存在差异，需查明原因并报经财务经理批准后进行财务处理。

2. 银行存款管理

(1) 银行账户管理

企业的银行账户的开立、变更或者注销须经财务经理审核，报总经理审批。

(2) 编制银行存款余额调节表

每月末，会计主管指定出纳员以外的人员核对银行存款日记账和银行对账单，编制银行存款余额调节表，使银行存款账面余额与银行对账单调节相符。若是调节不符，查明原因。会计主管复核银行存款余额调节表，对需要进行调整的调节项目及时进行处理。

(3) 票据管理

财务部门设置银行票据登记簿，防止票据遗失或盗用。出纳员登记银行票据的购买、领用、背书转让及注销等事项。空白票据存放在保险柜中。每月末，会计主管指定出纳员以外的人员对空白票据、未办理收款和承兑的票据进行盘点，编制银行票据盘点表，并与银行票据登记簿进行核对，会计主管复核扣除银行票据盘点表，若是存在差异，需查明原因。

(4) 印章管理

企业的财务专用章由财务经理保管，办理相关业务中使用的个人名章由出纳员保管。

14.2.2 货币资金内部控制概述

由于货币资金是企业流动性最强的资产，企业必须加强定义货币资金的管理，建立良好的货币资金内部控制，以确保全部应收取的货币资金均能收取，并及时正确地予以记录；全部货币资金支出是按照经批准的用途进行的，并及时正确地予以记录；库存现金、银行存款报告正确，并得以恰当保管；正确预测企业正常经营所需的货币资金收支额，确保企业有充足又不过剩的货币资金余额。

在实务中，库存现金、银行存款和其他货币资金的转换比较频繁，三者的内部控制目标、内部控制制度的制定与实施大致相似，因此，先统一对货币资金的内部控制制作一个概述，各自内部控制的特点以及控制测试在后面分述。一般而言，一个良好的货币资金内部控制应该达到以下几点：①货币资金收支与记账的岗位分离；②货币资金收支要有合理、合法的凭据；③全部收支及时准确入账，并且支出要有核准手续；④控制现金坐支，当日收入现金应及时送存银行；⑤按月盘点现金，编制银行存款余额调节表，以做到账实相符；⑥加强对货币资金收支业务的内部审计。

货币资金内部控制通常包括以下程序。

1. 岗位分工及授权批准

(1) 企业应当建立货币资金业务的岗位责任制，明确相关部门和岗位的职责权限，确保办理货币资金业务的不相容岗位相互分离、制约和监督。出纳人员不得兼任稽核、会计档案保管和收入、支出、费用、债权债务账目的登记工作，企业不得由一人办理货币资金业务的全过程。

(2) 企业应当对货币资金业务建立严格的授权批准制度，明确审批人对货币资金业务的授权批准方式、权限、程序、责任和相关控制措施，规定经办人办理货币资金业务的职责范围和工作要求。审批人应当根据货币资金授权批准制度的规定，在授权范围内进行审批，不得超越审批权限。经办人应当在职责范围内，按照审批人的批准意见办理货币资金业务。对于审批人超越授权范围审批的货币资金业务，经办人员有权拒绝办理，并及时向审批人的上级授权部门报告。

(3) 企业应当按照规定的程序办理货币资金支付业务。

①支付申请。企业有关部门或个人用款时，应当提前向审批人提交货币资金支付申请，注明款项的用途、金额、预算、支付方式等内容，并附有经济合同或相关证明。

②支付审批。审批人根据其职责、权限和相应程序对支付申请进行审批。对不符合规定的货币资金支付申请，审批人应当拒绝批准。

③支付复核。财务部门收到经审批人审批签字的相关凭证或证明后，应再次复核业务的真实性、金额

的准确性，以及相关票据的齐备性，相关手续的合法性和完整性，并签字认可。复核无误后，交由出纳人员办理支付手续。

④办理支付。出纳人员应当根据复核无误的支付申请，按规定办理货币资金支付手续，及时登记现金和银行存款日记账。

(4) 企业对于重要货币资金支付业务，应当实行集体决策和审批，并建立责任追究制度，防范贪污、侵占、挪用货币资金等行为。

(5) 严禁未经授权的机构或人员办理货币资金业务或直接接触货币资金。

2. 现金和银行存款的管理

①超过库存限额的现金应及时存入银行；②不属于现金开支范围的业务应当通过银行办理转账结算；③不得坐支收入；④货币资金收入必须及时入账；⑤严格按照规定开立账户，办理存款、取款和结算；⑥不准签发空头支票，不准签发、取得和转让没有真实交易和债权债务的票据；⑦单位应当指定专人定期核对银行账户，每月至少核对一次，编制银行存款余额调节表，使银行存款账面余额与银行对账单调节相符；⑧应当定期和不定期地进行现金盘点。

3. 票据及有关印章的管理

①企业应当加强与货币资金相关的票据的管理，明确各种票据的购买、保管、领用、背书转让、注销等环节的职责权限和处理程序，并专设登记簿进行记录，防止空白票据的遗失和被盗用。

企业因填写、开具失误或者其他原因导致作废的法定票据，应当按规定予以保存，不得随意处置或销毁。对超过法定保管期限、可以销毁的票据，在履行审核批准手续后进行销毁，但应当建立销毁清册并由授权人员监销。

企业应当设立专门的账簿对票据的转交进行登记；对收取的重要票据，应留有复印件并妥善保管；不得跳号开具票据，不得随意开具印章齐全的空白支票。

②企业应当加强银行预留印鉴的管理。财务专用章应当由专人保管，个人名章应当由本人或其授权人员保管，不得由一个人保管支付款项所需的全部印章。

按规定需要由有关负责人签字或盖章的经济业务与事项，必须严格履行签字或盖章手续，用章必须履行相关的审批手续并进行登记。

4. 监督检查

(1) 企业应当建立对货币资金业务的监督检查制度，明确监督检查机构或人员的职责权限，定期和不定期地进行检查。

(2) 货币资金监督检查的内容主要包括

①货币资金业务相关岗位及人员的设置情况，重点检查是否存在货币资金业务不相容岗位职责未分离的现象；

②货币资金授权批准制度的执行情况，重点检查货币资金支出的授权批准手续是否健全，是否存在越权审批行为；

③支付款项印章的保管情况，重点检查是否存在办理付款业务所需的全部印章交由一人保管的现象；

④票据的保管情况，重点检查评价的购买、领用、保管手续是否健全，票据保管是否存在漏洞。

(3) 对监督检查过程中发现的货币资金内部控制中的薄弱环节，应当及时采取措施，加以纠正和完善。

14.2.3 货币资金的重大错报风险

1. 货币资金的可能发生错报环节

与货币资金相关的财务报表项目主要为库存现金、银行存款、应收(付)款项、短(长)期借款、财务费用、长期投资等。以一般制造业为例，与库存现金、银行存款相关的交易和余额的可能发生错报环节通常包括：

①被审计单位资产负债表的货币资金项目中的库存现金和银行存款在资产负债表日不存在(存在认定);

②被审计单位有所应当记录的现金收支业务和银行存款收支业务未得到完整记录,存在遗漏(完整性认定);

③被审计单位的现金收款通过舞弊手段被侵占(完整性认定);

④记录的库存现金和银行存款不是为被审计单位所拥有或控制(权利和义务认定);

⑤库存现金和银行存款的金额未被恰当地包括在财务报表的货币资金项目中，与之相关的计价调整未得到恰当记录(计价和分摊认定);

⑥库存现金和银行存款未按照企业会计准则的规定在财务报表中做出恰当列报(列报认定)。

2. 与货币资金相关的重大错报风险

货币资金业务交易、账户余额和列报的认定层次的重大错报风险可能包括:

①被审计单位存在虚假的货币资金余额或交易，因而导致银行存款余额的存在性或交易的发生存在重大错报风险;

②被审计单位存在的大额的外币和余额，可能存在外币交易或余额未被准确记录的风险;

③银行存款的期末收支存在大额的截止性错误(截止)。如被审计单位期末存在金额重大且异常的银付企未付，企收银未收事项;

④被审计单位可能存在未能按照企业会计制度的规定对货币资金做出恰当披露的风险。

2. 拟实施的进一步审计程序的总体方案

注册会计师基于以上识别的重大错报风险评估结果，制定实施进一步审计程序的总体方案，继而实施控制测试和实质性审计程序，以应对识别出的重大错报风险。注册会计师通过综合性方案或实质性方案获取的审计证据应足以应对识别出的认定层次的重大错报风险。

14.3 货币资金的进一步审计程序

14.3.1 货币资金的控制测试

1. 库存现金的控制测试

举例说明几种常见的库存现金内部控制以及注册会计师相应可能实施的内部控制测试程序如下。

(1)现金付款的审批和复核

如被审计单位针对现金付款审批做出以下内部控制要求：部门经理审批本部门的付款申请，审核付款业务是否真实发生、付款金额是否正确，以及后附票据是否齐备，并在复核无误后签字认可。财务部门在安排付款前，财务经理再次复核经审批的付款申请及后附相关凭据或证明，如核对一致，进行签字认可并安排付款。针对该内部控制，注册会计师可以在选取适当样本的基础上实施以下控制测试程序：①询问相关业务部门的部门经理和财务经理其在日常现金付款业务中执行的内部控制，以确定其是否与被审计单位内部控制政策要求保持一致；②观察财务经理复核付款申请的过程，是否核对了付款申请的用途、金额及后附相关凭据，以及在核对无误后是否进行了签字确认。③重新核对经审批及复核的付款申请及其相关凭据，并检查是否经签字确认。

(2)现金盘点

注册会计师审计时对被审计单位的现金盘点实施的现金监盘可能涉及:①检查现金以确定其是否存在，并检查现金盘点结果；②观察执行现金盘点的人员对盘点计划的遵循情况，以及用于记录和控制现金盘点结果的程序的实施情况；③获取有关被审计单位存货盘点程序可靠性的审计证据。现金监盘程序是用作控制测试还是实质性程序，取决于注册会计师对风险评估结果、审计方案和实施的特定程序的判断。注册会计师可以将现金监盘同时用作控制测试和实质性程序。若被审计单位库存现金存放部门有两处或两处以上的，应同时进行盘点。

2. 银行存款的控制测试

举例说明几种常见的银行存款内部控制以及注册会计师相应可能实施的内部控制测试程序如下。

(1)银行账户的开立、变更和注销

如被审计单位针对银行账户的开立、变更和注销做出了以下内部控制要求：会计主管根据被审计单位的实际业务需要就银行账户的开立、变更和注销提出申请，经财务经理审核后报总经理审批。针对该内部控制，注册会计师可以实施以下控制测试程序：①询问会计主管被审计单位本年开户、变更、撤销的整体情况；②取得本年度账户开立、变更、撤销申请项目清单，检查清单的完整性，并在选取适当样本的基础上检查账户的开立、变更、撤销项目是否已经财务经理和总经理审批。

(2)银行付款的审批和复核

如被审计单位针对银行付款审批做出以下内部控制要求：部门经理审批本部门的付款申请，审核付款业务是否真实发生、付款金额是否准确，以及后附票据是否齐备，并在复核无误后签字认可。财务部门在安排付款前，财务经理再次复核经审批的付款申请及后附相关凭据或证明，如核对一致，进行签字认可并安排付款。针对该内部控制，注册会计师可以在选取适当样本的基础上实施以下控制测试程序：①询问相关业务部门的部门经理和财务经理在日常银行付款业务中执行的内部控制，以确定其是否与被审计单位内部控制政策要求保持一致；②观察财务经理复核付款申请的过程，是否核对了付款申请的用途、金额及后附相关凭据，以及在核对无误后是否进行了签字确认；③重新核对经审批及复核的付款申请及其相关凭据，并检查是否经签字确认。

(3)编制银行存款余额调节表

如被审计单位为保证财务报表中银行存款余额的存在性、完整性和准确性做出了以下内部控制要求：每月末，会计主管指定应收账款会计核对银行存款日记账和银行对账单，编制银行存款余额调节表，使银行存款账面余额与银行对账单调节相符。如存在差异项，查明原因并进行差异调节说明。会计主管复核银行存款余额调节表，对需要进行调整的调节项目及时进行处理，并签字确认。针对该内部控制，注册会计师可以实施以下控制测试程序：①询问应收账款会计和会计主管，以确定其执行的内部控制是否与被审计单位内部控制政策要求保持一致，特别是针对未达账项的编制及审批流程；②针对选取的样本，检查银行存款余额调节表，查看调节表中记录的企业银行存款日记账余额是否与银行存款日记账余额保持一致、调节表中记录的银行对账单余额是否与被审计单位提供的银行对账单中的余额保持一致；③针对调节项目，检查是否经会计主管的签字复核；④针对大额未达账项进行期后首付款的检查。

14.3.2 货币资金的实质性程序

注册会计师根据控制测试的结果，确定从控制测试中已获得的审计证据及其保证程度，进而确定还需要从实质性程序再获取的审计证据及其保证程度，在此过程中也可能需要对制定具体审计计划时初步确定的实质性程序的性质、时间安排和范围做出适当调整。如果根据注册会计师的判断，注册会计师未实施控制测试，而直接对货币资金采取实质性审计方案，注册会计师需要确定其实施的实质性程序的性质、时间安排和范围是否能够提供充分、适当的审计证据。本书前面介绍的各业务循环的审计，可能也包含某些针对货币资金的实质性程序，如检查收款凭证或付款凭证上记录的收款方或付款方账户名称是否为合同对方等。

1. 库存现金的实质性程序

库存现金的实质性程序一般包括下列内容。

(1)核对库存现金日记账与总账的金额是否相符，检查非记账本位币库存现金的折算汇率及折算金额是否正确

注册会计师测试现金余额的起点是，核对库存现金日记账与总账的金额是否相符。如果不相符，应查明原因，必要时应建议做出适当调整。

(2) 监盘库存现金

对被审计单位现金盘点实施的监盘程序是用于控制测试还是实质性程序，取决于注册会计师对风险评估结果、审计方案和实施的特定程序的判断。如果注册会计师可能基于风险评估的结果判断无须对现金盘点实施控制测试，则仅实施实质性程序。

企业盘点库存现金，通常包括对已收到但未存入银行的现金、零用金、找换金等的盘点。盘点库存现金的时间和人员应视被审计单位的具体情况而定，但必须有出纳员和被审计单位会计主管人员参加，并由注册会计师进行监盘。监盘库存现金的主要步骤与方法如下。

①查看被审计单位制定的监盘计划，以确定监盘时间。对库存现金的监盘最好实施突击性的检查，时间最好选择在上午上班前或下午下班时，盘点的范围一般包括企业各部门经管的所有现金。

②审阅库存现金日记账并同时与现金收付凭证相核对。一方面检查库存现金日记账的记录与凭证的内容和金额是否相符；另一方面了解凭证日期与库存现金日记账日期是否相符或接近。

③盘点被审计单位现金实存数，并将该监盘金额与库存现金日记账余额进行核对，如有差异，应要求被审计单位查明原因，必要时应提请被审计单位做出调整，如无法查明原因，应要求被审计单位按管理权限批准后做出调整。若有冲抵库存现金的借条、未提现支票、未作报销的原始凭证，应在“库存现金监盘表”中注明或提请被审计单位做出必要的调整。

④在非资产负债表日(通常在资产负债表日后)进行监盘时，应监盘金额调整至资产负债表日的金额，并对变动情况实施相应程序。

(3) 抽查大额库存现金收支

注册会计师应抽查大额现金收支的原始凭证内容是否齐全、原始凭证内容是否完整、有无授权批准、记账凭证与原始凭证是否相符、账务处理是否正确、是否记录于恰当的会计期间等项内容。

(4) 检查库存现金是否在财务报表中做出恰当列报

根据有关规定，库存现金在资产负债表的“货币资金”项目中反映，注册会计师应在实施上述审计程序后，确定“库存现金”账户的期末余额是否恰当，进而确定库存现金是否在资产负债表中恰当披露。

2. 银行存款的实质性程序

注册会计师就银行存款实施的实质性程序可能包括如下项目。

(1) 获取银行存款余额明细表

获取或编制银行存款余额明细表，复核加计是否正确，并与总账数和日记账合计数核对是否相符；检查非记账本位币银行存款的折算汇率及折算金额是否正确。注册会计师核对银行存款日记账与总账的余额是否相符。若不相符，应查明原因，必要时应建议做出适当调整。

(2) 实施实质性分析程序

计算银行存款累计余额应收利息收入，分析比较被审计单位银行存款应收利息收入与实际利息收入的差异是否恰当，评估利息收入的合理性，检查是否存在高息资金拆借，确认银行存款余额是否存在，利息收入是否已经完整记录。

(3) 检查银行存款账户发生额

注册会计师还可以考虑对银行存款账户的发生额实施以下程序。

①分析不同账户发生银行日记账漏记银行交易的可能性，获取相关账户相关期间的全部银行对账单。

②如果被审计单位银行对账单的真实性存有疑虑，注册会计师可以在被审计单位的协助下亲自到银行获取银行对账单；在获取银行对账单时，注册会计师要全程关注银行对账单的打印过程。

③从银行对账单中选取交易的样本与被审计单位银行日记账记录进行核对；从被审计单位银行存款日记账上选取样本，核对至银行对账单。

④浏览银行对账单，选取大额异常交易，如银行对账单上有一收一付相同金额，或分次转出相同金额等，检查被审计单位银行存款日记账上有无该项收付金额记录。

(4) 取得并检查银行对账单和银行存款余额调节表

这一测试是证实资产负债表中所列银行存款是否存在的重要程序。银行存款余额调节表通常应由被审计单位根据不同的银行账户及货币种类分别编制，其格式在会计学原理、中级财务会计等课程都有详细介绍。具体包括如下内容。

①取得并检查银行对账单。取得被审计单位加盖银行印章的银行对账单，注册会计师应对银行对账单的真实性保持警觉，必要时，亲自到银行获取对账单，并对获取过程保持控制；将获取的银行对账单余额与银行日记账余额进行核对，如存在差异，获取银行存款余额调节表；将被审计单位资产负债表日的银行对账单与银行询证函回函核对，确认是否一致。

②取得并检查银行存款余额调节表。a. 检查调节表中加计数是否正确，调节后银行存款日记账余额与银行对账单余额是否一致；b. 检查调节事项，对于企业已收付、银行尚未入账的事项，检查相关收付凭证，并取得期后银行对账单，确认未达账项是否存在，银行是否已于期后入账，对于银行已收付、企业尚未入账的事项，检查期后企业入账的收付款凭证，确认未达账项是否存在，如果企业的银行存款余额调节表存在大额或较长时间的未达账项，注册会计师应查明原因并确定是否需要提请被审计单位进行调整；c. 关注长期未达账项，查看是否存在挪用资金等事项；d. 特别关注银付企未付、企付银未付中支付异常的领款事项，包括没有载明收款人、签字不全、收款地址不清等支付事项，确认是否存在舞弊。

(5) 函证银行存款余额，编制银行函证结果汇总表，检查银行回函

这一测试是证实资产负债表所列银行存款是否存在的重要程序。通过向被审计单位在本期存过款的银行发函，注册会计师不仅可了解企业资产的存在，还可了解企业账面反映所欠银行债务的情况，并有助于发现企业未入账的银行借款和未披露的或有负债。注册会计师应当对银行存款（包括零账户和账户已结清的银行）、借款及金融机构往来的其他重要信息实施函证程序，除非有充分证据表明某一银行存款、借款及金融机构往来的其他重要信息对财务报表不重要且与之相关的重大错报风险很低。如果不对这些项目实施函证程序，注册会计师应当调查不符事项，以确定是否表明存在错报。实施银行函证时，注册会计师需要以被审计单位名义向银行发函询证，以验收被审计单位的银行存款是否真实、合法、完整。根据《关于进一步规范银行函证及回函工作的通知》（财会【2016】13 号），各银行应对询证函列示的全部项目做出回应，并在收到询证函之日起 10 个工作日内，将回函直接寄往会计师事务所。该通知还给出了审计业务银行询证函通用格式。

(6) 检查银行存款账户存款人是否为被审计单位

检查银行存款账户存款人是否为被审计单位，若存款人非被审计单位，应获取该账户户主和被审计单位的书面声明，确认资产负债表日是否需要调整。

(7) 关注是否存在质押、冻结等对变现有限制或存在境外的款项

关注是否存在质押、冻结等对变现有限制或存在境外的款项。如果存在，是否已提请被审计单位做必要的调整和披露。

(8) 对不符合现金及现金等价物条件的银行存款的关注

对不符合现金及现金等价物条件的银行存款在审计工作底稿中予以列明，以考虑对现金流量表的影响。

(9) 抽查大额银行存款收支的原始凭证

抽查大额银行存款收支的原始凭证，检查原始凭证是否齐全、记账凭证与原始凭证是否相符、账务处理是否正确、是否记录于恰当的会计期间等项内容。检查是否存在非营业目的的大额货币资金转移，并核对相关账户的进账情况；如有与被审计单位生产经营无关的收支事项，应查明原因并做相应的记录。

(10) 检查银行存款收支的截止是否正确

检查银行存款收支的截止是否正确，选取资产负债表日前后若干张、一定金额以上的凭证实施截止测试，关注业务内容及对应项目，如有跨期收支事项，应考虑是否提请被审计单位进行调整。

(11) 检查大额银行存款是否在财务报表中做出恰当列报

根据有关规定，企业的银行存款在资产负债表的“货币资金”项目中反映，所以，注册会计师应在实

施上述审计程序后，确定银行存款账户的期末余额是否恰当，进而确定银行存款是否在资产负债表中恰当披露。此外，如果企业的银行存款存在抵押、冻结等使用限制情况或者潜在回收风险，注册会计师应关注企业是否已经恰当披露有关情况。

3. 其他货币资金的实质性程序

(1) 定期存款的考虑

如果被审计单位有定期存款，注册会计师可以考虑实施以下审计程序：

①向管理层询问定期存款存在的商业理由并评估其合理性；

②获取定期存款明细表，检查是否与账面记录金额一致，存款人是否为被审计单位，定期存款是否被质押或限制使用；

③在监盘库存现金的同时，监盘定期存款凭据；如果被审计单位在资产负债表日有大额定期存款，基于对风险的判断考虑选择在资产负债表日实施监盘；

④对未质押的定期存款，检查开户证书原件，以防止被审计单位提供的复印件是未质押(或未提现)前原件的复印件，在检查时，还要认真核对相关信息，包括存款人、金额、期限等，若有异常，需实施进一步审计程序；

⑤对已质押的定期存款，检查定期存单复印件，并与相应的质押合同核对，对于质押借款的定期存单，关注定期存单对应的质押借款有无入账，对于超过借款期限但仍处于质押状态的定期存款，还应关注相关借款的偿还情况，了解相关质押权是否已被行使，对于为他人担保的定期存单，关注担保是否逾期及相关质权是否已被行使；

⑥函证定期存款相关信息；

⑦结合财务费用审计测算利息收入的合理性，判断是否存在体外资金循环的情形；

⑧在资产负债表日后已提取的定期存款，核对相应的兑付凭证等；

⑨关注被审计单位是否在财务报表附注中对定期存款给予充分披露。

(2) 非定期存款的考虑

除定期存款外，注册会计师对其他货币资金实施审计程序时，通常可能特别关注以下事项：

①保证金存款的检查，检查开立银行承兑汇票的协议或银行授信审批文件，可以将保证金账户对账单与相应的交易进行核对，根据被审计单位应付票据的规模合理推断保证金数额，检查保证金与相关债务的比例和合同约定是否一致，特别关注是否存在有保证金发生而被审计单位无对应保证事项的情形。

②对于存出投资款，跟踪资金流向，并获取董事会决议等批准文件、开户资料、授权操作资料等。如果投资于证券交易业务，通常结合相应金融资产项目审计，核对证券账户名称是否与被审计单位相符，获取证券公司证券交易结算资金账户的交易流水，抽查大额的资金收支，关注资金收支的财务账面记录与资金流水是否相符。

复习思考题

1. 甲注册会计师在对P公司20×6年度财务报表进行审计时，对P公司的银行存款实施的部分审计程序为：

(1) 取得20×6年12月31日银行存款余额调节表；

(2) 向开户银行寄发银行询证函，并直接收取寄回的询证函回函；

(3) 取得开户银行20×7年1月31日银行对账单。

要求：

(1) 请问甲注册会计师向开户行函证的作用有哪些？

(2) 请问甲注册会计师应采取什么方式才能直接收回开户银行的询证函，目的是什么？

(3) 请问甲注册会计师取得银行存款余额调节表后，应检查哪些内容？

请问甲注册会计师索取开户银行20×7年1月31日银行对账单，能证实20×6年12月31日银行存款余额调节表的哪些内容？

第四篇　审计终结程序

第 15 章　完成审计工作

学习目标

掌握审计工作完成前的审计业务流程，能正确编制审计差异调整表和试算平衡表；掌握审计报告的要素和审计报告的类型，能根据具体情况，分析出具适当类型的审计报告。

15.1　完成审计工作综述

审计完成阶段是审计的最后一个阶段。注册会计师在按业务循环完成各财务报表项目的审计测试和一些特殊项目的审计工作后，应汇总审计测试结果，进行更具综合性的审计工作，如评价审计中的重大发现，评价审计过程中发现的错报，关注期后事项对财务报表的影响，复核审计工作底稿和财务报表等。在此基础上，评价审计结果，在与客户沟通以后，获取管理层声明，确定应出具审计报告的意见类型和措辞，进而编制并致送审计报告，终结审计工作。

15.1.1　评价审计中的重大发现

在审计完成阶段，项目合伙人和审计项目组考虑的重大发现和事项的例子包括：

①期中复核中的重大发现及其对审计方法的影响；

②涉及会计政策的选择、运用和一贯性的重大事项，包括相关披露；

③就识别出的重大风险，对审计策略和计划的审计程序所做的重大修正；

④在与管理层和其他人员讨论重大发现和事项时得到的信息；

⑤与注册会计师的最终审计结论相矛盾或不一致的信息。

对实施的审计程序的结果进行评价，可能全部或部分地揭示出以下事项：

①为了实现计划的审计目标，是否有必要对重要性进行修订；

②对审计策略和计划的审计程序的重大修正，包括对重大错报风险评估结果的重要变动；

③对审计方法有重要影响的值得关注的内部控制的缺陷和其他缺陷；

④财务报表中存在的重大错报；

⑤项目组成员内部，或项目组与项目质量控制复核人员或提供咨询的其他人员之间，就重大会计和审计事项达成最终结论所存在的意见分歧；

⑥在实施审计程序时遭遇重大困难的情形；

⑦向事务所内部有经验的专业人士或外部专业顾问咨询的事项；

⑧与管理层或其他人员就重大发现以及与注册会计师的最终审计结论相矛盾或不一致的信息进行的讨论。

注册会计师在审计计划阶段对重要性的判断，与其在评估审计差异时对重要性的判断是不同的。如果在审计完成阶段修订后的重要性水平远远低于在计划阶段确定的重要性水平，注册会计师应重新评估已经获得的审计证据的充分性和适当性。如果审计项目组内部、项目组与被咨询者之间以及项目合伙人与项目质量控制复核人员之间存在意见分歧，审计项目组应当遵循事务所的政策和程序予以妥善处理。

15.1.2 评价审计过程中发现的错报

1. 错报的沟通和更正

及时与适当层级的管理层沟通错报事项是重要的，因为这能使管理层评价这些事项是否为错报，并采取必要行动，如有异议则告知注册会计师。适当层级的管理层通常是指有责任和权限对错报进行评价并采取必要行动的人员。

法律法规可能限制注册会计师向管理层或被审计单位内部的其他人员通报某些错报。如法律法规可能专门规定禁止通报某事项或采取其他行动，这些通报或行动可能不利于有关权力机构对实际存在的或怀疑存在的违法行为展开调查。在某些情况下，注册会计师的保密义务与通报义务之间存在的潜在冲突可能很复杂。此时，注册会计师可以考虑征询法律意见。

管理层更正所有错报(包括注册会计师通报的错报)，能够保持会计账簿和记录的准确性，降低由于与本期相关的、非重大的且尚未更正的错报的累积影响而导致未来期间财务报表出现重大错报的风险。

《中国注册会计师审计准则第 1501 号——对财务报表形成审计意见和出具审计报告》要求注册会计师评价财务报表是否在所有重大方面按照适用的财务报告编制基础编制。这项评价包括考虑被审计单位会计实务的质量(包括表明管理层的判断可能出现偏向的迹象)。注册会计师对管理层不更正错报的理由的理解，可能影响其对被审计单位会计实务质量的考虑。

2. 评价未更正错报的影响

未更正错报，是指注册会计师在审计过程中累积的且被审计单位未予更正的错报。注册会计师在确定重要性时，通常依据对被审计单位财务结果的估计，因为此时可能尚不知道实际的财务结果。因此，在评价未更正错报的影响之前，注册会计师可能有必要依据实际的财务结果对重要性做出修改。如果在审计过程中获知了某项信息，而该信息可能导致注册会计师确定与原来不同的财务报表整体重要性或者特定类别交易、账户余额或披露的一个或多个重要性水平(如适用)，注册会计师应当予以修改。因此，在注册会计师评价未更正错报的影响之前，可能已经对重要性或重要性水平(如适用)做出重大修改。但是，如果注册会计师对重要性或重要性水平(如适用)进行的重新评价导致需要确定较低的金额，则应重新考虑实际执行的重要性和进一步审计程序的性质、时间安排和范围的适当性，以获取充分、适当的审计证据，作为发表审计意见的基础。

注册会计师需要考虑每一单项错报，以评价其对相关类别的交易、账户余额或披露的影响，包括评价该项错报是否超过特定类别的交易、账户余额或披露的重要性水平(如适用)。如果注册会计师认为某一单项错报是重大的，则该项错报不太可能被其他错报抵销。对于同一账户余额或同一类别的交易内部的错报，这种抵销可能是适当的。然而，在得出抵销非重大错报是适当的这一结论之前，需要考虑可能存在其他未被发现的错报的风险。

确定一项分类错报是否重大，需要进行定性评估。如分类错报对负债或其他合同条款的影响，对单个财务报表项目或小计数的影响，以及对关键比率的影响。即使分类错报超过了在评价其他错报时运用的重要性水平，注册会计师可能仍然认为该分类错报对财务报表整体不产生重大影响。

在某些情况下，即使某些错报低于财务报表整体的重要性，但因与这些错报相关的某些情况，在将其单独或连同在审计过程中累积的其他错报一并考虑时，注册会计师也可能将这些错报评价为重大错报。下列情况也可能影响注册会计师对错报的评价：

①错报对遵守监管要求的影响程度；

②错报对遵守债务合同或其他合同条款的影响程度；

③错报与会计政策的不正确选择或运用相关，这些会计政策的不正确选择或运用对当期财务报表不产

生重大影响，但可能对未来期间财务报表产生重大影响；

④错报掩盖收益的变化或其他趋势的程度（尤其是在结合宏观经济背景和行业状况进行考虑时）。

⑤错报对用于评价被审计单位财务状况、经营成果或现金流量的有关比率的影响程度；

⑥错报对财务报表中列报的分部信息的影响程度；

⑦错报对增加管理层薪酬的影响程度；

⑧相对于注册会计师所了解的以前向财务报表使用者传达的信息（如盈利预测），错报是重大的；

⑨错报对涉及特定机构或人员的项目的相关程度；

⑩错报涉及对某些信息的遗漏，尽管适用的财务报告编制基础未对这些信息做出明确规定，但是注册会计师根据职业判断认为这些信息对财务报表使用者了解被审计单位的财务状况、经营成果或现金流量是重要的；

⑪错报对其他信息（如包含在“管理层讨论与分析”或“经营与财务回顾”中的信息）的影响程度，这些信息与已审计财务报表一同披露，并被合理预期可能影响财务报表使用者做出的经济决策。

3. 书面声明

注册会计师应当要求管理层和治理层提供书面声明，说明其是否认为未更正错报单独或汇总起来对财务报表整体的影响不重大。未更正错报项目的概要应当包含在书面声明中或附在其后。由于编制财务报表要求管理层和治理层调整财务报表以更正重大错报，注册会计师应当要求其提供有关未更正错报的书面声明。在某些情况下，管理层和治理层可能并不认为注册会计师提出的某些未更正的错报是错报。基于这一原因，他们可能在书面声明中增加如下表述：“因为[描述理由]，我们不同意……事项和……事项构成错报。”然而，即使注册会计师获取了管理层和治理层不认为注册会计师提出的某些未更正的错报是错报这一声明，注册会计师仍需要对未更正错报的影响形成结论。

15.1.3 复核审计工作底稿和财务报表

1. 对财务报表总体合理性进行总体复核

在审计结束或临近结束时，注册会计师运用分析程序的目的是确定经审计调整后的财务报表整体是否与对被审计单位的了解一致，是否具有合理性。注册会计师应当围绕这一目的运用分析程序。在运用分析程序进行总体复核时，如果识别出以前未识别的重大错报风险，注册会计师应当重新考虑对全部或部分各类别的交易、账户余额、披露评估的风险是否恰当，并在此基础上重新评价之前计划的审计程序是否充分，是否有必要追加审计程序。

2. 复核审计工作底稿

《质量控制准则第 5101 号——会计师事务所对执行财务报表审计和审阅、其他鉴证和相关服务业务实施的质量控制》对会计师事务所业务复核与项目质量控制复核的质量控制制度做出了规定。《中国注册会计师审计准则第 1121 号——对财务报表审计实施的质量控制》对注册会计师执行财务报表审计的复核与审计项目质量控制复核的质量控制程序做出了规定。

遵循准则要求执行复核是确保注册会计师职业质量的重要手段之一。会计师事务所需要按照《质量控制准则第 5101 号——会计师事务所对执行财务报表审计和审阅、其他鉴证和相关服务业务实施的质量控制》和《中国注册会计师审计准则第 1121 号——对财务报表审计实施的质量控制》的相关规定，结合事务所自身组织架构特点和质量控制体系建设需要，制定相关的质量控制政策和程序，对审计项目复核（包括项目组内部复核和项目质量控制复核）的级次以及人员、时间、范围和工作底稿记录等做出规定。

(1) 项目组内部复核

①复核人员。会计师事务所在安排复核工作时，应当由项目组内部经验较多的人员复核经验较少的人员的工作。会计师事务所应当根据这一原则，确定有关复核责任的政策和程序。项目组需要在制定审计计划时确定复核人员的指派，以确保所有工作底稿均得到适当层级人员的复核。对一些较为复杂、审计风险

较高的领域，如舞弊风险的评估与应对、重大会计估计及其他复杂的会计问题、审核会议记录和重大合同、关联方关系和交易、持续经营存在的问题等，需要指派经验丰富的项目组成员执行复核，必要时可以由项目合伙人执行复核。

②复核范围。所有的审计工作底稿至少要经过一级复核。执行复核时，复核人员需要考虑的事项包括：

a. 审计工作是否已按照职业准则和适用的法律法规的规定执行；

b. 重大事项是否已提请进一步考虑；

c. 相关事项是否已进行适当咨询，由此形成的结论是否已得到记录和执行；

d. 是否需要修改已执行审计工作的性质、时间安排和范围；

e. 已执行的审计工作是否支持形成的结论，并已得到适当记录；

f. 已获取的审计证据是否充分、适当；

g. 审计程序的目标是否已实现。

③复核时间。审计项目复核贯穿审计全过程，随着审计工作的开展，复核人员在审计计划阶段、执行阶段和完成阶段及时复核相应的工作底稿。如在审计计划阶段复核记录审计策略和审计计划的工作底稿，在审计执行阶段复核记录控制测试和实质性程序的工作底稿，在审计完成阶段复核记录重大事项、审计调整及未更正错报的工作底稿等。

④项目合伙人复核。项目合伙人复核的内容包括：

a. 对关键领域所做的判断，尤其是执行业务过程中识别出的疑难问题或争议事项；

b. 特别风险；

c. 项目合伙人认为重要的其他领域。项目合伙人无须复核所有审计工作底稿。《中国注册会计师审计准则第 1131 号——审计工作底稿》要求项目合伙人记录复核的范围和时间。在审计报告日或审计报告日之前，项目合伙人应当通过复核审计工作底稿和与项目组讨论，确信已获取充分、适当的审计证据，支持得出的结论和拟出具的审计报告。

(2) 项目质量控制复核

会计师事务所应当制定政策和程序，要求对特定业务（包括所有上市实体财务报表审计）实施项目质量控制复核，以客观评价项目组做出的重大判断以及在编制报告时得出的结论。

会计师事务所应当制定政策和程序，以明确项目质量控制复核的性质、时间安排和范围。这些政策和程序应当要求，只有完成项目质量控制复核，才可以签署业务报告。

①质量控制复核人员。会计师事务所应当制定政策和程序，解决项目质量控制复核人员的委派问题，明确项目质量控制复核人员的资格要求，包括：

a. 履行职责需要的技术资格，包括必要的经验和权限；

b. 在不损害其客观性的前提下，项目质量控制复核人员能够提供业务咨询的程度。

会计师事务所在确定质量控制复核人员的资格要求时，需要充分考虑质量控制复核工作的重要性和复杂性，安排经验丰富的注册会计师担任项目质量控制复核人员，如有一定执业经验的合伙人，或专门负责质量控制复核的注册会计师等。

②质量控制复核范围。《中国注册会计师审计准则第 1121 号——对财务报表审计实施的质量控制》规定，项目质量控制复核人员应当客观地评价项目组做出的重大判断以及在编制审计报告时得出的结论。评价工作应当涉及下列内容：

a. 与项目合伙人讨论重大事项；

b. 复核财务报表和拟出具的审计报告；

c. 复核选取的与项目组做出的重大判断和得出的结论相关的审计工作底稿；

d. 评价在编制审计报告时得出的结论，并考虑拟出具审计报告的恰当性。

对于上市实体财务报表审计，项目质量控制复核人员在实施项目质量控制复核时，还应当考虑：

a. 项目组就具体审计业务对会计师事务所独立性做出的评价；

b. 项目组是否已就涉及意见分歧的事项，或者其他疑难问题或争议事项进行适当咨询，以及咨询得出的结论；

c. 选取的用于复核的审计工作底稿，是否反映了项目组针对重大判断执行的工作，以及是否支持得出的结论。

③质量控制复核时间。《中国注册会计师审计准则第 1121 号——对财务报表审计实施的质量控制》规定，只有完成了项目质量控制复核，才能签署审计报告。按照《中国注册会计师审计准则第 1501 号——对财务报表形成审计意见和出具审计报告》的规定，审计报告的日期不得早于注册会计师获取充分、适当的审计证据，并在此基础上对财务报表形成审计意见的日期。对于上市实体财务报表审计业务或符合标准需要实施项目质量控制复核的其他业务，这种复核有助于注册会计师确定是否已获取充分、适当的审计证据。项目质量控制复核人员在业务过程中的适当阶段及时实施项目质量控制复核，有助于重大事项在审计报告日之前得到迅速、满意的解决。注册会计师要考虑在审计过程与项目质量复核人员积极协调配合，使其能够及时实施质量控制复核，而非在出具审计报告前才实施复核。如在审计计划阶段，质量控制复核人员复核项目组对会计师事务所独立性做出的评价、项目组在制定审计策略和审计计划时做出的重大判断及发现的重大事项等。

15.2 期后事项

注册会计师在审计被审计单位某一会计年度的财务报表时，除了对所审会计年度内发生的交易和事项实施必要的审计程序外，还必须考虑所审会计年度之后发生和发现的事项对财务报表和审计报告的影响，以保证一个会计期间的财务报表的真实性和完整性。

15.2.1 期后事项的种类

期后事项是指财务报表日至审计报告日之间发生的事项，以及注册会计师在审计报告日后知悉的事实。

财务报表可能受到财务报表日后发生的事项的影响。适用的财务报告编制基础通常专门提及期后事项，将其区分为下列两类：一是对财务报表日已经存在的情况提供证据的事项，即对财务报表日已经存在的情况提供了新的或进一步证据的事项，这类事项影响财务报表金额，需提请被审计单位管理层调整财务报表及与之相关的披露信息，称为“财务报表日后调整事项”；二是对财务报表日后发生的情况提供证据的事项，即表明财务报表日后发生的情况的事项。这类事项虽不影响财务报表金额，但可能影响对财务报表的正确理解，需提请被审计单位管理层在财务报表附注中做适当披露，称为“财务报表日后非调整事项”。

审计报告的日期向财务报表使用者表明，注册会计师已考虑其知悉的、截至审计报告日发生的事项和交易的影响。

1. 财务报表日后调整事项

这类事项既为被审计单位管理层确定财务报表日账户余额提供信息，也为注册会计师核实这些余额提供补充证据。如果这类期后事项的金额重大，应提请被审计单位对本期财务报表及相关的账户金额进行调整。举例如下。

①财务报表日后诉讼案件结案，法院判决证实了企业在财务报表日已经存在现时义务，需要调整原先确认的与该诉讼案件相关的预计负债，或确认一项新负债。如被审计单位由于某种原因在财务报表日前被起诉，法院于财务报表日后判决被审计单位应赔偿对方损失。因这一负债实际上在财务报表日之前就已存在，所以，如果赔偿数额比较大，注册会计师应考虑提请被审计单位调整或增加财务报表有关负债项目的金额，并加以说明。

②财务报表日后取得确凿证据，表明某项资产在财务报表日发生了减值或者需要调整该项资产原先确认的减值金额。如被审计单位原先对某库存商品未计提存货跌价准备、在财务报表日后不久的销售情况显

示其可变现净值低于库存商品期末成本，表明该库存商品在财务报表日发生了减值，需要在被审计单位的财务报表中补记该项存货的跌价准备。

③财务报表日后进一步确定了财务报表日前购入资产的成本或售出资产的收入。如被审计单位在财务报表日前购入一项固定资产，并投入使用。由于购入时尚未确定准确的购买价款，故先以估计的价格考虑其达到预定可使用状态前所发生的可归属于该项固定资产的运输费、装卸费、安装费和专业人员服务费等因素，暂估入账，并按规定计提固定资产折旧。如果在财务报表日后商定了购买价款，取得了采购发票，被审计单位就应该据此调整该固定资产原值。

④财务报表日后发现了财务报表舞弊或差错。如在财务报表日以前，被审计单位根据合同规定所销售的商品已经发出，当时认为与该项商品所有权相关的风险和报酬已经转移，货款能够收回，按照收入确认原则确认了收入并结转了相关成本，即在财务报表日被审计单位确认为销售实现，并在财务报表上反映。但在财务报表日后至审计报告日之间所取得的证据证明该批已确认为销售的商品确实已经退回。如果金额较大，注册会计师应考虑提请被审计单位调整财务报表有关项目的金额。

利用期后事项审计以确认被审计单位财务报表所列金额时，应对财务报表日已经存在的事项和财务报表日后出现的事项严加区分，不能混淆。如果确认发生变化的事项直到财务报表日后才发生，就不应将财务报表日后的信息并入财务报表中去。

2. 财务报表日后非调整事项

这类事项因不影响财务报表日财务状况，而不需要调整被审计单位的本期财务报表。但如果被审计单位的财务报表因此可能受到误解，就应在财务报表中以附注的形式予以适当披露。被审计单位在财务报表日后发生的，需要在财务报表中披露而非调整的事项通常包括：

①财务报表日后发生重大诉讼、仲裁、承诺；

②财务报表日后资产价格、税收政策、外汇汇率发生重大变化；

③财务报表日后因自然灾害导致资产发生重大损失；

④财务报表日后发生股票和债券以及其他巨额举债；

⑤财务报表日后资本公积转增资本；

⑥财务报表日后发生巨额亏损；

⑦财务报表日后发生企业合并或处置子公司；

⑧财务报表日后企业利润分配方案中拟分配的以及经审议批准宣告发放的股利或利润。

需要说明的是，财务报表日是指财务报表涵盖的最近期间的截止日期；财务报表批准日是指构成整套财务报表的所有报表(包括相关附注)已编制完成，并且被审计单位的董事会、管理层或类似机构已经认可其对财务报表负责的日期；财务报表报出日是指审计报告和已审计财务报表提供给第三方的日期。按照《中国注册会计师审计准则第 1501 号——对财务报表形成审计意见和出具审计报告》的规定，审计报告日不应早于注册会计师获取充分、适当的审计证据(包括管理层认可对财务报表的责任且已批准财务报表的证据)，并在此基础上对财务报表形成审计意见的日期。因此，在实务中审计报告日与财务报表批准日通常是相同的日期。

15.2.2 财务报表日至审计报告日之间发生的事项

1. 主动识别第一时段期后事项

注册会计师应当设计和实施审计程序，获取充分、适当的审计证据，以确定所有在财务报表日至审计报告日之间发生的、需要在财务报表中调整或披露的事项均已得到识别。但是，注册会计师并不需要对之前已实施审计程序并已得出满意结论的事项执行追加的审计程序。

财务报表日至审计报告日之间发生的期后事项属于第一时段期后事项。对于这一时段的期后事项，注册会计师负有主动识别的义务，应当设计专门的审计程序来识别这些期后事项，并根据这些事项的性质判断其对财务报表的影响，进而确定是进行调整还是披露。

2. 用以识别期后事项的审计程序

注册会计师应当按照审计准则的规定实施审计程序，以使审计程序能够涵盖财务报表日至审计报告日(或尽可能接近审计报告日)之间的期间。

通常情况下，针对期后事项的专门审计程序，其实施时间越接近审计报告日越好。越接近审计报告日，也就意味着离财务报表日越远，被审计单位这段时间内累积的对财务报表日已经存在的情况提供的进一步证据也就越多；越接近审计报告日，注册会计师遗漏期后事项的可能性也就越小。

在确定审计程序的性质和范围时，注册会计师应当考虑风险评估的结果。用以识别第一时段期后事项的审计程序通常包括：

①了解管理层为确保识别期后事项而建立的程序。

②询问管理层和治理层(如适用)，确定是否已发生可能影响财务报表的期后事项。注册会计师可以询问根据初步或尚无定论的数据做出会计处理的项目的现状，以及是否已发生新的承诺、借款或担保，是否计划出售或购置资产等。

③查阅被审计单位的所有者、管理层和治理层在财务报表日后举行会议的纪要，在不能获取会议纪要的情况下，询问此类会议讨论的事项。

④查阅被审计单位最近的中期财务报表(如有)。

除这些审计程序外，注册会计师可能认为实施下列一项或多项审计程序是必要和适当的：

①查阅被审计单位在财务报表日后最近期间内的预算、现金流量预测和其他相关的管理报告；

②就诉讼和索赔事项询问被审计的法律顾问，或扩大之前口头或书面查询的范围；

③考虑是否有必要获取涵盖特定期后事项的书面声明以支持其他审计证据，从而获取充分、适当的审计证据。

3. 知悉对财务报表有重大影响的期后事项时的考虑

在实施上述审计程序后，如果注册会计师识别出对财务报表有重大影响的期后事项，应当确定这些事项是否按照适用的财务报告编制基础的规定在财务报表中得到恰当反映。

如果所知悉的期后事项属于调整事项，注册会计师应当考虑被审计单位是否已对财务报表做出适当的调整。如果所知悉的期后事项属于非调整事项，注册会计师应当考虑被审计单位是否在财务报表附注中予以充分披露。

15.2.3 注册会计师在审计报告日后至财务报表报出日前知悉的事实

1. 被动识别第二时段期后事项

在审计报告日后，注册会计师没有义务针对财务报表实施任何审计程序。审计报告日后至财务报表报出日前发现的事实属于“第二时段期后事项”，注册会计师针对被审计单位的审计业务已经结束，要识别可能存在的期后事项比较困难，因而无法承担主动识别第二时段期后事项的审计责任。但是，在这一阶段，被审计单位的财务报表并未报出，管理层有责任将发现的可能影响财务报表的事实告知注册会计师。当然，注册会计师还可能从媒体报道、举报信或者证券监管部门告知等途径获悉影响财务报表的期后事项。

2. 知悉第二时段期后事项时的考虑

在审计报告日后至财务报表报出日前，如果知悉了某事实，且若在审计报告日知悉可能导致修改审计报告，注册会计师应当与管理层和治理层(如适用)讨论该事项；确定财务报表是否需要修改；如果需要修改，询问管理层将如何在财务报表中处理该事项。

(1)管理层修改财务报表时的处理

如果管理层修改财务报表，注册会计师应当根据具体情况对有关修改实施必要的审计程序；同时，除非下文述及的特殊情况适用，注册会计师应当将用以识别期后事项的上述审计程序延伸至新的审计报告日，并针对修改后的财务报表出具新的审计报告。新的审计报告日不应早于修改后的财务报表被批准的日期。

此时，注册会计师需要获取充分、适当的审计证据，以验证管理层根据期后事项所做出的财务报表调整或披露是否符合适用的财务报告编制基础的规定。

特殊情况是，在有关法律法规或适用的财务报告编制基础未禁止的情况下，如果管理层对财务报表的修改仅限于反映导致修改的期后事项的影响，被审计单位的董事会、管理层或类似机构也仅对有关修改进行批准，注册会计师可以仅针对有关修改将用以识别期后事项的上述审计程序延伸至新的审计报告日。在这种情况下，注册会计师应当选用下列处理方式之一：

①修改审计报告，针对财务报表修改部分增加补充报告日期，从而表明注册会计师对期后事项实施的审计程序仅限于财务报表相关附注所述的修改；

②出具新的或修改的审计报告，在强调事项段或其他事项段中说明注册会计师对期后事项实施的审计程序仅限于财务报表相关附注所述的修改。

(2)管理层不修改财务报表且审计报告未提交时的处理

如果认为管理层应当修改财务报表而没有修改，并且审计报告尚未提交给被审计单位；注册会计师应当按照《中国注册会计师审计准则第 1502 号——在审计报告中发表非无保留意见》的规定发表非无保留意见，然后再提交审计报告。

(3)管理层不修改财务报表且审计报告已提交时的处理

如果认为管理层应当修改财务报表而没有修改，并且审计报告已经提交给被审计单位，注册会计师应当通知管理层和治理层(除非治理层全部成员参与管理被审计单位)在财务报表做出必要修改前不要向第三方报出。如果财务报表在未经必要修改的情况下仍被报出，注册会计师应当采取适当措施，以设法防止财务报表使用者依赖该审计报告。如针对上市公司，注册会计师可以利用证券传媒等刊登必要的声明，防止使用者依赖审计报告。注册会计师采取的措施取决于自身的权利和义务以及所征询的法律意见。

15.2.4 注册会计师在财务报表报出后知悉的事实

1. 没有义务识别第三时段的期后事项

财务报表报出日后发现的事实属于第三时段期后事项，注册会计师没有义务针对财务报表实施任何审计程序。但是，并不排除注册会计师通过媒体等其他途径获悉可能对财务报表产生重大影响的期后事项的可能性。

2. 知悉第三时段期后事项时的考虑

在财务报表报出后，如果知悉了某事实，且若在审计报告日知悉可能导致修改审计报告，注册会计师应当：

①与管理层和治理层(如适用)讨论该事项；

②确定财务报表是否需要修改；

③如果需要修改，询问管理层将如何在财务报表中处理该事项。

应当指出的是，需要注册会计师在知悉后采取行动的第三时段期后事项是有严格限制的：

①这类期后事项应当是在审计报告日已经存在的事实。

②该事实如果被注册会计师在审计报告日前获知，可能影响审计报告。

只有同时满足这两个条件，注册会计师才需要采取行动。

(1)管理层修改财务报表时的处理

如果管理层修改了财务报表，注册会计师应当采取如下必要的措施。

①根据具体情况对有关修改实施必要的审计程序。如查阅法院判决文件，复核会计处理或披露事项，确定管理层对财务报表的修改是否恰当。

②复核管理层采取的措施能否确保所有收到原财务报表和审计报告的人士了解这一情况。在修改了财

务报表的情况下，管理层应当采取恰当措施(如上市公司可以在证券报纸、网站刊登公告，重新公布财务报表和审计报告)，让所有收到原财务报表和审计报告的人士了解这一情况。注册会计师需要对这些措施进行复核，判断它们是否能达到这样的目标。如上市公司管理层刊登公告的媒体是否是中国证券监督管理委员会指定的媒体，若仅刊登在其注册地的媒体上则异地的使用者可能无法了解这一情况。

③延伸实施审计程序，并针对修改后的财务报表出具新的审计报告。除非上文所述的特殊情形适用，将用以识别期后事项的上述审计程序延伸至新的审计报告日，并针对修改后的财务报表出具新的审计报告，新的审计报告日不应早于修改后的财务报表被批准的日期。

④在特殊情况下，修改审计报告或提供新的审计报告。需要提醒的是，注册会计师应当在新的或经修改的审计报告中增加强调事项段或其他事项段，提醒财务报表使用者关注财务报表附注中有关修改原财务报表的详细原因和注册会计师提供的原审计报告。

(2)管理层未采取任何行动时的处理

如果管理层没有采取必要措施确保所有收到原财务报表的人士了解这一情况，也没有在注册会计师认为需要修改的情况下修改财务报表，注册会计师应当通知管理层和治理层(除非治理层全部成员参与管理被审计单位)，注册会计师将设法防止财务报表使用者信赖该审计报告。

如果注册会计师已经通知管理层或治理层，而管理层或治理层没有采取必要措施，注册会计师应当采取适当措施，以设法防止财务报表使用者信赖该审计报告。注册会计师采取的措施取决于自身的权利和义务。因此，注册会计师可能认为寻求法律意见是适当的。

15.3 书面声明

书面声明，是指管理层向注册会计师提供的书面陈述，用以确认某些事项或支持其他审计证据。书面声明不包括财务报表及其认定，以及支持性账簿和相关记录。如果管理层修改书面声明的内容或不提供注册会计师要求的书面声明，可能使注册会计师警觉存在重大问题的可能性。而且，在很多情况下，要求管理层提供书面声明而非口头声明，可以促使管理层更加认真地考虑声明所涉及的事项，从而提高声明的质量。尽管书面声明提供必要的审计证据，但其本身并不为所涉及的任何事项提供充分、适当的审计证据。而且，管理层已提供可靠书面声明的事实，并不影响注册会计师就管理层责任履行情况或具体认定获取的其他审计证据的性质和范围。

15.3.1 针对管理层责任的书面声明

针对财务报表的编制，注册会计师应当要求管理层提供书面声明，确认其根据审计业务约定条款，履行了按照适用的财务报告编制基础编制财务报表并使其实现公允反映(如适用)的责任。

针对提供的信息和交易的完整性，注册会计师应当要求管理层就下列事项提供书面声明：

①按照审计业务约定条款，已向注册会计师提供所有相关信息，并允许注册会计师不受限制地接触所有相关信息以及被审计单位内部人员和其他相关人员；

②所有交易均已记录并反映在财务报表中。

如果未从管理层获取其确认已履行责任的书面声明，注册会计师在审计过程中获取的有关管理层已履行这些责任的其他审计证据是不充分的。基于管理层认可并理解在审计业务约定条款中提及的管理层的责任，注册会计师可能还要求管理层在书面声明中再次确认其对自身责任的认可与理解。当存在下列情况时，这种确认尤为适当：

①代表被审计单位签订审计业务约定条款的人员不再承担相关责任；

②审计业务约定条款是在以前年度签订的；

③有迹象表明管理层误解了其责任；

④情况的改变需要管理层再次确认其责任。

15.3.2 其他书面声明

除《中国注册会计师审计准则第 1341 号——书面声明》和其他审计准则要求的书面声明外，如果注册会计师认为有必要获取一项或多项其他书面声明，以支持与财务报表或一项或多项具体认定相关的其他审计证据，注册会计师应当要求管理层提供这些书面声明。

1. 关于财务报表的额外书面声明

注册会计师应当要求管理层提供除基本书面声明外，可能认为有必要获取有关财务报表的其他书面声明。其他书面声明可能是对基本书面声明的补充，但不构成其组成部分。其他书面声明可能包括针对下列事项做出的声明：

①会计政策的选择和运用是否适当；

②是否按照适用的财务报告编制基础对下列事项(如相关)进行了确认、计量、列报或披露：

a. 可能影响资产和负债账面价值或分类的计划或意图；

b. 负债(包括实际负债和或有负债)；

c. 资产的所有权或控制权，资产的留置权或其他物权，用于担保的抵押资产；

d. 可能影响财务报表的法律法规及合同(包括违反法律法规及合同的行为)。

2. 与向注册会计师提供信息有关的额外书面声明

除了针对管理层提供的信息和交易的完整性的书面声明外，注册会计师可能认为有必要要求管理层提供书面声明，确认其已将注意到的所有内部控制缺陷向注册会计师通报。

3. 关于特定认定的书面声明

在获取有关管理层的判断和意图的证据时，或在对判断和意图进行评价时，注册会计师可能考虑下列一项或多项事项：

①被审计单位以前对声明的意图的实际实施情况；

②被审计单位选取特定措施的理由；

③被审计单位实施特定措施的能力；

④是否存在审计过程中已获取的、可能与管理层判断或意图不一致的任何其他信息。

此外，注册会计师可能认为有必要要求管理层提供有关财务报表特定认定的书面声明，尤其是支持注册会计师就管理层的判断或意图或者完整性认定从其他审计证据中获取的了解。如果管理层的意图对投资的计价基础非常重要，但若不能从管理层获取有关该项投资意图的书面声明，注册会计师就不可能获取充分、适当的审计证据。尽管这些书面声明能够提供必要的审计证据，但其本身并不能为财务报表特定认定提供充分、适当的审计证据。

15.3.3 书面声明的日期和涵盖的期间

书面声明的日期应当尽量接近对财务报表出具审计报告的日期，但不得在审计报告日后。书面声明应当涵盖审计报告针对的所有财务报表和期间。由于书面声明是必要的审计证据，在管理层签署书面声明前，注册会计师不能发表审计意见，也不能签署审计报告。而且，由于注册会计师关注截止审计报告日发生的、可能需要在财务报表中做出相应调整或披露的事项，书面声明的日期应当尽量接近对财务报表出具审计报告的日期，但不得在其之后。

在某些情况下，注册会计师在审计过程中获取有关财务报表特定认定的书面声明可能是适当的。此时，可能有必要要求管理层更新书面声明。管理层有时需要再次确认以前期间做出的书面声明是否依然适当，因此，书面声明需要涵盖审计报告中提及的所有时间。注册会计师和管理层可能认可某种形式的书面声明，以更新以前期间所作的书面声明。更新后的书面声明需要表明，以前期间所作的声明是否发生了变化，以及发生了什么变化(如有)。

在实务中可能会出现这样的情况，即在审计报告中提及的所有期间内，现任管理层均尚未就任。他们可能由此声称无法就上述期间提供部分或全部书面声明。然而，这一事实并不能减轻现任管理层对财务报表整体的责任。相应地，注册会计师仍然需要向现任管理层获取涵盖整个相关期间的书面声明。

15.3.4 书面声明的形式

书面声明应当以声明书的形式致送注册会计师。参考格式 15-1 列示了一种声明书的范例。该声明书相关的背景信息有以下三点：被审计单位采用企业会计准则编制财务报表；《中国注册会计师审计准则第 1324 号——持续经营》中有关就被审计单位持续经营能力获取书面声明的要求不相关；所要求的书面声明不存在例外情况。若是存在例外情况，则需要对本参考格式列示的书面声明的内容予以调整，以反映这些例外情况。

参考格式 15-1

(致注册会计师)：

本声明书是针对你们审计 ABC 公司截至 20×6 年 12 月 31 日的年度财务报表而提供的。审计的目的是对财务报表发表意见，以确定财务报表是否所有重大方面已按照企业会计准则的规定编制，并实现公允反映。

尽我们所知，并在做出了必要的查询和了解后，我们确认如下。

一、财务报表

1. 我们已履行签署的审计业务约定书中提及的责任，即根据企业会计准则的规定编制财务报表，并对财务报表进行公允反映；

2. 在做出会计估计时使用的重大假设(包括与公允价值计量相关的假设)是合理的；

3. 已按照企业会计准则的规定对关联方关系及其交易做出了恰当的会计处理和披露；

4. 根据企业会计准则的规定，所有需要调整或披露的资产负债表日后事项都已得到调整或披露；

5. 未更正错报，无论是单独还是汇总起来，对财务报表整体的影响均不重大。未更正错报汇总表附在本声明书后；

6. 插入注册会计师可能认为适当的其他任何事项。

二、提供的信息

7. 我们已向你们提供下列工作条件：

(1) 允许接触我们注意到的、与财务报表编制相关的所有信息(如记录、文件和其他事项)；

(2) 提供你们基于审计目的要求我们提供的其他信息；

(3) 允许在获取审计证据时不受限制地接触你们认为必要的本公司内部人员和其他相关人员。

8. 所有交易均已记录并反映在财务报表中；

9. 我们已向你们披露了由于舞弊可能导致的财务报表重大错报风险的评估结果；

10. 我们已向你们披露了我们注意到的、可能影响本公司的与舞弊或舞弊嫌疑相关的所有信息，这些信息涉及本公司的：

(1) 管理层；

(2) 在内部控制中承担重要职责的员工；

(3) 其他人员(在舞弊行为导致财务报表重大错报的情况下)。

11. 我们已向你们披露了从现任和前任员工、分析师、监管机构等方面获知的、影响财务报表的舞弊指控或舞弊嫌疑的所有信息；

12. 我们已向你们披露了所有已知的、在编制财务报表时应当考虑其影响的违反或涉嫌违反法律法规的行为；

13. 我们已向你们披露了我们注意到的关联方的名称和特征、所有关联方关系及其交易；

14. [插入注册会计师可能认为必要的其他任何事项]。

附：未更正错报汇总表

ABC 公司　　　　　　　　　　　　　　　　ABC 公司管理层

（盖章）　　　　　　　　　　　　　　　　（签名并盖章）

中国××市　　　　　　　　　　　　　　　二〇×七年×月×日

15.3.5　对书面声明可靠性的疑虑以及管理层不提供要求的书面声明

1. 对书面声明可靠性的疑虑

(1)对管理层的胜任能力、诚信、道德价值观或勤勉尽责存在疑虑

如果对管理层的胜任能力、诚信、道德价值观或勤勉尽责存在疑虑，或者对管理层在这些方面的承诺或贯彻执行存在疑虑，注册会计师应当确定这些疑虑对书面或口头声明和审计证据总体的可靠性可能产生的影响。注册会计师可能认为，管理层在财务报表中做出不实陈述的风险很大，以至于审计工作无法进行。在这种情况下，除非治理层采取适当的纠正措施，否则注册会计师可能需要考虑解除业务约定(如果法律法规允许)。

(2)书面声明与其他审计证据不一致

如果书面声明与其他审计证据不一致，注册会计师应当实施审计程序以设法解决这些问题。注册会计师可能需要考虑风险评估结果是否仍然适当。如果认为不适当，注册会计师需要修正风险评估结果，并确定进一步审计程序的性质、时间安排和范围，以应对评估的风险。如果问题仍未解决，注册会计师应当重新考虑对管理层的胜任能力、诚信、道德价值观或勤勉尽责的评估，或者重新考虑对管理层在这些方面的承诺或贯彻执行的评估，并确定书面声明与其他审计证据的不一致对书面或口头声明和审计证据总体的可靠性可能产生的影响。

如果认为书面声明不可靠，注册会计师应当采取适当措施，包括确定其对审计意见可能产生的影响。

2. 管理层不提供要求的书面声明

如果管理层不提供要求的一项或多项书面声明，注册会计师应当：

①与管理层讨论该事项；

②重新评价管理层的诚信，并评价该事项对书面或口头声明和审计证据总体的可靠性可能产生的影响；

③采取适当措施，包括确定该事项对审计意见可能产生的影响。

如果存在下列情形之一，注册会计师应当对财务报表发表无法表示意见：

①注册会计师对管理层的诚信产生重大疑虑，以至于认为其做出的书面声明不可靠；

②管理层不提供审计准则要求的书面声明。

复习思考题

1. 如何评价审计过程中发现的错报?
2. 财务报表日后非调整事项包括哪些内容?
3. 独立的项目质量控制复核的要点包括哪些?

第 16 章　发表审计意见

学习目标

掌握审计工作完成前的审计业务流程，能正确编制审计差异调整表和试算平衡表；掌握审计报告的要素和审计报告的类型，能根据具体情况，分析出具适当类型的审计报告。

16.1　审计报告综述

16.1.1　审计报告的含义

审计报告是指注册会计师根据中国注册会计师审计准则的规定，在实施审计工作的基础上对被审计单位财务报表发表审计意见的书面文件。审计报告是注册会计师在完成审计工作后向委托人提交的最终产品，具有以下特征：

①注册会计师应当按照审计准则的规定执行审计工作；

②注册会计师在实施审计工作的基础上才能出具审计报告；

③注册会计师通过对财务报表发表意见履行业务约定书约定的责任；

④注册会计师应当以书面形式出具审计报告。

注册会计师应当根据由审计证据得出的结论，清楚表达对财务报表的意见。财务报表是指对企业财务状况、经营成果和现金流量的结构化表述，至少应当包括资产负债表、利润表、所有者权益变动表、现金流量表和附注。无论是出具标准审计报告，还是非标准审计报告，注册会计师一旦在审计报告上签名并盖章，就表明对其出具的审计报告负责。

审计报告是注册会计师对财务报表是否在所有重大方面按照财务报告编制基础编制并实现公允反映发表审计意见的书面文件，因此，注册会计师应当将已审计的财务报表附于审计报告之后，以便于财务报表使用者正确理解和使用审计报告，并防止被审计单位替换、更改已审计的财务报表。

16.1.2　审计报告的作用

注册会计师签发的审计报告，主要具有鉴证、保护和证明三方面的作用。

1. 鉴证作用

注册会计师签发的审计报告，不同于政府审计和内部审计的审计报告，是以超然独立的第三者身份，对被审计单位财务报表合法性、公允性发表意见。这种意见，具有鉴证作用，得到了政府及其各部门和社会各界的普遍认可。政府有关部门，如财政部门、税务部门等了解、掌握企业的财务状况和经营成果的主要依据是企业提供的财务报表。财务报表是否合法、公允，主要依据注册会计师的审计报告做出判断。股份制企业的股东主要依据注册会计师的审计报告来判断被投资企业的财务报表是否公允地反映了财务状况和经营成果，以进行投资决策等。

2. 保护作用

注册会计师通过审计，可以对被审计单位财务报表出具不同类型审计意见的审计报告，以提高或降低财务报表信息使用者对财务报表的信赖程度，能够在一定程度上对被审计单位的财产、债权人和股东的权益及企业利害关系人的利益起到保护作用。如投资者为了减少投资风险，在进行投资之前，必须要查阅被投资企业的财务报表和注册会计师的审计报告，了解被投资企业的经营情况和财务状况。投资者根据注册会计师的审计报告做出投资决策，可以降低其投资风险。

3. 证明作用

审计报告是对注册会计师审计任务完成情况及其结果所做的总结，它可以表明审计工作的质量并明确注册会计师的审计责任。因此，审计报告可以对审计工作质量和注册会计师的审计责任起证明作用。通过审计报告，可以证明注册会计师在审计过程中是否实施了必要的审计程序，是否以审计工作底稿为依据发表审计意见，发表的审计意见是否与被审计单位的实际情况相一致，审计工作的质量是否符合要求。通过审计报告，可以证明注册会计师审计责任的履行情况。

16.2 审计意见的形成

16.2.1 得出审计结论时考虑的领域

注册会计师应当就财务报表是否在所有重大方面按照适用的财务报告编制基础编制并实现公允反映形成审计意见。为了形成审计意见，针对财务报表整体是否不存在由于舞弊或错误导致的重大错报，注册会计师应当得出结论，确定是否已就此获取合理保证。在得出结论时，注册会计师应当考虑下列方面。

(1)按照《中国注册会计师审计准则第 1231 号——针对评估的重大错报风险采取的应对措施》的规定，是否已获取充分、适当的审计证据。在得出总体结论之前，注册会计师应当根据实施的审计程序和获取的审计证据，评价对认定层次重大错报风险的评估是否仍然适当。在形成审计意见时，注册会计师应当考虑所有相关的审计证据，无论该证据与财务报表认定相互印证还是相互矛盾。如果对重大的财务报表认定没有获取充分、适当的审计证据，注册会计师应当尽可能获取进一步的审计证据。

(2)按照《中国注册会计师审计准则第 1251 号——评价审计过程中识别出的错报》的规定，未更正错报单独或汇总起来是否构成重大错报。在确定时，注册会计师应当考虑：

①相对特定类别的交易、账户余额或披露以及财务报表整体而言，错报的金额和性质以及错报发生的特定环境；

②与以前期间相关的未更正错报对相关类别的交易、账户余额或披露以及财务报表整体的影响。

(3)评价财务报表是否在所有重大方面按照适用的财务报告编制基础编制。注册会计师应当依据适用的财务报告编制基础特别评价下列内容。

①财务报表是否充分披露了选择和运用的重要会计政策。

②选择和运用的会计政策是否符合适用的财务报告编制基础，并适合被审计单位的具体情况。会计政策是被审计单位在会计确认、计量和报告中采用的原则、基础和会计处理方法。被审计单位选择和运用的会计政策既应符合适用的财务报告编制基础，也应适合被审计单位的具体情况。在考虑被审计单位选用的会计政策是否适当时，注册会计师还应当关注重要的事项。重要事项包括重要项目的会计政策和行业惯例、重大和异常交易的会计处理方法、在新领域和缺乏权威性标准或共识的领域采用重要会计政策产生的影响、会计政策的变更等。

③管理层做出的会计估计是否合理。会计估计通常是指被审计单位以最近可利用的信息为基础对结果不确定的交易或事项所做的判断。由于会计估计的主观性、复杂性和不确定性，管理层做出的会计估计发生重大错报的可能性较大。因此，注册会计师应当判断管理层做出的会计估计是否合理，确定会计估计的重大错报风险是否是特别风险，是否采取了有效的措施予以应对。

④财务报表列报的信息是否具有相关性、可靠性、可比性和可理解性。财务报表反映的信息应当符合信息质量特征，具有相关性、可靠性、可比性和可理解性。注册会计师应当根据适用的财务报告编制基础的规定，考虑财务报表反映的信息是否符合信息质量特征。

⑤财务报表是否做出充分披露，使财务报表预期使用者能够理解重大交易和事项对财务报表所传递的

信息的影响。按照通用目的编制基础编制的财务报表通常反映被审计单位的财务状况、经营成果和现金流量。对于通用目的财务报表，注册会计师需要评价财务报表是否做出充分披露，以使财务报表预期使用者能够理解重大交易和事项对被审计单位财务状况、经营成果和现金流量的影响。

⑥财务报表使用的术语(包括每一财务报表的标题)是否适当。在评价财务报表是否在所有重大方面按照适用的财务报告编制基础编制时，注册会计师还应当考虑被审计单位会计实务的质量，包括表明管理层的判断可能出现偏向的迹象。管理层缺乏中立性可能影响注册会计师对财务报表整体是否存在重大错报的评价。缺乏中立性的迹象包括下列情形：a. 管理层对注册会计师在审计期间提请其注意的错报进行选择性更正；b. 管理层在做出会计估计时可能存在偏向。在得出某项会计估计是否合理的结论时，可能存在管理层偏向的迹象本身并不构成错报。然而，这些迹象可能影响注册会计师对财务报表整体是否不存在重大错报的评价。

(4)评价财务报表是否实现公允反映。在评价财务报表是否实现公允反映时，注册会计师应当考虑下列内容：

①财务报表的整体列报、结构和内容是否合理；

②财务报表(包括相关附注)是否公允地反映了相关交易和事项。

(5)评价财务报表是否恰当提及或说明适用的财务报告编制基础。只有财务报表符合适用的财务报告编制基础(在财务报表所涵盖的期间内有效)的所有要求，声明财务报表按照该编制基础编制才是恰当的。在对适用的财务报告编制基础的说明中使用不严密的修饰语或限定性的语言(如"财务报表实质上符合国际财务报告准则的要求")是不恰当的，因为这可能误导财务报表使用者。在某些情况下，财务报表可能声明按照两个财务报告编制基础(如某一国家或地区的财务报告编制基础和国际财务报告准则)编制。在这种情况下，两个财务报告编制基础都是适用的财务报告编制基础。只有当财务报表分别符合每个财务报告编制基础的所有要求时，声明财务报表按照这两个编制基础编制才是恰当的。

16.2.2 审计意见的类型

注册会计师的目标是在评价根据审计证据得出的结论的基础上，对财务报表形成审计意见，并通过书面报告的形式清楚地表达审计意见。

如果认为财务报表在所有重大方面按照适用的财务报告编制基础编制并实现公允反映，注册会计师应当发表无保留意见。无保留意见，是指当注册会计师认为财务报表在所有重大方面按照适用的财务报告编制基础编制并实现公允反映时发表的审计意见。当存在下列情形之一时，注册会计师应当按照《中国注册会计师审计准则第 1502 号——在审计报告中发表非无保留意见》的规定，在审计报告中发表非无保留意见：

①根据获取的审计证据，得出财务报表整体存在重大错报的结论；

②无法获取充分、适当的审计证据，不能得出财务报表整体不存在重大错报的结论。

如果财务报表没有实现公允反映，注册会计师应当就该事项与管理层讨论，并根据适用的财务报告编制基础的规定和该事项得到解决的情况，决定是否有必要按照《中国注册会计师审计准则第 1502 号——在审计报告中发表非无保留意见》的规定在审计报告中发表非无保留意见。非无保留意见，是指对财务报表发表的保留意见、否定意见或无法表示意见。

16.3 审计报告的基本内容

16.3.1 审计报告的要素

审计报告应当包括下列要素：①标题；②收件人；③审计意见；④形成审计意见的基础；⑤管理层对财务报表的责任；⑥注册会计师对财务报表审计的责任；⑦按照相关法律法规的要求报告的事项(如适用)；⑧注册会计师的签名和盖章；⑨会计师事务所的名称、地址和盖章；⑩报告日期。

1. 标题

审计报告的标题应当统一规范为“审计报告”。考虑到这一标题已广为社会公众所接受，因此，我国注册会计师出具的审计报告中标题没有包含“独立”两个字，但注册会计师在执行财务报表审计业务时，应当遵守独立性的要求。

2. 收件人

审计报告的收件人是指注册会计师按照业务约定书的要求致送审计报告的对象，一般是指审计业务的委托人。审计报告应当载明收件人的全称。

注册会计师应当与委托人在业务约定书中约定致送审计报告的对象，以防止在此问题上发生分歧或审计报告被委托人滥用。针对整套通用目的财务报表出具的审计报告，审计报告的致送对象通常为被审计单位的全体股东或董事会。

3. 审计意见

审计意见部分由两部分构成。第一部分指出已审计财务报表，应当包括下列说明：

①指出被审计单位的名称；

②说明财务报表已经审计；

③指出构成整套财务报表的每一财务报表的名称；

④提及财务报表附注；

⑤指明构成整套财务报表的每一财务报表的日期或涵盖的期间。

为体现上述要求，审计报告可说明：“我们审计了被审计单位的财务报表，包括[指明适用的财务报告编制基础规定的构成整套财务报表的每一财务报表的名称、日期或涵盖的期间]以及财务报表附注，包括重大会计政策和会计估计”审计意见涵盖由适用的财务报告编制基础所确定的整套财务报表。如在许多通用目的编制基础中，财务报表包括资产负债表、利润表、现金流量表、所有者(股东)权益变动表和相关附注(通常包括重大会计政策和会计估计以及其他解释性信息)。

第二部分应当说明注册会计师发表的审计意见。如果对财务报表发表无保留意见，除非法律法规另有规定，审计意见应当使用“我们认为，财务报表在所有重大方面按照[适用的财务报告编制基础(如企业会计准则等)]编制，公允反映了[……]”的措辞。审计意见说明财务报表在所有重大方面按照适用的财务报告编制基础编制，公允反映了财务报表旨在反映的事项。如对于按照企业会计准则编制的财务报表，这些事项是“被审计单位期末的财务状况、截止期末某一期间的经营成果和现金流量”。

4. 形成审计意见的基础

审计报告应当包含标题为“形成审计意见的基础”的部分。该部分提供关于审计意见的重要背景，应当紧接在审计意见部分之后，并包括下列方面。

①说明注册会计师按照审计准则的规定执行了审计工作。

②提及审计报告中用于描述审计准则规定的注册会计师责任的部分。

③声明注册会计师按照与审计相关的职业道德要求对被审计单位保持了独立性，并履行了职业道德方面的其他责任。声明中应当指明适用的职业道德要求，如中国注册会计师职业道德守则。

④声明注册会计师是否相信获取的审计证据是充分、适当的，为发表审计意见提供了基础。

5. 管理层对财务报表的责任

审计报告应当包含标题为“管理层对财务报表的责任”的部分，其中应当说明管理层负责下列方面。

①按照适用的财务报告编制基础编制财务报表，使其实现公允反映，并设计、执行和维护必要的内部控制，以使财务报表不存在由于舞弊或错误而导致的重大错报。

②评估被审计单位的持续经营能力和使用持续经营假设是否适当，并披露与持续经营相关的事项(如适用)。对管理层评估责任的说明包括描述在何种情况下使用持续经营假设是适当的。

6. 注册会计师对财务报表审计的责任

审计报告应当包含标题为“注册会计师对财务报表审计的责任”的部分，其中应当包括下列内容。

(1) 说明注册会计师的目标是对财务报表整体是否不存在由于舞弊或错误导致的重大错报获取合理保证，并出具包含审计意见的审计报告。

(2) 说明合理保证是高水平的保证，但按照审计准则执行的审计并不能保证一定会发现存在的重大错报。

(3) 说明错报可能由于舞弊或错误导致。在说明错报可能由于舞弊或错误导致时，注册会计师应当从下列两种做法中选取一种：

①描述如果合理预期错报单独或汇总起来可能影响财务报表使用者依据财务报表做出的经济决策，则通常认为错报是重大的；

②根据适用的财务报告编制基础，提供关于重要性的定义或描述。

注册会计师对财务报表审计的责任部分还应当包括下列内容。

(1) 说明在按照审计准则执行审计工作的过程中，注册会计师运用职业判断，并保持职业怀疑。

(2) 提供说明注册会计师的责任，对审计工作进行描述。这些责任包括如下方面。

①识别和评估由于舞弊或错误导致的财务报表重大错报风险，设计和实施审计程序以应对这些风险，并获取充分、适当的审计证据，作为发表审计意见的基础。由于舞弊可能涉及串通、伪造、故意遗漏、虚假陈述或凌驾于内部控制之上，未能发现由于舞弊导致的重大错报的风险高于未能发现由于错误导致的重大错报的风险。

②了解与审计相关的内部控制，以设计恰当的审计程序，但目的并非对内部控制的有效性发表意见。当注册会计师有责任在财务报表审计的同时对内部控制的有效性发表意见时，应当略去上述“目的并非对内部控制的有效性发表意见”的表述。

(3) 评价管理层选用会计政策的恰当性和做出会计估计及相关披露的合理性。

(4) 对管理层使用持续经营假设的恰当性得出结论。同时，根据获取的审计证据，就可能导致对被审计单位持续经营能力产生重大疑虑的事项或情况是否存在重大不确定性得出结论。如果注册会计师得出结论认为存在重大不确定性，审计准则要求注册会计师在审计报告中提请报表使用者关注财务报表中的相关披露；如果披露不充分，注册会计师应当发表非无保留意见。注册会计师的结论基于截止审计报告日可获得的信息。然而，未来的事项或情况可能导致被审计单位不能持续经营。

(5) 评价财务报表的总体列报、结构和内容(包括披露)，并评价财务报表是否公允反映相关交易和事项。

注册会计师对财务报表审计的责任部分还应当包括下列内容。

(1) 说明注册会计师与治理层就计划的审计范围、时间安排和重大审计发现等事项进行沟通，包括沟通注册会计师在审计中识别的值得关注的内部控制缺陷。

(2) 对于上市实体财务报表审计，指出注册会计师就已遵守与独立性相关的职业道德要求向治理层提供声明，并与治理层沟通可能被合理认为影响注册会计师独立性的所有关系和其他事项，以及相关的防范措施(如适用)。

(3) 对于上市实体财务报表审计，以及决定按照《中国注册会计师审计准则第 1504 号——在审计报告中沟通关键审计事项》的规定沟通关键审计事项的其他情况，说明注册会计师从已与治理层沟通的事项中确定哪些事项对本期财务报表审计最为重要，因而构成关键审计事项。注册会计师应当在审计报告中描述这些事项，除非法律法规禁止公开披露这些事项，或在极少数情形下，注册会计师合理预期在审计报告中沟通某事项造成的负面后果超过在公众利益方面产生的益处，因而决定不应在审计报告中沟通该事项。

7. 按照相关法律法规的要求报告的事项(如适用)

除审计准则规定的注册会计师对财务报表出具审计报告的责任外，相关法律法规可能对注册会计师设定了其他报告责任。如假设注册会计师在财务报表审计中注意到某些事项，就可能被要求对这些事项予以报告。此外，注册会计师可能被要求实施额外的规定的程序并予以报告，或对特定事项(如会计账簿和记录的适当性)发表意见。

在某些情况下，相关法律法规可能要求或允许注册会计师将对这些其他责任的报告作为对财务报表出具的审计报告的一部分。在另外一些情况下，相关法律法规可能要求或允许注册会计师在单独出具的报告中进行报告。

这些责任是注册会计师按照审计准则对财务报表出具审计报告的责任的补充。如假设注册会计师在财务报表审计中注意到某些事项，就可能被要求对这些事项予以报告。此外，注册会计师可能被要求实施额外规定的程序并予以报告，或对特定事项(如会计账簿和记录的适当性)发表意见。假设注册会计师在对财务报表出具的审计报告中履行其他报告责任，应当在审计报告中将其单独作为一部分，并以“按照相关法律法规的要求报告的事项”为标题。此时，审计报告应当区分为“对财务报表出具的审计报告”和“按照相关法律法规的要求报告的事项”两部分，以便将其同注册会计师的财务报表报告责任明确区分。在另外一些情况下，相关法律法规可能要求或允许注册会计师在单独出具的报告中进行报告。

8. 注册会计师的签名和盖章

审计报告应当由项目合伙人和另一名负责该项目的注册会计师签名盖章。在审计报告中指明项目合伙人有助于进一步增强对审计报告使用者的透明度，有利于增强项目合伙人的个人责任感。因此，对上市实体整套通用目的的财务报表出具的审计报告应当注明项目合伙人。

9. 会计师事务所的名称、地址和盖章

审计报告应当载明会计师事务所的名称和地址，并加盖会计师事务所公章。

根据《中华人民共和国注册会计师法》的规定，注册会计师承办业务，由其所在的会计师事务所统一受理并与委托人签订委托合同。因此，审计报告除了应由注册会计师签名并盖章外，还应载明会计师事务所的名称和地址，并加盖会计师事务所公章。

注册会计师在审计报告中载明会计师事务所地址时，标明会计师事务所所在的城市即可。在实务中，审计报告通常载于会计师事务所统一印刷的、标有该所详细通信地址的信笺上，因此，无须在审计报告中注明详细地址。此外，根据国家工商行政管理部门的有关规定，在主管登记机关管辖区内，已登记注册的企业名称不得相同。因此在同一地区内不会出现重名的会计师事务所。

10. 报告日期

审计报告应当注明报告日期。审计报告的日期不应早于注册会计师获取充分、适当的审计证据(包括管理层认可对财务报表的责任且已批准财务报表的证据)，并在此基础上对财务报表形成审计意见的日期。注册会计师在确定审计报告日时，应当确信已获取下列两方面的审计证据：①构成整套财务报表的所有报表(包括相关附注)已编制完成；②被审计单位的董事会、管理层或类似机构已经认可其对财务报表负责。

审计报告的日期向审计报告使用者表明，注册会计师已考虑其知悉的、截止审计报告日发生的事项和交易的影响。注册会计师对审计报告日后发生的事项和交易的责任，在《中国注册会计师审计准则第 1332 号——其后事项》中做出了规定。审计报告的日期非常重要。注册会计师对不同时段的财务报表日后事项有着不同的责任，而审计报告的日期是划分时段的关键时点。由于审计意见是针对财务报表发表的，并且编制财务报表是管理层的责任，所以，只有在注册会计师获取证据证明构成整套财务报表的所有报表(包括相关附注)已经编制完成，并且管理层已认可其对财务报表的责任的情况下，注册会计师才能得出已经获取充分、适当的审计证据的结论。在实务中，注册会计师在正式签署审计报告前，通常把审计报告草稿和已审计财务报表草稿一同提交给管理层。如果管理层批准并签署已审计财务报表，注册会计师即可签署审计报告。注册会计师签署审计报告的日期通常与管理层签署已审计财务报表的日期为同一天，或晚于管理层签署已审计财务报表的日期。

16.3.2 对上市实体财务报表出具无保留意见审计报告示例

在审计实务中，可能发现被审计单位根据法律法规的要求或出于自愿选择，将适用的财务报告编制基础没有要求的补充信息与已审计财务报表一同列报。如被审计单位列报补充信息以增强财务报表使用者对适用的财务报告编制基础的理解，或者对财务报表的特定项目提供进一步解释。这种补充信息通常在补充报表中或作为额外的附注进行列示。注册会计师应当评价被审计单位是否清楚地将这些补充信息与已审计财务报表予以区分。如果被审计单位未能予以清楚区分，注册会计师应当要求管理层改变未审计补充信息的列报方式。如果管理层拒绝改变，注册会计师应当在审计报告中说明补充信息未审计。

对于适用的财务报告编制基础没有要求的补充信息，如果由于其性质和列报方式导致不能使其清楚地与已审计财务报表予以区分，从而构成财务报表必要的组成部分，这些补充信息应当涵盖在审计意见中。如财务报表附注中关于该财务报表符合另一财务报告编制基础的程度的解释，属于这种补充信息，审计意见也涵盖与财务报表进行交叉索引的附注或补充报表。

参考格式 16-1 列示了对上市实体财务报表出具的无保留意见的审计报告。

参考格式 16-1：对上市实体财务报表出具的审计报告

审 计 报 告

ABC 股份有限公司全体股东:

一、对财务报表出具的审计报告

(一) 审计意见

我们审计了 ABC 股份有限公司(以下简称“ABC 公司”)财务报表，包括 20×6 年 12 月 31 日的资产负债表，20×6 年度的利润表、现金流量表、股东权益变动表以及相关财务报表附注。

我们认为，后附的财务报表在所有重大方面按照企业会计准则的规定编制，公允反映了 ABC 公司 20×6 年 12 月 31 日的财务状况以及 20×6 年度的经营成果和现金流量。

(二) 形成审计意见的基础

我们按照中国注册会计师审计准则的规定执行了审计工作。审计报告的“注册会计师对财务报表审计的责任”部分进一步阐述了我们在这些准则下的责任。按照中国注册会计师职业道德守则，我们独立于 ABC 公司，并履行了职业道德方面的其他责任。我们相信，我们获取的审计证据是充分、适当的，为发表审计意见提供了基础。

(三) 关键审计事项

关键审计事项是根据我们的职业判断，认为对本期财务报表审计最为重要的事项。这些事项是在对财务报表整体进行审计并形成意见的背景下进行处理的，我们不对这些事项提供单独的意见。

[按照《中国注册会计师审计准则第 1504 号——在审计报告中沟通关键审计事项》的规定描述每一关键审计事项。]

(四) 管理层和治理层对财务报表的责任

管理层负责按照企业会计准则的规定编制财务报表，使其实现公允反映，并设计、执行和维护必要的内部控制，以使财务报表不存在由于舞弊或错误导致的重大错报。

在编制财务报表时，管理层负责评估 ABC 公司的持续经营能力，披露与持续经营相关的事项(如适用)，并运用持续经营假设，除非计划清算 ABC 公司、停止营运或别无其他现实的选择。

治理层负责监督 ABC 公司的财务报告过程。

(五) 注册会计师对财务报表审计的责任

我们的目标是对财务报表整体是否不存在由于舞弊或错误导致的重大错报获取合理保证，并出具包含审计意见的审计报告。合理保证是高水平的保证，但并不能保证按照审计准则执行的审计在某一重大错报存在时总能发现。错报可能由于舞弊或错误导致。如果合理预期错报单独或汇总起来可能影响财务报表使用者依据财务报表做出的经济决策，则通常认为错报是重大的。

在按照审计准则执行审计的过程中，我们运用了职业判断，保持了职业怀疑。我们同时做了如下事项。

(1) 识别和评估由于舞弊或错误导致的财务报表重大错报风险，对这些风险有针对性地设计和实施审计程序，获取充分、适当的审计证据，作为发表审计意见的基础。由于舞弊可能涉及串通、伪造、故意遗漏、虚假陈述或凌驾于内部控制之上，未能发现由于舞弊导致的重大错报的风险高于未能发现由于错误导致的重大错报的风险。

(2) 了解与审计相关的内部控制，以设计恰当的审计程序，但目的并非对内部控制的有效性发表意见。

(3) 评价管理层选用会计政策的恰当性和做出会计估计及相关披露的合理性。

(4) 对管理层使用持续经营假设的恰当性得出结论。同时，根据获取的审计证据，就可能导致对 ABC 公司持续经营能力产生重大疑虑的事项或情况是否存在重大不确定性得出结论。如果我们得出结论认为存在重大不确定性，审计准则要求我们在审计报告中提请报表使用者关注财务报表中的相关披露；如果披露不充分，我们应当发表非无保留意见。我们的结论基于审计报告日可获得的信息。然而，未来的事项或情况可能导致 ABC 公司不能持续经营。

(5) 评价财务报表的总体列报、结构和内容(包括披露)，并评价财务报表是否公允反映相关交易和事项。

我们与治理层就计划的审计范围、时间安排和重大审计发现(包括我们在审计中识别的值得关注的内部控制缺陷)等事项进行沟通。

我们还就遵守关于独立性的相关职业道德要求向治理层提供声明，并就可能被合理认为影响我们独立性的所有关系和其他事项，以及相关的防范措施(如适用)与治理层进行沟通。

从与治理层沟通的事项中，我们确定哪些事项对本期财务报表审计最为重要，因而构成关键审计事项。我们在审计报告中描述这些事项，除非法律法规禁止公开披露这些事项，或在极其罕见的情形下，如果合理预期在审计报告中沟通某事项造成的负面后果超过在公众利益方面产生的益处，我们确定不应在审计报告中沟通该事项。

二、按照相关法律法规的要求报告的事项

[本部分的格式和内容，取决于法律法规对其他报告责任的性质的规定。法律法规规范的事项(其他报告责任)应当在本部分处理，除非其他报告责任与审计准则所要求的报告责任涉及相同的主题。如果涉及相同的主题，其他报告责任可以在审计准则所要求的同一报告要素部分中列示。当其他报告责任和审计准则规定的报告责任涉及同一主题，并且审计报告中的措辞能够将其他报告责任与审计准则规定的责任予以清楚地区分(如差异存在)时，允许将两者合并列示(包含在“对财务报表出具的审计报告”部分中，并使用适当的副标题)。]

××会计师事务所　　　　　　　　中国注册会计师：×××(项目合伙人)

(盖章)　　　　　　　　　　　　(签名并盖章)

中国注册会计师：×××

(签名并盖章)

中国××市　　　　　　　　　　　二〇×七年×月×日

16.4　在审计报告中沟通关键审计事项

《中国注册会计师审计准则第 1504 号——在审计报告中沟通关键审计事项》要求注册会计师在上市实体整套通用目的财务报表审计报告中增加关键审计事项部分，用于沟通关键审计事项。关键审计事项，是指注册会计师根据职业判断认为对当期财务报表审计最为重要的事项。在审计报告中沟通关键审计事项，可以提高已执行审计工作的透明度，从而提高审计报告的决策相关性和有用性。沟通关键审计事项能够为财务报表预期使用者提供额外的信息，以帮助其了解被审计单位、已审计财务报表中涉及重大管理层判断的领域，以及注册会计师根据职业判断认为对本期财务报表审计最为重要的事项。沟通关键审计事项，还能够为财务报表预期使用者就与被审计单位、已审计财务报表或已执行审计工作相关的事项进一步与管理层和治理层沟通提供基础。

16.4.1 确定关键审计事项的决策框架

注册会计师在确定关键审计事项时，需要遵循以下决策框架，如图 16-1 所示。

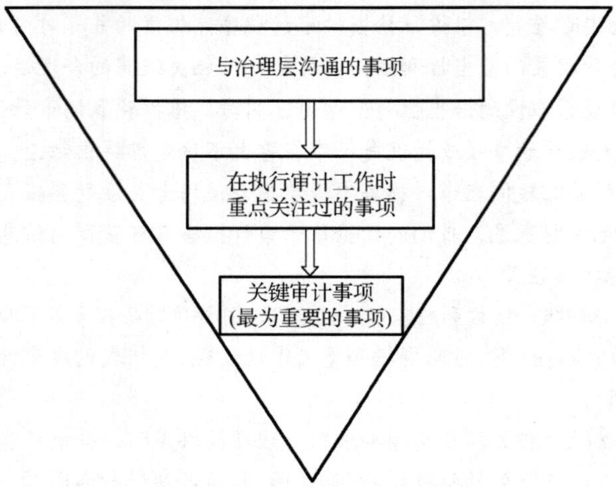

图 16-1 关键审计事项的决策框架

1. 以“与治理层沟通的事项”为起点选择关键审计事项

《中国注册会计师审计准则第 1151 号——与治理层的沟通》要求注册会计师与被审计单位治理层沟通审计过程中的重大发现，包括注册会计师对被审计单位的重要会计政策、会计估计和财务报表披露等会计实务的看法，审计过程中遇到的重大困难，已与治理层讨论或需要书面沟通的重大事项等，以便治理层履行其监督财务报告过程的职责。对财务报表和审计报告使用者信息需求的调查结果表明，他们对这些事项感兴趣，并且呼吁增加这些沟通的透明度。因此，应从与治理层沟通事项中选取关键审计事项。

2. 从“与治理层沟通的事项”中选出“在执行审计工作时重点关注过的事项”

重点关注的概念基于这样的认识：审计是风险导向的，注重识别和评估财务报表重大错报风险，设计和实施应对这些风险的审计程序，获取充分、适当的审计证据，以作为形成审计意见的基础。对于特定账户余额、交易类别或披露，评估的认定层次重大错报风险越高，在计划和实施审计程序并评价审计程序的结果时通常涉及的判断就越多。在设计进一步审计程序时，注册会计师评估的风险越高，就需要获取越有说服力的审计证据。当由于评估的风险较高而需要获取更具说服力的审计证据时，注册会计师可能需要增加所需审计证据的数量，或者获取更具相关性或可靠性的审计证据，如更注重第三方获取审计证据或从多个独立渠道获取互相印证的审计证据。因此，对注册会计师获取充分、适当的审计证据或对财务报表形成审计意见构成挑战的事项可能与注册会计师确定关键审计事项尤其相关。注册会计师在确定哪些事项属于重点关注过的事项时，需要特别考虑下列方面：

①评估的重大错报风险较高的领域或识别出的特别风险；

②与财务报表中涉及重大管理层判断(包括被认为具有高度估计不确定性的会计估计)的领域相关的重大审计判断；

③当期重大交易或事项对审计的影响。

3. 从“在执行审计工作时重点关注过的事项”中选出“最为重要的事项”，从而构成关键审计事项

注册会计师可能已就需要重点关注的事项与治理层进行了较多的互动。就这些事项与治理层进行沟通的性质和范围，通常能够表明哪些事项对审计而言最为重要。如对于较为困难和复杂的事项，注册会计师与治理层的互动可能更加深入、频繁或充分，这些事项(如重大会计政策的运用)构成重大注册会计师或管理层判断的对象。在确定某一与治理层沟通过的事项的相对重要程度以及该事项是否构成关键审计事项时，下列考虑也可能是相关的。

①该事项对预期使用者理解财务报表整体的重要程度，尤其是对财务报表的重要性。

②与该事项相关的会计政策的性质或者与同行业其他实体相比，管理层在选择适当的会计政策时涉及的复杂程度或主观程度。

③从定性和定量方面考虑，与该事项相关的由于舞弊或错误导致的已更正错报和累积未更正错报(如有)的性质和重要程度。

④为应对该事项所需要付出的审计努力的性质和程度，包括：为应对该事项而实施审计程序或评价这些审计程序的结果(如有)在多大程度上需要特殊的知识或技能；就该事项在项目组之外进行咨询的性质。

⑤在实施审计程序、评价实施审计程序的结果、获取相关和可靠的审计证据以作为发表审计意见的基础时，注册会计师遇到的困难的性质和严重程度，尤其是当注册会计师的判断变得更加主观时。

⑥识别出的与该事项相关的控制缺陷的严重程度。

⑦该事项是否涉及数项可区分但又相互关联的审计考虑，如长期合同的收入确认、诉讼或其他或有事项等方面，可能需要重点关注，并且可能影响其他会计估计。

16.4.2 在审计报告中沟通关键审计事项

1. 在审计报告中单设关键审计事项部分

为达到突出关键审计事项的目的，注册会计师应当在审计报告中单设一部分，以“关键审计事项”为标题，并在该部分使用恰当的子标题逐项描述关键审计事项。关键审计事项部分的引言应当同时说明下列事项：

①关键审计事项是注册会计师根据职业判断，认为对本期财务报表审计最为重要的事项；

②关键审计事项的应对以对财务报表整体进行审计并形成审计意见为背景，注册会计师对财务报表整体形成审计意见，而不对关键审计事项单独发表意见。

2. 描述单一关键审计事项

为帮助财务报表使用者了解注册会计师确定的关键审计事项，注册会计师应当在审计报告中逐项描述每一关键审计事项，并同时说明下列方面。

①该事项被认定为审计中最为重要的事项之一，因而被确定为关键审计事项的原因。

②该事项在审计中是如何应对的，注册会计师可以描述下列要素：a. 审计应对措施或审计方法中，与该事项最为相关或对评估的重大错报风险最有针对性的方面；b. 对已实施审计程序的简要概述；c. 实施审计程序的结果；d. 对该事项做出的主要看法。

对某项关键审计事项的描述是否充分属于职业判断问题。对关键审计事项进行描述的目的在于提供一种简明、不偏颇的解释，以使预期使用者能够了解为何该事项是对审计最为重要的事项之一，以及这些事项是如何在审计中加以应对的。限制使用高度技术化的审计学术语也能够帮助那些不具备适当审计知识的预期使用者了解注册会计师在审计过程中关注特定事项的原因。注册会计师提供信息的性质和范围需要在相关方各自责任的背景下做出权衡(注册会计师以一种简明且可理解的形式提供有用的信息，而不应成为被审计单位原始信息的提供者)。

原始信息是指与被审计单位相关、尚未由被审计单位公布(如未包含在财务报表中、未包含在审计报告日可获取的其他信息或者管理层或治理层的其他口头或书面沟通中,如财务信息的初步公告或投资者简报)的信息。这些信息是被审计单位管理层和治理层的责任。

16.4.3 不在审计报告中沟通关键审计事项的情形

一般而言，在审计报告中沟通关键审计事项，通常有助于提高审计的透明度，是符合公众利益的。然而，在极其罕见的情况下，关键审计事项可能涉及某些“敏感信息”，沟通这些信息可能为被审计单位带来较为严重的负面影响。在某些情况下，法律法规也可能禁止公开披露某事项。如公开披露某事项可能妨碍相关机构对某些违法行为或疑似违法行为的调查。因此，除非法律法规禁止公开披露某事项，或者在极其罕见的情况下,如果合理预期在审计报告中沟通某事项造成的负面后果超过产生的公众利益方面的益处，注册会计师确定不应在审计报告中沟通该事项，则注册会计师应当在审计报告中逐项描述关键审计事项。

16.4.4 就关键审计事项与治理层沟通

治理层在监督财务报告过程中担当重要角色。就关键审计事项与治理层沟通，能够使治理层了解注册会计师就关键审计事项做出的审计决策的基础以及这些事项将如何在审计报告中做出描述，也能够使治理层考虑鉴于这些事项将在审计报告中沟通，做出新的披露或提高披露质量是否有用。因此，注册会计师就下列方面与治理层沟通：

①注册会计师确定的关键审计事项；

②根据被审计单位和审计业务的具体情况，注册会计师确定不存在需要在审计报告中沟通的关键审计事项(如适用)。

16.5 非无保留意见审计报告

16.5.1 非无保留意见的含义

非无保留意见是指保留意见、否定意见和无法表示意见。

当存在下列情形之一时，注册会计师应当在审计报告中发表非无保留意见。

1. 根据获取的审计证据，得出财务报表整体存在重大错报的结论

为了形成审计意见，针对财务报表整体是否不存在由于舞弊或错误导致的重大错报，注册会计师应当得出结论，确定是否已就此获取合理保证。在得出结论时，注册会计师需要评价未更正错报对财务报表的影响。

错报是指某一财务报表项目的金额、分类、列报或披露，与按照适用的财务报告编制基础应当列示的金额、分类、列报或披露之间存在的差异。财务报表的重大错报可能源于如下方面。

(1)选择的会计政策的恰当性

在选择的会计政策的恰当性方面，当出现下列情形时，财务报表可能存在重大错报：

①选择的会计政策与适用的财务报告编制基础不一致；

②财务报表(包括相关附注)没有按照公允列报的方式反映交易和事项。

(2)对所选择的会计政策的运用

在对所选择的会计政策的运用方面，当出现下列情形时，财务报表可能存在重大错报：

①管理层没有按照适用的财务报告编制基础的要求一贯运用所选择的会计政策，包括管理层未在不同会计期间或对相似的交易和事项一贯运用所选择的会计政策(运用的一致性)；

②不当运用所选择的会计政策(如运用中的无意错误)。

(3)财务报表披露的恰当性或充分性

在财务报表披露的恰当性或充分性方面，当出现下列情形时，财务报表可能存在重大错报：

①财务报表没有包括适用的财务报告编制基础要求的所有披露；

②财务报表的披露没有按照适用的财务报告编制基础列报；

③财务报表没有做出必要的披露以实现公允反映。

2. 无法获取充分、适当的审计证据，不能得出财务报表整体不存在重大错报的结论

如果注册会计师能够通过实施替代程序获取充分、适当的审计证据，则无法实施特定的程序并不构成对审计范围的限制。下列情形可能导致注册会计师无法获取充分、适当的审计证据(也称为审计范围受到限制)。

(1)超出被审计单位控制的情形

超出被审计单位控制的情形，如：①被审计单位的会计记录已被毁坏；②重要组成部分的会计记录已被政府有关机构无限期地查封。

(2)与注册会计师工作的性质或时间安排相关的情形

与注册会计师工作的性质或时间安排相关的情形，如：①被审计单位需要使用权益法对联营企业进行核算，注册会计师无法获取有关联营企业财务信息的充分、适当的审计证据以评价是否恰当运用了权益法；②注册会计师接受审计委托的时间安排，使注册会计师无法实施存货监盘；③注册会计师确定仅实施实质性程序是不充分的，但被审计单位的控制是无效的。

(3)管理层施加限制的情形

管理层对审计范围施加的限制致使注册会计师无法获取充分、适当的审计证据的情形，如：①管理层阻止注册会计师实施存货监盘；②管理层阻止注册会计师对特定账户余额实施函证。管理层施加的限制可能对审计产生其他影响，如注册会计师对舞弊风险的评估和对业务保持的考虑。

16.5.2 确定非无保留意见的类型

注册会计师确定恰当的非无保留意见类型，取决于下列事项：①导致非无保留意见的事项的性质，是财务报表存在重大错报，还是在无法获取充分、适当的审计证据的情况下，财务报表可能存在重大错报；②注册会计师就导致非无保留意见的事项对财务报表产生或可能产生影响的广泛性做出的判断。

广泛性是描述错报影响的术语，用以说明错报对财务报表的影响，或者由于无法获取充分、适当的审计证据而未发现的错报(如存在)对财务报表可能产生的影响。根据注册会计师的判断，对财务报表的影响具有广泛性的情形包括：①不限于对财务报表的特定要素、账户或项目产生影响；②虽然仅对财务报表的特定要素、账户或项目产生影响，但这些要素、账户或项目是或可能是财务报表的主要组成部分；③当与披露相关时，产生的影响对财务报表使用者理解财务报表至关重要。

表 16-1 列示了注册会计师对导致发表非无保留意见的事项的性质和这些事项对财务报表产生或可能产生影响的广泛性做出的判断，以及注册会计师的判断对审计意见类型的影响。

表 16-1 审计意见决策表

导致发表非无保留意见的事项的性质	这些事项对财务报表产生或可能产生影响的广泛性	
	重大但不具有广泛性	重大且具有广泛性
财务报表存在重大错报	保留意见	否定意见
无法获取充分、适当的审计证据	保留意见	无法表示意见

1. 发表保留意见

当存在下列情形之一时，注册会计师应当发表保留意见：

(1)在获取充分、适当的审计证据后，注册会计师认为错报单独或汇总起来对财务报表影响重大，但不具有广泛性

注册会计师在获取充分、适当的审计证据后，只有当认为财务报表就整体而言是公允的，但还存在对财务报表产生重大影响的错报时，才能发表保留意见。如果注册会计师认为错报对财务报表产生的影响极为严重且具有广泛性，则应发表否定意见。因此，保留意见被视为注册会计师在不能发表无保留意见情况下最不严厉的审计意见。

(2)注册会计师无法获取充分、适当的审计证据以作为形成审计意见的基础，但认为未发现的错报(如存在)对财务报表可能产生的影响重大，但不具有广泛性

注册会计师因审计范围受到限制而发表保留意见还是无法表示意见，取决于无法获取的审计证据对形成审计意见的重要性。注册会计师在判断重要性时，应当考虑有关事项的潜在影响，只有当未发现的错报(如存在)对财务报表可能产生的影响重大但不具有广泛性时，才能发表保留意见。

2. 发表否定意见

在获取充分、适当的审计证据后，如果认为错报单独或汇总起来对财务报表的影响重大且具有广泛性，注册会计师应当发表否定意见。

3. 发表无法表示意见

如果无法获取充分、适当的审计证据以作为形成审计意见的基础，但认为未发现的错报(如存在)对财务报表可能产生的影响重大且具有广泛性，注册会计师应当发表无法表示意见。

在极其特殊的情况下，可能存在多个不确定事项。即使注册会计师对每个单独的不确定事项获取了充分、适当的审计证据，但由于不确定事项之间可能存在相互影响，以及可能对财务报表产生累积影响，注册会计师不可能对财务报表形成审计意见。在这种情况下，注册会计师应当发表无法表示意见。(联系持续经营能力的规定)

在确定非无保留意见的类型时还需注意以下两点。

一是在承接审计业务后，如果注意到管理层对审计范围施加了限制，且认为这些限制可能导致对财务报表发表保留意见或无法表示意见，注册会计师应当要求管理层消除这些限制。如果管理层拒绝消除限制，除非治理层全部成员参与管理被审计单位，注册会计师应当就此事项与治理层沟通，并确定能否实施替代程序以获取充分、适当的审计证据。如果无法获取充分、适当的审计证据，注册会计师应当通过下列方式确定其影响：①如果未发现的错报(如存在)可能对财务报表产生的影响重大，但不具有广泛性，应当发表保留意见；②如果未发现的错报(如存在)可能对财务报表产生的影响重大且具有广泛性，以至于发表保留意见不足以反映情况的严重性，应当在可行时解除业务约定(除非法律法规禁止)。当然，注册会计师应当在解除业务约定前，与治理层沟通在审计过程中发现的、将会导致发表非无保留意见的所有错报事项；如果在出具审计报告之前解除业务约定被禁止或不可行，应当发表无法表示意见。

在某些情况下，如果法律法规要求注册会计师继续执行审计业务，则注册会计师可能无法解除审计业务约定。这种情况可能包括：①注册会计师接受委托审计公共部门实体(Public Sector)的财务报表；②注册会计师接受委托审计涵盖特定期间的财务报表，或者接受一定期间的委托，在完成财务报表审计前或在受托期间结束前，不允许解除审计业务约定。在这些情况下，注册会计师可能认为需要在审计报告中增加其他事项段。

二是如果认为有必要对财务报表整体发表否定意见或无法表示意见，注册会计师不应在同一审计报告中对按照相同财务报告编制基础编制的单一财务报表或者财务报表特定要素、账户或项目发表无保留意见。在单一审计报告中包含无保留意见，将会与对财务报表整体发表的否定意见或无法表示意见相矛盾。当然，对经营成果、现金流量(如相关)发表无法表示意见，而对财务状况发表无保留意见，这种情况可能是被允许的。因为在这种情况下，注册会计师并没有对财务报表整体发表无法表示意见。

16.5.3 非无保留意见的审计报告的格式和内容

1. 导致非无保留意见的事项段

(1)审计报告格式和内容的一致性

如果对财务报表发表非无保留意见，注册会计师应当直接在审计意见段之前增加一个部分，并使用恰当的标题，如“形成保留意见的基础”、“形成否定意见的基础”或“形成无法表示意见的基础”，说明导致发表非无保留意见的事项。审计报告格式和内容的一致性有助于提高使用者的理解和识别存在的异常

情况。因此，尽管不可能统一非无保留意见的措辞和对导致非无保留意见的事项的说明，但仍有必要保持审计报告格式和内容的一致性。

(2) 量化财务影响

如果财务报表中存在与具体金额(包括定量披露)相关的重大错报，注册会计师应当在导致非无保留意见的事项段中说明并量化该错报的财务影响。如果无法量化财务影响，注册会计师应当在导致非无保留意见的事项段中说明这一情况。

(3) 存在与叙述性披露相关的重大错报

如果财务报表中存在与叙述性披露相关的重大错报，注册会计师应当在导致非无保留意见的事项段中解释该错报错在何处。

(4) 存在与应披露而未披露信息相关的重大错报

如果财务报表中存在与应披露而未披露信息相关的重大错报，注册会计师应当：①与治理层讨论未披露信息的情况；②在形成非无保留意见的基础部分描述未披露信息的性质；③如果可行并且已针对未披露信息获取了充分、适当的审计证据，在形成非无保留意见的基础部分包含对未披露信息的披露，除非法律法规禁止。

如果存在下列情形之一，则在形成非无保留意见的基础部分披露遗漏的信息是不可行的：①管理层还没有做出这些披露，或管理层已做出但注册会计师不易获取这些披露；②根据注册会计师的判断，在审计报告中披露该事项过于庞杂。

(5) 无法获取充分、适当的审计证据

如果因无法获取充分、适当的审计证据而导致发表非无保留意见，注册会计师应当在形成非无保留意见的基础部分说明无法获取审计证据的原因。

(6) 披露其他事项

即使发表了否定意见或无法表示意见，注册会计师也应当在形成非无保留意见的基础部分说明注意到的、将导致发表非无保留意见的所有其他事项及其影响。这是因为，对注册会计师注意到的其他事项的披露可能与财务报表使用者的信息需求相关。

2. 审计意见段

(1) 标题

在发表非无保留意见时，注册会计师应当对审计意见段使用恰当的标题，如“保留意见”、“否定意见”或“无法表示意见”。审计意见段的标题能够使财务报表使用者清楚注册会计师发表了非无保留意见，并能够表明非无保留意见的类型。

(2) 发表保留意见

当由于财务报表存在重大错报而发表保留意见时，注册会计师应当根据适用的财务报告编制基础在审计意见段中说明：注册会计师认为，除了形成保留意见的基础部分所述事项产生的影响外，财务报表在所有重大方面按照适用的财务报告编制基础编制，并实现公允反映。

当无法获取充分、适当的审计证据而导致发表保留意见时，注册会计师应当在审计意见段中使用“除……可能产生的影响外”等措辞。

当注册会计师发表保留意见时，在审计意见段中使用“由于上述解释”或“受……影响”等措辞是不恰当的，因为这些措辞不够清晰或没有足够的说服力。

(3) 发表否定意见

当发表否定意见时，注册会计师应当根据适用的财务报告编制基础在审计意见段中说明：注册会计师认为，由于形成否定意见的基础部分所述事项的重要性，财务报表没有在所有重大方面按照适用的财务报告编制基础编制，未能实现公允反映。

(4) 发表无法表示意见

当由于无法获取充分、适当的审计证据而发表无法表示意见时，注册会计师应当在审计意见段中说明：由于形成无法表示意见的基础部分所述事项的重要性，注册会计师无法获取充分、适当的审计证据以为发表审计意见提供基础，因此，注册会计师不对这些财务报表发表审计意见。

3. 非无保留意见对审计报告要素内容的修改

当发表保留意见或否定意见时，注册会计师应当修改对注册会计师责任的描述，以说明：注册会计师相信，注册会计师已获取的审计证据是充分、适当的，为发表非无保留意见提供了基础。

当由于无法获取充分、适当的审计证据而发表无法表示意见时，注册会计师应当修改审计报告的引言段，说明：注册会计师接受委托审计财务报表；注册会计师不对后附的财务报表发表审计意见；由于形成无法表示意见的基础部分所述事项的重要性，注册会计师无法获取充分、适当的审计证据以作为对财务报表发表审计意见的基础。

当注册会计师对财务报表发表无法表示意见时，注册会计师应当修改无保留意见审计报告中注册会计师对财务报表审计的责任部分，使之仅包含下列内容：

①注册会计师的责任是按照中国注册会计师审计准则的规定，对被审计单位财务报表执行审计工作，以出具审计报告；

②由于形成无法表示意见的基础部分所述的事项，注册会计师无法获取充分、适当的审计证据以作为发表审计意见的基础；

③声明注册会计师在独立性和职业道德方面的其他责任。

16.5.4 非无保留意见的审计报告的参考格式

参考格式 16-2：保留意见的审计报告(财务报表存在重大错报)参考格式

审 计 报 告

ABC 股份有限公司全体股东：

一、对财务报表出具的审计报告

(一)保留意见

我们审计了 ABC 股份有限公司(以下简称“ABC 公司”)财务报表，包括 20×6 年 12 月 31 日的资产负债表，20×6 年度的利润表、现金流量表、股东权益变动表以及相关财务报表附注。

我们认为，除“形成保留意见的基础”部分所述事项产生的影响外，后附的财务报表在所有重大方面按照企业会计准则的规定编制，公允反映了 ABC 公司 20×6 年 12 月 31 日的财务状况以及 20×6 年度的经营成果和现金流量。

(二)形成保留意见的基础

ABC 公司 20×1 年 12 月 31 日的资产负债表中存货的列示金额为×元。管理层根据成本对存货进行计量，而没有根据成本与可变现净值孰低的原则进行计量，这不符合企业会计准则的规定。ABC 公司的会计记录显示，如果管理层以成本与可变现净值孰低来计量存货，存货列示金额将减少×元。相应地，资产减值损失将增加×元，所得税、净利润和股东权益将分别减少×元、×元和×元。

我们按照中国注册会计师审计准则的规定执行了审计工作。审计报告的“注册会计师对财务报表审计的责任”部分进一步阐述了我们在这些准则下的责任。按照中国注册会计师职业道德守则，我们独立于 ABC 公司，并履行了职业道德方面的其他责任。我们相信，我们获取的审计证据是充分、适当的，为发表审计意见提供了基础。

(三)关键审计事项

关键审计事项是根据我们的职业判断，认为对本期财务报表审计最为重要的事项。这些事项是在对财务报表整体进行审计并形成意见的背景下进行处理的，我们不对这些事项提供单独的意见。除“形成保留意见的基础”部分所述事项外，我们确定下列事项是需要在审计报告中沟通的关键审计事项。

[按照《中国注册会计师审计准则第 1504 号——在审计报告中沟通关键审计事项》的规定描述每一关键审计事项。]

(四)管理层和治理层对财务报表的责任

管理层负责按照企业会计准则的规定编制财务报表，使其实现公允反映，并设计、执行和维护必要的内部控制，以使财务报表不存在由于舞弊或错误导致的重大错报。

在编制财务报表时，管理层负责评估 ABC 公司的持续经营能力，披露与持续经营相关的事项(如适用)，并运用持续经营假设，除非计划清算 ABC 公司、停止营运或别无其他现实的选择。

治理层负责监督 ABC 公司的财务报告过程。

(五)注册会计师对财务报表审计的责任

我们的目标是对财务报表整体是否不存在由于舞弊或错误导致的重大错报获取合理保证，并出具包含审计意见的审计报告。合理保证是高水平的保证，但并不能保证按照审计准则执行的审计在某一重大错报存在时总能发现。错报可能由于舞弊或错误导致。如果合理预期错报单独或汇总起来可能影响财务报表使用者依据财务报表做出的经济决策，则通常认为错报是重大的。

在按照审计准则执行审计的过程中，我们运用了职业判断，保持了职业怀疑。我们同时做了如下事项。

(1)识别和评估由于舞弊或错误导致的财务报表重大错报风险，对这些风险有针对性地设计和实施审计程序，获取充分、适当的审计证据，作为发表审计意见的基础。由于舞弊可能涉及串通、伪造、故意遗漏、虚假陈述或凌驾于内部控制之上，未能发现由于舞弊导致的重大错报的风险高于未能发现由于错误导致的重大错报的风险。

(2)了解与审计相关的内部控制，以设计恰当的审计程序，但目的并非对内部控制的有效性发表意见。

(3)评价管理层选用会计政策的恰当性和做出会计估计及相关披露的合理性。

(4)对管理层使用持续经营假设的恰当性得出结论。同时，根据获取的审计证据，就可能导致对 ABC 公司持续经营能力产生重大疑虑的事项或情况是否存在重大不确定性得出结论。如果我们得出结论认为存在重大不确定性，审计准则要求我们在审计报告中提请报表使用者关注财务报表中的相关披露；如果披露不充分，我们应当发表非无保留意见。我们的结论基于审计报告日可获得的信息。然而，未来的事项或情况可能导致 ABC 公司不能持续经营。

(5)评价财务报表的总体列报、结构和内容(包括披露)，并评价财务报表是否公允反映相关交易和事项。

我们与治理层就计划的审计范围、时间安排和重大审计发现(包括我们在审计中识别的值得关注的内部控制缺陷)等事项进行沟通。

我们还就遵守关于独立性的相关职业道德要求向治理层提供声明，并就可能被合理认为影响我们独立性的所有关系和其他事项，以及相关的防范措施(如适用)与治理层进行沟通。

从与治理层沟通的事项中，我们确定哪些事项对本期财务报表审计最为重要，因而构成关键审计事项。我们在审计报告中描述这些事项，除非法律法规禁止公开披露这些事项，或在极其罕见的情形下，如果合理预期在审计报告中沟通某事项造成的负面后果超过在公众利益方面产生的益处，我们确定不应在审计报告中沟通该事项。

二、按照相关法律法规的要求报告的事项

[本部分的格式和内容，取决于法律法规对其他报告责任的性质的规定。法律法规规范的事项(其他报告责任)应当在本部分处理，除非其他报告责任与审计准则所要求的报告责任涉及相同的主题。如果涉及相同的主题，其他报告责任可以在审计准则所要求的同一报告要素部分中列示。当其他报告责任和审计准则规定的报告责任涉及同一主题，并且审计报告中的措辞能够将其他报告责任与审计准则规定的责任予以清

楚地区分(如差异存在)时，允许将两者合并列示(包含在“对财务报表出具的审计报告”部分中，并使用适当的副标题)。]

××会计师事务所　　　　　　　　　　中国注册会计师：×××(项目合伙人)

（盖章）　　　　　　　　　　　　　　　　（签名并盖章）

中国注册会计师：×××

（签名并盖章）

中国××市　　　　　　　　　　　　二〇×七年×月×日

参考格式 16-3：否定意见的审计报告(财务报表存在重大错报)参考格式

审 计 报 告

ABC 股份有限公司全体股东：

一、对财务报表出具的审计报告

(一)否定意见

我们审计了 ABC 股份有限公司(以下简称“ABC 公司”)财务报表，包括 20×6 年 12 月 31 日的资产负债表，20×6 年度的利润表、现金流量表、股东权益变动表以及相关财务报表附注。

我们认为，由于“形成否定意见的基础”部分所述事项的重要性，财务报表没有在所有重大方面按照适用的财务报告编制基础编制，未能公允反映了 ABC 公司 20×6 年 12 月 31 日的财务状况以及 20×6 年度的经营成果和现金流量。

(二)形成否定意见的基础

ABC 公司 20×6 年度财务报表附注×所述，ABC 公司的长期股权投资未按企业会计准则的规定采用权益法核算。如果按权益法核算，ABC 公司的长期股权投资账面价值将减少××万元，净利润将减少××万元，从而导致 ABC 公司由盈利××万元变为亏损××万元。

我们按照中国注册会计师审计准则的规定执行了审计工作。审计报告的“注册会计师对财务报表审计的责任”部分进一步阐述了我们在这些准则下的责任。按照中国注册会计师职业道德守则，我们独立于 ABC 公司，并履行了职业道德方面的其他责任。我们相信，我们获取的审计证据是充分、适当的，为发表审计意见提供了基础。

(三)关键审计事项

关键审计事项是根据我们的职业判断，认为对本期财务报表审计最为重要的事项。这些事项是在对财务报表整体进行审计并形成意见的背景下进行处理的，我们不对这些事项提供单独的意见。除“形成保留意见的基础”部分所述事项外，我们确定下列事项是需要在审计报告中沟通的关键审计事项。

[按照《中国注册会计师审计准则第 1504 号——在审计报告中沟通关键审计事项》的规定描述每一关键审计事项。]

(四)管理层和治理层对财务报表的责任

管理层负责按照企业会计准则的规定编制财务报表，使其实现公允反映，并设计、执行和维护必要的内部控制，以使财务报表不存在由于舞弊或错误导致的重大错报。

在编制财务报表时，管理层负责评估 ABC 公司的持续经营能力，披露与持续经营相关的事项(如适用)，并运用持续经营假设，除非计划清算 ABC 公司、停止营运或别无其他现实的选择。

治理层负责监督 ABC 公司的财务报告过程。

(五)注册会计师对财务报表审计的责任

我们的目标是对财务报表整体是否不存在由于舞弊或错误导致的重大错报获取合理保证，并出具包含审计意见的审计报告。合理保证是高水平的保证，但并不能保证按照审计准则执行的审计在某一重大错报存在时总能发现。错报可能由于舞弊或错误导致。如果合理预期错报单独或汇总起来可能影响财务报表使用者依据财务报表做出的经济决策，则通常认为错报是重大的。

在按照审计准则执行审计的过程中，我们运用了职业判断，保持了职业怀疑。我们同时做了如下事项。

(1) 识别和评估由于舞弊或错误导致的财务报表重大错报风险，对这些风险有针对性地设计和实施审计程序，获取充分、适当的审计证据，作为发表审计意见的基础。由于舞弊可能涉及串通、伪造、故意遗漏、虚假陈述或凌驾于内部控制之上，未能发现由于舞弊导致的重大错报的风险高于未能发现由于错误导致的重大错报的风险。

(2) 了解与审计相关的内部控制，以设计恰当的审计程序，但目的并非对内部控制的有效性发表意见。

(3) 评价管理层选用会计政策的恰当性和做出会计估计及相关披露的合理性。

(4) 对管理层使用持续经营假设的恰当性得出结论。同时，根据获取的审计证据，就可能导致对 ABC 公司持续经营能力产生重大疑虑的事项或情况是否存在重大不确定性得出结论。如果我们得出结论认为存在重大不确定性，审计准则要求我们在审计报告中提请报表使用者关注财务报表中的相关披露；如果披露不充分，我们应当发表非无保留意见。我们的结论基于审计报告日可获得的信息。然而，未来的事项或情况可能导致 ABC 公司不能持续经营。

(5) 评价财务报表的总体列报、结构和内容(包括披露)，并评价财务报表是否公允反映相关交易和事项。

我们与治理层就计划的审计范围、时间安排和重大审计发现(包括我们在审计中识别的值得关注的内部控制缺陷)等事项进行沟通。

我们还就遵守关于独立性的相关职业道德要求向治理层提供声明，并就可能被合理认为影响我们独立性的所有关系和其他事项，以及相关的防范措施(如适用)与治理层进行沟通。

从与治理层沟通的事项中，我们确定哪些事项对本期财务报表审计最为重要，因而构成关键审计事项。我们在审计报告中描述这些事项，除非法律法规禁止公开披露这些事项，或在极其罕见的情形下，如果合理预期在审计报告中沟通某事项造成的负面后果超过在公众利益方面产生的益处，我们确定不应在审计报告中沟通该事项。

二、按照相关法律法规的要求报告的事项

[本部分的格式和内容，取决于法律法规对其他报告责任的性质的规定。法律法规规范的事项(其他报告责任)应当在本部分处理，除非其他报告责任与审计准则所要求的报告责任涉及相同的主题。如果涉及相同的主题，其他报告责任可以在审计准则所要求的同一报告要素部分中列示。当其他报告责任和审计准则规定的报告责任涉及同一主题，并且审计报告中的措辞能够将其他报告责任与审计准则规定的责任予以清楚地区分(如差异存在)时，允许将两者合并列示(包含在“对财务报表出具的审计报告”部分中，并使用适当的副标题)。]

××会计师事务所　　　　　　　　　　中国注册会计师：×××(项目合伙人)

(盖章)　　　　　　　　　　(签名并盖章)

中国注册会计师：×××

(签名并盖章)

中国××市　　　　　　　　　　二〇×七年×月×日

参考格式 16-4：无法表示意见的审计报告参考格式

审 计 报 告

ABC 股份有限公司全体股东：

一、对财务报表出具的审计报告

(一) 无法表示意见

我们接受委托，审计 ABC 股份有限公司(以下简称“ABC 公司”)财务报表，包括 20×6 年 12 月 31 日的资产负债表，20×6 年度的利润表、现金流量表、股东权益变动表以及相关财务报表附注。

我们不对后附的 ABC 公司财务报表发表审计意见。由于“形成无法表示意见的基础”部分所述事项的重要性，我们无法获取充分、适当的审计证据以作为对财务报表发表审计意见的基础。

(二)形成无法表示意见的基础

我们与20×7年1月接受ABC公司的审计委托，因而未能对ABC公司20×1年初金额为×元的存货和年末金额为×元的存货实施监盘程序。此外，我们也无法实施替代审计程序获取充分、适当的审计证据。并且，ABC公司于20×6年9月采用新的应收账款电算化系统，由于存在系统缺陷导致应收账款出现大量错误。截止报告日，管理层仍在纠正系统缺陷并更正错误，我们也无法实施替代审计程序，以对截止20×6年12月31日的应收账款总额×元获取充分、适当的审计证据。因此，我们无法确定是否有必要对存货、应收账款以及财务报表其他项目做出调整，也无法确定应调整的金额。

(三)管理层和治理层对财务报表的责任

管理层负责按照企业会计准则的规定编制财务报表，使其实现公允反映，并设计、执行和维护必要的内部控制，以使财务报表不存在由于舞弊或错误导致的重大错报。

在编制财务报表时，管理层负责评估ABC公司的持续经营能力，披露与持续经营相关的事项(如适用)，并运用持续经营假设，除非计划清算ABC公司、停止营运或别无其他现实的选择。

治理层负责监督ABC公司的财务报告过程。

(四)注册会计师对财务报表审计的责任

我们的责任是按照中国注册会计师审计准则的规定，对 ABC 公司的财务报表执行审计工作，以出具审计报告。但由于“形成无法表示意见的基础”部分所述的事项，我们无法获取充分、适当的审计证据以作为发表审计意见的基础。

按照中国注册会计师职业道德守则，我们独立于ABC公司，并履行了职业道德方面的其他责任。

二、对其他法律和监管要求的报告

[本部分的格式和内容，取决于法律法规对其他报告责任的性质的规定。法律法规规范的事项(其他报告责任)应当在本部分处理，除非其他报告责任与审计准则所要求的报告责任涉及相同的主题。如果涉及相同的主题，其他报告责任可以在审计准则所要求的同一报告要素部分中列示。当其他报告责任和审计准则规定的报告责任涉及同一主题，并且审计报告中的措辞能够将其他报告责任与审计准则规定的责任予以清楚地区分(如差异存在)时，允许将两者合并列示(包含在“对财务报表出具的审计报告”部分中，并使用适当的副标题)。]

××会计师事务所　　　　　　　　中国注册会计师：×××(项目合伙人)

(盖章)　　　　　　　　　　　　(签名并盖章)

中国注册会计师：×××

(签名并盖章)

中国××市　　　　　　　　　　二〇×七年×月×日

复习思考题

1. 针对下列各种情况，注册会计师应签发何种类型的审计报告？

(1)注册会计师未曾观察客户的存货盘点，又无其他程序可供替代。

(2)委托人对注册会计师的审计范围加以严重限制。

2. 审计报告包括哪些基本要素？

3. C注册会计师于20×7年2月10日对XYZ公司20×6年度会计报表进行审计，20×7年2月18日结束审计工作，2月25日将审计报告与已审会计报表一并对外公布。假定存在以下几种情况。

(1)XYZ公司一项金融巨大的银行借款将于20×7年6月1日到期，但无力按期偿还。按照取得借款时与借款银行签订的协议，该项长期借款以 XYZ 公司的唯一一幢办公大楼和全部三座生产厂房中的两座作为抵押物。进一步调查得知，XYZ 公司已与银行达成延期两年还款的协议，但此次协议须到 6 月 1 日才能签署，且在未来 3 年中，银行保留随时收回借款的权力。对此，请问注册会计师 C 应向 XYZ 公司提出何种建议？在 XYZ 公司接受建议与不接受建议的两种情况下，C 注册会计师分别发表何种审计意见？

(2) 审查得知，20×4 年 5 月 9 日，G 公司起诉 XYZ 公司生产技术侵权，前任注册会计师根据情况出具了带强调事项段无保留意见审计报告。但因法院无法取得证据，到 20×7 年 2 月 18 日仍未结案。假定通过向 XYZ 公司的律师查询，得知 G 公司已于 20×6 年 1 月 1 日被取缔，C 注册会计师应向 XYZ 公司提出何种建议？如何在审计报告中反映？又假定 XYZ 公司的律师拒绝提供有关信息，C 注册会计师应对 XYZ 公司提出何种建议？在建议接受及不被接受的情况下，C 注册会计师应在审计报告中的何处增加说明段？

第五篇　其他审计知识

第17章　审计质量控制

学习目标

掌握注册会计师鉴证业务准则的具体内容；熟悉了解注册会计师业务质量控制准则的相关内容。

17.1　注册会计师鉴证业务准则

17.1.1　鉴证业务的主要内容

1. 鉴证业务的定义

鉴证业务基本准则是鉴证业务准则的概念框架，旨在规范注册会计师执行鉴证业务，明确鉴证业务的目标和要素，确定审计准则、审阅准则、其他鉴证业务准则适用的鉴证业务类型，鉴证业务是指注册会计师对鉴证对象信息提出结论，以增强除责任方之外的预期使用者对鉴证对象信息信任程度的业务。鉴证对象信息是按照标准对鉴证对象进行评价和计量的结果。如责任方按照会计准则和相关会计制度（标准）对其财务状况、经营成果和现金流量（鉴证对象）进行确认、计量和列报（包括披露，下同）而形成的财务报表（鉴证对象信息）。

鉴证业务包括历史财务信息审计业务、历史财务信息审阅业务和其他鉴证业务。注册会计师执行这些业务时，应当遵守中国注册会计师鉴证业务基本准则以及依据该准则制定的审计准则、审阅准则和其他鉴证业务准则。

2. 基于责任方认定的业务和直接报告业务

鉴证业务分为基于责任方认定的业务和直接报告业务。在基于责任方认定的业务中，责任方对鉴证对象进行评价或计量，鉴证对象信息以责任方认定的形式为预期使用者获取。如在财务报表审计中，被审计单位管理层（责任方）对财务状况、经营成果和现金流量（鉴证对象）进行确认、计量和列报（评价或计量）而形成的财务报表（鉴证对象信息）即为责任方的认定，该财务报表可为预期使用者获取，注册会计师针对财务报表出具审计报告。这种业务属于基于责任方认定的业务。

在直接报告业务中，注册会计师直接对鉴证对象进行评价或计量，或者从责任方获取对鉴证对象评价或计量的认定，而该认定无法为预期使用者获取，预期使用者只能通过阅读鉴证报告获取鉴证对象信息。如在内部控制鉴证业务中，注册会计师可能无法从管理层（责任方）获取其对内部控制有效性的评价报告（责任方认定），或虽然注册会计师能够获取该报告，但预期使用者无法获取该报告，注册会计师直接对内部控制的有效性（鉴证对象）进行评价并出具鉴证报告，预期使用者只能通过阅读该鉴证报告获得内部控制有效性的信息（鉴证对象信息）。这种业务属于直接报告业务。

3. 鉴证业务的目标

鉴证业务的保证程度分为合理保证和有限保证。合理保证的保证水平要高于有限保证的保证水平。

合理保证的鉴证业务的目标是注册会计师将鉴证业务风险降至该业务环境下可接受的低水平，以此作为以积极方式提出结论的基础。如在历史财务信息审计中，要求注册会计师将审计风险降至该业务环境下可接受的低水平，对审计后的历史财务信息提供高水平保证(合理保证)，在审计报告中对历史财务信息采用积极方式提出结论。这种业务属于合理保证的鉴证业务。

有限保证的鉴证业务的目标是注册会计师将鉴证业务风险降至该业务环境下可接受的水平，以此作为以消极方式提出结论的基础。如在历史财务信息审阅中，要求注册会计师将审阅风险降至该业务环境下可接受的水平(高于历史财务信息审计中可接受的低水平)，对审阅后的历史财务信息提供低于高水平的保证(有限保证)，在审阅报告中对历史财务信息采用消极方式提出结论。这种业务属于有限保证的鉴证业务。

17.1.2 鉴证业务的承接

1. 承接鉴证业务的条件

在接受委托前，注册会计师应当初步了解业务环境。业务环境包括业务约定事项、鉴证对象特征、使用的标准、预期使用者的需求、责任方及其环境的相关特征，以及可能对鉴证业务产生重大影响的事项、交易、条件和惯例等其他事项。

在初步了解业务环境后，注册会计师应当考虑承接该业务是否符合独立性和专业胜任能力等相关职业道德规范的要求。比如注册会计师是否独立于该项鉴证业务的委托人和责任方，是否具备与所承接的鉴证业务相适应的专业胜任能力等。

需要指出的是，注册会计师并非是所有方面的专家，鉴证业务涉及的特殊知识和技能可能会超出注册会计师的能力，此时，注册会计师可以考虑利用专家的工作。比如当鉴证对象是信息技术系统的运营情况时，注册会计师可以利用信息技术专家的工作；当鉴证对象是公允价值的确认和计量时，注册会计师可以利用评估师的工作。

在初步了解业务环境后，只有认为符合独立性和专业胜任能力等相关职业道德规范的要求、并且拟承接的业务具备下列所有特征，注册会计师才能将其作为鉴证业务予以承接：①鉴证对象适当；②使用的标准适当且预期使用者能够获取该标准；③注册会计师能够获取充分、适当的证据以支持其结论；④注册会计师的结论以书面报告形式表述，且表述形式与所提供的保证程度相适应；⑤该业务具有合理的目的。如果鉴证业务的工作范围受到重大限制，或者委托人试图将注册会计师的名字和鉴证对象不适当地联系在一起，则该项业务可能不具有合理的目的。

当拟承接的业务不具备上述鉴证业务的所有特征，不能将其作为鉴证业务予以承接时，注册会计师可以提请委托人将其作为非鉴证业务(如商定程序、代编财务信息、管理咨询、税务咨询等相关服务业务)，以满足预期使用者的需要。

2. 标准不适当时的处理方式

如果拟承接的鉴证业务所采用的标准不适当，注册会计师一般应当拒绝承接该项业务。但这并不是绝对的。如果某项鉴证业务采用的标准不适当，但满足下列条件之一时，注册会计师可以考虑将其作为一项新的鉴证业务。

①委托人能够确认鉴证对象的某个方面适用于所采用的标准，注册会计师可以针对该方面执行鉴证业务，但在鉴证报告中应当说明该报告的内容并非针对鉴证对象整体。比如鉴证对象是企业运营情况(包括企业的内部控制)，对运营情况的评价缺乏相关的标准，但可以确信的是，评价企业内部控制情况可以以权威的内部控制规范作为标准。

②能够选择或设计适用于鉴证对象的其他标准。比如鉴证对象是某一晚报的运营情况，其本身可能缺乏相关的评价标准。在这种情况下，注册会计师可以选择报纸发行总量、所在地区每百户平均订阅量以及报纸的广告收入等行业协会发布的有关报社效率或效果的关键指标作为标准。

3. 已承接鉴证业务的变更

对已承接的鉴证业务，如果没有合理理由，注册会计师不应将该项业务变更为非鉴证业务，或将合理保证的鉴证业务变更为有限保证的鉴证业务。

在实务中，注册会计师一般是应委托人的要求来变更业务类型的。委托人要求变更业务类型主要有以下三个方面的原因：①业务环境变化影响到预期使用者的需求；②预期使用者对该项业务的性质存在误解；③业务范围存在限制。上述第①点和第②点原因通常被认为是变更业务的合理理由。当业务环境变化影响到预期使用者的需求，或预期使用者对该项业务的性质存在误解时，注册会计师可以应委托人的要求，考虑同意变更该项业务。但如果有迹象表明该变更要求与错误的、不完整的或者不能令人满意的信息有关，注册会计师不应当认为该变更是合理的。

如果没有合理的理由，注册会计师不应当同意变更业务。如果注册会计师不同意变更业务，委托人又不同意继续执行原鉴证业务，注册会计师应当考虑解除业务约定，并考虑是否有义务向有关方面(比如委托单位董事会或股东会)说明解除业务约定的理由。

如果发生变更，注册会计师不应忽视变更前获取的证据。此外，注册会计师还需考虑变更业务对法律责任或业务约定条款的影响。如果变更业务引起业务约定条款的变更，注册会计师应当与委托人就新条款达成一致意见。

17.2 注册会计师业务质量控制准则

17.2.1 质量控制制度的目标和要素

1. 质量控制制度的目的

规定会计师事务所应当根据会计师事务所质量控制准则，制定质量控制制度，以合理保证：
①会计师事务所及其人员遵守职业准则和适用的法律法规的规定；
②会计师事务所和项目合伙人根据具体情况出具恰当的报告。

项目合伙人，是指会计师事务所中负责某项业务及其执行，并代表会计师事务所在出具的报告上签字的合伙人。

2. 质量控制制度的要素

会计师事务所的质量控制制度应当包括针对下列要素而制定的政策和程序：
①对业务质量承担的领导责任；
②相关职业道德要求；
③客户关系和具体业务的接受与保持；
④人力资源；
⑤业务执行；
⑥监控。

会计师事务所应当将质量控制政策和程序形成书面文件，并传达到全体人员。在记录和传达时，应清楚地描述质量控制政策和程序及其拟实现的目标，包括用适当信息指明每个人都负有各自的质量责任，并被期望遵守这些政策和程序。

17.2.2 对业务质量承担的领导责任

1. 对主任会计师的总体要求

会计师事务所内部重视质量的文化，为会计师事务所质量控制设定了好的基调，将对制定和实施质量控制制度产生广泛和积极的影响。明确质量控制制度的最终责任人，也对会计师事务所的业务质量控制起着决定作用。为此，会计师事务所应当制定政策和程序，培育以质量为导向的内部文化。这些政策和程序应当要求会计师事务所主任会计师对质量控制制度承担最终责任。

2. 行动示范和信息传达

会计师事务所培育以质量为导向的内部文化，就是要在会计师事务所内形成和传播质量至上的内部文化。内部质量文化能否形成，有赖于会计师事务所各级管理层的努力。为此，会计师事务所的领导层及其做出的示范对会计师事务所的内部文化有重大影响。会计师事务所各级管理层应当通过清晰、一致及经常的行动示范和信息传达，强调质量控制政策和程序的重要性以及下列要求：

①按照法律法规、职业道德规范和业务准则的规定执行工作；

②根据具体情况出具恰当的报告。

3. 树立质量至上的意识

会计师事务所的领导层应当树立质量至上的意识。会计师事务所应当通过下列措施实现质量控制的目标：

①合理确定管理责任，以避免重商业利益轻业务质量；

②建立以质量为导向的业绩评价、薪酬及晋升的政策和程序；

③投入足够的资源制定和执行质量控制政策和程序，并形成相关文件记录。

会计师事务所的领导层必须首先认识到，其经营策略应当满足会计师事务所执行所有业务都要保证质量这一前提条件。会计师事务所针对员工设计的有关业绩评价、薪酬及晋升(包括激励制度)的政策和程序，应当表明会计师事务所最重视的是质量，以形成正确的行为导向。制定和执行质量控制政策和程序需要花费一定的成本，会计师事务所应当投入足够的资源制定(包括修订)和执行质量控制政策和程序，并形成相关文件记录，这对于实现质量控制目标也有着直接的重大影响。

4. 委派质量控制制度运作人员

会计师事务所主任会计师对质量控制制度承担最终责任，为保证质量控制制度的具体运作效果，主任会计师必须委派适当的人员并授予其必要的权限，以帮助主任会计师正确履行其职责。为此，受会计师事务所主任会计师委派承担质量控制制度运作责任的人员，应当具有足够、适当的经验和能力以及必要的权限以履行其责任。

要求承担质量控制制度运作责任的人员应当具有足够、适当的经验和能力，是为了使其能够识别和了解质量控制问题；要求具有必要的权限，是为了保证其能够实施质量控制政策和程序。

17.2.3 相关职业道德要求

1. 遵守职业道德规范的总体要求

会计师事务所应当制定政策和程序，以合理保证会计师事务所及其人员遵守职业道德规范。

会计师事务所及其人员执行任何类型的业务，都应当遵守相关职业道德要求。这里所说的遵守相关职业道德要求，不仅包括遵守职业道德的基本原则，如诚信、独立性、客观和公正、专业胜任能力和应有的关注、保密、良好职业行为等，还包括遵守有关职业道德的具体规定。会计师事务所如不能合理保证相关职业道德要求得到遵守，就无法保证业务质量。

值得说明的是，执行鉴证业务还应当遵守独立性要求。

2. 遵守职业道德规范的具体措施

会计师事务所制定的政策和程序应当强调遵守职业道德规范的重要性，并通过必要的途径予以强化。这些途径如下。

（1）会计师事务所领导层的示范

领导层应在会计师事务所内形成重视职业道德规范的氛围，并将相关政策和程序传达给会计师事务所员工。如领导层可通过电子邮件、信件和记录等，在专业发展会议上或在客户和具体业务的接受与续约以及业务执行过程中，强调诚信、独立性、客观和公正等职业道德基本原则。

（2）教育和培训

会计师事务所应向所有人员提供适用的专业文献和法律文献，并希望他们熟悉这些文献。会计师事务所还应要求所有人员定期接受职业道德培训，这种培训既可以涵盖会计师事务所有关职业道德规范的政策和程序，也可以涵盖所有适用的法律法规中有关职业道德的要求。

（3）监控

会计师事务所可以通过定期检查，监督会计师事务所有关职业道德规范的政策和程序设计是否合理，运行是否有效，并采取适当行动，改进其设计和解决运行中存在的问题。

（4）对违反职业道德规范行为的处理

会计师事务所应当制定处理违反职业道德规范行为的政策和程序，指出违反职业道德规范的后果，并据此对违反职业道德规范的个人及时进行处理。会计师事务所可以为每位员工建立职业道德档案，记录个人违反职业道德规范的行为及其处理结果。

3. 满足独立性要求

（1）总体要求

会计师事务所应当制定政策和程序，以合理保证会计师事务所及其人员，包括聘用的专家和其他需要满足独立性要求的人员，保持相关职业道德要求规定的独立性。

（2）具体要求

会计师事务所内部不同层级人员之间相互沟通信息有着重要的作用。为此，会计师事务所制定的政策和程序应当要求：

①项目合伙人向会计师事务所提供与客户委托业务相关的信息，以使会计师事务所能够评价这些信息对保持独立性的总体影响；

②会计师事务所人员及时向会计师事务所报告对独立性造成威胁的情况和关系，以便会计师事务所采取适当的行动；③会计师事务所收集相关信息，并向适当人员传达。

会计师事务所应当重视及时向适当人员传达收集的相关信息，以帮助其满足独立性要求。

会计师事务所应当制定政策和程序，以合理保证能够获知违反独立性要求的情况，并采取适当行动予以解决。这些政策和程序应当包括下列要求：

①所有应当保持独立性的人员，将注意到的违反独立性要求的情况立即告知会计师事务所；

②会计师事务所将已经识别的违反这些政策和程序的情况，立即传达给需要与会计师事务所共同处理这些情况的项目合伙人，以及需要采取适当行动的会计师事务所内部其他相关人员和受独立性要求约束的人员；

③项目合伙人、会计师事务所内部的其他相关人员，以及受独立性约束的其他人员，在必要时，立即向会计师事务所告知他们为解决有关问题采取的行动，以便会计师事务所能够决定是否应当采取进一步的行动。

会计师事务所一旦获知违反独立性政策和程序的情况，应当立即将相关信息告知有关项目合伙人和会计师事务所的其他适当人员，如认为必要，还应当立即告知会计师事务所聘用的专家和关联会计师事务所的人员，以便他们采取适当的行动。

（3）获取书面确认函

会计师事务所应当每年至少一次向所有受独立性要求约束的人员获取其遵守独立性政策和程序的书面确认函。当有其他会计师事务所参与执行部分业务时，会计师事务所也可以考虑向其获取有关独立性的书面确认函。书面确认函既可以是纸质的，也可以是电子形式的。通过获取确认函以及针对违反独立性的信息采取适当的行动，会计师事务所可以表明，其强调保持独立性的重要性，并使保持独立性的问题清楚地展示在会计师事务所人员面前。

(4)防范关系密切产生的不利影响

长期由同一个高级人员执行某项鉴证业务可能造成的亲密关系对独立性会产生不利影响，为此，会计师事务所应当制定下列政策和程序，以防范同一高级人员由于长期执行某一客户的鉴证业务可能对独立性产生的不利影响：

①明确标准，以便确定是否需要采取防护措施，将由于关系密切造成的不利影响降低至可以接受的水平；

②对所有的上市公司财务报表审计，按照法律法规的规定定期轮换项目合伙人。

其中，会计师事务所在建立适当的标准时，应当考虑下列事项：

①鉴证业务的性质，包括涉及公众利益的范围；

②高级管理人员提供该项鉴证业务的服务年限。

这里的防护措施包括轮换高级人员或要求进行项目质量控制复核。

由于上市公司财务报表涉及公众利益的范围大，因此，对所有的上市公司财务报表审计，会计师事务所应当按照我国相关法律法规的规定，定期轮换项目合伙人。

17.2.4 客户关系和具体业务的接受与保持

1. 总体要求

会计师事务所应当制定有关客户关系和具体业务接受与保持的政策和程序，以合理保证只有在下列情况下，才能接受或保持客户关系和具体业务：

①已考虑客户的诚信，没有信息表明客户缺乏诚信；

②具有执行业务必要的素质、专业胜任能力、时间和资源；

③能够遵守职业道德规范。

在接受新客户的业务前，或决定是否保持现有业务或考虑接受现有客户的新业务时，会计师事务所应当根据具体情况获取上述信息。当识别出问题而又决定接受或保持客户关系或具体业务时，会计师事务所应当记录问题如何得到解决。

2. 考虑客户的诚信情况

(1)考虑的主要事项

针对有关客户的诚信，会计师事务所应当考虑下列主要事项：

①客户主要股东、关键管理人员、关联方及治理层的身份和商业信誉；

②客户的经营性质，包括其业务；

③有关客户主要股东、关键管理人员及其治理层对内部控制环境和会计准则等的态度的信息；

④客户是否过分考虑将会计师事务所的收费维持在尽可能低的水平；

⑤工作范围受到不适当限制的迹象；

⑥客户可能涉嫌洗钱或其他刑事犯罪行为的迹象；

⑦变更会计师事务所的原因；⑧关联方的名称、特征和商业信誉。

(2)获取相关信息的途径

会计师事务所在评价客户诚信情况时，可以通过下列途径，获取与客户诚信相关的信息。

①与为客户提供专业会计服务的现任或前任人员进行沟通，并与其讨论。这种沟通包括询问是否存在与客户意见不一致的事项及该事项的性质，客户是否有人为地、错误地影响注册会计师出具恰当的报告的情形及其证据等。

②向会计师事务所其他人员、监管机构、金融机构、法律顾问和客户的同行等第三方询问。询问可以涵盖客户管理层对于遵守法律法规要求的态度。

③从相关数据库中搜索客户的背景信息。如通过客户的年报、中期财务报表、向监管机构提交的报告等，获取相关信息。

如果通过上述途径无法充分获取与客户相关的信息，或这些信息可能显示客户不够诚信，会计师事务所应当评估其对业务风险的影响。如认为必要，会计师事务所可以考虑利用调查机构对客户的经营情况、管理人员及其他有问题的人员进行背景检查，并评价获取的与客户诚信相关的信息。

会计师事务所对客户诚信的了解程度，通常将随着与该客户关系的持续发展而增加。

3. 考虑是否具备执行业务必要的素质、专业胜任能力、时间和资源

会计师事务所接受新业务前，还必须评价自身的执业能力，不得承接不能胜任和无法完成的业务。所以，在确定是否具有接受新业务所需的必要素质、专业胜任能力、时间和资源时，会计师事务所应当考虑下列事项，以评价新业务的特定要求和所有相关级别的现有人员的基本情况：

①会计师事务所人员是否熟悉相关行业或业务对象；

②会计师事务所人员是否了解相关监管要求或报告要求，或是否具备有效获取必要技能和知识的能力；

③会计师事务所是否拥有足够的具有必要素质和专业胜任能力的人员；

④在需要时，是否能够得到专家的帮助；

⑤如果需要项目质量控制复核，是否具备符合标准和资格要求的项目质量控制复核人员；

⑥会计师事务所是否能够在提交报告的最后期限内完成业务。

4. 考虑能否遵守职业道德规范

在确定是否接受新业务时，会计师事务所还应当考虑接受该业务是否会导致现实或潜在的利益冲突。如果识别出潜在的利益冲突，会计师事务所应当考虑接受该业务是否适当。

5. 考虑其他事项的影响

(1)考虑本期或以前业务执行过程中发现的重大事项的影响

在确定是否保持客户关系时，会计师事务所应当考虑在本期或以前业务执行过程中发现的重大事项，及其对保持客户关系可能造成的影响。这意味着，如果在本期或以前业务执行过程中发现客户守法经营意识淡薄或内部控制环境恶劣，或者对业务范围施加重大限制，或者存在其他严重影响业务执行的情形等，会计师事务所应当考虑其对保持客户关系可能造成的影响。必要时，可以考虑终止该客户关系。

(2)考虑接受业务后获知重要信息的影响

会计师事务所在接受业务后可能获知了某项信息，而该信息若在接受业务前获知，可能导致会计师事务所拒绝该项业务。在这种情况下，会计师事务所应当按照规定，制定相应的政策和程序。

会计师事务所针对这种情况制定的政策和程序，应当包括下列内容：

①适用于该业务环境的法律责任，包括是否要求会计师事务所向委托人报告或在某些情况下向监管机构报告；

②解除该项业务约定，或同时解除该项业务约定及其客户关系的可能性。

(3)解除业务约定或客户关系时的考虑

会计师事务所针对解除业务约定或同时解除业务约定及其客户关系制定的政策和程序应当包括下列要求：第一，与客户适当级别的管理层和治理层讨论会计师事务所根据有关事实和情况可能采取的适当行动；第二，如果确定解除业务约定或同时解除业务约定及其客户关系是适当的，会计师事务所应当就解除的情况及原因，与客户适当级别的管理层和治理层讨论；第三，考虑是否存在法律法规的规定，要求会计师事务所应当保持现有的客户关系，或向监管机构报告解除的情况及原因；第四，记录重大事项及其咨询情况、咨询结论和得出结论的依据。

17.2.5 人力资源

1. 总体要求

会计师事务所应当制定政策和程序，合理保证拥有足够的具有必要素质和专业胜任能力并遵守职业道德规范的人员，以使会计师事务所和项目合伙人能够按照法律法规、职业道德规范和业务准则的规定执行业务，并根据具体情况出具恰当的报告。

2. 人力资源管理的要素

会计师事务所制定的人力资源政策和程序应当解决下列人事问题：

①招聘；

②业绩评价；

③人员素质和胜任能力，包括完成所分派任务的时间是否足够；

④职业发展；

⑤晋升；

⑥薪酬；

⑦人员需求预测。

解决人员需求预测问题有助于会计师事务所确定完成其业务所需要的人员的数量和素质。

3. 招聘

招聘是人力资源管理的首要环节，为此，会计师事务所应当制定招聘程序，以选择正直的、通过发展能够具备执行业务所需的必要素质和专业胜任能力的人员。在实务中，会计师事务所通常指定人事管理部门或其他有资格的人员，负责定期或不定期地评价总体人员需求，并根据现有人员的数量及层次结构、现有客户数、业务量、业务结构、预期业务增长率、人员流动率和晋升变化等因素，确定招聘目标和方案。会计师事务所应对负责招聘的人员进行必要的培训，使其熟悉招聘政策和程序，了解各层次的人员需求，掌握评价专业胜任能力和道德品行等标准，以便将合格人员招聘进入会计师事务所。

在招聘有经验的从业人员尤其是招聘高级业务人员时，会计师事务所可执行额外的程序。比如进行背景检查，询问是否存在未决的法律问题等。

4. 人员素质、胜任能力和职业发展

由于执业环境和工作要求在不断发生变化，会计师事务所应当采取措施确保人员持续保持必要的素质和专业胜任能力。会计师事务所可以通过下列途径提高人员素质和专业胜任能力：

①职业教育；

②持续职业发展，包括培训；

③工作经验；

④由经验更丰富的员工提供辅导；

⑤针对受独立性要求约束的人员进行独立性教育。

会计师事务所应当在人力资源政策和程序中强调对各级别人员进行继续培训的重要性，并提供必要的培训资源和帮助，以使人员能够发展和保持必要的素质和专业胜任能力。

会计师事务所应当合理制定人力资源政策和程序，包括制定员工职业教育计划（如鼓励员工在职学习深造等）和后续教育计划，提供最新的与执业相关的法律法规信息和其他学习资料，结合执业中遇到的问题进行培训和提供辅导，鼓励员工参加行业协会和有关机构组织的培训等。

如果不具备内部技术和培训资源或基于其他原因，会计师事务所可以利用具有适当资格的外部人员。

5. 业绩评价、工薪和晋升

业绩评价、工薪和晋升是事关每个人员切身利益的重大问题，为此，会计师事务所应当制定业绩评价、

工薪及晋升程序，对发展和保持专业胜任能力并遵守职业道德规范的人员给予应有的肯定和奖励。会计师事务所制定的业绩评价、工薪及晋升程序应当强调：

①使人员知晓会计师事务所对业绩和遵守职业道德规范的期望；

②向人员提供业绩、工作进步及职业发展方面的评价和咨询；

③帮助人员了解提高业务质量及遵守职业道德规范是晋升更高职位的主要途径，而不遵守会计师事务所的政策和程序可能招致惩戒。

会计师事务所通常针对每个层次的人员，制定不同的业绩评价、薪酬及晋升的标准，并指定专人或专门机构对员工的业绩进行考核和做出晋升的决策。

会计师事务所的规模和特征将影响会计师事务所进行业绩评价的过程和方式。规模较大的会计师事务所可能设立人力资源部，运用一整套评价指标和评价表格，较全面地评价人员的业绩；规模较小的会计师事务所可能运用一些比较简便的方法评价人员的业绩。

6. 项目组的委派

在实务中，会计师事务所承接的每项业务都是委派给项目组具体办理。委派项目组是否得当，直接关系到业务完成的质量。

(1)项目合伙人的委派要求

会计师事务所应当对每项业务委派至少一名项目合伙人。这样规定对于明确每项业务的质量控制责任、确保业务质量有特别重要的作用。会计师事务所应当制定政策和程序，明确下列要求：

①将项目合伙人的身份和作用告知客户管理层和治理层的关键成员；

②项目合伙人具有履行职责必要的素质、专业胜任能力、权限和时间；

③清楚界定项目合伙人的职责，并告知该项目合伙人。

会计师事务所应当根据具体情况委派适当人员担任项目合伙人，并清楚界定和告知项目合伙人的职责，以使其能够发挥对某项业务质量的控制作用。会计师事务所应当制定政策和程序，监控项目合伙人连续服务同一客户的期限及胜任情况。会计师事务所应当制定政策和程序，监控项目合伙人的工作负荷及可供调配的项目合伙人数量，以使项目合伙人有足够的时间履行其职责。

(2)项目组其他成员的委派要求

会计师事务所应当委派具有必要素质、胜任能力和时间的员工，按照法律法规、职业道德规范和业务准则的规定执行业务，以使会计师事务所和项目合伙人能够根据具体情况出具恰当的报告。委派项目组成员时应考虑下列事项：

①业务类型、规模、重要程度、复杂性和风险；

②需要具备的经验、专业知识和技能；

③对人员的需求，以及在需要时能否获得具备相应素质的人员；

④拟执行工作的时间；

⑤人员的连续性和轮换要求；

⑥在职培训的机会；

⑦需要考虑独立性和客观性的情形。

17.2.6 业务执行

1. 指导、监督与复核

(1)总体要求

会计师事务所通常使用书面或电子手册、软件工具、标准化底稿以及行业和特定业务对象的指南性材料等方式，通过质量控制政策和程序，保持业务执行质量的一致性。这些文件和工具针对的事项可能包括：

①如何将业务情况简要告知项目组，使项目组了解工作目标；

②保证适用的业务准则得以遵守的程序；

③业务监督、员工培训和辅导的程序；

④对已实施的工作、做出的重大判断以及拟出具的报告进行复核的方法；

⑤对已实施的工作及其复核的时间和范围做出适当记录；

⑥保证所有的政策和程序是合时宜的。

(2)指导的具体要求

项目合伙人应当确保项目组的所有成员都了解拟执行工作的目标。项目合伙人还应通过适当的团队工作和培训，使经验较少的项目组成员清楚了解所分派工作的目标。

(3)监督的具体要求

项目合伙人应当对业务进行监督，具体包括：

①跟进审计业务的进程。要求项目合伙人在业务进行中适时实施必要的监督，以检查各成员是否能够顺利完成业务工作。

②考虑项目组各成员的素质和胜任能力，以及是否有足够的时间执行工作，是否理解工作指令，是否按照计划方案执行工作。项目合伙人在考虑这些事项后，可能决定提供进一步的指导，或在各成员之间作适当的工作调整，或要求成员采取补救措施使其执行的工作达到计划方案的要求。

③解决在执行业务过程中发现的重大问题，考虑其重要程度并适当修改原计划的方案。各成员在执行业务过程中可能会遇到各种难以解决的重大问题。项目合伙人在了解到这些情况后，应按照会计师事务所质量控制制度的要求，根据具体情况，运用职业判断，确定是否需要调整工作程序以及如何调整。原计划的方案是根据以往经验、对客户及其委托业务项目的了解等因素确定的。然而，随着具体工作程序的实施可能会发现客户的具体情况发生了变化，此时，有必要对工作程序作适当的调整。这种调整是根据变动事项对业务工作的影响来确定的。

④识别在执行业务过程中需要咨询的事项，或需要由经验较丰富的项目组成员考虑的事项。

(4)复核的具体要求

复核范围可能随业务的不同而不同。如执行高风险的业务、对金融机构执行的业务和为重要客户执行的业务可能需要进行更详细的复核。在复核项目组成员已执行的工作时，复核人员应当考虑：

①工作是否已按照法律法规、职业道德规范和业务准则的规定执行；

②重大事项是否已提请进一步考虑；

③相关事项是否已进行适当咨询，由此形成的结论是否得到记录和执行；

④是否需要修改已执行工作的性质、时间和范围；

⑤已执行的工作是否支持形成的结论，并得以适当记录；

⑥获取的证据是否充分、适当；

⑦业务程序的目标是否实现。

复核人员应当拥有适当的经验、专业胜任能力和责任感。确定复核人员的原则是，由项目组内经验较多的人员复核经验较少的人员执行的工作。只有这样，复核才能达到目的。

2. 咨询

(1)咨询的总体要求

项目组在业务执行中时常会遇到各种各样的疑难问题或者争议事项。当这些问题和事项在项目组内不能得到解决时，有必要向项目组之外的适当人员咨询。为此，会计师事务所应当建立政策和程序，以合理保证：

①就疑难问题或争议事项进行适当咨询；

②可获取充分的资源进行适当咨询；

③咨询的性质和范围得以记录；

④咨询形成的结论得到记录和执行。

(2)咨询的具体要求

①形成良好咨询文化。会计师事务所应当形成一种良好的咨询氛围，鼓励会计师事务所人员就疑难问题或争议事项进行咨询。

②合理确定咨询事项。项目组应当考虑就重大的技术、职业道德及其他事项，向会计师事务所内部或在适当情况下向会计师事务所外部具备适当知识、资历和经验的其他专业人士咨询，并适当记录和执行咨询形成的结论。

③适当确定被咨询者。适当确定被咨询者对于保证咨询结论的有效性起着重要的作用，项目组在考虑就重大的技术、职业道德及其他事项进行咨询时，被咨询者既可以是会计师事务所内部的其他专业人士，在适当情况下，也可以是会计师事务所外部的其他专业人士。但值得注意的是，被咨询者应当具备适当的知识、资历和经验。

④充分提供相关事实。项目组在向会计师事务所内部或外部的其他专业人士咨询时，应当提供所有相关事实，以使其能够对咨询的事项提出有见地的意见。

⑤考虑利用外部咨询。会计师事务所在因缺乏适当的内部资源等而需要向外部咨询时，按照规定，可以利用其他会计师事务所、职业团体、监管机构或提供相关质量控制服务的商业机构提供的咨询服务，但应当考虑外部咨询提供者是否能够胜任这项工作。

⑥完整记录咨询情况。注册会计师应当完整详细地记录咨询情况，包括记录寻求咨询的事项，以及咨询的结果，包括做出的决策、决策依据以及决策的执行情况。项目组就疑难问题或争议事项向其他专业人士咨询所形成的记录，应当经被咨询者认可。

3. 意见分歧

(1)总体要求

注册会计师在处理意见分歧时应当符合下列两点要求：

①会计师事务所应当制定政策和程序，以处理和解决项目组内部、项目组与被咨询者之间以及项目合伙人与项目质量控制复核人员之间的意见分歧。

②形成的结论应当得以记录和执行。

在实务中，上述政策和程序鼓励在业务执行的较早阶段识别出意见分歧，并为拟采取的后续步骤提供明确指南，还要求对分歧的解决及所形成结论的执行情况进行记录。

会计师事务所应当认识到对业务问题的意见出现分歧是正常现象，只有经过充分的讨论，才有利于意见分歧的解决。会计师事务所应当制定切实可行的政策和程序，比如向适当的其他执业者、会计师事务所，或者职业团体或监管机构进行咨询，以解决这些分歧。

(2)对出具报告的影响

只有意见分歧问题得到解决，项目合伙人才能出具报告。如果在意见分歧问题没有得到解决前，项目合伙人就出具报告，不仅有失应有的谨慎，而且容易导致出具不恰当的报告，难以合理保证实现质量控制的目标。

4. 项目质量控制复核

(1)总体要求

为了保证特定业务执行的质量，除了需要项目组实施组内复核外，会计师事务所还应当制定政策和程序，要求对特定业务实施项目质量控制复核，并在出具报告前完成项目质量控制复核。换言之，会计师事务所对应当实施项目质量控制复核的特定业务，如没有完成项目质量控制复核，就不得出具报告。只有这样，才能合理保证会计师事务所和项目合伙人根据具体情况出具恰当的报告。对特定业务实施项目质量控制复核，充分体现了分类控制、突出重点的质量控制理念。值得注意的是，项目质量控制复核并不减轻项目合伙人的责任，更不能替代项目合伙人的责任。

(2) 项目质量控制复核对象的确定

会计师事务所制定的项目质量控制复核政策和程序应当包括下列要求：

①对所有上市公司财务报表审计实施项目质量控制复核；

②规定适当的标准，据此评价上市公司财务报表审计以外的历史财务信息审计和审阅、其他鉴证业务及相关服务业务，以确定是否应当实施项目质量控制复核；

③对符合适当标准的所有业务实施项目质量控制复核。

在制定用于确定除上市公司财务报表审计以外的其他业务是否需要实施项目质量控制复核的标准时，会计师事务所应当考虑下列事项：

①业务的性质，包括涉及公众利益的范围；

②在某项业务或某类业务中已识别的异常情况或风险；

③法律法规是否要求实施项目质量控制复核。

在实务中，会计师事务所除对上市公司财务报表审计业务必须实施项目质量控制复核外，还可以自行建立判断标准，确定对那些涉及公众利益的范围较大或已识别出存在重大异常情况或较高风险的特定业务，实施项目质量控制复核。如法律法规明确要求对特定业务实施项目质量控制复核，会计师事务所应当对其实施项目质量控制复核。

(3) 项目质量控制复核的具体要求

会计师事务所应当制定政策和程序，以规定：①项目质量控制复核的性质、时间安排和范围；②项目质量控制复核人员的资格标准；③对项目质量控制复核的记录要求。

会计师事务所的质量控制制度应当对上述事项做出明确和适当的规定，这对于保证项目质量控制复核工作的有效进行有着重要作用。如果会计师事务所对项目质量控制复核的性质、时间和范围设计不当，或虽设计得当但委派的项目质量控制复核人员的技术资格和客观性存在问题，就无法实现预期的复核目的。

5. 业务工作底稿

(1) 业务工作底稿的归档要求

①遵守及时性原则。会计师事务所在出具业务报告后，及时将工作底稿归整为最终业务档案，不仅有利于保证业务工作底稿的安全完整性，还便于使用和检索业务工作底稿。为此，会计师事务所应当制定政策和程序，以使项目组在出具业务报告后及时将工作底稿归整为最终业务档案。

②确定适当的归档期限。在遵循及时性原则的前提下，会计师事务所应当根据业务的具体情况，确定适当的业务工作底稿归档期限。由于鉴证业务的职业责任较大，而其工作底稿又对证明会计师事务所是否履行了规定责任起着关键性作用，因此，鉴证业务的工作底稿，包括历史财务信息审计和审阅业务、其他鉴证业务的工作底稿的归档期限为业务报告日后 60 天内。

③针对客户同一财务信息执行不同业务时的归档要求。如果针对客户的同一财务信息执行不同的委托业务，出具两个或多个不同的报告，会计师事务所应当将其视为不同的业务，根据制定的政策和程序，在规定的归档期限内分别将业务工作底稿归整为最终业务档案。

(2) 业务工作底稿的管理要求

会计师事务所应当制定政策和程序，以满足下列要求：

①安全保管业务工作底稿并对业务工作底稿保密；

②保证业务工作底稿的完整性；

③便于使用和检索业务工作底稿；

④按照规定的期限保存业务工作底稿。

(3) 业务工作底稿的保密

除特定情况外，会计师事务所应当对业务工作底稿包含的信息予以保密。这些特定情况如下。

①取得客户的授权。会计师事务所及其人员对客户的信息负有保密的义务，对此，职业道德规范和业务约定书都有规定和要求。未经客户的许可，除下述的第②、③两种情况外，会计师事务所及其人员不得

泄露客户的信息给他人或利用客户信息谋取私利，否则将承担相应的法律后果。

②根据法律法规的规定，会计师事务所为法律诉讼准备文件或提供证据，以及向监管机构报告发现的违反法规行为。

③接受注册会计师协会和监管机构依法进行的质量检查。

(4) 业务工作底稿的完整性、使用与检索

无论业务工作底稿存在于纸质、电子还是其他介质，会计师事务所都应当针对业务工作底稿设计和实施适当的控制，以实现下列目的：

①使业务工作底稿清晰地显示其生成、修改及复核的时间和人员；

②在业务的所有阶段，尤其是在项目组成员共享信息或通过互联网将信息传递给其他人员时，保护信息的完整性；

③防止未经授权改动业务工作底稿；

④允许项目组和其他经授权的人员为适当履行职责而接触业务工作底稿。

如果原纸质记录经电子扫描后存入业务档案，会计师事务所应当实施适当的控制程序，以保证：

①生成与原纸质记录的形式和内容完全相同的扫描复制件，包括人工签名、交叉索引和有关注释；

②将扫描复制件，包括必要时对扫描复制件的索引和签字，归整到业务档案中；

③能够检索和打印扫描复制件。

会计师事务所应当保留已扫描的原纸质记录。

(5) 业务工作底稿的保存期限

会计师事务所应当制定政策和程序，以使业务工作底稿保存期限满足法律法规的规定和会计师事务所的需要。对鉴证业务包括历史财务信息审计和审阅业务、其他鉴证业务，会计师事务所应当自业务报告日起，对业务工作底稿至少保存 10 年。如果法律法规有更高的要求，还应保存更长的时间。

(6) 业务工作底稿的所有权

业务工作底稿的所有权属于会计师事务所。会计师事务所可自主决定允许客户获取业务工作底稿部分内容，或摘录部分工作底稿，但披露这些信息不得损害会计师事务所执行业务的有效性。对鉴证业务，披露这些信息不得损害会计师事务所及其人员的独立性。

在实务中，客户基于某种考虑和需要可能向会计师事务所提出，获取业务工作底稿部分内容，或摘录部分工作底稿。会计师事务所应当在确保遵守职业道德规范、业务准则和质量控制制度规定的前提下，考虑具体业务的特点和分析客户要求的合理性，谨慎决定是否满足客户的要求。如果披露这些信息损害会计师事务所执行业务的有效性，就不应当满足客户的要求。尤其要注意的是，对鉴证业务，如果披露这些信息损害会计师事务所及其人员的独立性，就不得向客户提供相关工作底稿信息。

17.2.7 监控

1. 监控的总体要求

监控质量控制制度的有效性，不断修订和完善质量控制制度，对于实现质量控制的两大目标也起着不可替代的作用。为此，会计师事务所应当制定监控政策和程序，以合理保证质量控制制度中的政策和程序是相关、适当的，并正在有效运行。这些监控政策和程序应当包括持续考虑和评价会计师事务所的质量控制制度，如定期选取已完成的业务进行检查。对质量控制政策和程序遵守情况实施监控的目的，是为了评价：

①遵守职业准则和法律法规的情况；

②质量控制制度设计是否适当，运行是否有效；

③质量控制政策和程序应用是否得当，以便会计师事务所和项目合伙人能够根据具体情况出具恰当的业务报告。

2. 监控人员

对会计师事务所质量控制制度的监控应当由具有专业胜任能力的人员实施。会计师事务所可以委派主

任会计师、副主任会计师或具有足够、适当经验和权限的其他人员履行监控责任。

3. 监控内容

对会计师事务所质量控制制度实施监控的内容包括质量控制制度设计的适当性和质量控制制度运行的有效性。

会计师事务所应当从下列方面对质量控制制度进行持续考虑和评价：

①确定质量控制制度的完善措施，包括要求对有关教育与培训的政策和程序提供反馈意见；

②与会计师事务所适当人员沟通已识别的质量控制制度在设计、理解或执行方面存在的缺陷；

③由会计师事务所适当人员采取追踪措施，以对质量控制政策和程序及时做出必要的修正。

对质量控制制度的持续考虑和评价还包括分析下列事项：

①职业准则和法律法规的新变化，以及会计师事务所的政策和程序如何适当反映这些变化；

②有关独立性政策和程序遵守情况的书面确认函；

③职业发展，包括培训；

④与接受和保持客户关系及具体业务相关的决策。

4. 实施检查

会计师事务所应当周期性地选取已完成的业务进行检查，周期最长不得超过三年。在每个周期内，应对每个项目合伙人的业务至少选取一项进行检查。并根据下列主要因素，确定周期性检查的组织方式，包括对单项业务检查时间的安排等：

①会计师事务所的规模；

②分支机构的数量及分布；

③前期实施监控程序的结果；

④人员和分支机构的权限；

⑤会计师事务所业务和组织结构的性质及复杂程度；

⑥与特定客户和业务相关的风险。

会计师事务所在选取单项业务进行检查时，可以不事先告知相关项目组。参与业务执行或项目质量控制复核的人员不应承担该项业务的检查工作。在确定检查的范围时，会计师事务所可以考虑外部独立检查的范围或结论，但这些检查并不能替代自身的内部监控。值得说明的是，选取单项业务进行检查只是监控过程的组成部分，会计师事务所还可以采取其他适当形式和方法实施监控。

小型会计师事务所的特殊考虑。考虑到小型会计师事务所可能缺乏适当的内部资源，小型会计师事务所可以利用具有适当资格的外部人员或其他会计师事务所执行业务检查及其他监控程序。

5. 监控结果的处理

(1) 确定所发现缺陷的影响与性质

会计师事务所应当评价实施监控程序发现的缺陷的影响，并确定这些缺陷属于下列哪种情况：

①该缺陷并不必然表明质量控制制度不足以合理保证会计师事务所遵守法律法规、职业道德规范和业务准则的规定，以及会计师事务所和项目合伙人根据具体情况出具恰当的报告；

②该缺陷是系统性的、重复出现的或其他需要及时纠正的重大缺陷。

(2) 适时将缺陷及补救措施告知相关人员

会计师事务所应当将实施监控程序发现的缺陷及建议采取的适当补救措施，告知相关项目合伙人及其他适当人员。这样规定是为了便于相关人员及时采取适当的行动。

(3) 提出改进措施

会计师事务所在评价各种缺陷后，应当提出下列改进措施：

①采取与某项业务或某个成员相关的适当补救措施；

②将监控发现的缺陷告知负责培训和职业发展的人员；

③改进质量控制政策和程序；

④对违反会计师事务所政策和程序的人员，尤其是对反复违规的人员实施惩戒。

(4)监控结果表明出具的报告不适当时的处理

如果实施监控程序的结果表明出具的报告可能不适当，或在执行业务过程中遗漏了应有的程序，会计师事务所应当确定采取适当的进一步行动，以遵守法律法规、职业道德规范和相关业务准则的规定。同时，会计师事务所应当考虑征询法律意见

(5)定期告知监控结果

会计师事务所应当每年至少一次将质量控制制度的监控结果，传达给项目合伙人及会计师事务所内部的其他适当人员，以使会计师事务所及其相关人员能够在其职责范围内及时采取适当的行动。传达的信息应当包括：

①已实施的监控程序；

②实施监控程序得出的结论；

③系统性的、重复出现的或其他重大的缺陷及其整改措施。

向相关项目合伙人以外的人员传达已发现的缺陷，通常不指明涉及的具体业务，除非指明具体业务对这些人员适当履行职责是必要的。

6. 监控的记录

会计师事务所应当适当记录下列监控事项：

①制定的监控程序，包括选取已完成的业务进行检查的程序；

②对监控程序实施情况的评价；

③识别出的缺陷，对其影响的评价，是否采取行动及采取何种行动的依据。

其中，对监控程序实施情况评价的记录包括下列方面：

①对职业准则和适用的法律法规的遵守情况；

②质量控制制度的设计是否适当，运行是否有效；

③质量控制政策和程序是否已得到适当遵守，以使会计师事务所和项目合伙人能够根据具体情况出具恰当的报告。

7. 投诉和指控的处理

会计师事务所应当制定政策和程序，以合理保证能够适当处理针对下列事项的投诉和指控：

①已实施的工作未能遵守法律法规、职业道德规范和业务准则的规定；

②未能遵守会计师事务所质量控制制度。

投诉和指控既可能源自会计师事务所内部，也可能源自会计师事务所外部。

在实务中，会计师事务所接到的投诉和指控可能会涉及许多方面。所谓适当处理有关投诉和指控，是指会计师事务所制定的质量控制政策和程序，要确保其能够接收到有关质量方面的投诉和指控，及时、专业和公正地对投诉和指控进行调查，以及根据调查结果做出适当的处理。

作为处理投诉和指控过程的一部分，会计师事务所应当设立投诉和指控渠道，以使会计师事务所人员能够没有顾虑地提出关心的问题。

在实务中，会计师事务所应当设立方便可行的投诉和指控渠道，包括明确指出向谁投诉，并制定相关制度，保护信息提供者的正当权益。会计师事务所在制定相关制度时，应充分考虑投诉和指控的特点，尤其要注意区别对待不同来源和不同性质的投诉和指控。

对于来自会计师事务所外部的投诉与指控，如来自客户人员和客户的往来方(如客户的供货商)等，由于他们不必担心会因此失去工作，也不涉及明显的个人利益或动机，会计师事务所通常可以认为，他们的投诉和指控具有较高程度的真实性。

相比之下，来自会计师事务所内部的投诉和指控，情况就复杂得多。从动机看，有善意、真实的投诉

和指控，恶意、虚假的投诉和指控(可能涉及明显的个人利益或动机)；从方式看，有实名的投诉和指控与匿名的投诉和指控。

如果投诉和指控人要求对其身份保密，会计师事务所应当予以保密，未经本人许可，不得披露其姓名。只有这样，会计师事务所人员才可能没有顾虑地提出关心的质量问题。

如果收到匿名的投诉和指控，会计师事务所应当以适当的方式向全体人员表明，与实名的投诉和指控相比，匿名的投诉和指控更难调查和反馈，鼓励用实名投诉和指控。

会计师事务所还应当表明所有的投诉和指控都将得到记录、调查并会将结果反馈给投诉者和指控人。反馈调查结果通常采取书面形式。

会计师事务所应当按照既定的政策和程序调查投诉和指控事项，并对投诉和指控及其处理情况予以记录。

会计师事务所应当委派本所内部不参与该项业务的具有足够、适当经验和权限的人员负责对调查的监督。必要时，聘请法律专家参与调查工作。

小型会计师事务所可能缺乏内部资源，因此，小型会计师事务所可以利用具有适当资格的外部人员或其他会计师事务所进行调查。

如果调查结果表明质量控制政策和程序在设计或运行方面存在缺陷，或者存在违反质量控制制度的情况，会计师事务所应当采取适当行动。

复习思考题

1. 简述鉴证业务的含义和包括的内容。
2. 简述会计师事务所的质量控制制度应当包括的要素。
3. 会计师事务所可以通过哪些途径提高人员素质和专业胜任能力？
4. 会计师事务所制定的人力资源政策和程序应当解决的问题有哪些？

第 18 章　注册会计师职业道德

学习目标

固化诚信为本、操守为重、坚持准则的注册会计师职业风尚，深刻理解独立、客观、公正、专业、谨慎、勤勉、遵循规范的执业精神，保持和不懈提升职业胜任能力。以《中国注册会计师职业道德守则》为指引，明确在执行鉴证业务时保持实质上和形式上的独立性。着重掌握以下在提供专业服务之前和服务过程中，解决职业道德问题的思路和方法：认真识别可能对注册会计师职业道德和专业精神产生不利影响的关系和行为，谨慎评价这些因素是否存在不利影响或不利影响的程度，在必要的情况下采取防范措施，终止产生不利影响的经济利益，回避产生不利影响的人际关系，以消除不利影响或将其降低至可接受的水平。

18.1　注册会计师职业道德规范概述

18.1.1　注册会计师职业道德基本原则

根据《中国注册会计师职业道德守则第 1 号——职业道德基本原则》，注册会计师为实现执业目标，执业行为必须遵守诚信、独立性、客观和公正、专业胜任能力和应有的关注、保密、良好职业行为等方面的职业道德基本原则。

1. 诚信原则

诚信原则要求注册会计师应当在执业活动和与执业活动有关的社会关系中保持正直诚实、实事求是，遵循法律、职业道德和职业准则处理业务。如果认为业务报告、财务报表、申报资料或其他信息中存在下列问题，注册会计师不应在明知的情况下与其发生牵连：

①含有重大虚假或误导性陈述；

②含有草率提供的陈述或信息；

③遗漏或掩盖应当包括的信息，而遗漏或掩盖这些信息将产生误导。

如果注册会计师注意到已与有问题的信息发生牵连，则应当采取措施消除与该信息的关联。

在鉴证业务中，如果存在上述第 1 条的情形，注册会计师依据执业准则出具了恰当的非标准业务报告，不被视为违反诚信原则。

2. 独立性原则

独立性，是指不受外来力量控制、支配，按照一定之规行事。在市场经济条件下，投资者主要依赖财务报表判断投资风险，在投资机会中做出选择。如果注册会计师不能与客户保持独立性，而是存在经济利益、关联关系，或屈从于外界压力，就很难取信于社会公众。注册会计师在承办鉴证业务时，应当从整体层面和具体业务层面采取措施，以保持会计师事务所和项目组的独立性。

(1) 独立性原则的要求

独立性原则要求注册会计师执行审计和审阅业务以及其他鉴证业务时，应在实质上和形式上没有任何被认为影响独立、客观、公正的利益，不得因任何利害关系影响其客观性。独立性包括实质上的独立性和形式上的独立性。

①实质上的独立性，是指注册会计师在执业时所保持的内心状态，要求注册会计师在执业时出于真诚

自觉保持的诚信、客观、公正的原则，保持职业怀疑的态度，避免其专业判断受到外界的不良影响，不作有损于职业声誉的结论。

②形式上的独立性，是指在第三者看来注册会计师是独立的，要求注册会计师必须在第三者面前呈现一种独立于委托单位的身份，是社会公众对注册会计师独立性的评判。注册会计师应回避不符合职业道德的利害关系，避免出现重大的事实和情况，使得一个理性且掌握充分信息的第三方推定会计师事务所或项目组成员违背了诚信、客观、公正的原则。

(2) 实质上的独立性和形式上的独立性的关系

实质上的独立性是无形的，难以测量的；而形式上的独立性是有形的，可以观察的。注册会计师在执行鉴证业务时，不仅要保持实质上的独立，而且要保持形式上的独立，两者密不可分。形式上的独立是实质上的独立的反映和重要保证；实质上的独立是形式上独立的根基，决定对注册会计师信赖与否。缺乏实质上的独立，形式上的独立是伪独立，是对社会公众的欺诈；缺乏形式上的独立，即使注册会计师事实上保持了实质上的独立，但如果社会公众认为其偏袒了委托人或其他任何一方，其实质上独立也是不可信的。

3. 客观和公正原则

客观性原则要求注册会计师应当力求公平，不因成见或偏见、利益冲突和他人影响而损害其职业判断的客观性；既不得接受，也不得提供可被合理认为对其职业判断或对其业务交往对象产生重大不当影响的礼品或款待；并有义务确保参与专业服务的人员遵守客观性原则。如果某一情形或关系导致偏见或者对职业判断产生不当影响，注册会计师不应提供相关专业服务。

4. 保持专业胜任能力和应有关注原则

(1) 持续保持专业胜任能力

这要求注册会计师在执业时应当具有专业知识、技能或经验，能够胜任承接的工作，并据此合理地运用职业判断；注册会计师应当持续了解并掌握当前法律、技术和实务的发展变化，将专业知识和技能始终保持在应有的水平，确保为客户提供具有专业水准的服务。

为何要把专业胜任能力提高到道德层次？其一，会计事务所属于有限责任公司或普通合伙企业，执业注册会计师并不需要大量的资本投人，主要凭借丰富的专业知识和经验开展业务，对专业能力的要求远胜于对资本数量的要求。其二，如果注册会计师缺乏足够的知识、技能和经验提供专业服务，就对服务对象和社会公众构成欺诈。

当然，注册会计师依法取得了执业证书，就表明在该领域具备了一定的知识，但一个合格的注册会计师，不仅要充分认识自己的能力，而且必须清醒地认识到自己在专业胜任能力方面的不足，要自觉不断地总结工作经验，接受新的知识培训，不断加强职业道德修养，持续保持专业胜任能力。

(2) 持续保持应有关注

这要求注册会计师应当遵守执业准则和职业道德规范的要求，始终保持职业怀疑和谨慎态度，勤勉尽责，认真、全面、及时地完成工作任务。

注册会计师提供专业服务时，应当保持应有的职业谨慎的态度和进取的工作精神，以职业的敏感获取证据，以质疑的思维方式评价所获取证据的有效性，并对产生怀疑的证据保持警觉。

同时，注册会计师应当采取适当措施，在专业胜任能力和应有关注等方面，确保在其领导下工作的人员得到应有的培训和督导。注册会计师还应当小心谨慎地运用其专业技能，保持诚实和公正，在必要时应当使客户以及业务报告的其他使用者了解专业服务的固有局限性。

5. 保密原则

注册会计师能否与客户维持正常的关系，有赖于双方能否自愿而又充分地进行沟通和交流，不掩盖任何重要的事实和情况。只有这样，注册会计师才能有效地完成工作。如果注册会计师受到客户的严重限制，不能充分了解情况，就无法客观、公正地发表审计意见。但注册会计师与客户的沟通，必须建立在为客户信息保密的基础上。

保密原则要求注册会计师应当对因职业关系和商业关系而获知的信息予以保密，不得出现下列行为：

①除非法律法规和职业规范允许或要求，在未经客户特别授权的情况下，向会计师事务所或雇佣单位以外的第三方披露涉密信息；

②利用获知的涉密信息为自己或第三方谋取利益。

6. 良好的职业行为原则

维护良好职业声誉原则要求注册会计师应当遵守相关法律法规，避免发生任何损害职业声誉的行为，维护职业形象。

注册会计师在向公众传递信息以及推介自己和工作时，应当客观、真实、得体，不得损害职业形象。注册会计师应当诚实、实事求是，不得有下列行为：

①在推介自身和业务时，对其提供的服务、拥有的资质、积累的经验进行夸大宣传；

②在提供的服务、拥有的资质、积累的经验等方面贬低或无根据地比较其他注册会计师的工作。

18.1.2 注册会计师职业道德概念框架

1. 注册会计师职业道德概念框架的内涵

职业道德概念框架是指为注册会计师解决职业道德问题提供的思路和方法。要求注册会计师：

①识别对遵循职业道德基本原则的不利影响；

②评价已识别不利影响的重要程度；

③采取必要的防范措施消除不利影响或将其降至可接受水平。

即按照“识别—评价—防范”的思路运用职业判断。如果发现存在可能违反职业道德基本原则的情形，注册会计师应当评价其对职业道德基本原则的不利影响；在评价不利影响的严重程度时，注册会计师应当从性质和数量两个方面予以考虑；如果认为对职业道德基本原则的不利影响超出可接受的水平，注册会计师应当确定是否能够采取防范措施消除不利影响或将其降低至可接受的水平。

在运用职业道德概念框架时，如果某些不利影响是重大的，或者合理的防范措施不可行或无法实施，会员可能面临不能消除不利影响或将其降至可接受水平的情形。如果无法采取适当的防范措施，注册会计师应当拒绝或终止所从事的特定专业服务，必要时与客户解除合约关系，或向其工作单位辞职。

2. 对遵循职业道德基本原则产生不利影响的因素及防范措施

注册会计师对职业道德基本原则的遵循可能受到多种因素的不利影响。不利影响的性质和严重程度因注册会计师提供服务类型的不同而不同。可能对职业道德基本原则产生不利影响的因素包括自身利益、自我评价、过度推介、密切关系和外在压力。

(1) 自身利益导致的不利影响

如果经济利益或其他利益对会员的职业判断或行为产生不当影响，将产生自身利益导致的不利影响。

(2) 自我评价导致的不利影响

如果会员对其(或者其所在会计师事务所或工作单位的其他人员)以前的判断或服务结果做出不恰当的评价，并且将据此形成的判断作为当前服务的组成部分，将产生自我评价导致的不利影响。

(3) 过度推介导致的不利影响

如果会员过度推介客户或工作单位的某种立场或意见，使其客观性受到损害，将产生过度推介导致的不利影响。

(4) 密切关系导致的不利影响

如果会员与客户或工作单位存在长期或亲密的关系，而过于倾向他们的利益，或认可他们的工作，将产生密切关系导致的不利影响。

(5) 外在压力导致的不利影响

如果会员受到实际的压力或感受到压力(包括对会员实施不当影响的意图)而无法客观行事，将产生外在压力导致的不利影响。

这些不利影响的防范措施是指可以消除不利影响或将其降至可接受水平的行动或其他措施。应对不利影响的防范措施包括下列两类。

①法律法规和职业规范规定的防范措施，主要包括：a. 取得会员资格必需的教育、培训和经验要求；b. 持续的职业发展要求；c. 公司治理方面的规定；d. 执业准则和职业道德规范的规定；e. 监管机构或注册会计师协会的监控和惩戒程序；f. 由依法授权的第三方对会员编制的业务报告、申报资料或其他信息进行外部复核。

②在具体工作中采取的防范措施。

3. 道德冲突的解决

在遵循职业道德基本原则时，会员应当解决遇到的道德冲突问题。在解决道德冲突问题时，会员应当考虑下列因素：

①与道德冲突问题有关的事实；

②涉及的道德问题；

③道德冲突问题涉及的职业道德基本原则；

④会计师事务所或工作单位制定的解决道德冲突问题的程序；

⑤可供选择的措施。

在考虑上述因素并权衡可供选择措施的后果后，会员应当确定适当的措施。如果道德冲突问题仍无法解决，会员应当考虑向会计师事务所或工作单位内部的适当人员咨询，寻求帮助解决问题。如果道德问题涉及会员与某一组织的冲突或是组织内部的冲突，会员还应当确定是否向该组织的治理层(如董事会)咨询。

如果某项重大冲突未能解决，会员可以考虑向相关职业团体或法律顾问获取专业建议。如果以不提及相关方的方式与相关职业团体讨论所涉事项，或在法律特权保护下与法律顾问讨论所涉事项，会员通常能够在不违反保密原则的条件下获得解决道德问题的指导。在考虑所有相关可能措施后，如果道德冲突仍未解决，会员应当在可能的情况下拒绝继续与产生冲突的事项发生关联。会员可视情况确定是否解除业务约定或退出某项特定任务，或完全退出该项业务，或向所在会计师事务所或者工作单位辞职。

18.2 对职业道德概念框架的具体运用

注册会计师在某些情况下如何具体运用职业道德概念框架阐述如下。

18.2.1 可能对职业道德基本原则产生不利影响的因素

1. 自身利益导致的不利影响

自身利益导致不利影响的情形主要包括：

①鉴证业务项目组成员在鉴证客户中拥有直接经济利益；

②会计师事务所的收入过分依赖向某一客户的收费；

③鉴证业务项目组成员与鉴证客户存在重要且密切的商业关系；

④会计师事务所担心可能失去某一重要客户；

⑤鉴证业务项目组成员正在与鉴证客户协商受雇于该客户；

⑥会计师事务所与客户就鉴证业务达成或有收费的协议；

⑦注册会计师在评价所在会计师事务所以往提供的专业服务时发现了重大错误。

2. 自我评价导致的不利影响

自我评价导致不利影响的情形主要包括：

①会计师事务所在对客户提供财务系统的设计或操作服务后，又对系统的运行有效性出具鉴证报告；

②会计师事务所编制用于生成有关记录的原始数据，如代为记账、代编会计报表、代为统计重要数据，又将这些数据作为鉴证对象；

③鉴证业务项目组成员担任或最近曾经担任客户的董事、监事、经理或其他高级管理人员；

④鉴证业务项目组成员目前或最近曾受雇于客户，并且所处职位能够对鉴证对象施加重大影响；

⑤会计师事务所为鉴证客户提供的其他服务如进行资产评估、咨询、代设内部控制等，直接影响鉴证业务中的鉴证对象信息。

3. 过度推介导致的不利影响

过度推介导致不利影响的情形主要包括：

①会计师事务所推介审计客户的股份；

②在审计客户与第三方发生诉讼或纠纷时，注册会计师担任该客户的辩护人。

4. 密切关系导致的不利影响

密切关系导致不利影响的情形主要包括：

①项目组成员的近亲属担任客户的董事或高级管理人员；

②项目组成员的近亲属是客户的员工，其所处职位能够对业务对象施加重大影响；

③客户的董事、高级管理人员或所处职位能够对业务对象施加重大影响的员工，最近曾担任会计师事务所的项目合伙人；

④注册会计师接受客户的礼品或款待；

⑤会计师事务所的合伙人或高级员工与鉴证客户存在长期业务关系。

5. 外在压力导致的不利影响

外在压力导致不利影响的情形主要包括：

①会计师事务所受到客户解除业务关系的威胁；

②审计客户表示，如果会计师事务所不同意对某项交易的会计处理，则不再委托其承办拟议中的非鉴证业务；

③会计师事务所受到客户的起诉威胁；

④会计师事务所受到降低收费的影响而不恰当缩小工作范围；

⑤由于客户的员工对所涉事项更具专长，注册会计师面临服从其判断的压力；

⑥会计师事务所合伙人告知注册会计师，除非同意审计客户不恰当的会计处理，否则将影响晋升。

18.2.2 应对不利影响的防范措施

注册会计师应当运用判断，确定如何应对超出可接受水平的不利影响，包括采取防范措施消除不利影响或将其降低至可接受的水平，或者终止业务约定或拒绝接受业务委托。在运用判断时，注册会计师应当考虑：一个理性且掌握充分信息的第三方，在权衡注册会计师当时可获得的所有具体事实和情况后，是否很可能认为这些防范措施能够消除不利影响或将其降低至可接受的水平，以使职业道德基本原则不受损害。应对不利影响的防范措施包括法律法规和职业规范规定的防范措施和在具体工作中采取的防范措施。

在具体工作中，应对不利影响的防范措施包括会计师事务所层面的防范措施和具体业务层面的防范措施。

1. 会计师事务所层面的防范措施

①会计师事务所领导层强调遵循职业道德基本原则的重要性；

②会计师事务所领导层倡导鉴证业务项目组成员维护公众利益；

③制定有关政策和程序，实施项目质量控制，监督业务质量；

④制定有关政策，以识别对遵循职业道德基本原则的威胁、评价这些威胁的重要程度、采取防范措施以消除威胁或将其降至可接受水平，如果无法采取适当的防范措施，应当终止业务约定或拒绝接受业务委托；

⑤制定要求遵循职业道德基本原则的内部政策和程序；

⑥制定有关政策和程序，以识别会计师事务所或项目组成员与客户之间的利益或关系；

⑦制定有关政策和程序，以监控和管理对来源于某一客户的收入的依赖程度；

⑧向鉴证客户提供非鉴证服务时，分派不同的合伙人和项目组，并分别向不同的业务主管报告工作；

⑨制定有关政策和程序，以防止项目组以外的人员对业务结果产生不当影响；

⑩及时与所有合伙人和专业人员沟通会计师事务所的政策和程序及其变化情况，并就这些政策和程序进行适当的培训和教育；

⑪指定高级管理人员负责监督会计师事务所质量控制系统是否适当运行；

⑫向合伙人和专业人员提出鉴证客户和关联实体的名单，要求合伙人和专业人员与之保持独立性；

⑬制定有关政策和程序，鼓励员工就遵循职业道德基本原则方面的问题与领导层沟通；

⑭建立惩戒机制，以促进遵循政策和程序。

2. 具体业务层面的防范措施

①对已执行的非鉴证业务，由未涉及非鉴证服务的注册会计师复核，或在必要时提供建议；

②对已执行的鉴证业务，由鉴证业务项目组以外的注册会计师复核，或在必要时提供建议；

③向客户的独立董事、行业监管机构或其他会员等独立第三方咨询；

④与客户治理层讨论职业道德问题；

⑤向客户治理层说明提供服务的性质和收费的范围；

⑥请其他会计师事务所执行或重新执行部分业务；

⑦轮换鉴证业务项目组合伙人或高级员工。

18.2.3 专业服务委托

1. 接受客户关系

在接受新客户关系前，注册会计师应当确定接受客户关系是否对职业道德基本原则产生不利影响。注册会计师应当考虑客户的主要股东、关键管理人员和治理层是否诚信，以及客户是否涉足非法活动（如洗钱）或存在可疑的财务报告问题等。

客户存在的问题可能对注册会计师遵循诚信原则或良好职业行为原则产生不利影响，注册会计师应当评价不利影响的严重程度，并在必要时采取防范措施消除不利影响或将其降低至可接受的水平。防范措施主要包括：

①对客户及其主要股东、关键管理人员、治理层和负责经营活动的人员进行了解；

②要求客户对改进公司治理或内部控制做出承诺。

如果不能将客户存在的问题产生的不利影响降低至可接受的水平，注册会计师应当拒绝接受客户关系；如果向同一客户连续提供专业服务，注册会计师应当定期评价继续保持客户关系是否适当。

2. 业务的承接

注册会计师应当遵循专业胜任能力和应有的关注原则，仅向客户提供能够胜任的专业服务。在承接某一客户业务前，注册会计师应当确定承接该业务是否对职业道德基本原则产生不利影响。

如果项目组不具备或不能获得执行业务所必须的胜任能力，将对专业胜任能力和应有的关注原则产生不利影响。注册会计师应当评价不利影响的严重程度，并在必要时采取防范措施消除不利影响或将其降低至可接受的水平。防范措施主要包括：

①了解客户的业务性质、经营的复杂程度，以及所在行业的情况；

②了解专业服务的具体要求和业务对象，以及注册会计师拟执行工作的目的、性质和范围；

③了解相关监管要求或报告要求；

④分派足够的具有胜任能力的员工；

⑤必要时利用专家的工作；

⑥就执行业务的时间安排与客户达成一致意见；

⑦遵守质量控制政策和程序，以合理保证仅承接能够胜任的业务。

当利用专家的工作时，注册会计师应当考虑专家的声望、专长及其可获得的资源，以及适用的执业准则和职业道德规范等因素，以确定专家的工作结果是否值得依赖。注册会计师可以通过以前与专家的交往或向其他人咨询获得相关信息。

3. 客户变更委托

如果应客户要求或考虑以投标方式接替前任注册会计师，注册会计师应当从专业角度或其他方面确定应否承接该业务。如果注册会计师在了解所有相关情况前就承接业务，可能对专业胜任能力和应有的关注原则产生不利影响。注册会计师应当从如下方面评价不利影响的严重程度。由于客户变更委托的表面理由可能并未完全反映事实真相，根据业务性质，注册会计师可能需要与前任注册会计师直接沟通，核实与变更委托相关的事实和情况，以确保是否适宜承接该业务。

注册会计师应当在必要时采取防范措施，消除因客户变更委托产生的不利影响或将其降低至可接受的水平。防范措施主要包括：

①当应邀投标时，在投标书中说明，在承接业务前需要与前任注册会计师沟通，以了解是否存在不应接受委托的理由；

②要求前任注册会计师提供已知悉的相关事实或情况，即前任注册会计师认为，后任注册会计师在做出承接业务的决定前，需要了解的事实或情况；

③从其他渠道获取必要的信息。

如果采取的防范措施不能消除不利影响或将其降低至可接受的水平，注册会计师不得承接该业务。注册会计师可能应客户要求在前任注册会计师工作的基础上提供进一步的服务。如果缺乏完整的信息，可能对专业胜任能力和应有的关注原则产生不利影响。注册会计师应当评价不利影响的严重程度，并在必要时采取防范措施消除不利影响或将其降低至可接受的水平。

采取的防范措施主要包括将拟承担的工作告知前任注册会计师，提请其提供相关信息，以便恰当地完成该项工作。

前任注册会计师应当遵循保密原则。前任注册会计师是否可以或必须与后任注册会计师讨论客户的相关事务，取决于业务的性质、是否征得客户同意，以及法律法规或职业道德规范的有关要求。

注册会计师在与前任注册会计师沟通前，应当征得客户的同意，并尽可能取得客户的书面同意。前任注册会计师在提供信息时，应当实事求是、清晰明了。如果不能与前任注册会计师沟通，注册会计师应当采取适当措施，通过询问第三方或调查客户的高级管理人员、治理层的背景等方式，获取有关对职业道德基本原则产生不利影响的信息。

18.2.4 利益冲突

1. 利益冲突的情形

注册会计师应当采取适当措施，识别可能产生利益冲突的情形，可能对职业道德基本原则产生不利影响的情形包括：

①注册会计师与客户存在直接竞争关系，或与客户的主要竞争者存在合资或类似关系，可能对客观和公正原则产生不利影响；

②注册会计师为两个以上客户提供服务，而这些客户之间存在利益冲突或者对某一事项或交易存在争议，可能对客观和公正原则或保密原则产生不利影响。

注册会计师应当评价利益冲突产生不利影响的严重程度，并在必要时采取防范措施消除不利影响或将其降低至可接受的水平。在接受或保持客户关系和具体业务之前，如果与客户或第三方存在商业利益或关系，注册会计师应当评价其所产生不利影响的严重程度。

2. 防范措施

注册会计师应当根据可能产生利益冲突的具体情形，采取下列防范措施。

①如果会计师事务所的商业利益或业务活动可能与客户存在利益冲突，注册会计师应当告知客户，并在征得其同意的情况下执行业务；如果为存在利益冲突的两个以上客户服务，注册会计师应当告知所有已知相关方，并在征得他们同意的情况下执行业务；如果为某一特定行业或领域中的两个以上客户提供服务，注册会计师应当告知客户，并在征得他们同意的情况下执行业务。

②分派不同的项目组为相关客户提供服务。

③实施必要的保密程序，防止未经授权接触信息，对不同的项目组实施严格的隔离程序，做好数据文档的安全保密工作。

④向项目组成员提供有关安全和保密问题的指引。

⑤要求会计师事务所的合伙人和员工签订保密协议。

⑥由未参与执行相关业务的高级职员定期复核防范措施的执行情况。

3. 拒绝业务

①如果利益冲突对职业道德基本原则产生不利影响，并且采取防范措施无法消除不利影响或将其降低至可接受的水平，注册会计师应当拒绝承接某一特定业务，或解除一个或多个存在冲突的业务约定。

②如果客户不同意注册会计师为存在利益冲突的其他客户提供服务，注册会计师应当终止为其中一方或多方提供服务。

18.2.5 应客户的要求提供第二次意见

在某客户运用会计准则对特定交易和事项进行处理，且已由前任注册会计师发表意见的情况下，如果注册会计师应客户的要求提供第二次意见，可能对职业道德基本原则产生不利影响。

如果第二次意见不是以前任注册会计师所获得的相同事实为基础，或依据的证据不充分，可能对专业胜任能力和应有的关注原则产生不利影响。不利影响存在与否及其严重程度，取决于业务的具体情况，以及为提供第二次意见所能获得的所有相关事实及证据。

如果注册会计师被客户要求提供第二次意见，注册会计师应当评价不利影响的严重程度，并在必要时采取防范措施消除不利影响或将其降低至可接受的水平。防范措施主要包括：

①征得客户同意，与前任注册会计师进行沟通；

②在与客户的沟通中阐述注册会计师意见的局限性；

③向前任注册会计师提供第二次意见的副本。

如果要求提供第二次意见的客户不允许与前任注册会计师沟通，注册会计师应当在考虑所有情况的基础上确定是否适宜提供第二次意见。

18.2.6 收费

1. 基本要求

会计师事务所在确定收费时应当主要考虑下列因素：

①专业服务所需的知识和技能；

②所需专业人员的水平和经验；

③各级别专业人员提供服务所需的时间；

④提供专业服务所需承担的责任。

在专业服务得到良好的计划、监督及管理的前提下，收费通常以每一专业人员适当的小时收费标准或日收费标准为基础计算。

2. 收费报价过低产生的不利影响

收费是否对职业道德基本原则产生不利影响，取决于收费报价水平和所提供的相应服务。注册会计师应当评价不利影响的严重程度，并在必要时采取防范措施消除不利影响或将其降低至可接受的水平。防范措施主要包括：

①让客户了解业务约定条款，特别是确定收费的基础及在收费报价内所能提供的服务；

②安排恰当的时间和具有专业胜任能力的员工执行任务。

在承接业务时，如果收费报价过低，包括明显低于前任注册会计师或其他会计师事务所相应的报价，可能导致难以按照执业准则和职业道德规范的要求执行业务，从而对专业胜任能力和应有的关注原则产生不利影响。会计师事务所应当确保：在提供专业服务时，遵守执业准则和职业道德规范的要求，使工作质量不受损害并使客户了解专业服务的范围和收费基础。

3. 或有收费产生的不利影响

或有收费可能对职业道德基本原则产生不利影响。不利影响存在与否及其严重程度取决于下列因素：

①业务的性质；

②可能的收费金额区间；

③确定收费的基础；

④是否由独立第三方复核交易和提供服务的结果。

除法律法规允许外，注册会计师不得以或有收费方式提供鉴证服务，收费与否或收费多少不得以鉴证工作结果或实现特定目的为条件。注册会计师应当评价或有收费产生不利影响的严重程度，并在必要时采取防范措施消除不利影响或将其降低至可接受的水平。防范措施主要包括：

①预先就收费的基础与客户达成书面协议；

②向预期的报告使用者披露注册会计师所执行的工作及收费的基础；

③实施质量控制政策和程序；

④由独立的第三方复核注册会计师已执行的工作。

4. 接受介绍费和佣金产生的不利影响

注册会计师收取与客户相关的介绍费或佣金，可能对客观和公正原则、专业胜任能力和应有的关注原则产生非常严重的不利影响，导致没有防范措施能够消除不利影响或将其降低至可接受的水平。因此，注册会计师不得向客户或其他第三方收取介绍费或佣金。

5. 支付介绍费和佣金产生的不利影响

注册会计师为获得客户而支付业务介绍费，可能对客观和公正原则、专业胜任能力和应有的关注原则产生非常严重的不利影响，导致没有防范措施能够消除不利影响或将其降低至可接受的水平。因此，注册会计师不得向客户或其他第三方支付介绍费或佣金。

18.2.7 专业服务营销

注册会计师通过广告或其他营销方式招揽业务，可能对职业道德基本原则产生不利影响。在向公众传递信息时，注册会计师及其所在会计师事务所应当维护职业声誉，以恰当的营销方式拓展业务，做到客观、真实、得体。不应存在下列行为：

①对其能够提供的服务、拥有的资质以及积累的经验进行夸大宣传；

②对其他注册会计师的工作进行贬低或无根据地比较；

③暗示有能力影响有关主管部门、监管机构或类似机构，如暗示有能力影响法院、行业监管机构及其官员；

④做出其他欺骗性的或可能导致误解的声明，如不恰当地声明自己是某一特定领域的专家；

⑤采用强迫、欺诈、利诱等方式招揽业务；

⑥向他人支付佣金等不正当方式招揽业务，向客户或通过客户获取服务费之外的任何利益；

⑦允许他人以本会计师事务所或本人的名义承办业务。

注册会计师不得对其能力进行广告宣传以招揽业务，但可以利用媒体刊登设立、合并、分立、解散、迁址、名称变更、招聘员工等信息。

18.2.8 礼品和款待

如果客户向注册会计师或其近亲属赠送礼品或给予款待，将对职业道德基本原则产生不利影响。注册会计师不得向客户索取、收受委托合同约定以外的酬金或其他财物，或者利用执行业务之便，牟取其他不正当的利益。

在评价接受礼品或款待的不利影响时，应注意给予礼品或款待的性质、价值和意图，并在必要时采取防范措施消除不利影响或将其降低至可接受的水平。如果礼品或款待的价值微小且对客观性无影响，注册会计师并非不能接受；如果礼品或款待的价值超出业务活动中的正常往来，则对客观性产生不利影响，注册会计师应当拒绝接受。

18.2.9 保管客户资产

除非法律法规允许或要求，注册会计师不得提供保管客户资金或其他资产的服务。如果注册会计师保管客户资金或其他资产，应当履行相应的法定义务。保管客户资金或其他资产可能对职业道德基本原则产生不利影响，尤其可能对客观和公正原则以及良好职业行为原则产生不利影响。注册会计师受托管理他人资金或其他资产时，应当采取下列措施：

①将客户资金或其他资产与注册会计师个人或会计师事务所的资产分开；

②仅按照预定用途使用客户资金或其他资产；

③随时准备向相关人员报告资产状况及产生的收入、红利或利得；

④遵守所有与保管资产和履行报告义务相关的法律法规。

如果某些业务涉及保管客户资金或其他资产，注册会计师应当根据有关接受与保持客户关系和具体业务政策的要求，适当询问资产的来源，并考虑应当履行的法定义务。如果客户资金或其他资产来源于非法活动(如洗钱)，注册会计师不得提供保管资产服务，并应当向法律顾问征询进一步的意见。

18.2.10 对客观和公正原则的要求

在提供专业服务时，注册会计师如果在客户中拥有经济利益，或者与客户董事、高级管理人员或员工存在家庭、私人关系或商业关系，应当确定是否对客观和公正原则产生不利影响。

在提供专业服务时，对客观和公正原则的不利影响及其严重程度，取决于业务的具体情形和注册会计师所执行工作的性质。注册会计师应当评价不利影响的严重程度，并在必要时采取防范措施消除不利影响或将其降低至可接受的水平。防范措施主要包括：

①退出项目组；

②实施督导程序；

③终止产生不利影响的经济利益或商业关系；

④与会计师事务所内部高级别的管理人员讨论有关事项；

⑤与客户治理层讨论有关事项。

如果防范措施不能消除不利影响或将其降低至可接受的水平，注册会计师应当拒绝接受业务委托或终止业务。

在提供鉴证服务时，注册会计师应当从实质上和形式上独立于鉴证客户，客观公正地提出结论，并且从外界看来没有偏见、无利益冲突、不受他人的不当影响。在执行审计和审阅业务以及其他鉴证业务时，为了达到保持独立性的要求，注册会计师应当分别遵守《中国注册会计师职业道德守则第 4 号——审计和审阅业务对独立性的要求》和《中国注册会计师职业道德守则第 5 号——其他鉴证业务对独立性的要求》的规定。

复习思考题

1. 注册会计师职业道德基本原则有哪些？
2. 如何理解独立性原则？
3. 注册会计师解决职业道德问题提供的思路和方法是什么？
4. 简述对遵循职业道德基本原则产生不利影响的因素。
5. 简述解决道德冲突的思路。
6. 概述对注册会计师提供专业服务的具体要求。

参 考 文 献

[1] 中国注册会计师协会．审计[M]．北京：中国财政经济出版社，2017.
[2] 中国注册会计师协会．中国注册会计师职业道德守则[M]．北京：中国财政经济出版社，2009.
[3] 中华人民共和国财政部．中国注册会计师执业准则 2017[M]．北京：中国财政经济出版社，2017.
[4] 中国注册会计师协会．中国注册会计师执业准则指南[M]．北京：中国财政经济出版社，2010.
[5] 丁瑞玲，吴溪．审计学[M]．北京：经济科学出版社，2008.
[6] 吴秋生．审计学[M]．上海：上海财经大学出版社，2006.
[7] 顾奋玲．审计学[M]．北京：机械工业出版社，2009.
[8] 郑英莲，明平智，刘书兰．审计学[M]．上海：立信会计出版社，2008.
[9] 高娟．审计学[M]．天津：天津大学出版社，2010.
[10] 王光远，黄京菁．审计学[M]．大连：东北财经大学出版社，2005.
[11] 刘明辉．高级审计理论与实务[M]．大连：东北财经大学出版社，2006.
[12] 叶陈刚，李相志．审计理论与实务[M]．北京：中信出版社，2006.
[13] 耿建新，宋常．审计学[M]．北京：中国人民大学出版社，2007.
[14] 宛燕如，高文进．审计学[M]．湖北：武汉理工大学出版社，2009.
[15] 周勤业．审计学[M]．北京：中国财政经济出版社，2000.
[16] 吕先锫．审计学[M]．四川：西南财经大学出版社，2016.
[17] 段兴民．审计学[M]．大连：大连理工大学出版社，2012.
[18] 阿尔文 A 阿伦斯等．审计与保证服务整合法[M]．张龙平，谢盛纹，译．大连：东北财经大学出版社，2005.
[19] 财政部，证监会，审计署，银监会，保监会．企业内部控制基本规范[M].北京：立信会计出版社，2008.
[20] 池国华．内部控制学[M]．北京：北京大学出版社，2010.
[21] 中国注册会计师协会．中国注册会计师机械教育审计案例[M]．北京：中国财政经济出版社，2009.
[22] 中华人民共和国财政部．企业会计准则(2017)[M]．北京：立信会计出版社，2017.
[23] 中华人民共和国财政部．企业会计准则应用指南(2017)[M]．北京：立信会计出版社，2017.
[24] 陈少勇．中国内部控制规范与增强上市公司生命力问题研究[J]．北京：中国财经信息资料，2010(24).
[25] 陈少勇．注册会计师监盘的难点与对策[J]．北京：中国注册会计师，2010(6).
[26] 陈少勇．对公允价值计量和披露的审计准则的四点质疑[J]．上海：新会计，2010(8).
[27] 方宝璋．试论审计重要性水平[J]．北京：审计研究，2004(4).
[28] 聂曼曼．论审计证据的选择:说服性抑或结论性[J]．中南财经政法大学学报，2007(2).
[29] 谢盛纹．审计证据相关性与充分性界定浅析[J]．财会通讯，2007(10).
[30] 赵海侠．刍议审计证据说服力[J]．财会通讯，2008(7).
[31] 李明辉．我国注册会计师审计问题研究综述[J]．中国注册会计师，2009(1).
[32] 祁晨．关于审计抽样风险论的若干认识[J]．财会月刊，2010(24).
[33] 耿修林．关于符合性分层审计抽样时样本容量的探讨[J].统计与决策，2010(20).

[34] 韩晓梅．审计抽样指南解析[J]．中国注册会计师，2007(2).
[35] 王芳，王景东．统计假设检验在审计抽样工作中的应用研究[J]．审计研究，2010(5).
[36] 马慧敏，方国斌．改进 PPS 抽样设计效应的 Monte Carlo 模拟[J]．统计与决策，2009(11).
[37] 胡亚敏．统计抽样调查方法在审计中的运用[J]．财会通讯，2009(25).
[38] 陈友梅．审计工作底稿中两个问题的探讨[J]．商业会计，2009(9).
[39] 吴森炼．新审计工作底稿编制中的一些体会[J]．中国注册会计师，2009(5).
[40] 周玲．工程决算审计应关注的重点[J]．北京：中国审计，2007(17).